高等职业教育铁道工程专业规划教材

铁路隧道施工与维护

主　编　刘　进　邹　琼

副主编　武伟刚

参　编　王　莹　赵　刚

西南交通大学出版社

·成　都·

图书在版编目（ＣＩＰ）数据

铁路隧道施工与维护 / 刘进，邹琼主编. —成都：
西南交通大学出版社，2018.11（2019.8 重印）
ISBN 978-7-5643-6522-6

Ⅰ. ①铁… Ⅱ. ①刘… ②邹… Ⅲ. ①铁路隧道－隧
道施工－高等职业教育－教材②铁路隧道－隧道维护－高
等职业教育－教材 Ⅳ. ①U459.1

中国版本图书馆 CIP 数据核字（2018）第 247467 号

铁路隧道施工与维护

主　编／刘　进　邹　琼

责任编辑／杨　勇
助理编辑／王同晓
封面设计／SA 工作室

西南交通大学出版社出版发行

（四川省成都市二环路北一段 111 号西南交通大学创新大厦 21 楼　610031）
发行部电话：028-87600564　028-87600533
网址：http://www.xnjdcbs.com
印刷：四川森林印务有限责任公司

成品尺寸　185 mm×260 mm
印张　18　字数　450 千
版次　2018 年 11 月第 1 版　印次　2019 年 8 月第 2 次

书号　ISBN 978-7-5643-6522-6
定价　52.00 元

课件咨询电话：028-87600533
图书如有印装质量问题　本社负责退换
版权所有　盗版必究　举报电话：028-87600562

前　言

　　隧道工程是土木工程的一个重要的领域，随着我国开始实施国家《中长期铁路网规划》（2016 年版），"八纵八横"高铁网的建设逐步开展，铁路隧道施工作为高速铁路建设的重要组成部分，也将进入高速发展时期。我国即将成为世界隧道数量最多、建设规模最大、发展速度最快的国家。

　　"铁路隧道施工与维护"是铁路土木工程专业的必修课程。课程的主要任务是比较全面地学习隧道基本知识、施工方法、养护维护的基本方法等，力求学生更好地掌握隧道施工、维护的知识。《铁路隧道施工与维护》作为高职教材，注重培养学生的职业能力，实现高职高专学生所学理论知识与实践能力能够适应岗位的要求。

　　本教材按照现行最新的铁路设计和施工相关规范要求编写，从铁路隧道施工、养护的实际需要出发，内容选材适当，突出实践性、先进性和应用性。适合高职高专类学校铁路土木工程专业教学使用，也可作为在铁路系统从事相关工作的人员的基础性参考书。

　　本书由新疆铁道职业技术学院刘进、邹琼主编。全书分为十一章，其内容分别是绪论、隧道构造认识、围岩分级与围岩压力、隧道施工准备和施工测量、山岭隧道洞身开挖施工方法、隧道支护衬砌施工、盾构法施工、沉管法施工、隧道防排水施工、隧道施工辅助作业、隧道养护与维修。各章节编写分工如下：刘进编写第一章、第二章，邹琼编写第三章、第十一章，赵刚编写第四章、第十章，王莹编写第五章、第六章、第七章，武伟刚编写第八章、第九章。

　　本书在编写过程中，参考了许多文献和资料，在此一并向所有文献和资料的作者表示感谢。

　　由于编者水平有限，内容难免存在不足之处，书中疏漏敬请读者批评指正。

编　者

2018 年 10 月

目　录

1 绪 论

1.1 概　述

隧道是人类利用地下空间的一种形式。在土地资源减少和人口增长的双重压力下，大力开发和利用地下空间已成为人类发展的必然选择和重要出路。铁路隧道更被冠以"绿色交通结构"之名，在世界范围内得到重视和大力发展。

隧道通常是指修建在地层中的地下通道等工程建筑物，被广泛应用于公路、铁路、矿工、水利、市政和国防等方面。

1970 年，国际经济合作与发展组织（Organization for Economic Co-operation and Development，简称 OECD）隧道会议中定义隧道为以某种用途在地面下用任何方法按规定形状和尺寸修筑的断面积大于 2 m^2 的条形建筑物。如图 1-1 所示。

图 1-1　铁路隧道

随着科学技术的发展，特别是铁路施工设备和施工技术的不断改进，世界各国建成了许多特长的隧道。目前世界上最长的铁路隧道，是位于瑞士的圣哥达隧道（57.1 km，2016 年通车）。国内最长的铁路隧道是青藏铁路新关角隧道（32.7 km，2014 年通车），这条隧道也是世界上最长的高原铁路隧道。近年来，随着铁路列车运行速度不断提高，设计部门在设计线路时，长大隧道成了选择较多的解决方案。国内近几年建成通车的长大隧道有：兰渝线西秦岭隧道（28.2 km，2017 年通车），石太客专太行山隧道（27.8 km，2009 年通车），瓦日铁路南吕梁山隧道（23.4 km，2014 年通车）和南疆线中天山隧道（22.4 km，2015 年通车）等。

中国幅员辽阔，又是多山的国家，山地、丘陵和高原等山区面积约占全国面积的 2/3，高原起伏，群山连绵，崇山峻岭密布，水系发育，江河纵横，地质复杂。在交通、水利、矿山开采和市政工程建设中，不但要"逢山开路，遇水架桥"，而且"遇水也可以打隧道，从水底下通过"，这就需要建造大量隧道，隧道逐渐成为工程的主要组成部分和结构形式。

随着我国城市化进程的进一步加快，城市人口的快速增长和土地资源的日趋稀缺，土地开发利用的重点已由地面向地下空间发展，需要大量建设地下交通、停车场、体育文化和地下商业等；同时，西部大开发、南水北调、西气东输、西电东送等重大工程的实施，将有许多穿山越岭的工程需要修建；沿海、沿江地区的进一步发展，需要解决大量的穿越江河湖海的交通问题；国家能源储备的加快需要建设更多的地下储存洞室；水利水电资源的开发，将要修建更多的输水（引水）隧洞及地下厂房。总之，随着人们生活、生产需要，今后多用途、多功能的隧道，将会越来越多地修建。中国发展铁路，必然要在各种地层、地质、气候等条件下修建大量隧道，而且还要修建许多长隧道和特长隧道，因此，铁路隧道建设任务极其艰巨、复杂，也因此具有广阔的市场与发展前景。

1.2 隧道的分类和应用

1. 隧道的分类

依隧道所处的地质条件，可以分为土质隧道和石质隧道。

依隧道的长度 L 可以分为短隧道（铁路隧道规定：$L \leqslant 500$ m；公路隧道规定：$L \leqslant 500$ m）、中长隧道（铁路隧道规定：500 m$< L \leqslant 3\ 000$ m；公路隧道规定 500 m$< L < 1\ 000$ m）、长隧道（铁路隧道：$3\ 000$ m$\leqslant L \leqslant 10\ 000$ m，公路隧道规定 $1\ 000$ m$\leqslant L \leqslant 3\ 000$ m）和特长隧道（铁路隧道规定：$L > 10\ 000$ m；公路隧道规定：$L > 3\ 000$ m）。

依隧道所在位置，可以分为山岭隧道、水底隧道和城市隧道。

依埋置的深度，可以分为浅埋隧道和深埋隧道。

依照它的用途，可以分为交通隧道、水工隧道、市政隧道和矿山隧道。

2. 隧道的应用

1）交通隧道

交通隧道是提供交通运输和人行的通道，以满足交通线路畅通的要求，一般包括以下几种。

（1）铁路隧道。开挖隧道直接穿山而过，既可以线路顺直，避免许多无谓的展线，使线路缩短，又可以减小坡度，使运营条件得以改善，从而提高牵引定数，多拉快跑。

（2）公路隧道。高速公路的修建技术提出了较高的标准，要求线路顺直、坡度平缓、路面宽敞等。公路隧道的修建在改善公路技术状态、缩短运行距离、提高运输能力，以及减少事故方面起到了重要的作用。

（3）水底隧道。当交通线路需要跨越江河、湖、海洋时，水底隧道方案的优点是不受气候影响，不影响通航，引道占地少，战时不暴露交通设施目标等，因此越来越受到青睐。

（4）地下铁道。地下铁道是解决大城市中交通拥挤、车辆堵塞、能大量、快速的运送乘客的一种城市交通设施。

（5）航运隧道。当航运越过分水岭时，隧道可将分水岭两边贯通，既可缩短航程，又可省去船闸费用，并使航运条件大为改善。

（6）人行地道。为了提高交通运送能力及减少交通事故，除架设街心高架桥以外，也可以修建人行地道来穿越街道或跨越铁路、高速公路等。

2）水工隧道

水工隧道是水利工程和水力发电枢纽的重要组成部分，一般包括以下几种。

（1）引水隧道。进行水资源的调动或把水引入水电站的发电机组，产生动力资源。引水隧道有的内部充水因而内壁承压，有的只是部分过水，因而内部只受大气压力而无水压，分别称之为有压隧道和无压隧道。

（2）排水隧道。它是把发电机排出的废水送出去的隧道。

（3）导流隧道或泄洪隧道。它是水利工程的一个重要组成部分，由它疏导水流并补充溢洪道流量超限后的泄洪作用。

（4）排沙隧道。它是用来冲刷水库淤积的泥沙，把泥沙裹带运出水库。有时也用来放空水库里的水，以便进行库身检查或修理建筑物。

3）市政隧道

市政隧道指安置各种市政设施、改善人居环境、合理运用地下空间的洞室。

（1）给水隧道。布置城市自来水供水管道。

（2）污水隧道。本身导流排送或由管道排污。

（3）管路隧道。供给煤气、暖气、热水等。

（4）线路隧道。铺设电力电缆、通信电缆等。

（5）人防隧道。为战时的防空目的而修建的防空避难隧道。

4）矿山隧道

在矿山开采中，常设一些为采矿服务的隧道，从山体以外通向矿床，并将开采的矿石运出来。

（1）运输巷道。主巷道是指向山体开凿，通到矿床的隧道，是主要出入口和主要的运输干道。支巷道是由主巷道通往各个开采面的巷道，分布如树枝状。此种巷道多用临时支撑，仅提供作业人员进行开采工作的需要。

（2）给水隧道。送入清洁水为采掘机械使用，并将废水及积水通过泵抽，排出洞外。

（3）通风巷道。净化巷道中的空气，创造良好的工作环境，用通风机及时把有害气体和污浊空气排出去，并把新鲜空气补充进来。

1.3 隧道建筑物的组成部分

隧道能充分利用岩土地层的固有性质，达到最优修建隧道的目的，从而获得良好的社会效益和经济效益。隧道一般由主体结构物、附属结构物两大部分构成。

1. 隧道主体结构物

主体结构物由围岩和支护结构共同组成，用来保持岩体的稳定和隧道在使用中的安全。围岩是指隧道周围由于开挖引起扰动的岩体；支护是指为维护隧道（长期）稳定所施作的人工构筑物。永久性支护结构称为衬砌。支护结构又包括初期支护和二次衬砌。

隧道开挖后，为了有效地控制和约束围岩的变形，根据不同围岩的稳定状态，及时施作喷射混凝土、锚杆、钢筋网、喷射钢纤维混凝土、钢支撑等结构组合起来的初期支护，以充分调动和发挥围岩的自承能力。同时初期支护具有良好柔性，它在与围岩体共同变形的过程中，能有效地调整围岩应力，控制围岩做有限度的变形，围岩体与初期支护 构成统一的承载体系，提高围岩与支护的作用。二次衬砌可以用喷射混凝土层柔性支护，也可以采用模筑混凝土施作，起到增加安全度、保护防水层、防止喷射混凝土层或围岩的分化并作为安全储备的作用，确保隧道主体结构的永久稳定和安全。

2. 隧道附属结构物

为了使隧道能够正常使用，保证车辆安全通行，还要设置一些附属结构物来配合。其中包括：隧道通风建筑物、安全避让设备、避难救援通道、防排水设备、照明设施和电力及通行信号设备等。

由此可见，隧道附属结构物是为运行管理、维修养护、给水排水、供需发电、通风照明、通信、安全而设置的。

隧道主体结构物与附属结构物一同构成隧道永久性建筑物。

1.4　隧道施工方法简介

在长期的隧道工程实践中，我国已经累积了相当丰富的理论和经验，特别是新奥法"充分利用围岩自身支护能力，及时施作初期支护"原则，在隧道工程中的推广运用。伴随着施工机械的不断现代化，高效益性的支护技术的巨大进步，逐步形成了"爱护围岩、内实外美、重视环境动态施工"的施工理念。

当前隧道施工方法有矿山法、明挖法、掘进机法、盾构法、沉管法等。

1. 矿山法

矿山法仍然是我国目前应用最广、最成熟的山岭隧道修建方法，施工时严格按照钻孔→装药→爆破→通风→出渣的顺序，一步一步循环开挖，并趋向大断面少分部开挖辅以简单易行、安全可靠的强有力的支护结构。如全断面法、台阶法、分部开挖法中的中隔墙法、侧壁导坑法等都是当前的主要开挖方法。

2. 明挖法

明挖法是在露天的路堑地面上，或是从地表向下开挖的基坑内，先修筑衬砌结构物，然后敷设外贴式防水层，再回填覆盖土石。明挖法多用于地下铁道、城市市政隧道、山岭隧道等埋深浅但难以暗挖的地段。

3. 掘进机法

岩石隧道掘进机法（Tunnel Boting Machine 简称 TBM）是利用岩石隧道掘进机在岩石底层中暗挖隧道的一种施工方法。它是利用刀具一次便将整个断面切削成型，掘进同时还兼有出渣即自动推进的功能。1999 年建成的全长 18.457 km 秦岭隧道的一号线隧道，则是用直径为 8.8 m 的全断面的掘进机开挖，实现了隧道施工机械化。岩石隧道掘进机的断面外径大，可达 10 m 以上，小则仅 1.8 m，并且岩石掘进机和辅助施工日臻完善，以及现代高科技成果的运用（液压新技术、电子技术和材料科学技术等），大大提高了岩石掘进机对各种困难条件的适用性。

4. 盾构法

盾构法（Shield）应用于软土、流沙、淤泥等特殊地层。盾构法隧道施工的基本原理是用一个有形的钢制组件沿隧道设计轴线开挖土体，并向前推进。这个钢制组件在初步或最终隧道衬砌建成前，主要起防护开挖初期的土体、保证作业人员和机械设备的安全作用，这个钢制组件简称为盾构。盾构的另一个作用，是能够承受来自地层的压力，防止地下水或流沙的入侵。上海、广州地铁线的施工表明，盾构施工不仅不受地面交通、河道、潮汐、气候条件的影响，而且盾构的推进、出土、衬砌拼装等可实现自动化、智能化和施工远程控制信息化，掘进速度更快，施工劳动强度较低，并具有显著的环保功能。

5. 沉管法

沉管法是将预制好的隧道管段拖行浮运到隧址，沉入基槽并进行水下连接，从而形成隧道。珠江和甬江这两座水下隧道的成功修建，标志着我国已具备了用管段沉放法修建水下隧道的能力，并掌握了相关技术。

思考题

1. 隧道的概念。
2. 隧道是如何分类的?
3. 交通隧道包括哪几种?
4. 简述隧道的基本构成。
5. 简述当前隧道施工的主要方法。

2 隧道构造认识

隧道结构由主体建筑物和附属建筑物两部分组成。主体建筑物是为了保持隧道的稳定、保证行车的安全运行而修筑的，它由洞身衬砌和洞门组成。在洞口容易坍塌或有落石危险时则需要加筑明洞。附属建筑物是保证隧道正常使用所需的各种辅助设施。例如避车洞、机械通风设施及必要的消防、报警装置等。

2.1 隧道限界与净空

隧道的永久性支护结构称为衬砌。它是一个由混凝土或钢筋混凝土筑成的闭合结构，用来承受岩体作用等造成的外荷载，并围出一个稳定的空间。上部为拱，两侧为边墙（直线型或曲线型），底部为底板，有时要做成仰拱，底部两侧为排水沟及安放强、弱电电缆的沟道。

1. 衬砌截面形状的确定

衬砌截面有外轮廓线、内轮廓线及相应厚度三要素。隧道内轮廓线所围出的空间称为净空，它要保证列车在隧道内能安全、快速行驶，这是隧道建筑物最基本的功能要求；同时衬砌还是承重结构，衬砌形状要与所受的外荷载相适应。隧道净空（内轮廓线）尺寸是根据"隧道建筑限界"确定的，而"隧道建筑限界"是根据"基本建筑限界"制定的，"基本建筑限界"又是根据"机车车辆限界"制定的。

1）机车车辆限界

机车车辆限界是指各种机车车辆本身包括装载以后，其横截面各部位都不得越出的一条轮廓线。

2）铁路基本建筑限界

铁路基本建筑限界是指和机车车辆限界相对应而尺寸稍大的一个限界。意指铁路上一切建筑物都不得侵入的一个范围，从而保证受机车车辆限界限制的各种列车，在全国铁路线上畅行无阻。如有侵入，成为"侵限"，是一种事故。

3）隧道建筑限界

比"基本建筑限界"稍大，增大的空间用来安装洞内通信、信号、照明等设施。我国现行隧道建筑限界是国家标准局颁布施行的《标准轨距铁路建筑限界》GB 146.2—1983，这是设计支护结构的直接依据。

国标将隧道建筑限界分为两种：一种是"隧限-1A"和"隧限-1B"，分别用于新建和改建的蒸汽机车及内燃机车牵引的单线及双线隧道；另一种是"隧限-2A"和"隧限-2B"，用于新建和改建的电力机车牵引的单线及双线隧道，分别示于图 2-1 和图 2-2 中。

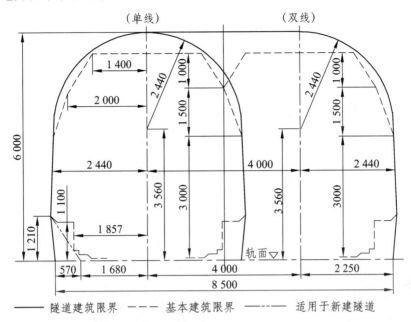

图 2-1 国标隧限-1（单位：mm）

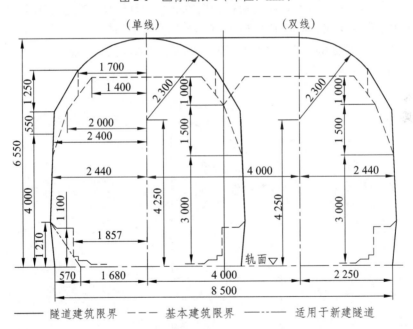

图 2-2 国标隧限-2（单位：mm）

只从保证列车安全运行的角度来看，隧道净空直接使用隧道建筑限界的尺寸是可以的，但为了适应衬砌不同的受力状况及施工方便，需要设计另一条轮廓线，比隧限又稍大一些，而且对不同岩体中的隧道，该轮廓线的形状和尺寸也有所不同。图 2-3 为上述四条轮廓线的关系。

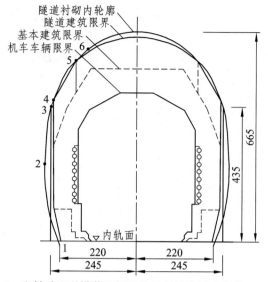

图 2-3 和铁路隧道横截面相关的四条轮廓线（单位：mm）

2. 直线隧道净空

直线隧道净空要比"隧道建筑限界"稍大一些，除了满足限界要求外，考虑避让等安全空间、救援通道及技术作业空间，还考虑了在不同的围岩压力作用下，衬砌结构的合理受力形状以及施工方便等因素。现行铁路隧道衬砌内轮廓线的具体尺寸是这样确定的（图 2-4）：拱部采用三心圆，俗称尖拱，它适用于承受以竖向力为主的外荷载，以 O_1 为圆心，R_1 为半径，在 45°范围内（用对称截面的一半）作一弧；第二段弧是以 O_2 为圆心，R_2 为半径，幅角取 33°51′图内几个参数的关系是：

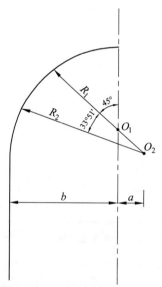

图 2-4 衬砌内轮廓线基本尺寸

$a/\cos 45° = R_2 - R_1$

$a + b = R_2 \sin (45° + 35°51′)$

为使净空大于限界，取 $b = 245$ cm。通过设定及计算，目前隧道衬砌标准图使用的一组基本数据：

$$R_1 = 222 \text{ cm}，R_2 = 321 \text{ cm}，a = 70 \text{ cm}，b = 245 \text{ cm}$$

边墙为直墙，如图 2-4 所示，拉直线即成；如为曲墙，则要再画一段弧，其参数可查阅《铁路隧道设计手册》。

我国统一制定了 200 km/h、250 km/h、350 km/h 不同行车速度条件下的隧道衬砌内轮廓。200 km/h 铁路隧道衬砌内轮廓，有客货共线铁路单、双线隧道衬砌内轮廓和客货共线铁路兼顾双层集装箱运输的单、双线隧道衬砌内轮廓两类。客货共线铁路单、双线隧道衬砌内轮廓如图 2-5 所示。客货共线铁路兼顾双层集装箱运输的铁路单、双线隧道衬砌内轮廓如图 2-6 所示。250 km/h 铁路单、双线隧道衬砌内轮廓如图 2-7 所示。由于 350 km/h 单线隧道衬砌内轮廓净空有效面积达到 70 m²，救援通道及技术作业空间的布置相当自由，隧道两侧均可设置宽为 1.5 m 的救援通道，双线隧道衬砌内轮廓如图 2-8 所示。

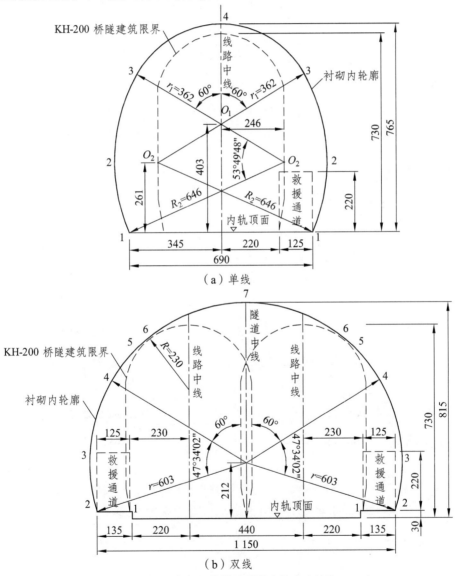

（a）单线

（b）双线

图 2-5　200 km/h 客货共线铁路隧道内轮廓（单位：cm）

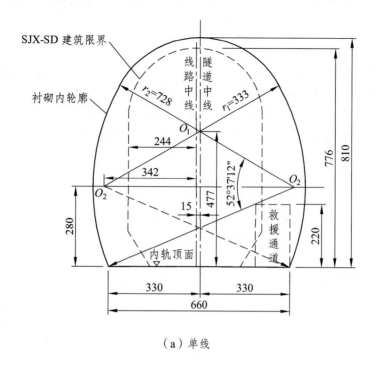

（a）单线

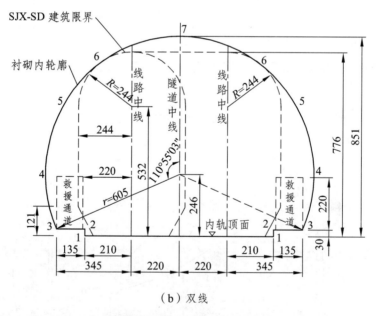

（b）双线

图 2-6　200 km/h 客货共线铁路兼顾双层运输的隧道内轮廓（单位：cm）

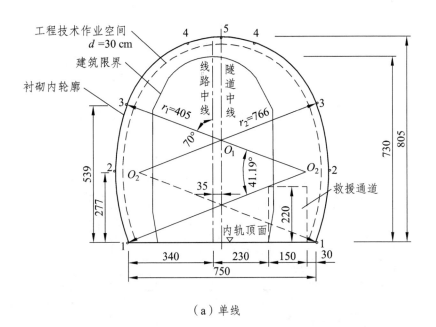

（a）单线

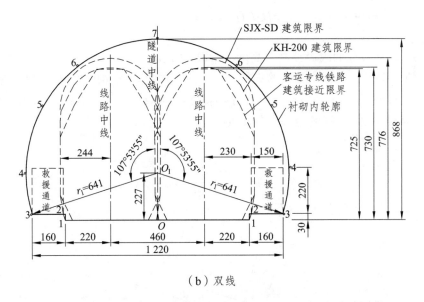

（b）双线

图 2-7　250 km/h 客运专线铁路隧道建筑限界及内轮廓（单位：cm）

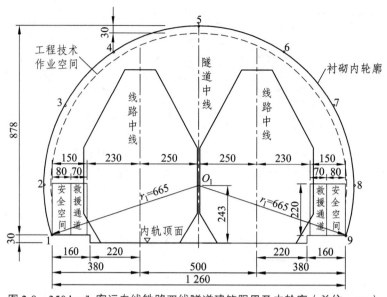

图 2-8　350 km/h 客运专线铁路双线隧道建筑限界及内轮廓（单位：cm）

3. 曲线段隧道净空加宽

如果隧道内线路有曲线，该地段的净空需加宽，加宽的原因及量值计算如下。

（1）曲线段外轨超高，行驶车辆向内倾斜。

如图 2-9，外轨超高 BC（E），引起车辆内倾水平值 DF（$d_{内2}$）粗略计算

$$\triangle ABC \sim \triangle OFD$$

$$FD/OD=BC/AB，\quad FD=OD \cdot BC/AB$$

则可得　　　　　　　$d_{内2}=H \times E/150$　　　　　　　　　　　　　　　　　（2-1）

式中　H——从轨面算起的限界控制点高度，常取 450 cm；

　　　E——曲线外轨超高值，按线路规范规定，计算式为 $E=0.76V^2/R$，最大值不超过 15 cm。

隧道标准设计中，把 $d_{内2}$ 看作界内绕内侧轨顶中心转动一个 arctan（$E/150$）角度，近似取 $d_{内2}=2.7E$，与式（2-1）算的结果十分接近。

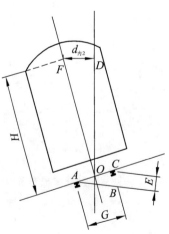

图 2-9　外轨超高引起的加宽

（2）刚体车辆在曲线上，其中部及两端会分别向内、向外产生偏移。

车辆借助两组转向架灵活转动而通过曲线，它在曲线上的位置及产生的偏移如图 2-10 所示。

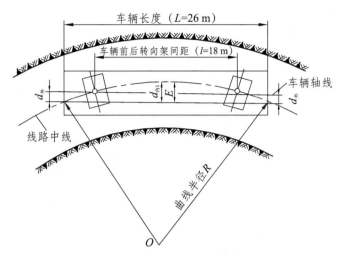

图 2-10　车辆在曲线上的位置

对图 2-10 中几个相似三角形以简单几何关系运算，可得

$$d_{内1} = l^2/8R = 4\,050/R（cm）\tag{2-2}$$

式中　l——车辆转向架间距离，常用标准值为 18 m；

　　　R——曲线半径（m）

$$d_{外} = （L^2 - l^2）/8R = 4\,400/R（cm）\tag{2-3}$$

式中　L——车辆标准长度，我国通用 26 m。

$$总加宽 d = d_{内1} + d_{内2} + d_{外}\tag{2-4}$$

为施工方便，d 值以 10 cm 一级取整。

由于内侧、外侧加宽值不等时，从图 2-11 可知，加宽后隧道衬砌的中心线和线路的中心有一相对偏移 d，施工时必须注意：

$$d = （d_{内} - d_{外}）/2\tag{2-5}$$

曲线加宽的实现方法见图 2-12。把圆心 O_1 下移到 O_1' 位置，R_2 不变，R_1 增大，幅角也不变，同法画出两弧段，可使 b 增加到需要的宽度。这样只改动 O_1 位置及 R_1 值，相当于把对称轴相对移动一个距离，此水平距即为需要的加宽值。O_2 位置不变，所以 a 减小，b 增大。

以上所述，都是指在圆曲线上的加宽。缓和曲线上，曲线半径不断变化，加宽值照理也要随之而变。规范有一简化规定，如图 2-13 所示，分为两级加宽，自圆曲线到缓和曲线中点，再往前延 13 m，采用 d 值加宽；其余缓和曲线段至直缓分界点，再往前延 22 m，采用 $d/2$ 值加宽。

这里的延伸 13 m 及 22 m，都是考虑到当车辆端部进入曲线（其中心还在直线上）时就有加宽的需要，当然取值是偏于安全的。

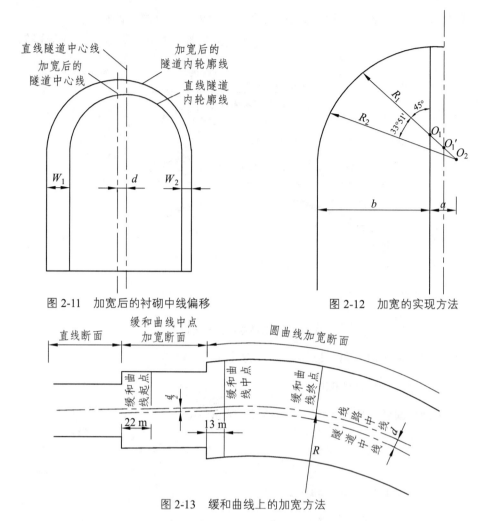

图 2-11 加宽后的衬砌中线偏移　　　　图 2-12 加宽的实现方法

图 2-13 缓和曲线上的加宽方法

4. 由于铁道技术进步出现的新情况

近年，在隧道净空的形状和尺寸中，也出现了一些大的变化。

（1）使用掘进机施工，净空断面必然为圆形，两侧部分需增宽，可放置需要的设备及改善人员工作和过往的环境。

（2）高速铁路的列车进出洞口和隧道内两列车交会时都有显著的空气动力学效应，隧道断面必须增大以消除此空气动力学效应，且要考虑救援、维修等所需要的空间。因此，规定了不同等级铁路隧道的最小净空断面积，见表2-1。

表 2-1　新建铁路不同等级与类型线路设计内轮廓

线路等级与类型	隧道轨面以上净空横断面积/m²	
	单线	双线
列车最高行车速度 160 km/h	42	76
列车最高行车速度 200 km/h 客货共线	50	80
列车最高行车速度 200 km/h 客运专线	50	80
列车最高行车速度 250 km/h 客运专线	58	90
列车最高行车速度 350 km/h 客运专线	70	100

2.2 隧道主体建筑物

隧道主体建筑物由围岩和支护机构共同组成，用来保持岩体的稳定和隧道在使用中的安全。支护机构即衬砌。

2.2.1 衬砌类型

铁路隧道为永久性建筑物，为避免洞内岩体日久风化及水的侵蚀而发生落石掉块，危及行车安全，以适应长期运营的需要，避免运营中补做衬砌的困难，现行铁标《铁路隧道设计规范》TB 10003（以下简称《规范》）规定："隧道应做衬砌。"

目前我国铁路隧道衬砌主要有整体式衬砌、喷锚衬砌和复合式衬砌三种。整体式衬砌包括模筑混凝土衬砌和砌体衬砌；喷锚衬砌包括喷射混凝土、锚杆喷射混凝土、锚杆钢筋网喷射混凝土、喷钢纤混凝土衬砌等类型；复合式衬砌由内、外两层衬砌组合而成，即由初期支护、防水层和二次衬砌组成复合支护结构。由于复合式衬砌对围岩的支护效果和防水效果好，《规范》规定："隧道应优先采用复合式衬砌。"

1. 整体式衬砌

整体式衬砌是在坑道内架立拱架模板，用常规方法灌浇混凝土而成。它是地下工程中长期使用的传统类型，施工工艺成熟，结构成型好，能适应各种岩体条件及相应开挖方法，筑成的衬砌外表平整，利于洞内通风，并给人以舒适感。

衬砌一般有直墙和曲墙两种，一般隧道开挖后，围岩均会产生较大侧压力，而导致衬砌破坏，故各级围岩均采用曲墙式衬砌，尤其严寒地区，洞内冬季冰冻会产生较大侧压力，导致衬砌破坏，更应采用曲墙式衬砌。直墙衬砌仅适用于一般地区地质条件较好，无侧压力或侧压力较小，开挖后围岩稳定的单线隧道的Ⅰ、Ⅱ级围岩地段。铁路有关部门对应不同岩体状况，设计出一套衬砌图形，称为标准图，供设计人员参照适用，见图2-14。

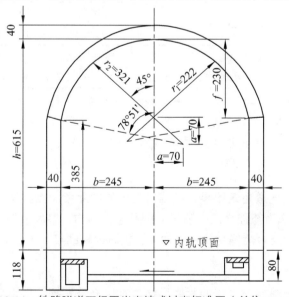

图2-14　铁路隧道Ⅲ级围岩直墙式衬砌标准图（单位：cm）

对应整体式衬砌，地下结构中有一种在工厂预制砌块，到现场装配而成的装配式衬砌（地铁盾构施工常用）。我国铁路早期用的浆砌块石（料石）衬砌也可归于这类，当年是为了节省水泥，就地取材，其实十分费工，不便机械化操作，衬砌防水性能差，已基本不用。

整体式模筑衬砌缺点突出，除工序繁复外，还存在筑成的衬砌难以和周围岩体密贴接触的事实，这与及时支护、主动支护的现代支护理念不相符，因此，支护效果差，且不经济。

2. 喷锚衬砌

这里指的是用单一的喷锚结构作为隧道永久性的衬砌。

1）类型与应用范围

喷锚衬砌由喷射混凝土及锚杆组成，除此之外，也可以和钢筋网组成喷锚网支护，也可以在喷射混凝土中掺加钢纤维或聚酯纤维。

喷锚衬砌是一种加固围岩、抑制围岩变形，积极利用围岩自承能力的衬砌形式。它具有支护及时、柔性、密贴等特点，在受力条件上比模筑衬砌优越，对加快施工进度、节约劳力及原材料、降低工程成本等有显著效果，亦能保证行车安全，应予推广。但由于在Ⅲ~Ⅳ级围岩中实践经验较少，施工工艺还有待进一步提高，其耐久性也有待实践检验，而铁路隧道工程强调百年大计，因此仅限于在良好的Ⅰ、Ⅱ级围岩的短隧道中用作永久衬砌。

2）设计参数

完整、稳定的围岩，一般为巨块状火成岩、变质岩或厚层沉积岩，受地质构造影响较微，节理不发育，无软弱面（或夹层），为了防止岩层日久风化，确保施工和运营安全，可采用喷射混凝土衬砌，但如可能发生岩爆时，须先加锚杆并挂钢筋网。

《规范》中建议使用的喷锚衬砌设计参数，如表 2-2 所示。

表 2-2 喷锚衬砌设计参数

围岩级别	单线隧道	双线隧道
Ⅰ	喷射混凝土厚度 5 cm	喷射混凝土厚度 8 cm，必要时设置锚杆，长 1.5~2.0 m，间距 1.2~1.5 m
Ⅱ	喷射混凝土厚度 8 cm，必要时设置锚杆，长 1.5~2.0 m，间距 1.2~1.5 m	喷射混凝土厚度 10 cm，锚杆长 2.0~2.5 m，间距 1.0~1.2 m。必要时设置局部钢筋网

注：（1）边墙喷射混凝土厚度可略低于表列数值，如边墙围岩稳定，可不设置锚杆和钢筋网；
　　（2）钢筋网的网格间距可为 15~30 cm，钢筋网保护层厚度不应小于 2 cm。

表 2-2 中，Ⅰ、Ⅱ级围岩是指比较坚硬、稳定的岩体，有关围岩分级方法将在第 3 章讨论。

3）预留变形

为确保衬砌不侵入隧道建筑限界，喷锚衬砌内轮廓除考虑按整体式衬砌内轮廓要求放大外，尚应预留 10 cm 作为补强之用。喷锚衬砌是柔性结构，厚度较薄，并与围岩共同作用，设计时考虑到后期可能会对喷锚衬砌进行加固，预防内轮廓尺寸不够，因此要预留一定空间。

4）特殊地段的应用

鉴于有水时不利于喷层与围岩的紧密黏结，难以充分发挥喷射混凝土的应有作用，甚至给喷射混凝土带来不利影响；地下水具有侵蚀性的地段，易造成衬砌腐蚀，由于喷层厚度较薄，受腐蚀的危害甚于模筑混凝土衬砌；黏土质胶黏的砂岩、泥质粉砂岩、泥质板岩、泥质及砂质泥岩等岩性较软的岩层，开挖后易风化潮解，亲水性很强，遇水泥化、软化、膨胀，围岩压力大，严重者发生淤泥状流淌，稳定性较差，喷锚衬砌难以阻止其迅速地变形；喷锚衬砌抗冻胀性能较差，严寒及寒冷地区，土壤冻胀导致衬砌破坏的危害甚于模筑混凝土衬砌，故大面积淋水地段、能造成腐蚀及膨胀性地层的地段、严寒和寒冷地区冻害地段，不宜采用喷锚衬砌。

3. 复合式衬砌

1）复合式衬砌的组成

复合式衬砌是一种新型隧道衬砌形式，由内、外两层衬砌组合而成。通常称第一层衬砌为初期支护，第二层衬砌成为二次衬砌。为了提高防水等级，在初期支护与二次衬砌之间铺设不同类型的防水层。

铁路隧道复合式衬砌是地下工程采用新奥法进行设计与施工，并在我国推广应用所取得的成果之一。复合式衬砌的初期支护多用喷锚支护，具有支护及时、柔性的特点，并在一定程度上能随着围岩的变形而变形，力求最大限度地发挥围岩的自承能力。根据围岩条件，复合衬砌初期支护采用喷射混凝土、锚杆、钢筋网和钢架等单一支护形式或组合支护形式施工，并通过监控量测手段，确定围岩已基本趋于稳定后，再进行内层二次衬砌施工。二次衬砌可采用模筑混凝土、喷锚、拼装式衬砌等，但一般多采用模筑混凝土。

图 2-15 是时速 350 km 双线铁路隧道代表性衬砌结构断面（Ⅳ级围岩）。

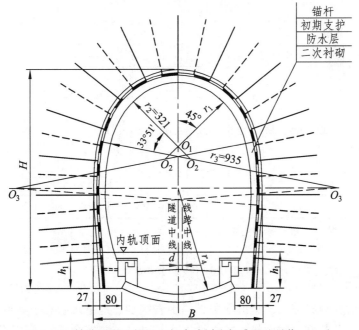

图 2-15 铁路隧道Ⅳ级围岩复合式衬砌标准图（单位：cm）

2）复合式衬砌的特点

复合衬砌兼有喷锚衬砌和整体式衬砌两者的优点，是较理想的衬砌类型。它能充分发挥围岩的自承能力，调整衬砌受力状态，充分利用衬砌材料的抗压强度，从而提高衬砌的承载力。

铁路隧道应用复合式衬砌始于 20 世纪 80 年代修建大瑶山隧道，目前在客运专线、高速铁路隧道建设中已普遍应用。

3）复合式衬砌的参数

《规范》对铁路单、双线隧道复合衬砌的设计参数建议如表 2-3、表 2-4 所示。

表 2-3　单线隧道复合式衬砌的参数

围岩级别	初期支护						二次衬砌厚度		
	喷射混凝土厚度/cm		锚杆			钢筋网/cm	钢架	拱、墙	仰拱
	拱、墙	仰拱	位置	长度/m	间距/m				
Ⅱ	5	—	—	—	—	—	—	25	—
Ⅲ	7	—	局部设置	2.0	1.2~1.5	—	—	25	—
Ⅳ	10	—	拱、墙	2.0~2.5	1.0~1.2	必要时设置间距 25×25	—	30	40
Ⅴ	15~22	15~22	拱、墙	2.5~3.0	0.8~1.0	拱、墙仰拱间距 20×20	必要时设置	35	40
Ⅵ	通过实验确定								

表 2-4　双线隧道复合式衬砌的设计参数

围岩级别	初期支护						二次衬砌厚度		
	喷射混凝土厚度/cm		锚杆			钢筋网/cm	钢架	拱、墙	仰拱
	拱、墙	仰拱	位置	长度/m	间距/m				
Ⅱ	5~8	—	局部设置	2.0~2.5	1.5	—	—	30	—
Ⅲ	8~10	—	拱、墙	2.0~2.5	1.2~1.5	必要时设置间距 25×25	—	35	45
Ⅳ	15~22	15~22	拱、墙	2.5~3.0	1.0~1.2	拱、墙仰拱间距 25×25	必要时设置	40	45
Ⅴ	20~25	20~25	拱、墙	3.0~3.5	0.8~1.0	拱、墙仰拱间距 25×25	拱、墙仰拱	45	45
Ⅵ	通过实验确定								

注：①采用钢架时，宜选用格栅钢架，钢架设置间距宜为 0.5~1.5 m；
　　②对于Ⅳ、Ⅴ级围岩，可视情况采用钢筋束支护，喷射混凝土厚度可取最小值；
　　③钢架与围岩之间的喷射混凝土保护层厚度不应小于 4 cm，临空一侧的混凝土保护层厚度不应小于 3 cm。

影响二次衬砌受力状态的因素有很多，除围岩级别、地下水状态、隧道埋置深度外，还有初期支护的刚度及其施作时间等，故设计二次衬砌时，应综合考虑各种因素的影响，以期达到安全、经济的目的。目前，多采用工程类比法设计二次衬砌。二次衬砌一般受力比较均匀，为防止应力集中，宜采用连接圆顺、等厚的马蹄形断面。

4）预留变形

隧道开挖后，周边变形量随围岩条件、隧道宽度、埋置深度、施工方法和支护（一般指初期支护）刚度等影响而不同。一般Ⅰ、Ⅱ级围岩变形量小，并且多有超挖，所以可不预留变形量；而Ⅲ～Ⅵ级围岩则有不同程度的变形量，特别是软弱围岩（含浅埋隧道）的情况更复杂，要确定标准预留变形量是困难的，必须通过实地监控测量，得出结果加以研究分析才能设定。因此规定采用工程类比法确定；当无类比资料时，可按表2-5先设定预留变形量再在施工过程中通过量测予以修正。

表2-5　预留变形量　　　　　　　　　　　　　　单位：mm

围岩级别	单线隧道	双线隧道	围岩级别	单线隧道	双线隧道
Ⅱ	—	10～30	Ⅴ	50～80	80～120
Ⅲ	10～30	30～50	Ⅵ	由设计确定	由设计确定
Ⅳ	30～50	50～80			

注：①深埋、软岩隧道取大值，浅埋、硬岩隧道取小值；
　　②有明显流变、原岩应力较大和膨胀性围岩，应根据量测数据反馈分析确定。

4. 对设置衬砌的其他规定

（1）当隧道外侧山体覆盖较薄，地面横坡较陡，或因洞身岩层构造不利，层面倾斜较陡，有顺层滑动可能以及施工坍塌产生围岩松动、滑移等情况而引起明显偏压的地段，为了承受不对称的围岩压力，应采用偏压衬砌，但也要注意当隧道外侧覆盖厚度过薄时，会出现外侧土坡失稳。因而尚应采取设置地面锚杆、抗滑桩或支挡结构等措施。

（2）洞口地段一般埋藏较浅，地质条件较差，受自然条件（雨水侵蚀、冰冻破坏、气候变化等）的影响，土质较松散，岩石易风化，稳定性较洞内差，衬砌受力情况也较洞内不利，如有时受仰坡方向的纵向推力等。因此，洞口应设置洞口段衬砌或加强衬砌。根据国内调查，洞口段衬砌常出现开裂变形等情况，也说明了洞口地段的特殊性和加强衬砌的必要性。

至于洞口段衬砌或加强衬砌的长度，应根据工程地质、水文地质及地形条件考虑，一般地质条件下，单线隧道洞口应设置不少于5 m的洞口段衬砌（或加强衬砌），如遇地质条件差或地形不利时，尚需结合具体情况予以延伸。双线隧道和多线隧道由于断面较大，相应围岩应力亦较单线隧道大，衬砌结构受力条件更复杂，其洞口段衬砌（或加强衬砌）长度应适当加长。

（3）在洞身地质条件变化地段，围岩压力是不相同的，为了避免强度不够，引起衬砌变形，围岩较差地段的衬砌及偏压衬砌应适当向围岩较好的地段延伸，以起过渡作用，至于延伸的长度，应视围岩的具体变化情况而定，一般延伸长度为5～10 m。

（4）单线Ⅳ～Ⅵ级围岩、双线Ⅲ～Ⅵ级围岩地段，岩层一般受地质构造影响严重，风化破碎，侧压力较大，基础易产生沉陷，土质承载力低，稳定性较差，开挖后易产生隆起等变形，故均应采用曲墙有仰拱的衬砌。单线Ⅲ级、双线Ⅱ级及以下地段是否设置仰拱应根据岩性、地下水情况确定。

为保证仰拱的作用，仰拱的矢跨比，单线隧道宜取1/6～1/8，双线隧道宜取1/10～1/12。

（5）不设仰拱，又无底板的石质隧道，由于在长期列车动载作用及地下水侵蚀的影响下地基岩石易破碎松散，底部日趋泥化，往往产生地基沉陷、道床翻浆冒泥等病害，不但增加养护维修工作量，而且影响运营安全，严重者需进行翻修重做。因此，不设仰拱的隧道，为了便于隧道底排水，避免日后翻修重建的困难，应施作底板。

隧道底板所处岩石经常会软硬不均，加之有时施工未将杂物、虚渣、积水清除，在列车震动、冲击荷载作用下，隧道底板极易破坏，其破坏机理往往是因为局部受拉引起。根据实践经验规定，单双线隧道底板厚度不得小于 25 cm，且要求隧道底板加设钢筋，钢筋净保护层厚度不应小于 30 mm，以保证隧道的长期稳定及并满足道床沉降控制要求；为保证底板设计的最小厚度，底板施作前，要求将隧道底虚渣、杂物、积水等清除干净，并应采用混凝土找平。

（6）在洞身有明显的硬软地层分界处，由于地基承载力相差很大，前后衬砌下沉不匀，往往造成破裂，甚至引起其他病害，此时应设置变形缝。

位于曲线车站上的隧道及区间曲线地段的双线隧道，其断面内、外侧加宽同单线隧道，相邻两线路线间距的加宽，则根据站场、线路专业要求进行计算确定。

2.2.2 隧道洞门结构

1. 洞门及其应用

洞门（隧道门的简称，通常也泛指隧道门及明洞门）是隧道洞口用圬工砌筑并加以建筑装饰的支挡结构物。它联系衬砌和路堑，是整个隧道结构的主要组成部分，也是隧道进出口的标志。

洞门的作用主要有二：其一是支挡，即支挡隧道洞口正面仰坡和路堑边坡，拦截仰坡上方的小量剥落、掉块、保持仰坡和边坡的稳定，并保证洞口线路的安全；其二是防排水，将坡面汇水引离隧道。

此外，由于洞口是隧道唯一的外露部分，对它进行适当的建筑艺术处理，使之与周围景观相互协调，则可起到美化环境的作用，这在城市和风景区附近的隧道尤为需要。

由此可见，洞口对于确保洞内施工安全和隧道正常运营具有重要的作用，需要结合隧道所处的地形地质条件进行合理设计。

2. 洞门类型

1）端墙式洞门

当地质状况良好，切削后的岩体基本稳定，侧压力小时，可采用这种比较简单的形式。端墙式洞门外形示于图 2-16。

这种结构物正面为一片端墙，稍向内倾，有利于抵挡侧压力，端墙上方高出地面的一截，称为顶帽和挡渣墙，用以挡住滚石不致危害线路。挡渣墙里侧为洞顶排水沟，将仰坡流来的雨水汇集于此，排泄到隧道区域以外。岩体被切削出的坡面称为仰坡，仰坡坡率由地质情况而定，坡面要做处理，以能够保持长期稳定。在仰坡顶外，还要修一道包围坡面范围的截水沟（称为天沟），拦截山坡上留下的地表水。

如果岩体很稳定，地形自然坡度陡峭，无排水要求时，则可稍加切削后，沿衬砌外周作一不承力结构，称为洞口环框，仰坡面也要修整，目的是在长期运营期间，防止雨水冲刷，岩体风化，并给人以安全的感觉。

图 2-16　端墙式洞门

图 2-17　翼墙式洞门

2）翼墙式洞口

当洞口地质较差，山体纵向推力较大时，可在端墙前一侧或两侧，增设三角形砌体，形同翅膀，故称翼墙式洞口。翼墙和端墙要筑成一整体，以便共同作用，提高洞口抗滑移和抗倾覆的能力。翼墙顶有水沟，端墙相应位置开泄水孔，把洞门顶的积水引入路基水沟。

该种洞门外形如图 2-17 所示，如果洞口有路堑，且边坡高时，可用挡土墙代替翼墙。

3）柱式洞门

这种洞门比较粗重，抗御侧压能力强，而且立面有变化，显得壮观，但费工费料，如图 2-18 所示。当地质状况差，洞口纵向自然坡度陡，难以设置翼墙时用之；洞口处于需要美化的地点时，也可使用。

图 2-18　柱式洞门

4）台阶式洞口

当洞口线路和地形等高线斜交时，必然一侧开挖高度很大，为降低边仰坡高度，可把端墙顶做成台阶形，称为台阶式洞口，如图 2-19 所示。

图 2-19　台阶式洞门

图 2-20　喇叭口式洞门

5）喇叭口式洞门

高速铁路隧道，为减缓高速列车的空气动力学效应，对单线隧道，一般设喇叭口洞口缓冲段，同时兼作隧道洞门，如图 2-20 所示。

6）斜交洞口

解决因线路和等高线斜交而洞口一侧开挖边仰坡偏高的措施，除台阶式洞门外，还可使用斜交洞口。这种形式是把端墙墙面线设计成与线路斜交（通常为正交）而和地形等高线保持平行或近于平行，使得该处开挖横截面的地面线仍然两侧对称或近似对称。

使用斜交洞门，在洞口将出现一段呈三角楔形的斜交衬砌，这段衬砌受力状况和施工都比较复杂，斜交愈甚，状况愈复杂。规范规定，斜交洞门不宜在松软地层中使用，而且交角不要小于 45°。

3. 新型洞门

中国传统的铁路隧道洞门组成始终未脱离端墙、翼墙等挡土结构。其设计也只是从力学和安全角度出发，按照标准图模式，为适应地形变化做一些小修改，在洞口结构形式上创新较少。同时，目前常见的墙式洞口施工过程中，开挖进洞均需不同程度地对洞口边坡和仰坡进行刷坡处理。过多的刷坡破坏了原有地貌及植被，有时甚至危及洞口山体的稳定。施工期间大面积的刷坡改变了洞口周边的生态环境，必然不能满足当前生态和环境保护等方面的要求。

近年来，随着经济的发展和社会的进步，人们对环境景观日益重视，环境景观的设计得到了蓬勃的发展。在各种土木结构物的设计和建设中，人们对结构物景观方面的要求也越来越高，结构物的景观设计已成为各种结构物设计的重要内容之一。目前，无论是在道路、桥梁的设计中，还是在城市、风景区的规划中，都引进了景观设计的概念，而且不乏成功的例子。隧道洞口作为在铁路中频繁出现的土木结构物，与自然环境紧密相连，除了发挥其结构功能外，还应该对周围的总体环境有一种符号和象征的意义，也应该起到整座隧道标志的作用。因此，景观设计应该成为铁路隧道洞口设计的重要内容之一。

在进行人工景观设计（造景）的同时，要注意与自然景观的和谐一致（借景），主张天人合一；各种人工景观（相邻工程）之间也应考虑相互之间的协调关系；除此之外，硬质景观（洞门结构）与软质景观（洞口及周边的装饰、绿化、植被等）的协调一致也是不容忽视的。以上"三协调"要综合地加以分析，同时考虑费用上与需求之间的关系，才能做出合理科学的方案选择。

国内近几年陆续出现了一些新型洞口形式，如南昆线乐善村二号隧道、西和线乔尔沟隧道等，特别是高速公路隧道建设中，设计和建成了不少结构新颖、有利于环境和生态保护的新型洞门。国外很多隧道洞门具有很高的艺术性，它与周围环境完美地结合在一起，通常采用突出于山体的斜切式洞口，不破坏边仰坡，与周围环境融合较好，形成一道风景。随着社会的发展，人们对洞口的建筑的要求已不仅仅停留在结构的功能上，而且对美学和环境的要求越来越重视，力求达到建筑学、园林学、环境美学和力学的完美统一。

对高速铁路隧道，洞口设计不但要满足结构安全稳定、环保美观的要求，还要满足减缓微气压波影响的要求，不刷坡或少刷坡施作的突出于山体的切削式洞口就成为主导的洞口形式。

根据切削方式的不同及一些功能上的要求，铁路隧道洞口新型洞口的基本类型包括直切、正切、倒切、弧形挡墙加切削几种，又根据洞口与山体的相交关系分为正交和斜交两种情况。

针对具体隧道，洞口形式应根据洞口段的地形、地质、水文条件及洞外有关工程，同时考虑人文、历史因素进行选择。新型洞口的使用条件建议如下：

（1）直切式洞口适用于洞口山体坡度较陡或距离城市较近或有风景要求的隧道。

（2）倒切式洞口适用于洞口岩层稳定、整体性好、洞口山体坡度很陡或峭壁岩体处的隧道。

（3）正切式洞口适用于洞口山体坡度较缓或距离城市较近或有风景要求或桥隧相连地段的隧道。

（4）如果洞口山体坡度很缓，且洞口外有路堑边坡时，可以考虑采用弧形挡墙式，使弧形挡墙与路堑边坡有机连接。

（5）不同的洞口形式可以采用不同的排水形式。直切、正切式隧道洞口采用加檐形或喇叭口形排水形式，倒切式隧道洞口最好采用喇叭口形排水形式，弧形挡墙式隧道门采用加檐形排水形式。

2.2.3 明 洞

明洞是隧道的一种变形，它用明挖法修筑（隧道用暗挖法）。所谓明挖，系指把岩体打开，在露天修筑衬砌，然后回填土石。这样修成的构筑物，外形几乎与隧道无异，有拱圈、边墙和底板，净空相同，和地标相连处，也要设洞门、排水设施等。

明洞主要使用在如下场合：

洞顶覆盖层薄，难以用钻爆法暗挖修建隧道的地段；受坍方、落石、泥石流等威胁的地段；铁路、沟渠等必须在线路上方通过，且又不适宜做暗洞或立交桥时。

具体说来，明洞或者用于隧道靠洞口的一段，或者用于一侧或两侧边坡很高、又不稳定的路堑区间，在傍山线路中常能见到。明洞可以是新建时即设计成明洞的，也可以是在已开通运营后，上述地段出现坍方落石时采取的整治措施。

1. 拱式明洞

使用明洞处，往往地形地质比较复杂，在不同地形情况下，明洞有四种亚型，如图 2-21 所示：图（a）为路堑式对称型；图（b）为路堑式偏压型；图（c）为半路堑式偏压型；图（d）为半路堑式单压型。

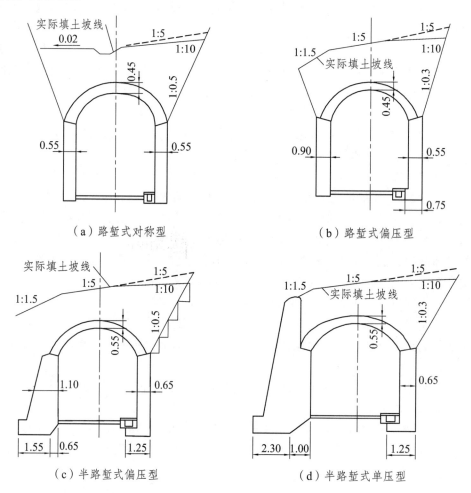

（a）路堑式对称型　　　　　　　　（b）路堑式偏压型

（c）半路堑式偏压型　　　　　　　（d）半路堑式单压型

图 2-21　拱式明洞的几种亚型

由上可知，除了路堑式对称型明洞以外，大部分外明洞都受有偏压，甚至单压，外墙要抵御相当大的侧压力，结构不对称，截面厚，有时还要设置深基础。此外，在明洞边墙两侧，是最后用土石填实的，相比隧道直接紧贴岩面的状况来说，结构承载后，比较容易位移变形，对其稳定也是不利的。由于这些原因，不少明洞需要采用钢筋混凝土结构，一般说，造价也高于隧道。

2. 棚式明洞

有些傍山线路，地形的自然横坡比较陡，按明洞设计，外侧没有足够的场地设置外墙及基础来确保其稳定，这是可以考虑采用另一种遮护建筑物——棚式明洞（简称棚洞）。棚式明洞常见的结构形式有盖板式、刚架式和悬臂式三种。

1）盖板式明洞

盖板式明洞由内墙、外墙及钢筋混凝土盖板组成简支结构。其上回填土石，以保护盖板不受山体落石的冲击。这种明洞的内侧应置于基岩或稳定的地基上，一般为重力式墩台结构，厚度较大，以抵抗山体的侧向压力，如图 2-22 所示。当基岩层完整，坡面较陡，地面水不大，采用重力式内墙开挖量较大时，可采用钢筋混凝土锚杆式内墙。外墙只承受由盖板传来的垂直压力，厚度较薄，要求的地基承载力较小。外墙也可做成梁式（即中间留有侧洞）以适应地形和节省圬工。

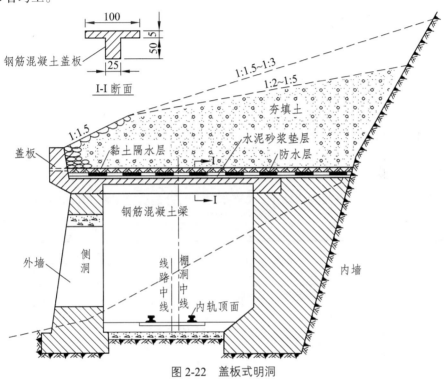

图 2-22　盖板式明洞

2）刚架式明洞

当地形狭窄，山坡陡峻，基岩埋置较深而上部地基稳定性差时，为了使基础置于基岩上且减小基础工程，可采用刚架式外墙，此时称明洞为刚架式明洞（有时也可采用长腿式明洞）。

该明洞主要由外侧刚架、内侧重力式墩台结构、横顶梁、底横撑及钢筋混凝土盖板组成，如图 2-23 所示。并做防水层及回填土石处理。

图 2-23　刚架式明洞

3）悬臂式棚洞

对稳定而陡峻的山坡，外侧地形难以满足一般棚洞的地基要求，且落石不太严重时，可修建悬臂式棚洞。它的内墙为重力式，上端接筑悬臂式横梁，其上铺以盖板，在盖板的内端设平衡重来维持结构受外荷载作用下的稳定性。同时为了保证棚洞的稳定性，要求悬臂必须伸入稳定的基岩内。

2.3　隧道附属构筑物

为了使隧道能够正常使用，保证车辆安全通行，满足洞内维修养护和敷设等，隧道还要设置一些附属结构物来配合。其中包括：隧道通风建筑物、安全避让设备、避难救援通道、防排水设备、照明设施和电力及通行信号设备等；同时修建相邻双孔隧道时，还要在相邻双孔隧道之间设置横通道。

1. 避车洞

避车洞交错设置在隧道两侧边墙上，大避车洞之间设置小避车洞，其间距和尺寸见表2-6。

表 2-6　避车洞的间距和尺寸

名称	一侧间距/m		尺寸/m		
			宽度	深度	中心高度
大避车洞	有砟道床	300	4.0	2.5	2.8
	无砟道床	420			
小避车洞	有砟道床	60	2.0	1.0	2.2
	无砟道床				

2. 电缆槽

隧道内电缆槽的布置和设置条件，除应符合有关专业的要求外，通信、信号电缆可设在一个电缆槽内，通信、信号电缆必须和电力电缆分槽敷设。电缆槽盖板顶面要与避车洞底面或道床顶面平齐，当电缆槽与水沟同侧并行时，应与水沟盖板平齐。

3. 其他设施

同时修建相邻双孔隧道时，按表2-7规定在相邻双孔隧道之间设置供巡查、维修、救援等使用的行人和行车横通道。

表 2-7　横通道间距和尺寸

名称	间距/m	宽度/m	高度/m
行人横通道	300～400	2.0	2.2
行车横通道	600～800	4.0	4.5

Ⅰ级铁路的特长隧道和有特殊需要的长隧道，宜单独设置存放专用器材等运营养护设备

的洞室，并做出明显标志。必要时，还应设置报警、消防及其他应急设施。

旅客列车行车速度 160 km/h 及以上的新建铁路隧道，根据隧道长度及防灾救援等情况考虑设置救援通道。对有辅助坑道的隧道，应利用辅助坑道做紧急出口。

思考题

1. 简述在隧道衬砌断面初步拟定时应考虑哪些因素。
2. 曲线隧道净空加宽的原因是什么？如何加宽？
3. 隧道衬砌有哪些类型？
4. 隧道洞口位置选择时为何要"早进晚出"？
5. 《规范》TB 10003—2016 规定："（1）时速 160 km 铁路隧道，轨面以上净空面积双线不小于 76 m²；时速 200 km 铁路隧道，轨面以上净空面积双线不小于 80 m²。（2）各级围岩均应采用曲墙式衬砌。"说明上述两条规定的原因。
6. 简述洞门的作用？其形式有哪些？各适用什么条件？
7. 明洞的形式有哪些？其适用条件是什么？
8. 简述隧道附属建筑物的类型。
9. 避车洞的设置要求是什么？

3 围岩分级与围岩压力

3.1 围岩分级

围岩是隧道周围由于开挖引起扰动的岩体，即隧道开挖后其周围产生应力重分布范围内的岩体。修建隧道所遇到的地质条件从松散的流沙到坚硬的岩石，从完整的岩体到极破碎的断裂构造带，其变化幅度大。在不同的岩体条件中开挖隧道后岩体所表现出的形态是不同的，可归纳为充分稳定、基本稳定、暂时稳定和不稳定四种。

由于隧道工程所处的地质环境十分复杂，人们对它的认识还远不够完善。根据长期的工程实际，工程师们认识到各种围岩的物理性质之间存在着一定的内在联系和规律，依照这些联系和规律，可将围岩划分为若干级，这就是围岩分级。

3.1.1 围岩分级的目的

围岩分级是指根据岩体完整程度和岩石强度等指标将无限的岩体序列划分为具有不同稳定程度的有限个类别，即将稳定性相似的一些围岩划归为一类，将全部的围岩划分为若干类。在围岩分类的基础上再依照每一类围岩的稳定程度给出最佳的施工方法和支护结构设计。围岩分级的目的是，作为选择施工方法的依据，是进行科学管理及正确评价经济效益、确定结构上的荷载（松散荷载）、确定衬砌结构的类型及尺寸、制定劳动定额、制定材料消耗标准等的基础。隧道围岩分级是评定围岩性质、判断隧道围岩稳定性，作为选择隧道位置、支护类型的依据和指导安全施工。

3.1.2 围岩的分级方法

围岩的分级方法有很多种，它是在人们的不断实践和对围岩的地质条件逐渐加深了解的基础上发展起来的，不同的国家、不同的行业都根据各自的工程特点和目的提出了各自的围岩分级方法。现行的许多围岩分级方法中，作为分级的基本要素大致有以下三大类。

第一类：与岩性有关的要素，例如分为硬岩、软岩、膨胀岩等。其分级指标是岩石强度和变形性质等，例如岩石的单轴抗压强度、岩石的变形模量或弹性波速度等。

第二类：与地质构造有关的要素，如软弱结构面的分布与性态、风化程度等。其分级指标采用诸如岩石的质量指标、地质因素评分法等。这些指标实质上是对岩体完整性或结构状态的评价。这类指标在划分围岩的级别中一般占有重要的地位。

第三类：与地下水有关的要素。

目前国内外围岩的分级方法，考虑上述三大基本要素，按其性质主要分为如下几种。

1. 以岩石强度或岩石的物性指标为代表的分级方法

1）以岩石强度为基础的分级方法

这种围岩分级方法，单纯以岩石的强度为依据。这种分级方法认为坑道开挖后，它的稳定性主要取决于岩石的强度。岩石越坚硬，坑道越稳定；反之，岩石越松软，坑道的稳定性就越差。实践证明，这种认识是不全面的。例如我国陕北的老黄土，无水时直立性很强，稳定性相当高，在无支护条件下可维持十几年，甚至几十年之久，但其单轴抗压强度却很低；又如江西、福建一带的红砂岩，整体性好，坑道开挖后稳定性较好，但其强度却不高。因此单纯以岩石强度为基础的分级方法需要改进完善。

2）以岩石的物性指标为基础的分级方法

在这类分级方法中具有代表性的是苏联普洛托奇雅柯诺夫教授提出的"岩石坚固性系数"分级法（或称 f 分级法，又叫普式分级法），把围岩分成十类。这种分级法曾在我国的隧道工程中得到广泛的应用。f 值是一个综合的物性指标值，它表示岩石在采矿中各个方面的相对坚固性，如岩石的抗钻性、抗爆性、强度等。但以往人们确定 f 值主要采用强度试验方法，再兼顾其他指标，即

$$f_{岩石} = (1/150 \sim 1/100) R_c$$

式中　R_c——岩石饱和单轴极限抗压强度。

我国把 f 值应用到隧道工程的设计、施工时，考虑了地质条件的影响，即考虑围岩节理、裂隙、风化等条件，实质上是把由强度决定的 f 值适当降低，即：

$$f_{岩体} = K f_{岩石}$$

式中　K——地质条件折减系数。

2. 以岩体构造、岩性特征为代表的分级方法

1）泰沙基分级法

这种分级法是在早期提出的，限于当时条件，仅把不同岩性、不同构造条件的围岩分成九类，每类都有一个相应的地压范围值和支护措施建议。在分级时是以坑道有水的条件为基础的，当确认无水时，Ⅳ~Ⅶ类围岩的地压值应降低 50%。这一分级方法曾长期被各国采用，至今仍有广泛的影响。

2）以岩体综合物性为指标的分级方法

20 世纪 60 年代，我国在积累大量铁路隧道修建经验的基础上，提出了以岩体综合物性指标为基础的"岩体综合分级法"，并于 1975 年经修正后正式作为铁路隧道围岩分级方法，后经多次修订列入我国现行的《规范》中。

3. 与地质勘探手段相联系的分级方法

1）按弹性波（纵波）速度的分级方法

随着工程地质勘探方法，尤其是物探方法的进展，1970 年前后，日本提出按围岩弹性波速度进行分级的方法。

围岩弹性波速度判断岩性、岩体结构的综合指标，它既可以反映岩石软硬，又可表达岩

体结构破碎程度。根据岩性、构造状态及土压状态，将围岩分成七类。我国从 1986 年起，也开始将围岩弹性波（纵波）速度引入到我国围岩分级方法中。

2）以岩石质量为指标的分级方法—RQD 方法

所谓岩石质量为指标的分级方法 RQD 是指钻探时岩芯复原率，或称岩芯采取率。岩芯复原率即单位长度钻孔中 10 cm 以上的岩芯占有比例，可写为

$$RQD = 10 \text{ cm 以上岩芯累计长度/单位钻孔长度} \times 100\% \tag{3-1}$$

这个分级方法将围岩分成五类。

4. 组合多种因素的分级方法

比较完善的是 1974 年挪威地质学家巴顿等人提出的"岩体质量 Q"的分级方法。这个分级方法是把表明岩体质量的 6 个地质参数之间的关系表达为

$$Q = \frac{RQD}{J_h} \times \frac{J_r}{J_a} \times \frac{J_w}{SRF} \tag{3-2}$$

式中　　RQD——岩石质量指标，取值方法见式（3-1）；

J_h——节理组数目；

J_r——节理粗糙度；

J_a——节理蚀变值；

J_w——节理含水折减系数；

SRF——应力折减系数。

通过进一步的分析发现，RQD/J_h 表示岩体的大小；J_r/J_a 表示岩体间的抗剪强度；J_w/SRF 表示作用应力。所以岩体质量值 Q 实质上是岩块尺寸、抗剪强度和作用力的复合指标。根据不同的 Q 值，将岩体质量评为九级。

综上所述，围岩分级是多种多样，至今还没有一个统一的分级方法。但从发展趋势看，围岩的分级方法有以下几方面的发展趋势。

（1）分级应主要以岩体为对象。单一的岩石是分级中的一个要素，岩体则包括岩块和各岩块之间的软弱结构面。因此分级的重点应放在岩体的研究上。

（2）分级宜与地质勘探手段有机地联系起来，这样才有一个方便而又较可靠的判断手段。随着地质勘探技术的发展，这将使分级指标更趋定量化。

（3）分级要有明确的工程对象和工程目的。目前多数的分级方法都与坑道支护相联系。坑道围岩的稳定性、坑道开挖后暂时稳定时间等与支护方法和类型密切相关，因而进行分级时以此来体现工程目的是不可缺少的。

（4）分级宜逐渐定量化。目前大多数的分级指标是经验或定性的，只有少数分级是半定量化的，这是因为客观地质体非常复杂。

值得注意的是，近年来国内外有关学者提出采用模糊数学分级，根据坑道周边量测的收敛值分级，采用人工智能——专家系统分级等的建议。这些设想都将使围岩分级方法日趋完善。

3.1.3　我国铁路隧道的围岩分级法

根据隧道工程的实践经验，我国《规范》给出的隧道围岩分级见表 3-1 所示。

表 3-1　铁路隧道围岩分级表

围岩级别	围岩主要工程地质条件		围岩开挖后的稳定状态（单线）	围岩弹性纵波速度 $v_\mathrm{p}/$（km/s）
	主要工程地质特征	结构特征和完整状态		
I	极硬岩（单轴饱和抗压强度 R_c＞60 MPa）：受地质构造影响轻微，节理不发育，无软弱面（或夹层）；层状岩层为巨厚层或厚层，层间结合良好，岩体完整	呈巨块状整体结构	围岩稳定，无坍塌，可能产生岩爆	＞4.5
II	硬质岩（R_c＞30 MPa）：受地质构造影响较重，节理较发育，有少量软弱面（或夹层）和贯通微张节理，但其产状及组合关系不致产生滑动；层状岩层为中厚层或厚层，层间结合一般，很少有分离现象，或为硬质岩石偶夹软质岩石	呈巨块或大块状结构	暴露时间长，可能会出现局部小坍塌，侧壁稳定；层间结合差的平缓岩层，顶板易坍落	3.5～4.5
III	硬质岩（R_c＞30 MPa）：受地质构造影响严重，节理发育，有层状软弱面（或夹层），但其产状及组合关系尚不致产生滑动；层状岩层为薄层或中层，层间结合差，多有分离现象；或为硬、软质岩石互层	呈块（石）碎（石）状镶嵌结构	拱部无支护时可产生小坍塌，侧壁基本稳定，爆破震动过大易坍	2.5～4.0
III	较软岩（R_c=15～30 MPa）：受地质构造影响较重，节理较发育；层状岩层为薄层、中厚层或厚层，层间结合一般	呈大块状结构		
IV	硬质岩（R_c＞30 MPa）：受地质构造影响极严重，节理很发育；层状软弱面（或夹层）已基本破坏	呈碎石状压碎结构	拱部无支护时，可产生较大的坍塌，侧壁有时失去稳定	1.5～3.0
IV	软质岩（R_c=5～30 MPa）：受地质构造影响严重，节理发育	呈块（石）碎（石）状镶嵌结构		
IV	土体：1. 具压密或成岩作用的黏性土、粉土及砂类土；2. 黄土（Q_1、Q_2）；3. 一般钙质、铁质胶结的碎石土、卵石土、大块石土	1和2呈大块状压密结构，3呈巨块状整体结构		
V	岩体：软岩，岩体破碎至极破碎；全部极软岩及全部极破碎岩（包括受构造影响严重的破碎带）	呈角砾碎石状松散结构	围岩易坍塌，处理不当会出现大坍塌，侧壁经常小坍塌；浅埋时易出现地表下沉（陷）或坍塌至地表	1.0～2.0
V	土体：一般第四系坚硬、硬塑黏性土，稍密及以上、稍湿或潮湿的碎石土、卵石土、圆砾土、角砾土、粉土及黄土（Q_3、Q_4）	非黏性土呈松散结构，黏性土及黄土呈松软结构		
VI	岩体：受构造影响严重呈碎石、角砾及粉末、泥土状的断层带	黏性土呈易蠕动的松软结构，砂性土呈潮湿松散结构	围岩极易坍塌变形，有水时土砂常与水一齐涌出；浅埋时易坍塌至地表	＜1.0（饱和状态的土＜1.5）
VI	土体：软塑状黏性土、饱和的粉土、砂类土等			

注：①层状岩层的层厚划分。

　　巨厚层：厚度大于 1.0 m；厚层：厚度大于 0.5 m，且小于等于 1.0 m；

　　中厚层：厚度大于 0.1 m，且小于等于 0.5 m；薄层：厚度小于或等于 0.1 m。

②围岩分级级别数字越小，围岩性质越好。

3.2 围岩压力

1. 围岩压力的概念

围岩压力是指引起隧道围岩和支护的变形及破坏的作用力，既包括由地应力引起的围岩应力，又包括围岩变形受到支护的约束而作用在支护结构上的作用力。从狭义上讲，围岩压力是指围岩作用在支护上的压力。

（1）坑道开挖前岩体中的原始应力状态。坑道开挖前，岩体是一个处于平衡状态的半无限体，在仅有重力作用下，其中任一深度处一点的应力状态。

（2）坑道开挖后围岩的应力状态。由于坑道的开挖，破坏了原来的平衡状态，使靠近坑道周边部分围岩的应力状态发生了变化，同时产生了位移，直至达到新的平衡状态。

2. 围岩压力的客观表现

无支护的坑道，往往有岩块掉落或从坑道周边弹出，局部坍塌，围岩内挤，坑道底部鼓起，甚至全部垮坍。有支护的坑道，则会有支护破裂，变形，倒坍等。

在有些情况下，虽然无支护，但坑道坍塌到一定程度会稳定下来，而且成为一种自然的拱形。这实际上是以天然的拱承受着上覆土体重力，即所谓的成拱作用。拱下和坑道周边两侧坍塌的岩体则是施加给坑道支护结构的荷载，即所谓的松动围岩压力。

3. 水平坑道中围岩压力的种类

在水平坑道中，围岩压力一般可归纳为三类，即：垂直压力，侧压力，底压力。其分布可假定为规则（均匀分布）的，实际上往往是不规则的，当地形变化较大或坑道两侧山体的高差很大时，则要根据实际情况进一步分析。

4. 围岩压力的影响因素

影响围岩压力的因素很多：一类是工程地质因素，主要包括原始应力状态、岩石的力学性质、岩体的结构面等；另一类是工程结构因素，包括施工方法、支护设置时间，支护本身的刚度、坑道形状和尺寸、埋置深度等。其中起决定作用的是围岩的地质条件、它是内因，其对围岩压力的影响已在围岩分级中述及。现对其他的因素（外因）进行分析。

（1）时间因素。不论何种围岩，在坑道开挖后的暴露时间越短越好。从另一个方面讲，就是修筑永久性衬砌，并使之能提供所需的支护力的时间不宜过迟，否则要受到较大的松动围岩压力。按照一般混凝土衬砌的修筑方法，从开挖到做完衬砌并使之具有一定的强度，往往需要较长的时间，因此衬砌结构一开始就要受到很大的松动围岩压力，衬砌结构就要做得更厚些。采用喷射混凝土技术来支护围岩，可使围岩暴露时间很短，制止围岩的过大变形或松动，充分利用围岩自身的承载能力。

（2）坑道的尺寸与形状因素。围岩压力是随着坑道的尺寸增大而增大的，而当坑道有导致引起应力集中的形状时，即有明显的拐角，围岩压力是较大的。

（3）坑道的埋深因素。当坑道的埋置深度在一定范围内时，围岩压力是随着埋深的增大而增大；当坑道的埋深超过此范围时，则围岩压力基本不受埋深变化的影响。

（4）支护因素。有支护的坑道的围岩压力要比无支护坑道的小，支护及时要比支护晚的围岩压力小，支护与坑道周边密贴得越好则围岩压力越小，支护的刚度较小即柔性支护时坑道的围岩压力亦小。

（5）爆破因素。采用爆破法开挖对坑道的围岩压力极为不利，尤其是对地质条件较差的围岩，爆破的扰动很大，造成围岩压力过大，岩体松动甚至坍方。因此，在隧道施工中应严格控制爆破用药量，提倡采用光面爆破，预裂爆破等先进的爆破技术。

（6）超挖回填因素。衬砌背后的超挖部分在施工时回填不密实，使围岩得不到很好的支护而继续松动，严重时会造成围岩坍塌，引起衬砌裂损。

5. 确定围岩压力的方法

隧道围岩压力的确定方法一般有：现场量测法，理论计算法，统计法。现场量测法是用仪器实地量测围岩压力的大小，最具说服力。但因量测技术手段方面的因素影响，量测的结果不能充分反映真实情况。理论计算是用一些成熟的计算理论对围岩体做一些假定，来实现对隧道围岩压力的计算，因围岩的条件千变万化，所用的计算参数难免有与实际不符之处，故现阶段理论计算往往还需要配合其他方法。通过实际工程的围岩压力值的统计分析而成的经验计算方法具有简单可靠等特点而被广泛采用。目前，在实际工程中往往用上述几种方法互相验证。

1）深埋隧道围岩压力

计算单线深埋隧道（隧道开挖引起的应力重新分布不涉及地表的隧道为深埋隧道）衬砌的围岩松弛压力时，围岩压力按松散压力考虑。

（1）垂直均布压力。

垂直均布压力的标准值可按式（3-3）确定。

$$q = \gamma H_q \qquad\qquad (3\text{-}3)$$

$$H_q = 0.41 \times 1.79^S$$

式中　q——垂直均布压力（kPa）；

γ——围岩重度（kN/m³）；

H_q——围岩压力计算高度（m）；

S——围岩级别，如Ⅱ级围岩S=2。

（2）水平均布压力。

水平均布压力的标准值可按表3-2确定。

表3-2　围岩水平均布压力

围岩级别	Ⅰ，Ⅱ	Ⅲ	Ⅳ	Ⅴ	Ⅵ
水平均布压力	0	<0.15q	（0.15~0.30）q	（0.10~0.50）q	（0.50~1.00）q

注：式（3-3）和表3-2适用条件：

　① 产生显著偏压力及膨胀性压力的一般围岩。

　② 采用钻爆法施工的隧道。

当地面水平或接近水平，且单（双）线隧道覆盖深度小于表3-3所列数值时应按浅埋隧道进行设计。

表 3-3 隧道覆盖深度

围岩级别	III	IV	V
单线隧道/m	5~7	10~14	18~25
隧道覆盖深度/m	8~10	15~20	30~35

2）浅埋隧道围岩压力

对浅埋隧道而言，由于形不成天然拱而不能再套用深埋隧道的围岩压力的确定方法，所以要通过研究浅埋隧道岩体的平衡条件，找出新的方法。

（1）深埋，浅埋隧道的判定原则。

一般情况下是以隧道上方岩层是否能形成天然拱为深埋隧道和浅埋隧道的分界原则，但具体值较难确定，目前在铁路隧道设计中是以实际统计资料值来确定的。

$$H_p = (2.0 \sim 2.5)h_a \tag{3-4}$$

式中 H_p——深埋隧道与浅埋隧道的分界埋深；

h_a——铁路隧道实际坍方体统计平均高度，$h_a = 0.41 \times 1.79^s$。

当 $H \geqslant H_p$ 时，隧道为深埋；当 $H < H_p$ 时，隧道为浅埋。一般在松软的围岩中取高限，在较坚硬的围岩中取低限，其他情况视具体情况而定。

（2）浅埋隧道围岩压力确定方法。

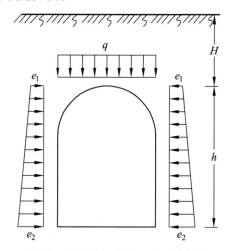

图 3-1 埋深小于 h_a 时围岩压力计算

① 当 $H \leqslant h_a$ 时，作用在隧道衬砌上的压力为

垂直压力 $\quad\quad\quad q = \gamma H \tag{3-5}$

侧向水平压力 $\quad e_1 = \gamma H \lambda \tag{3-6}$

$$e_2 = \gamma(H + h)\lambda \tag{3-7}$$

$$\lambda = \tan^2(45° - \phi/2)$$

式中 H——隧道埋深（m）；

h——隧道开挖高度（m）；

e_1——作用在隧道顶处侧压力（kN/m^2）；

e_2——作用在隧道底处侧压力（kN/m^2）；

ϕ——围岩的计算摩擦角（°）。

② 当 $h_a < H < H_p$ 时，垂直均布压力标准值按式（3-8）计算。

$$qk = \gamma H(1 - b_k H / B) \qquad (3-8)$$

式中 γ——围岩重度（kN/m^3），按表3-4取值；

B——坑道宽度（m）；

b_k——垂直均布作用的夹持系数，按表3-4取值。

表3-4 围岩重度及夹持系数

围岩级别	IV	V	VI
围岩重度 γ/（kN/m^3）	20.5	18.5	16.0
拱部截面夹持系数 b_k	0.10	0.08	0.01
边墙截面夹持系数 b_k	0.23	0.16	0.08

③ 水平侧压力按梯形分布，其标准值按式（3-9）计算。

$$e_{ik} = \lambda_k H_i \gamma \qquad (3-9)$$

式中 e_{ik}——结构高度范围内，任一点 i 的水平侧压力标准值；

H_i——结构高度范围内，任一点 i 离地面的高度（m）；

λ_k——侧压力系数，按表3-5取值。

表3-5 侧压力系数 λ_k

围岩级别	IV	V	VI
拱部截面侧压力系数 λ_k	0.15	0.25	0.35
边墙截面侧压力系数 λ_k	0.35	0.50	0.65

【例3-1】某隧道洞口地段地质条件为IV类围岩，其隧道开挖高度为8.0 m，宽度为6.4 m，试求洞顶4 m、8 m 及12 m 的围岩压力。

【解】计算隧道实际坍方体统计平均高度

$$h_a = 0.41 \times 1.79^s = 0.41 \times 1.79^4 = 4.21（m）$$

$$H_p = 2.5h_a = 2.5 \times 4.21 = 10.53（m）$$

1）求4 m 处的围岩压力

（1）判断深、浅埋。

$H = 4$ m $< h_a = 4.21$ m $< H_p = 10.53$ m，所以洞顶4 m 处为浅埋。

则 $q = \gamma H = 20.5 \times 4 = 82.0（kN/m^2）$

（2）侧压力。

$$e_1 = \gamma H \lambda = 20.5 \times 4 \times 0.15 = 12.3（kN/m^2）$$

$$e_2 = \gamma(H + h)\lambda = 20.5 \times（4 + 8）\times 0.35 = 86.1（kN/m^2）$$

（3）水平均布压力。
$$e=（e_1+e_2）/2=（12.3+86.1）=49.2（kN/m^2）$$

2）求 8 m 处的围岩压力

（1）判断深、浅埋。

h_a=4.21 m＜H=8 m＜H_p=10.53 m，所以洞顶 8 m 处为浅埋。

（2）垂直均布压力。
$$q=\gamma H（1-b_k H/B）=20.5×8×[1-（0.10*8/6.4）]=143.5（kN/m^2）$$

（3）侧压力。
$$e_1=\gamma H\lambda=20.5×8×0.15=24.6（kN/m^2）$$
$$e_2=\gamma(H+h)\lambda=20.5×（8+8）×0.35=114.8（kN/m^2）$$

（4）水平均布压力。
$$e=（e_1+e_2）/2=（24.6+114.8）=69.7（kN/m^2）$$

3）求 12 m 处的围岩压力

（1）判断深、浅埋。

H=12 m＞H_p=10.53 m，所以洞顶 12 m 处为深埋。

（2）垂直均布压力。

$$q=\gamma H_q$$

$$H_q=0.41×1.79^s=0.41×1.79^4=4.21（m）$$

$$q=\gamma H_q=20.5×4.21=86.31（kN/m^2）$$

（3）水平均布压力。
$$e=（0.15～0.3）q=（0.15～0.3）×86.31=12.95～25.89（kN/m^2）$$

思考题

1. 什么叫围岩？隧道围岩分级的目的是什么？
2. 我国现行铁路隧道围岩分为几级？其考虑的主要因素有哪些？
3. 什么叫围岩压力？围岩压力有哪几种？
4. 什么叫深埋隧道？隧道深浅埋如何判断？
5. 隧道围岩压力是随着隧道埋深的增加而增大吗？为什么？

4 隧道施工准备和施工量测

4.1 隧道施工准备

1. 隧道施工前准备工作

隧道施工包括修建隧道的施工方法、施工技术和施工管理。在隧道施工前，应做好施工准备和施工测量放样工作，即应做好现场调查研究，核对设计文件和编制隧道施工组织设计等工作。

1）隧道施工前现场调查研究

（1）预测隧道施工对地表和地下已设构造物的影响。

（2）对交通运输条件和施工运输便道进行方案比选

（3）隧道施工场地布置与洞口相邻工程、弃渣利用、农田水利、征地等的关系。

（4）建筑物、道路工程、水利工程和电信、电力线等设施的拆迁情况和数量。

（5）调查和测试水源、水质、水量和供水方案（包括施工用水和生活用水）

（6）天然筑路材料（黏土、砂砾、石料）的产地、数量、质量鉴定及供应方案。

（7）可以利用的电源、动力、通信、机具车辆维修、物资、消防、劳动力、生活供应及医疗卫生条件。

（8）当地气候、气象和水文资料及居民点的社会情况（气温、冻害、风力、雨量、水位）。

（9）隧道施工中和营运后对自然环境、生活环境的影响及需要采取的保护措施。

（10）地质调查。包括：洞口、浅埋地段、隧道洞身可能穿过或通过的严重风化层、堆积层、台地、滑坡、沟谷、断层、褶皱，破碎带、岩溶地区、洞穴、黄土层、盐地层、泥石流、含煤地及有害气体瓦斯地带，地下水发育地区范围及对隧道施工的影响情况等。

（11）施工条件调查。施工设备及场地条件调查。施工设备调查的具体内容包括符合布局条件、环境条件、给排水条件、动力输入条件等；施工场地主要包括房屋、设备安装、库房、材料场、加工厂、混凝土拌和场、施工道路、弃渣场等。

（12）其他方面的调查。

① 经济调查。

查明当地可支援的季节性劳动力、各种建筑材料的产量、施工用具加工能力、可以利用的动力或电源及其供应量、交通运输条件；

引入线便道方案和拟利用的铁路，进场便道应了解曲线半径、桥梁载重、病害工点；

当地可供施工期间居住的房屋数量，需要进行的临时建筑用地、拆迁补偿费用。

② 生活方面的调查。

主副食品和燃料的供应情况，供应点至工地的运输条件；

当地的邮电局、商店、银行能否满足工地需求；

当地医疗卫生条件与多发病、常见病和传染病情况等。

③ 当地风俗习惯调查。

深入了解当地少数民族的宗教、风俗习惯，以便教育施工人员严格遵守民族政策，尊重当地民族风俗习惯，加强民族团结，创造社会安定环境，以有利于铁路交通建设的顺利进行。

2. 施工单位应全面熟识和核对设计文件

1）现场核对设计文件

会同设计单位进行现场核对设计文件，做好以下工作：

（1）掌握隧道工程的重点和难点，了解隧道方案的选定及设计经过。

（2）重点复查对隧道施工和环境保护影响较大的地形、地貌、工程地质及水文地质条件是否符合实际，环境保护措施是否恰当。

（3）核对隧道与所在区段的位置是否与线路总平面图和纵断面图一致；了解隧道平面、纵断面设计图表资料，并全面核对。

（4）核对隧道进出口和辅助坑道的位置、洞门位置、式样、衬砌类型是否与洞口周围环境相适应，洞口仰坡和边坡是否稳定及安全。

（5）校对设计文件中确定的施工方法、技术措施与施工实际条件是否相符合，有无变更的必要等。

（6）核对洞口、洞外排水系统和设施的布置是否与地形、地貌、水文、气象等条件相适应。

（7）核对洞口与洞口土石方、洞口与桥涵、当护墙等工程的关系和施工衔接，以及其对洞口现场布置和洞内施工的影响。

（8）弃渣方案是否符合施工布置的要求，对占用耕地和农田灌溉的影响。

2）现场交接和核对测量桩

根据设计单位交付的控制桩位和设置永久水准点，会同设计单位一起进行交接和核对：

（1）隧道测量控制点、施工测量用的水准点及基准点，并进行复核。

（2）隧道进洞依据的桩橛：每个洞口应有中线投点桩和两点以上后视桩橛，并设有两个水准基点，作为隧道进口的依据。

（3）主要的中线测量桩，其方法和坐标均应进行复测和验算，两端洞口和辅助坑道的水准基点应联测一次，查对是否达到精度要求。

3. 编制实施性施工组织设计

一般应以一座隧道为单位（或一个洞口）进行编制实施性施工组织设计。编制内容应包括总说明书、施工方法、工区划分、洞口场地布置图、施工进度图、施工计划图、工程数量表、人员安排和劳动组织计划、施工机具设备计划、主要材料计划、大堆材料数量和运量计划、临时工程计划、洞口有关工程、施工技术措施、电力和运输，以及安全、质量、环保、技术、节约等主要措施。

1）隧道施工组织设计总说明书

说明书应阐明隧道工程概况、地质条件和采用的施工方法、各项编制依据、工期要求、施工中可能遇到的困难和采取的相应措施，以及其他需要说明的问题。

2）隧道施工方法选择

应根据工程地质和水文地质条件，结合隧道长度、断面、结构类型，工期要求、施工技术力量全生产、机械设备、材料、劳动力组合等情况合理确定，并依此编制施工进度计划。

3）隧道开工前应绘制施工场地的总布置图

施工场地布置，应结合工程规模、工期、地形特点、弃渣场和水源等情况，本着因地制宜、充分利用地形、合理布置、统筹安排的原则进行，并应符合下列要求：

（1）以洞口为中心布置施工场地，施工场地应事先规划，分期安排，并减少与现有道路交叉干扰。

（2）铺道运输的弃渣线、编组线和联络线，应形成有效的循环系统。

（3）长隧道洞外应有大型机械设备安装、维修和存放的场地。

（4）机械设备、附属车间、加工厂应相对集中，仓库应靠近公路，并设有专用线。

（5）合理布置大堆材料（砂石料）、施工备品及回收材料堆放场地的位置。

（6）生活服务设施，应集中布置在宿舍、保健和办公室用房的附近。

（7）运输便道、场区道路和临时排水设施等，应统一规划，做到合理布局、形成网络。

（8）危险品库房按有关安全规定办理。

4）隧道施工进度图

影响安排施工进度的因素很多，如地质情况、机具设备、材料供应、施工技术水平等。施工月计划可根据进度图的几个重要环节时间（如进洞、贯通、衬砌进程、洞内装饰、全部竣工）加以调整。

5）工程数量表

按划分的施工范围，换算洞内开挖、支撑、衬砌、回填和洞门、仰坡土石方排水系统以及辅助等各项工程数量。

6）人员安排和劳动组织安排

根据施工进度安排工程数量，包括洞外各项工程、临时工程和附属工程辅助作业等，按定额和工班组织分期安排劳动组织计划。

7）隧道施工机具设备计划

根据施工方法和进度安排，以及供风、供电、供水等方案，对所需使用的机具，按型号、规格数量，编制机械和设备计划表（包括管线路、拱架、钢模及斗车等）。

8）主要材料的供应计划

根据工程数量、施工进度和机械运转计划，按材料消耗定额，计算出分年度、季度供应的主要材料数量表（爆破器材、木料、水泥、钢材、各种燃料和油料等）。

9）大堆材料数量及运输计划

根据各施工口的进度分年度、季度、月份计算用砂、碎石、片石、块石等的数量，并按定额加损耗计算运量。

10）临时工程施工计划

对生产、办公和生活房屋，公路运输和其他道路，风、水、电设施和管线路的运输和架设，安装电用的储水池和机械用的循环水池以及其他大型辅助设施等，分别算出工程数量和劳动工日数。

临时工程应在隧道开工前基本完成。运输便道需引至洞口，应经常养护，保证畅通。风、水、电设施应靠近洞口，安装机械和管线应按有关规定布置，并及早架设。临时房屋应选用定型，拼装或简易式建筑，并适用于施工人员工作和生活需要。严禁把临时房屋布置在受洪水，泥坍方、滑坡及雪崩等自然灾害威胁的地段，临时房屋的周围应设有排水系统，应避开生活用水排放，并防止产生次生灾害及污染河流下游河段。

11）洞口有关工程计划

隧道开工前，宜及时做好洞口前容易干扰洞身施工的有关工程，如洞外路基、支护挡墙和桥涵等与隧道施工有干扰的工程，并计算其工程数量及需用的主要材料、劳动工日和机具设备，做到隧道施工统筹安排。

12）隧道施工技术措施

施工前应结合工程特点和新材料、新技术、新工艺的推广应用等，对职工进行安全技术交底和培训。针对隧道施工中容易发生的工程质量、施工安全和影响施工进度的问题，提出具体有效措施。预计在施工期内全面完成任务所要采取的手段、新技术和新工艺，以保证节省材料、降低成本、加快施工进度，创优质工程等。

4.2　隧道施工监控量测

隧道现场监控量测包括隧道施工阶段与营运阶段控制测量和监控量测。控制测量主要目的是检查隧道施工阶段或竣工验收后的隧道中线和净空断面的位置尺寸是否能符合设计要求。监控量测解决的问题是在隧道施工阶段和营运阶段，使用各种量测仪表和工具对围岩变化情况及支护结构的工作状态进行量测，及时提供围岩稳定程度和支护结构可靠性的全信息，预见事故和险情，作为调整和修改支护设计的依据，并在复合式衬砌中，依据测量结果确定二次衬砌施作的时间，以达到监控隧道围岩和支护结构的变位与应力不超过设计标准。本节仅介绍隧道施工阶段和营运阶段的围岩与支护结构的监控、量测。监控设计和信息设计的原理：通过现场测量获得围岩力学动态和支护状态的有关数据（信息），再通过对这些数据（信息）的数理和力学分析，来判断围岩和支护结构体系的稳定性及工作状态，从而选择和修正支护参数以及指导施工和设计。

4.2.1 一般规定

铁路隧道监控量测应科学合理，设计单位应进行监控量测设计，施工单位应编制监控量测实施细则，施工中应按细则实施，工程竣工后将监控量测资料整理归档并纳入竣工文件中。

（1）监控量测设计应包括以下内容：

① 确定监控量测项目。

② 确定测点布置原则、监控量测断面及监控量测频率。

③ 确定监控量测控制基准。

（2）施工单位应配置专业的监控量测人员和设备，监控量测人员应经培训后上岗，掌握成熟、可靠的测试数据处理与分析技术。并应成立现场监控量测小组，并纳入施工质量保证体系，负责及时将监控量测信息反馈于施工和设计。监控量测人员应相对稳定，确保监控量测工作的连续性。

（3）现场监控量测工作应包括以下主要内容：

① 现场情况的初始调查。

② 编制实施细则。

③ 布设测点并取得初始监测值。

④ 现场监控量测及分析。

⑤ 提交监控量测成果。

（4）监控量测实施细则应经监理单位、建设单位批准后实施，并作为现场作业、检查验收的依据。监控量测变更应经监理工程师批准。

（5）监控量测系统应可靠、稳定、耐久，在服务期内运转正常。仪器设备应按规定进行检查、校对和率定，并出具相关证明。

（6）测点应牢固可靠、易于识别，并注意保护，严防损坏。

（7）施工现场应建立严格的监控量测数据复核、审查制度，保证数据的准确性。监控量测数据应利用计算机系统进行管理，由专人负责。如有监控量测数据缺失或异常，应及时采取补救措施，并做出详细记录。

（8）监控量测应根据精度要求，减小系统误差，控制偶然误差，避免人为错误，并应经常采用相关方法对误差进行检验分析。

（9）施工和监控量测方应密切配合，监控量测元件的埋设与监控量测应列入工程施工进度控制计划中，监控量测工作应尽量减少对施工工序的影响。

4.2.2 计划制定

1. 隧道监控、量测计划

隧道现场监控量测计划，即测试方案和实施计划，应根据隧道的工程地质、水文地质、地形条件、支护类型和参数、施工方法及其他有关条件进行制订。

2. 隧道现场量测计划的重要内容

（1）现场量测的主要手段、量测仪表和工具及其选用、量测项目及方法的确定。

（2）施测部位和测点布置及测量人员组织。

（3）测试方案和实施计划的测定。

（4）量测数据处理与应用、量测管理等。

4.2.3　目的与任务

1. 量测目的

1）提供监控设计的依据和信息

（1）掌握围岩力学形态的变化和规律。

（2）掌握支护的工作状态信息并及时反馈，指导施工作业。

2）预报及监视险情

（1）做出工程预报，确定施工对策和措施。

（2）监视险情，以确保施工安全。

3）校核地下工程理论计算结果，完善工程类比法

（1）为理论解析、数值分析提供计算数据与对比指标。

（2）为工程类比提供参考指标。

（3）为地下工程设计与施工积累经验资料。

4）隧道工程营运期间监控量测手段

（1）掌握隧道工程营运中的安全状况。

（2）隧道营运阶段能及时发现支护衬砌结构的险情，以便及早采取相应的补救措施等。

2. 量测任务

（1）通过对围岩与支护的观察和动态量测，以达到合理安排隧道施工程序、日常施工管理、确保施工安全、修改设计参数和积累资料。

（2）通过对围岩和支护的变位、应力量测，掌握围岩和支护的动态信息并及时反馈，修改支护系统设计，指导施工作业和管理等。

（3）经量测数据的分析处理与必要的计算和判断后，进行预测和反馈，以保证施工安全和隧道围岩及支护衬砌结构的稳定。

（4）对已有隧道工程的量测结果，可以分析和应用到其他类似工程中，作为指导复合式衬砌设计和施工的重要依据。复合式衬砌的设计，通常以工程类比法为主，并以现场监控量测进行工程实际检验和修正。因此，施工和设计单位必须紧密配合，共同研究，才能保质保量地完成设计和施工的全过程。

简而言之，量测是监控的手段，监控是量测的目的。监控过程为：现场量测→数据处理→信息反馈。

4.2.4 内容与方法

1. 项目的选择

监控量测应根据围岩条件、隧道工程规模、支护类型和施工方法等来选择测试项目。必测项目在使用喷锚构筑法施工时必须进行。选测项目应根据工程规模，地质条件，隧道开挖方法及其他特殊要求，有条件的进行。

1）必测项目

必测项目是用于判断围岩的变化情况，测定支护结构工作状态，经常进行的量测项目，也是为设计，施工中确保被岩稳定，并通过判断围岩的稳定性来指导设计，施工的经常性量测。这类量测方法较简单，费用较少，可靠性较高，但对监视围岩稳定性、指导设计与施工却有直接意义。隧道工程应将日常监控项目纳入必测项目。必测项目按表 4-1 确定。

表 4-1　监控量测必测项目

监控量测项目	常用量测仪器	备注
洞内、外观察	现场观察、数码相机、罗盘仪	
拱顶下沉	水准仪、钢挂尺或全站仪	
净空变化	收敛计、全站仪	
地表沉降	水准仪、铟钢尺或全站仪	隧道浅埋段
拱脚下沉	水准仪或全站仪	不良地质和特殊岩土浅埋段隧道
拱脚位移	水准仪或全站仪	不良地质和特殊岩土浅埋段隧道

2）选测项目

选测项目是用于判断隧道围岩松动状态、喷锚支护效果和积累技术资料为目的的量测。选测项目，是对一些特殊意义和具有代表性的区段进行补充测试，以求更深入的掌握围岩的稳定状态与喷锚支护的效果，对未开挖区的设计与施工具有指导意义。这类量测项目测试较为麻烦，量测项目较多，费用较大，一般指根据需要选择其中的部分项目进行测试。

隧道工程可将满足隧道设计与施工特殊要求进行的监控量测项目纳入选测项目。选测项目可按表 4-2 选择。

表 4-2　监控量测选测项目

监控量测项目	常用量测仪器
围岩压力	压力盒
钢架内力	钢筋计、应变计
喷混凝土内力	混凝土应变计
二次衬砌内力	混凝土应变计、钢筋计
初期支护与二次衬砌间接触压力	压力盒
锚杆轴力	钢筋计
围岩内部位移	多点位移计

监控量测项目	常用量测仪器
隧底隆起	水准仪、铟钢尺或全站仪
爆破振动	振动传感器、记录仪
孔隙水压力	水压计
水量	三角堰、流量计
纵向位移	多点位移计、全站仪

总而言之，必测项目是指在一般情况下均应测量的项目。选测项目是只在必要时可选测的项目。应根据围岩情况，隧道宽度和覆盖层厚度等条件确定被测和选测项目。隧道开挖后应及时进行地质素描及数码成像，必要时应进行物理力学试验。初期支护完成后应进行喷层表面裂缝及其发展、渗水、变形观察和记录。

4.2.5　监控量测断面及测点布置原则

浅埋隧道和隧道浅埋段多为土质软弱的破碎围岩。其稳定性差或极差，加上覆盖层厚度又很薄，那么隧道开发时地表下沉一般较大或很大。为了判定隧道施工的坑道开挖对地面的影响程度和范围，以及评判支护效果，地表下沉量测其为重要，是必不可少的必测项目。

地表下沉测量在隧道未开发前就可进行测试，因此地表下沉量测可获得开挖过程中全位移曲线。而洞内测量仅能获得全位移曲线的一部分，开挖前给及开挖瞬间变化洞内量测是无法取得的。从这方面来说，地表下沉量测具有特殊的意义，特别对于城市地区隧道地表下沉则为主要测量项目。浅埋隧道洞顶地表下沉量测可用普通水准仪配合水平尺进行。隧道浅埋、下穿建筑物地段应在隧道开挖前布设地表沉降观测点。地表沉降测点和隧道内测点应布置存同一断面里程。地表沉降测点纵向间距可按表 4-3 的要求布置。

表 4-3　地表沉降测点纵向间距

隧道埋深与开挖宽度 B、高度 H	纵向测点间距/m
$2B<H_0\leqslant 2（B+H）$	15～30
$B<H_0\leqslant 2B$	10～15
$H_0\leqslant B$	5～10

注：H_0 为隧道埋深；H 为隧道开挖高度；B 为隧道开挖宽度。

地表沉降测点横向间距宜为 2～5 m。在隧道中线附近测点应适当加密，隧道中线两侧量测范围应不小于 H_0+B，其测点布置如图 4-1 所示。建（构）筑物对地表沉降有特殊要求时，量测间距应适当加密，范围应适当加宽。

拱顶下沉测点和净空变化测点应布置在同一断面上，监控量测断面可按表 4-4 的要求布置。拱顶下沉测点原则上应设置在拱顶轴线附近，当隧道跨度较大时，应结合施工方法在拱部增设测点，并可按图 4-2 布置。

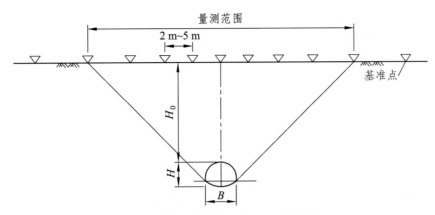

图 4-1 地表沉降横向测点布置示意图

表 4-4 必测项目监控量测断面间距

围岩级别	断面间距/m
V ~ VI	5 ~ 10
IV	10 ~ 30
III	30 ~ 50

注：① II级围岩视具体情况确定间距。
　　② 不良地质和特殊岩土地段应取小值。

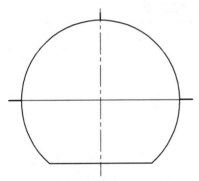

（a）拱顶测点和 1 条水平测线

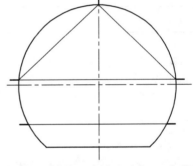

（b）拱顶测点和 2 条水平测线、2 条斜测线

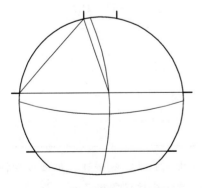

（c）CD 或 CRD 法拱顶测点和测线

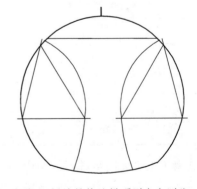

（d）双侧壁导坑法拱顶测点和测线

图 4-2 拱顶下沉和净空变化量测的测线布置示意图

净空变化量测测线数可按照表 4-5、图 4-6 布置。

表 4-5　净空变化量测测线数及布置

开挖方法	一般地段	特殊地段
全断面法	一条水平测线	—
台阶法	每台阶一条水平测线	每台阶一条水平测线，两条斜测线
分部开挖法	每分部一条水平测线	CD 或 CRD 法上部、双侧壁导坑法左右侧部，每分部一条水平测线，两条斜测线、其余分部一条水平测线

选测项目量测断面及测点布置应考虑围岩代表性、围岩变化、施工方法及支护参数的变化。监控量测断面应在相应的段落施工初期优先设置，并及时开展量测工作。而且不同断面的测点应布置在相同的部位，测点应尽量对称布置。

4.2.6　监控量测频率

必测项目监控量测频率应根据测点距开挖面的距离及位移速度分别按表 4-6 和表 4-7 确定。由测点距开挖面的距离决定监控量测频率和位移速度决定的监控量测频率中，原则上采用较高的频率值。出现异常情况或不良地质时，应增大监控量测频率。

表 4-6　按距开挖面距离确定的监控量测频率

监控测量断面距离开挖面距离/m	监控量测频率
（0~1）B	2 次/天
（1~2）B	1 次/天
（2~5）B	1 次/（2~3）天
＞5B	1 次/周

注：B 为隧道开挖宽度

表 4-7　按位移速度确定的监控量测频率

位移速度/（mm/d）	监控量测频率
≥5	2 次/天
1~5	1 次/天
0.5~1	1 次/（2~3）天
0.2~0.5	1 次/3 天
＜0.2	1 次/周

与隧道施工进展同步进行的洞内围岩地质和支护状况的观察和描述，如实反映情况。开挖面地质素描、支护状态、影响范围内的建（构）筑物的描述应每施工循环记录一次。必要时，影响范围内的建（构）筑物的描述频率应加大。

对于选测项目监控量测频率，应根据设计和施工要求以及必测项目反馈信息结果确定。

4.2.7　监控量测方法

1. 洞内外观察

与隧道施工进展同步进行的洞内围岩地质和支护状况的观察和描述。在隧道设计和施工过程中，它是不可缺少的一项重要的现场的地质详勘工作，是围岩工作地质特性和支护措施的合理性、有效性的最直观、最简便、最经济的描述和评价。配合量测对综合测试断面的地质素描，应详细准确，如实反映情况。施工过程中应进行洞内、外观察。洞内观察可分为开挖工作面观察和已施工地段观察两部分。

开挖工作面观察应在每次开挖后进行，及时绘制开挖工作面地质素描图、数码成像。填写开挖工作面地质状况记录表，并与勘察资料进行对比。已施工地段观察，应记录喷射混凝土、锚杆、钢架变形和二次衬砌等的工作状态。

洞外观察重点应在洞口段和洞身浅埋段，并应记录地表开裂、地表变形、边坡及仰坡稳定状态、地表水渗漏情况，同时还应对地表建（构）筑物进行观察。

2. 变形监控量测

变形监控量测可采用接触量测或非接触量测方法。

隧道净空变化量测可采用收敛计或全站仪进行。测点应埋设在规定的测线两端。采用收敛计量测时，测点采用焊接或钻孔预埋。采用全站仪量测时，测点应采用膜片式回复反射器作为测点靶标，靶标黏附在预埋件上。量测方法包括自由设站和固定设站两种。

拱顶下沉量测可采用精密水准仪（如图4-3所示）和铟钢挂尺或全站仪进行。测点应与隧道外监控量测基准点进行联测。测点可在隧道拱顶轴线附近通过焊接或钻孔预埋。采用全站仪测量时，方法同隧道净空变化量测。

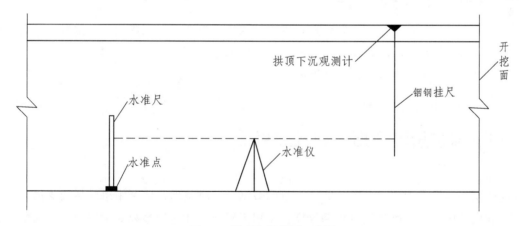

图4-3　拱顶下沉量测示意图

地表沉降监控量测可采用精密水准仪、铟钢尺或全站仪进行。基准点应设置在地表沉降影响范围之外。测点应采用地表钻孔埋设，测点四周用水泥砂浆固定。当采用常规水准测量手段出现困难时，可采用全站仪测量。

围岩内变形量测可采用多点位移计。多点位移计应钻孔埋设，通过专用设备读数。

3. 应力、应变监控量测

应力、应变监控量测宜采用振弦式传感器、光纤光栅传感器。

振弦式传感器可通过接收仪获得频率读数，依据频率-量测参数率定曲线换算出相应量测参量值。光纤光栅传感器可通过光纤光栅解调仪获得读数，换算出相应量测参量值。

钢架应力量测可采用振弦式传感器、光纤光栅传感器。传感器应成对埋设在钢架的内、外侧。采用振弦式钢筋计或应变计进行型钢应力或应变量测时，应把传感器焊接在钢架翼缘内测点位置。采用振弦式钢筋计进行格栅钢架应力量测时，应将格栅主筋截断并把钢筋计对焊在截断部位。采用光纤光栅传感器进行型钢或格栅钢架应力量测时，应把光纤光栅传感器焊接（氢弧焊）或粘贴在相应测点位置。

混凝土、喷混凝土应变量测可采用振弦式传感器、光纤光栅传感器，传感器应固定于混凝土结构内的相应测点位置。

4. 接触压力量测

接触压力量测包括围岩与初期支护之间接触压力、初期支护与二次衬砌之间接触压力的量测。接触压力量测可采用振弦式传感器。传感器与接触面要求紧密接触，传感器类型的选择应与围岩和支护相适应。

5. 爆破震动监控量测

爆破振动速度和加速度监控量测可采用振动速度和加速度传感器，以及相应的数据采集设备。传感器应固定在预埋件上，通过爆破振动记录仪自动记录爆破振动速度和加速度，分析振动波形和振动衰减规律。

6. 孔隙水压和水量监控量测

孔隙水压监控量测可采用孔隙水压计进行。水压计应埋入带刻槽的测点位置，采取措施确保水压计直接与水接触。通过数据采集设备获得各测点读数，并换算出相应孔隙水压力值。水量监控量测可采用三角堰、流量计进行。

4.3　监控量测数据处理及应用

隧道现场监控量测项目及量测方法，量测数据应及时整理，监测结果应尽快将信息反馈到施工和设计中去。量测数据分析与反馈，可用于修正设计支护参数及指导施工、调整施工措施等。这是监测设计重要的一环。量测数据分析后，反馈于设计、施工，新奥法（理论法）就是将监控量测与理论计算相结合的反馈分析计算法。这里根据前面所量测得的数据，进行分析与反馈来修正支护设计参数，指导施工及调整施工方法。

监控量测数据取得后，应及时进行校对和整理，同时应注明开挖方法和施工工序以及开挖面距监控量测点距离等信息。监控量测数据分析一般采用散点图和回归分析方法。信息反馈应以位移反馈为主，主要依据时态曲线的形态对围岩稳定性、支护结构的工作状态、对周围环境的影响程度进行判定，验证和优化设计参数，指导施工。应确保监控量测信息传递渠道畅通、反馈及时有效。

4.3.1　量测数据散点图和曲线

现场量测数据处理，即及时进行数据处理，并绘制位移时间曲线（或散点图）。在量测数据整理中、一般可选用位移-时间曲线和散点图两种方法中的任意一种。位移-时间关系曲线的时间横坐标下应注明施工工序和开挖工作面距量测断面的距离。将现场量测得的数据，绘制成位移-时间曲线（或散点图）和距开挖面关系曲线。

（1）当位移-时间关系趋于平缓时，应进行数据处理和回归分析，预测可能出现的最大位移值和掌握位移变化速度的规律。

（2）当位移-时间关系曲线出现反弯点时，则表明围岩和支护已呈不稳定状态，此时应密切监视围岩动态，及时采取加厚喷层、加密或加长锚杆、加强钢架等加固措施，必要时应立即暂停开挖并进行支护处理。

位移-时间的正常曲线和反常曲线，详见图4-4。其中反常曲线是指非工序变化所引起的位移急剧增长现象。

（3）根据位移-时间曲线的形态来判断围岩稳定值的标准。岩体的变形曲线可以分为三个区段。

① 基本稳定区段。主要标志是变形速率不断下降，即 $\mathrm{d}^2u/\mathrm{d}t^2 < 0$，称为一次蠕变区，表示围岩趋于稳定，其支护结构是安全的。

② 过渡区段。变形速率较长时间保持不变，即 $\mathrm{d}^2u/\mathrm{d}t^2 = 0$，称为二次蠕变区，应发出警告，及时调整施工程序，加强支护系统的刚度和强度。

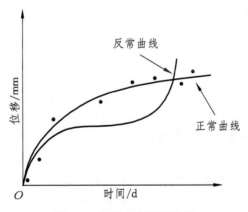

图4-4　位移-时间关系曲线

③ 破坏区段。变形速率逐渐增加，即 $\mathrm{d}^2u/\mathrm{d}t^2 > 0$，称为三次蠕变区，曲线出现反弯点，表示围岩已达到危险状态，必须立即停工加固。

围岩岩体蠕动曲线如图4-5所示。安全状态的位移曲线如图4-6所示。围岩稳定性判别标准，是比较复杂的，它不仅同围岩级别以及其他地质因素有关，而且还同施工方法、支护手段等人为因素有关。因此，在评价围岩稳定程度时应根据隧道工程的具体情况，采用上述三种判别标准进行综合分析，并反馈于设计与施工应用中，这样比较符合实际。

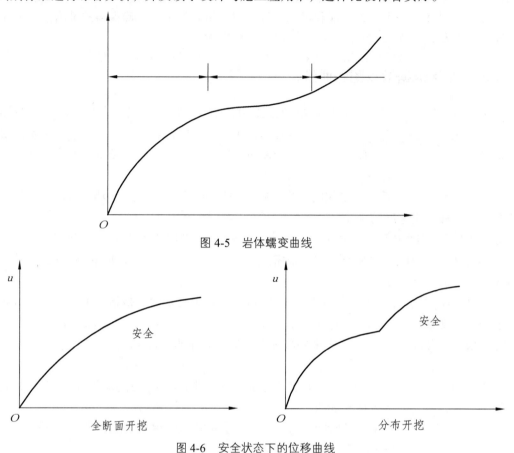

图 4-5　岩体蠕变曲线

图 4-6　安全状态下的位移曲线

4.3.2　监测数据分析与反馈应用

1. 地质预报

隧道施工中的地质预报，是在探测或预测开挖工作面前方几米至几十米，甚至几百米以上的围岩工程地质和水文地质条件的基础上，结合掘进中地质条件的变化情况，根据监控量测中地质素描、岩石结构面调查和涌水观测等及时提出预测预报。

隧道施工中地质预报具体内容：

（1）对照勘测阶段的地质资料，预报地质条件的变化情况及对施工的影响程度。

（2）可能出现坍方、滑动影响施工时，预报其部位、形式、规模、发展趋势，提出处理措施。

（3）隧道将要穿越不稳定岩层、断层，需施工单位改变施工方法或应急措施时的预报。

（4）预报可能出现突然涌水地点、涌水量大小、地下水的泥沙含量及对施工的影响。

（5）软岩出现内鼓、片帮掉块地段应预报其对施工的影响程度。

（6）岩体突然开裂或原有裂缝逐渐加宽时，应预报其危害程度。

（7）在位移量测中发现围岩变形速率加快时，应预报其对隧道稳定和施工的影响程度。

（8）洞口可能出现滑坡、坠石，应及时预报。

（9）浅埋隧道地面出现下沉或裂缝时，应预报其对隧道稳定和施工的影响程度。

（10）预报由于施工不当，可能造成围岩失稳及其改进措施。

（11）隧道附近或穿过瓦斯地段的煤（岩）层中，预报瓦斯的影响范围等。

根据地质素描预测开挖面前方围岩地质状况，以便考虑选择施工方案、调整施工措施，其内容包括：

（1）在洞内直观评价当前已暴露围岩的稳定状态，检验和修正初步的围岩分级。

（2）根据修正的围岩分级，检验初步设计的支护参数是否合理，如不合理应予修正。

（3）直观检验初期支护的实际工作状态。

（4）根据当前的围岩地质特征，推断前方一定范围地段的地质特征，进行地质预报，防范不良地质突然出现或产生地质突变。

（5）根据地质预报，并结合对已作初期支护的实际工作状态的评价，预先确定下一循环的支护参数和施工措施。

（6）配合量测工作进行测试位置选取和量测成果的分析与反馈应用于修改设计和指导施工。

2. 周边位移的分析与反馈应用

隧道围岩周边位移是围岩动态的显著表现，所以现场量测主要以围岩周边位移作为围岩稳定性评价及围岩稳定状态判断的标准。

一般而言，坑道开挖后，以围岩位移作为判断其稳定状态的标准，有赖于对实际隧道工程设计与施工经验的积累和总结，及对位移量测数据的处理分析。数据分析的方法，可应用一元线性和非线性回归分析法。

围岩周边位移量测数据处理及分析或回归分析，用以推算围岩最终位移和掌握位移变化习规律。

采用回归分析时可在下列函数中选用。

（1）对数函数：$u = a\lg(l + t)$

$$u = a + \frac{b}{\lg(1+t)}$$

（2）指数函数：$u = ae^{-b/t}$

$$u = a(1 - e^{-bt})$$

（3）双曲函数：$u = \dfrac{t}{a + bt}$

$$u = a\left[1 - \left(\frac{1}{1+bt}\right)^2\right]$$

式中　a，b——回归常数；

　　　t——初读数后的时间（d）；

　　　u——位移值（mm）。

隧道周边允许相对位移值。隧道周边任意一点的实测相对位移值，或用回归分析推算的最终位移值，均应小于表 4-8 和表 4-9 的指标。

表 4-8 跨度 $B \leqslant 7\,\text{m}$ 隧道初期支护极限相对位移

围岩级别	隧道埋深 h/m		
	$h \leqslant 50$	$50 < h \leqslant 300$	$300 < h \leqslant 500$
拱脚水平相对净空变化/%			
Ⅱ	—	—	0.20 ~ 0.60
Ⅲ	0.10 ~ 0.50	0.40 ~ 0.70	0.60 ~ 1.50
Ⅳ	0.20 ~ 0.70	0.50 ~ 2.60	2.40 ~ 3.50
Ⅴ	0.30 ~ 1.00	0.80 ~ 3.50	3.00 ~ 5.00
拱顶相对下沉/%			
Ⅱ	—	0.01 ~ 0.05	0.04 ~ 0.08
Ⅲ	0.01 ~ 0.04	0.03 ~ 0.11	0.10 ~ 0.25
Ⅳ	0.03 ~ 0.07	0.06 ~ 0.15	0.10 ~ 0.60
Ⅴ	0.06 ~ 0.12	0.10 ~ 0.60	0.50 ~ 1.20

注：① 本表适用于复合式衬砌的初期支护，硬质围岩隧道取表中较小值，软质围岩隧道取表中较大值。表列数值可在施工中通过实测资料积累作适当修正。

② 拱脚水平相对净空变化指两拱脚测点间净空水平变化值与其距离之比，拱顶相对下沉指拱顶下沉值减去隧道下沉值后与原拱顶至隧底高度之比。

③ 墙腰水平相对净空变化极限值可按拱脚水平相对净空变化极限值乘以 1.2 ~ 1.3 后采用。

表 4-9 跨度 $7\,\text{m} < B \leqslant 12\,\text{m}$ 隧道初期支护极限相对位移

围岩级别	隧道埋深 h/m		
	$h \leqslant 50$	$50 < h \leqslant 300$	$300 < h \leqslant 500$
拱脚水平相对净空变化/%			
Ⅱ	—	0.01 ~ 0.03	0.01 ~ 0.08
Ⅲ	0.03 ~ 0.10	0.08 ~ 0.40	0.30 ~ 0.60
Ⅳ	0.10 ~ 0.30	0.20 ~ 0.80	0.70 ~ 1.20
Ⅴ	0.20 ~ 0.50	0.40 ~ 2.00	1.80 ~ 3.00
拱顶相对下沉/%			
Ⅱ	—	0.03 ~ 0.06	0.05 ~ 0.12
Ⅲ	0.03 ~ 0.06	0.04 ~ 0.15	0.12 ~ 0.30
Ⅳ	0.06 ~ 0.10	0.08 ~ 0.40	0.30 ~ 0.80
Ⅴ	0.08 ~ 0.16	0.14 ~ 1.10	0.80 ~ 1.40

注：① 本表适用于复合式衬砌的初期支护，硬质围岩隧道取表中较小值，软质围岩隧道取表中较大值。表列数值可以在施工中通过实测资料积累做适当的修正。

② 拱脚水平相对净空变化指拱脚测点间净空水平变化值与其距离之比，拱顶相对下沉指拱顶下沉值减去隧道下沉值后与原拱顶至隧底高度之比。

③ 初期支护墙腰水平相对净空变化极限值可按拱脚水平相对净空变化极限值乘以 1.1 ~ 1.2 后采用。

当位移速度无明显下降，而此时实测相对位移值已接近隧道施工规范规定数值，或者支护混凝土表面已出现明显裂缝时，必须立即采用补强措施，并改变施工方法或设计参数。

3. 围岩位移及松动区段分析与反馈

如果实测围岩的松动区段，超过了允许的最大松动区（该允许松动区半径与允许位移量相对应），则表明围岩已出现松动破坏，此时必须加强支护或调整施工措施，以控制围岩松动范围，如加强锚杆长度、加密或加大直径等，一般要求锚杆长度大于松动层厚度，加固效果才容易达到安全和质量要求

4. 锚杆轴力量测数据分析与反馈

根据测试锚杆测得的应变，即能计算出锚杆的轴力 N 值，计算公式如下

$$N = \frac{\pi}{8} \varphi^2 E(\varepsilon_1, \varepsilon_2)$$

式中　　N——锚杆轴向力；

　　　　φ——锚杆直径（mm）；

　　　　E——锚杆的弹性模量，

　　　　$\varepsilon_1, \varepsilon_2$——测试部位对称的一组应变片测量得的两个应变值。

锚杆轴向应满足检验锚杆效果与锚杆强度的依据，可依据锚杆极限抗拉强度与锚杆应力的比值 K（安全系数）做出判断。锚杆轴向应力越大，则安全系数 K 值越小。一般认为锚杆局部段的 K 值稍小于 1 是允许的，因为锚杆有一定的延伸性。

锚杆的局部段值稍微小于 1 的允许程度，应该是不超过锚杆的屈服强度。若锚杆轴应力超过锚杆的屈服强度时，显然应首先考虑改用高强钢材加工的锚杆。当然，增加锚杆数量或加粗直径也可以降低锚杆轴应力值，使 $K \geq 1$。

5. 围岩压力分析与反馈应用

由量测数据所得围岩压力分布曲线，可了解围岩压力的大小及分布状况。而围岩压力大小与围岩位移量（变形）及支护结构的刚度密切相关。

围岩压力大，则作用于初期支护结构的压力也大。分析有两种情况：一是围岩压力很大并且变形量也很大，此时应加强支护，以限制围岩变形和控制围岩压力的增长；另一种情况是围岩压力较大，但变形量并不很大，这表明支护时机和支护的封底时间可能过早，或支护尺寸及刚度太大，这时应做适当调整，修正支护设计参数。但是，当测得的围岩压力很小，而其变形量却很大时，则围岩将会失去稳定，此时应立即停止开挖，加强围岩支护和采取辅助施工措施进行加固处理。

6. 喷层应力分析与反馈应用

喷射混凝土层应力是指其切向应力（喷层的径向应力一般较小）喷层应力值与围岩压力值及位移量大小有密切关系。喷层应力大的原因是围岩压力和位移量大及支护力度小。

在实际工程中，一般喷层不允许有明显的裂损、剥落、起鼓等现象。若喷层应力太大，或出现明显裂损或剥落、起鼓等现象，则应作处理，一般是适当增加初始喷层厚度。如果喷层厚度已较厚时，仍然出现明显裂损、起鼓等，则不一定再增加喷层厚度，而应增强锚杆（加长、加粗等）、改变封底时间、调整施工措施，选择二次支护衬砌的最佳时机等，并仍然要继续加强量测监控。

7. 浅埋隧道地表下沉分析与反馈

地表下沉监测对于地面有建筑物的浅埋隧道地段和城市地下工程尤为重要。若量测结果表明地表下沉量较大，或出现增加的趋势，则应采取加强支护和调整施工措施，可考虑适当加喷混凝土、增设锚杆、加挂钢筋网、加钢支撑、超前支护，或缩短开挖循环进尺、提前封闭仰拱，甚至预注浆加固围岩等。

另外，在浅埋偏压地段隧道可能发生横向地表位移加下沉，处理较为复杂，应加强量测分析与治理浅埋偏压隧道工程的对策与量测的研究。

8. 围岩声波速度分析与反馈

围岩声波速度量测得的 v_p-L 曲线，既可反映围岩动态变化和物理力学特征，还可以用于确定围岩松动区的范围。量测数据分析时应将声波速度量测数据分析结果与围岩内位移量测数据分析结果相互对照、相互验证，综合分析和判断围岩的松弛情况，并反馈于修正支护设一参数和指导调整施工措施。

4.4.3 围岩稳定性的综合判别

围岩稳定性判别标准问题，不仅同围岩级别以及其他地质因素有关，而且还同施工方法、支护手段等人为因素有关，是比较复杂的。量测所得的信息目前可通过理论分析计算（反分析）和经验方法两种途径来实现反馈。用有限元、边界元等和反分析技术结合的理论分析方法，计算结果可起到定性的作用。由于岩体结构的复杂和多样性，在计算理论上做了近似和简化，另一方面理论计算的输入参数不易取得，理论计算分析还未达到定量标准。当前广泛采用经验方法来实现反馈。根据"经验"（包括调研及必要的理论分析）建立一套判断准则然后根据量测结果（经过处理的）判断围岩稳定性和支护系统的可靠性，以便及时调整设计参数和进行施工决策。

结合国内外实测数据和研究成果，建立了以位移为基础的判断准则。在评价围岩稳定程度时，应根据工程的具体情况采用下述三种判别标准综合分析，以确定比较实际的标准。

1. 根据位移量测值或预计最终位移值来判断

在隧道开挖过程中，若发现量测位移总量或根据已测位移预计最终位移将超过某一临界值时，则意味着围岩不稳定，需加强支护。然而临界值的确定是非常困难的。表 4-9 的初期支护极限相对位移，是根据现行的《铁路隧道监控量测技术规程》Q/CR 9218 列出的。表 4-10 变形管理等级表中以 2/3 最大允许位移作为施工管理控制标准，是从确保施工安全的角度上考虑的。

表 4-10　位移管理等级

管理等级	距开挖面 $1B$	距开挖面 $2B$
Ⅲ	$U < U_{1B}/3$	$U < U_{2B}/3$
Ⅱ	$U_{1B}/3 \leqslant 2U_{2B}/3$	$U_{2B}/3 \leqslant U \leqslant 2U_{2B}/3$
Ⅰ	$U > 2U_{1B}/3$	$U > 2U_{2B}/3$

注：U 为实测位移值。

2. 根据位移变化速度来判断

位移变化速率，即大于某临界值时则认为围岩不稳定，反之则认为围岩已经达到基本稳定。通过国内几十余座隧道的位移观测表明，变形曲线可分为三个阶段：

（1）变形急剧增长阶段：变形速度大于 5 mm/d 时；

（2）变形缓慢增长阶段：变形速度由 5 mm/d 变为 0.2；

（3）基本稳定阶段：变形速度小于 0.2 mm/d 时。

上述变形速度标准是针对一般隧道净空变化和拱顶下沉量测而言，对于浅埋、特别是特浅埋地段等情况下，应采用其他量测指标进行专门判定

3. 根据围岩位移时态曲线判断

由于岩体的流变特性，岩体破坏前变形曲线可分为三个阶段。

（1）基本稳定区。主要标志为位移速率逐渐下降，即 $\dfrac{\mathrm{d}^2 u}{\mathrm{d}t^2} < 0$，该区亦称"一次蠕变区"表明围岩趋于稳定状态。

（2）过渡区。位移速率保持不变，$\dfrac{\mathrm{d}^2 u}{\mathrm{d}t^2} = 0$。该区亦称"二次蠕变区"，表明围岩向不稳定状态发展，需发出警告，加强支护系统。

（3）破坏区。位移速率逐渐增大，即 $\dfrac{\mathrm{d}^2 u}{\mathrm{d}t^2} > 0$。该区亦称"三次蠕变区"，表明围岩已进入危险状态，须立即停工，采取有效手段，控制其变形。

总之，围岩稳定性判断是一项很复杂的也是非常重要的工作，必须结合具体工程情况采用上述几种判别准则进行综合评判。

隧道施工实践证明，监控量测和综合地质预报相结合，已成功地指导了各种复杂地质条件下的隧道施工，而且我国锚网喷支护技术已经相当成熟。所以，隧道施工中应以监控量测的结果来确定支护参数完全有条件。

4.3.4　隧道施工监控量测管理

1. 隧道施工监控量测组织

隧道施工现场监控量测，应由施工单位组织成立专门监测小组（监测小组通常由较熟悉监控量测业务工作的 3~5 人组成）负责。

监测组由隧道施工技术主管或委托其他有资质单位承担量测监控任务，负责量测段/量测断面选择，测点布置埋设，日常量测和数据处理及仪器保养维修工作，应及时进行量测值的计算和绘制图表，并及时进行信息反馈，即应及时向施工技术主管部门报告量测结果，同时，应及时向设计单位报告量测结果。

现场监控量测，应按量测计划认真组织实施，并与其他施工环节紧密配合，不得中断工作。在此应强调的一个问题是，各项预埋测点应牢固可靠，并应易于识别和妥善保护，不得任意撤换和人为破坏。对此，要求应有周密可行的有效措施和组织与管理制度作保证。

2. 监控量测信息反馈及工程对策

（1）监控量测信息反馈应根据监控量测数据分析结果，对工程安全性进行评价，并提出相应工程对策与建议。

（2）监控量测信息反馈可按图 4-7 规定的程序进行。

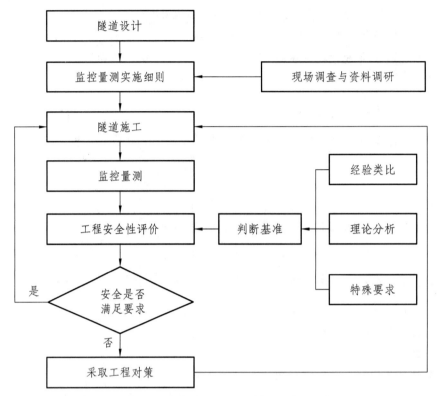

图 4-7　监控量测信息反馈程序框图

（3）施工过程中应进行监控量测数据的实时分析和阶段分析。

① 实时分析：每天根据监控量测数据及时进行分析，发现安全隐患应分析原因并提交异常报告。

② 阶段分析：按周、月进行阶段分析，总结监控量测数据的变化规律，对施工情况进行评价，提交阶段分析报告，指导后续施工。

（4）工程安全性评价应根据表 4-11 将管理等级分三级进行，并采用相应的工程对策。工程安全性评价流程见图 4-8。

（5）根据工程安全性评价的结果，需要变更设计时，应根据有关铁路工程变更管理办法及时进行设计变更。

表 4-11　工程安全性评价分级及相应应对措施

管理等级	应对措施
Ⅲ	正常施工
Ⅱ	综合评价设计施工措施，加强监控量测，必要时采取相应工程对策
Ⅰ	暂停施工，采取相应工程对策

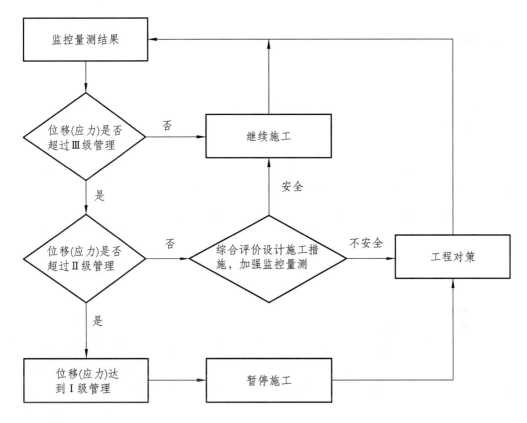

图 4-8　工程安全性评价流程

（6）工程对策主要应包括下列内容：

① 一般措施：

稳定开挖工作面措施；

调整开挖方法；

调整初期支护强度和刚度并及时支护；

降低爆破振动影响；

围岩与支护结构间回填注浆。

② 辅助施工措施：

地层预处理，包括注浆加固、降水、冻结等方法；

超前支护，包括超前锚杆（管）、管棚、超前插板、水平高压旋喷法、预切槽法等。

3．监控量测验收资料

监控量测验收资料应包括以下内容：

（1）监控量测设计；

（2）监控量测实施细则及批复；

（3）监控量测结果及周（月）报；

（4）监控量测数据汇总表及观察资料；

（5）监控量测工作总结报告。

思考题

1. 隧道监控量测的目的是什么?
2. 监控量测的必测项目有哪些?
3. 监控量测项目如何选用?
4. 必测项目的测点如何布置?
5. 新奥法量测的项目有哪些?各个项目的量测内容与量测方法是怎样的?
6. 拱顶下沉量测和周边位移量测为什么是量测中最重要的项目,起什么作用?
7. 什么情况下要进行地表下沉量测?
8. 量测中位移时间变化,试说明位移随时间如何变化是正常?如何变化是不正常?
9. 围岩稳定性有何判别标准?

5 山岭隧道洞身开挖施工方法

5.1 山岭隧道洞身基本开挖方法

山岭隧道洞身开挖方法，一般有矿山法（又称钻爆法）和掘进法。

山岭隧道洞身开挖方法的选择，主要根据工程地质条件、水文地质条件、围岩级别及埋深大小、隧道断面形状、尺寸、长度、衬砌类型、隧道的使用功能、施工技术条件、施工技术水平及工期要求等因素综合考虑研究确定。

隧道洞身开挖施工既有一般土建工程施工特点，又有地下工程施工特点。埋深隧道洞身施工采用不开挖地面的暗挖法施工，即在地下开挖及修筑支护结构。

5.1.1 隧道开挖施工基本概念

1. 隧道开挖施工方法

隧道施工方法的选择主要依据工程地质和水文地质条件，并结合隧道断面尺寸、长度、衬砌类型、隧道的使用功能和施工技术水平等因素综合考虑研究确定。所选择的开挖施工方法也应体现技术先进、经济合理及安全适用。根据隧道穿越地层的不同情况和目前隧道施工方法的发展，隧道开挖施工方法可按以下方式分类，如图 5-1。

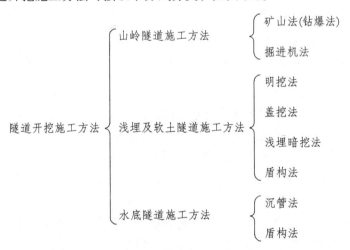

图 5-1　隧道开挖施工方法分类

2. 隧道工程设计与施工两大理论

隧道及地下工程的核心问题，是开挖和支护两个关键工序，即应如何开挖，才能更有利于围岩的稳定和便于支护，若需要支护时，又如何支护才能更有效地保证坑道稳定和便于开挖。这是隧道及地下工程设计与施工中两个相互促进又相互制约的问题。

（1）传统的"松弛荷载理论"：稳定的岩体有自稳能力，对隧道不产生荷载；而不稳定的岩体则可能产生坍塌，需要用支护结构予以支撑岩体荷载，这样作用在支护结构上的荷载就是围岩在一定范围内由于松弛并可能塌落的岩体的重力。

（2）现代的"岩承理论"：隧道围岩稳定显然是岩体自身有承载自稳能力，不稳定围岩丧失稳定是具有一个过程的，如在这个过程中提供必要的支护或限制，则围岩仍然能够保持稳定状态。

围岩的三位一体特性是指围岩既是产生围岩压力的原因，又是承受这个压力的原因，又是承受这个压力的承载结构，还是构成这个结构的天然材料。总之，在选择施工方法时，要根据各种因素和结合地质条件变化的实际情况，采取相应的或变换有效的多种施工方法。

3. 影响围岩稳定性的因素

在进行隧道断面开挖的情况下，会对周围处的岩体产生扰动，而被扰动的岩体的性质体可分两类：一类是自然环境工程地质因素等内在因素；一类是工程施工开挖方面等外在因素。其中，外在因素是要通过内部因素才能发挥作用的，它包括隧道设计尺寸、埋深、开挖方法、支护措施等。内在因素包括地下水的分布情况范围、开挖段围岩岩体内部的结构特征、岩石在开挖前后的物理、力学特性等。外在因素虽不能够直接决定岩体的好坏，但却可以给围岩稳定性带来巨大影响。

1）地应力因素

围岩的地应力对开挖过程中围岩的稳定性的影响是明显的，特别是在有很高的初始应力存在的情况下，在实际开挖过程中由于扰动过大造成过于集中的应力会使围岩的变形量值很大甚至超过其该承受的量值从而造成围岩稳定性的丧失以及变性破坏加剧。所以在实际工程中应该对开挖的岩体进行足够强度的加固以免造成开挖事故影响工期进度。我们通常所认为的围岩初始应力场即是指断面在进行开挖前的静应力场值，它与岩体所处的位置以及特性等有密切关系。因此，开挖岩体的初始应力场决定了其后面开挖的岩体的力学行为。

2）地下水作用

在隧道开挖断面处的岩体中的水的分布情况范围存在会对围岩产生物理、化学及力学方面的不利影响。这种不利的影响主要体现在以下几个方面：

（1）静水压力所产生的润滑作用：润滑作用会使不连续面上岩石裂隙、有孔隙岩体中摩擦阻力减小以及连续面上剪力增大，容易诱发不连续面的剪切运动。其力学特征就是摩擦角减小所引起的抗剪强度减小。

（2）地下水分布情况软化作用：开挖区域有地下水的存在分布时，黏性增加、屈服点下降，因此与其相关裂隙面的黏聚力数值和摩擦系数值均降低，从而直接加剧了周围岩体的变形与破坏。

（3）地下水活动引起的泥化作用：地下水的活动会引起岩体中的一些矿物成分发生化学反应，产生的物质再由于水的溶解和搬运作用，致使围岩的强度降低。

3）围岩的结构特征和性质

隧道开挖区域岩体的强度对开挖过程中围岩的稳定起了主要的作用。岩体结构面的存在降低了岩体的整体强度，增大了局部岩体的变形性能和流变特性，增加了岩体的不均匀性，降低了岩体的宏观连续性，造成局部应力集中等。由于结构面的空间分布不连续性、密度差异、张开度、粗糙程度、形态变化及其各因素耦合作用的变化各异多样，使得岩体与岩石本身的物理力学性质呈现出两种截然不同的力学效应。隧道坑道在开挖的过程中的隧道的开挖方位与结构面本身的特征的关系决定了结构面对开挖区域岩体的稳定性。

4. 开挖方法的比选

隧道开挖方法的选择与当地的工程地质状况、地下水的分布状态、围岩洞身的情况、邻近建筑物情况、等密切相关。在现阶段，隧道的开挖方法主要有以下三种：明挖法、盖挖法、暗挖法三种。

1）明挖法

明挖法是一种地面开挖的施工方法，它的基本开挖步骤是从地面向下开挖至基底的设计高程，再从下往上施作地下铁路结构，待结构施作完成后进行回填及恢复路面的开挖方法。它具有开挖工序简单、作业面宽敞、管理方便、开挖效率高及运输方便等特点，所以进度快、质量可以得到充分保证，并且造价低，但由于沿城市道路进行开挖，势必会影响交通且对居民生活造成不便，环境污染大。因此，明挖法只有在各方面条件都允许的前提下才选用。

2）盖挖法

盖挖法是一种既非完全暗挖也非完全明挖的由明挖法派生出来的开挖方法，在城市交通繁忙地段使用较多。它的使用能够最大限度地减少对交通的干扰，在开挖达到一定深度时应先恢复地面畅通后再继续向下开挖。此法适用于车站的情况较多，它可以分为三种：盖挖逆作法、盖挖半逆作法、盖挖顺作法。

3）暗挖法

在城市中的隧道开挖，由于特殊环境的限制使得不能够用明挖法进行开挖的地方，就可以采用暗挖法。超前支护采用 30～50 mm 的刚性超前棚顶导管，并注入化学浆或者水泥让其形成一个整体，由于"套箍效应"的作用，使得其承受周边围岩荷载的能力增强从而提高围岩自稳的能力。在开挖的时候，其开挖进尺取 0.75 m 左右，最先进行环向土的开挖并且保留核心土。在城市复杂的岩土中进行暗挖法施工的时候，由于考虑到对周边环境的影响以及提高围岩承受荷载的能力，引进了光面爆破的技术，并且考虑到该工程上部轻轨墩的影响，就必须减小对地面的扰动，这里采用了合理设计爆破参数等减振措施。

4）开挖方法对比

暗挖法（浅埋暗挖法）与上面的明挖法以及盖挖法相比较具有许多的优点：

（1）适用范围广，能够适用于各种地下水条件和地质条件。

（2）满足各种变化断面（过渡段面等）和断面形式（单线、多线及双线等），灵活度高。

（3）能够通过分部开挖以及辅助施工方法来有效地控制地表下沉和坍塌。

（4）跟明挖法相比，可以较少大量拆迁，减轻对人类活动及地面交通的影响。

（5）从综合效益出发，暗挖法是一种比较经济的开挖方法。

从上面的对比分析可以看出：浅埋暗挖法在城市复杂环境条件下的大跨隧道开挖中应用较为合理、可行。

5.1.2　山岭隧道洞身开挖施工方法

山岭隧道洞身开挖的常规施工方法又称为矿山法施工（因最早应用于采矿坑道而得名）。在矿山法施工中，多数要采用钻眼爆破进行开挖，故又称为爆破开挖法。

在矿山法中，坑道开挖后的支护方法，一般分为钢木构件支撑和锚杆喷射混凝土支护两类。作为隧道施工方法，习惯上采用钻爆开挖加钢木构件支撑的施工方法，称为"传统的矿山法"；而将钻爆开挖加锚喷支护的施工方法称之为"新奥法"。前述"松弛荷载理论"就是在传统矿山法施工实践的基础上提出来的，而"岩承理论"则是在新奥法设计施工的基础上提出来的。诚然"岩承理论"仍须完善和提高。

1. 矿山法

传统的矿山法是人们在长期的施工实践中发展起来的。它是以木或钢构件作为临时支撑，待隧道开挖后成型的，逐步将临时支撑撤换下来，而代之以整体式衬砌作为永久性支护的施工方法。

木构件支撑由于其耐久性和对坑道形状的适应性差，支撑撤换工作较麻烦和不安全，且对围岩有所扰动，因此，目前已很少采用。钢构件支撑具有较好的耐久性（可采用装配式周转重复使用）及对坑道形状的适应性较好等优点，施工中亦可以不予撤换，并更为完全可靠。钢木构件支撑类似于地上的"荷载-结构"力学体系。它作为一种维持坑道稳定的措施很有效，容易被施工人员理解和掌握。因此这种方法常被应用于不便采用锚喷支护的隧道中，或处理坍方等。由于衬砌结构的设计工作状态不一致，以及临时支撑存在一些缺陷，因此，在一定程度上限制了它的发展和应用。

2. 新奥法

新奥法，即新奥地利隧道施工方法的简称，原文是 New Austrian Tunnelling Method，简写为 NATM。

新奥法概念是奥地利学者希维兹（L.V.Rabcewice）教授于 20 世纪 50 年代提出的。它是以既有隧道工程经验和岩体力学的理论为基础，将锚杆和喷射混凝土组合在一起作为主要支护的手段，通过监测控制围岩的变形，便于充分发挥围岩自承能力的施工方法。

5.2　隧道洞身爆破开挖方法

采用爆破开挖和用钢木构件支撑的施工方法称为传统的矿山法。矿山法施工能适应山岭隧道的大多数地质条件，尤其在不便于采用锚喷支护的地质条件时，用于处理坍方也很有效。

本节主要介绍洞身爆破开挖施工程序、基本原则、施工方法、施工基本作业等。

5.2.1 隧道洞身爆破开挖施工程序及基本原则

1. 隧道洞身爆破开挖施工程序

隧道洞身爆破开挖施工程序可用框图表示，如图5-2所示。

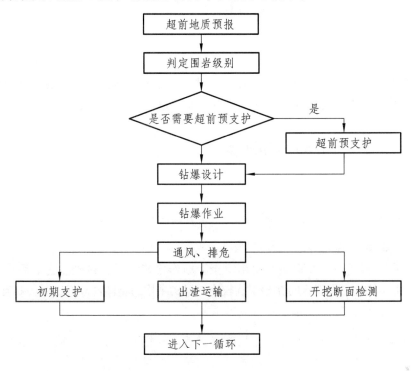

图5-2　洞身开挖施工程序

2. 隧道洞身爆破开挖施工的基本原则

隧道洞身爆破开挖施工的基本原则是：少扰动、早支撑、慎撤换、快衬砌，即"十二字原则"。

1）少扰动

少扰动是指在进行隧道开挖时，要尽量减少对围岩的扰动次数，强度、范围和持续时间。采用钢支撑，可以增大一次开挖断面的跨幅，减少部分开挖次数，从而达到减少对围岩的扰动次数。

2）早支撑

要支撑是指开挖坑道后应及时施工临时构件加以支撑，使围岩不致因变形松弛过度而产生坍塌失稳，并能承受围岩松弛变形产生的压力——早期松弛荷载。定期检查支撑的工作情况，若出现严重变形或出现损坏征兆，应及时增设支撑予以加固和加强。作用在临时支撑上的早期松弛荷载大小，可比照设计永久衬砌的计算围岩压力大小来确定。临时支撑的结构设计，采用类似于永久衬砌的设计计算方法，即结构力学方法。这些体现了隧道施工的基本原则，充分利用了围岩的自支护性能和支护及时有效。

3）慎撤换

撤换是指拆临时支撑而代之以永久性模筑混凝土衬砌时应慎重，即要防止在撤换过程中围岩坍塌失稳。每次撤换的范围、顺序和时间要视围岩稳定性及支撑的受力状况而定。若预计到不能拆除，则应在确定开挖断面大小及原则材料时就予以研究决定。使用钢支撑作为临时支撑，一般可以避免拆除支撑的麻烦与不安全。

4）快衬砌

快衬砌指拆除临时支撑时要及时修筑永久性混凝土衬砌，并使其能尽早参与承载工作。若采用的是钢支撑又不必拆除，或无临时支撑时，亦应尽早施作永久性混凝土衬砌，防止坑道壁裸露时间过长、风化侵蚀围岩、强度降低、变形过大等情况发生。

5.2.2 洞身开挖施工顺序和基本要求

1. 洞身开挖施工顺序

洞身开挖施工顺序可以按衬砌顺序分为先墙后拱法和先拱后墙法。

1）先墙后拱法（又称为顺作法）

它通常是在隧道开挖后成形后，再由下至上施作模筑混凝土衬砌。先墙后拱法施工速度较快，施工各工序及各工作面之间互相干扰较小，衬砌结构的整体性较好，受力状态也比较好。

2）先拱后墙法（又称逆作法）

它是先将隧道上部开挖成形并施作拱部衬砌后，在拱圈的掩护下再开挖下部并施作边墙衬砌。先拱后墙法施工速度较慢，上部施工较困难。但是当上部拱圈完成之后，下部施工就较安全和快速。先拱后墙法施工衬砌的整体性较差，受力状况不好，并且拱部衬砌结构的沉降量较大，要求的预拱度较大，增加了开挖工作量。

洞身开挖常用的开挖、支撑、衬砌的施工顺序参见图 5-3。

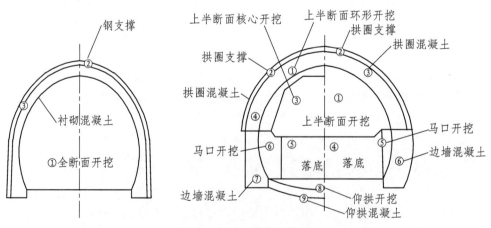

图 5-3 洞身开挖施工顺序

2. 洞身开挖施工的基本要求

（1）洞身开挖施工，其各工序相互联系密切，互相干扰较大。因此，应注意统一组织和协调，重视处理好开挖与开挖、开挖与支撑、支撑与衬砌、开挖与衬砌之间的相互关系。若围岩较稳定或支撑条件较好，则应尽量将各工序沿隧道纵向展开，以减少相互干扰，保证施工安全、施工质量和施工进度等。

（2）临时支撑容易受爆破的影响，因此在采用爆破法掘进时，除应注意严格控制爆破对围岩的扰动外，还应尽量减少爆破对支撑的冲击破坏。若采用臂式自由断面挖掘机进行掘进，应注意不得影响临时支撑的稳定，危及施工安全。

（3）洞身开挖隧道施工必须注意安全生产。在保证工程质量的前提下提高经济收益。除完整稳定围岩外，施工时必须配合开挖及时支护，确保施工安全。明洞和洞口工程土石开挖不得采用大爆破，石质陡坡应先加固再进洞，尽量保持原有仰坡稳定：松软缓坡开挖边坡时，应事先放出开挖线，由上而下随挖随支护。

（4）洞身开挖施工中，开挖应采用对围岩扰动较小时的开挖方法。当用钻爆开挖时，应采用光面爆或预裂爆破技术。在软弱、含水围岩或浅埋等不易自稳的地段施工时，应有辅助施工措施，此外，注意隧道施工防排水应与永久性防排水设施相结合。

（5）隧道开挖断面不易欠挖。当石质坚硬完整时，拱部允许个别凸出处（每平方米不大于 0.1 m²）突出衬砌不大于 5 cm。拱脚和墙脚以上 1 m 内严禁欠挖。

3. 开挖方法选择的基本要素

1）选择隧道开挖方法的基本要素

（1）施工条件：应根据施工队伍所具备的施工能力、技术水平、装备条件、工作经验以及管理水平等因素来选择合理的开挖方法。

（2）地质条件：地质条件包括地层、岩性、地质构造、岩体结构、地下水及不良地质现象等。其中围岩级别是对围岩工程性质的综合判定，对开挖方法的选择起着重要的作用。

（3）隧道断面积：隧道断面的尺寸和形状对开挖方法的选择有一定的影响。在大跨隧道的施工中，多采用台阶法、双侧壁导坑法等化大断面为小断面的开挖施工方法。

（4）埋深：隧道埋深与围岩的初始应力场及多种因素有关，通常将浅埋又分为超浅埋和浅埋两类。在同样的地质条件下，由于埋深的不同，开挖的方法也会有很大的差异。

（5）工期：施工工期作为设计的条件之一，在一定的程度上会影响基本开挖方法的选择。这是因为工期决定了在均衡生产的条件下，对支护、开挖、运输等综合生产能力的基本要求，即对施工均衡速度、机械化水平和管理模式的要求。

（6）环境条件：当隧道的开挖过程对周围环境产生如振动、地表沉降、噪声、地下水条件的变化等不良影响时，环境条件也应该成为选择隧道开挖方法的重要因素之一，而在城市市区的条件下，甚至会成为选择开挖方法的决定性因素。

2）开挖断面的比选

目前在隧道开挖用暗挖法进行断面的开挖方法中有以下几种常采用的：全断面法、上下台阶法、双侧壁导坑法、CRD 法、导洞法、CD 法等。最终具体选择哪种开挖的方法则需要对开挖处的实际工程地质情况、开挖处的断面的形态大小、周围建筑物及人员居住环境、开挖工期等一系列因素进行综合考虑，从而来确定最终选择的开挖方法。

5.2.3 铁路隧道洞身基本开挖方法

暗挖法施工开挖方法包括全断面法、台阶法、分部法、导坑法、单侧壁导坑法、双侧壁导坑法等。

以下主要介绍修筑山岭隧道的施工方法（开挖方法及指标示意图，见表 5-1）

表 5-1　开挖方法及指标示意图

施工方法	示意图	重要指标比较					
		适用条件	沉降	工期	防水	初期支护拆除量	造价
全断面法	（圆形断面）	地层好，跨度≤8 m	一般	最短	好	无	低
正台阶法	（圆形分上下两部）	地层较差，跨度≤12 m	一般	短	好	无	低
正台阶环形开挖法	（分部 1,2,3,4,5）	地层差，跨度≤12 m	一般	短	好	无	低
单侧壁导坑法	（分部 1,2,3）	地层差，跨度≤14 m	较大	较短	好	小	低
双侧壁导坑法	（分部 1,2,1,3）	小跨度，连续使用可扩大跨度	大	长	效果差	大	高

1. 全断面一次开挖法

全断面一次开挖法就是将全部设计断面一次开挖成型，在修筑衬砌（见图 5-4）。一般适用于 1 ~ 3 级围岩，并配有钻孔台车和高效率装运机械的石质隧道。采用深孔钻爆，深度可取 3 ~ 3.5 m。全断面一次开挖法主要工序是：使用移动钻孔车，首先全断面一次钻孔，并进行装药连线，然后将钻孔台车后退到 50 m 以外的安全地点，再起爆，使用爆破成型，出渣后钻孔台车再推进至开挖面就位，开始下一个钻孔作业循环，同时进行先墙后拱衬砌。全断面一次开挖法具有以下主要优点：

（1）施工工序较少，互相干扰较少，便于施工组织与管理。

（2）开挖工作面较大，钻爆施工效率较高，可以采用深眼爆破的方法加快掘进速度。

（3）道坑空间较大，便于采用先进大型机械设备，实现综合机械化施工，从而可以提高劳动生产率：劳动条件好，可以减轻工人劳动强度，降低工程造价，施工速度快，质量好，是今后发展的对象。

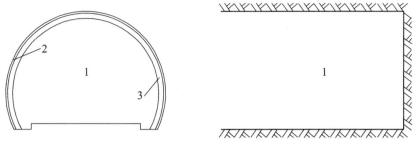

施工步骤：1—全断面开挖；2—初期支护；3—二次衬砌

图 5-4　全断面一次开挖法

目前，全断面一次开挖法是隧道工程施工技术的一个发展对象，但是在推广使用这种方法时要注意以下几个问题：

（1）机械设备要配套，如钻眼，装渣等主要机械和相应的配套机具（钻杆、斗车、调车设备等）在型号规格尺寸，性能和生产能力都要相互配合，施工工作才能环环相扣，不致发生彼此相互受到牵制而影响掘进，并应注意经常检查维修机械设备，应备足够的易损零件部件，以保证各施工工作顺利进行。

（2）加强各种辅助作业和设备的管理，如三管两线（高压风管、高压水管、通风管、电线及运输路线）要保持技术良好状态。

（3）加强工程地质和水文地质的调查，对不良地质情况要及时预报、量测，分析研究，以防影响施工安全，工程建设进度等。

（4）加强和重视施工操作人员的技术培训，使其能熟练掌握各种机械设备和推广技术，不断提高工效，改进施工管理（包括隧道施工的计划管理、技术管理、质量管理、经济管理、安全管理）

（5）全断面开挖法选择支护形式时，应根据围岩类别和具体的工程地质条件、水文地质条件使用技术，埋置位置和施工条件等，通过工程类比和结构计算综合分析确定必要时，可通过验证论证来确定（隧道衬砌支护形式一般有，整体式衬砌与复合式衬砌，直墙式衬砌与曲墙式衬砌、砌体衬砌与拼装式衬砌等）。

2. 台阶开挖法

台阶开挖法可以说是全断面开挖法的变化方案，即是将设计断面分上下半部断面两次开挖成型，或采用上弧形导坑超前开挖和中核开挖及下部开挖（台阶分部开挖法），如图 5-5，图 5-6 所示，台阶法开挖便于使用轻型凿岩机打眼，而不必使用大型凿岩台车。在装渣运输，衬砌修筑等方面，则与全断面法基本相同。

在上部断面一弧形导坑领先 2.5 ~ 2 m，下部断面以一个正台阶垂直挖到底，一次爆破，利用渣堆钻眼，机械装渣运输，先墙后拱衬砌。采用正台阶法开挖的关键问题是台阶的划分形式。台阶划分要求尽量做到爆破后扒渣量少，钻眼和出渣干扰少。因此，一般将设计断面划分为 1 ~ 2 个台阶进行部分开挖，如图 5-7 所示。台阶开挖法适用于Ⅲ ~ Ⅴ级围岩。

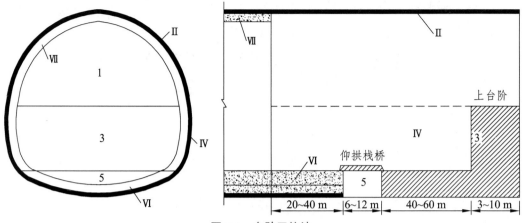

图 5-5　台阶开挖法

1—上部开挖；Ⅱ—上部初期支护；3—下部开挖；Ⅳ—下部初期支护；5—底部开挖（捡底）；

Ⅵ—仰拱及混凝土填充；Ⅶ—二次衬砌

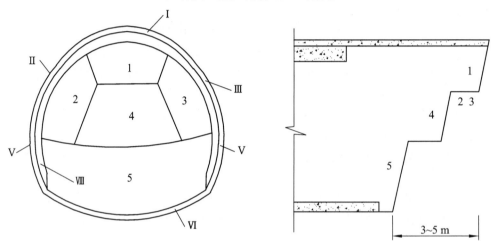

图 5-6　台阶分部开挖法（核心开挖法）

1—上弧形导坑开挖；2—上半部左侧开挖；3—上半部右侧开挖；4—中核开挖；5—下部开挖；

Ⅰ—拱部锚喷支护；Ⅱ、Ⅲ—拱部衬砌；Ⅴ—边墙锚喷支护；Ⅷ—边墙二次衬砌；Ⅵ—仰拱灌注

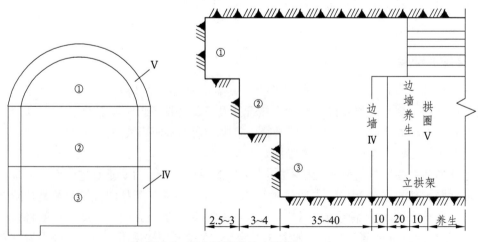

图 5-7　正台阶开挖法（单位：mm）

1）台阶开挖法优缺点

（1）台阶开挖法具有较大的工作空间和较快的施工速度，但上下部作业有互相干扰影响。

（2）台阶开挖法有利于开挖面的稳定，尤其是上部开挖支护后，下部断面作业就较为安全，但台阶开挖增加了对围岩的扰动次数，应注意下部作业对上部稳定性产生的不良影响。

2）采用台阶法开挖注意事项

（1）台阶数不宜过多，台阶长度要适当，并以一个台阶开挖到底，保持平台长度 2.5～3 m 为宜，易于掌握炮眼深度和减少翻渣的工作量，装渣机应紧跟开挖面，减少扒渣距离，以提高装渣运输效益。

（2）注意妥善解决上、下半部断面作业的相互干扰问题，即应进行周密的施工组织安排，劳动力的合理组合等。对于短隧道，可将上半部断面先贯通，再进行下部分断面的开挖。

（3）上部开挖应临空较大，易使爆破面石渣过大，不易于装渣，应适当密布中小炮眼，但采用先拱后墙法施工时，对于下部开挖，必须控制开挖厚度，合理的利用药量，并采取防护措施，避免损伤拱圈及确保施工安全。

（4）下部开挖时，应注意上部稳定。若围岩稳定性较好，则可以分段序开挖；若围岩稳定性较差，则应缩短下部掘进循环进尺；若围岩稳定性很差，则应左右侧互相错开施工或先拉中槽后挖边帮。

（5）采用钻爆法开挖，应采用光面爆破或预裂爆破技术，尽量减少扰动围岩的稳定性。

3. 分部开挖法

在松软地层修建隧道时，应采用台阶分部开挖法，适用于 V～VI 级围岩或一般土质围岩地段，一次开挖的范围宜小，而且要及时支撑与衬砌，以保持围岩的稳定。显然，分部开挖法是将隧道断面分部开挖逐渐成形，且一般将某一部分超前开挖，故称为导坑超前开挖法。常用的有导坑法、单侧壁导坑法、双侧壁导坑法等。

1）单侧壁导坑施工顺序[如图 5-8（a）]

（1）先行导坑开挖：

采用微正台阶法，上半断面超前 2.5～3 m，使用 5 台气腿式凿岩机钻眼，光面爆破，每循环进尺 2.0～2.5 m，配备正铲卸式装载机装渣，自卸汽车运输。

（2）先行导坑支护：根据围岩情况和设计要求，采用锚杆，喷射混凝土，架格栅支护，可利用汽车平台架钻锚杆眼，间距 1.0×1.0，长度 3.5 m/根。初喷混凝土 125 px，再架设格栅，纵向间距 1 榀/m。为保证施工安全，中壁墙需作临时支护，锚杆间距 1.5×1.5，喷混凝土 10～375 px，架设格栅，纵向间距 1 榀/m。

（3）右侧开挖、支护：在左侧先行导坑超前 50 m 后进行，以不影响先行导坑施工。开挖、支护方式与左侧相似，只是不再作中壁临时支护。

（4）仰拱施工：在下部开挖至设计标高后即可清基，施作单侧仰拱，另一侧仰拱应在中壁墙撤除后进行。

（5）全断面衬砌：在仰拱和回填完成后，开始边墙施工，按设计要求施做防水层和其他排水设施，同时做好各种预埋管件及预留洞的安装和检查，防止错埋，漏埋。

2）双侧壁导坑施工顺序[如图 5-8（b）]

双侧壁导坑法又称眼镜工法，其开挖，坚持"弱爆破、短进尺、强支护、早封闭、勤量测"的原则进行施工。

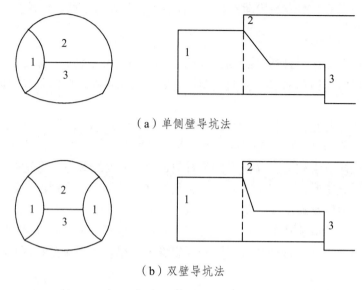

（a）单侧壁导坑法

（b）双壁导坑法

图 5-8　侧壁导坑开挖法

（1）开挖一侧导坑，并及时地将其初次支护闭合。

（2）相隔适当距离后开挖另一侧导坑，并建造初次支护。

（3）开挖上部核心土，建造拱部初次支护，拱脚支承在两侧壁导坑的初次支护上。

（4）开挖下台阶，建造底部的初次支护，使初次支护全断面闭合。

（5）拆除导坑临空部分的初次支护。

（6）建造二次衬砌。

3）分部开挖法的优缺点

（1）分部开挖减少了每个坑道的跨度，有利于增强坑道围岩的相对稳定性，易于进行局部支护。因此，它主要适用于软弱破碎围岩或设计断面较大的隧道施工。

（2）采用导坑超前开挖法，有利于提前探明地质情况，便于及时处理或变更施工手段等。

（3）其缺点是分部开挖法作业面较多，各工序相互干扰较大，增加施工组织和管理难度。分部钻爆掘进，增加了对围岩的扰动次数，不利于围岩的稳定。若采用的导坑断面过小则会使施工速度减慢而影响总工期等。

4）分部开挖法应注意事项

（1）因工作面较多，相互干扰大，应注意组织协调，实行统一指挥。

（2）应特别注意加强对爆破开挖用药量的控制，尽量减少对围岩的扰动而影响其稳定性。

（3）应尽量减少分部次数，尽可能争取大断面开挖，创造较良好的地下施工条件

（4）凡下部开挖，均应注意上部支护或衬砌结构的稳定性，尤其边帮开挖时应减少对上部围岩、支护、衬砌的扰动及破坏等。

5.2.4　隧道洞身爆破开挖

隧道洞身爆破施工的基本作业包括隧道开挖、支撑与衬砌。下面主要详细介绍山岭隧道洞身爆破基本开挖方法。

修筑隧道首先要在隧道所穿越的地层内开挖出一个符合设计要求的空间。洞身爆破开挖作业占整个隧道施工工程量的比重较大，造价占 25% ~ 40%，是隧道施工中较为关键的基本作业。它对隧道的施工进度和工程造价都有很大影响。

隧道洞身爆破开挖可分为两类：一类是只有一个工作面的导坑开挖，另一类是有多个工作面的扩大开挖。隧道开挖作业（钻爆开挖）包括钻眼、装药、爆破等几项工作内容。

1. 隧道洞身爆破开挖基本要求

（1）必须先探明隧道工程地质和水文地质情况，才可进行隧道爆破开挖。

（2）断面不宜久挖。开挖轮廓要预留支撑沉落度和变形量，以防止出现净空不够的情况。

（3）采用先拱后墙程序施工时，下部开挖的厚度及用药量应严格控制，并采取防护措施，避免损伤拱圈。

（4）合理确定开挖步骤和循环尺寸，保持各开挖工序的相互衔接均衡施工。

（5）隧道洞身爆破开挖，除完整坚硬岩层外，均应做好支撑，不良地质地段应结合地形开挖侧向安全洞。

（6）开挖断面尺寸应符合设计要求。开挖作业中，不得损坏支护，衬砌和设备并应保护好量测用的测点。

（7）岩石隧道洞开挖的爆破，应采用光面爆破或预裂爆破技术，施工中应提高钻眼效率和爆破效果，降低工料消耗。爆破后，对开挖面和未衬砌地段应进行检查，对可能出现的险情，应采取措施及时处理。对有瓦斯溢出的隧道，应根据工点的地质情况、瓦斯溢出程度和设备条件，制定适宜的施工方案。

（8）隧道双向开挖接近贯通时，两端施工应加强联系，统一指挥，并采取浅眼低药量，控制爆破。当两开挖面间的距离剩下 15 m 时，应改为单向开挖，直到贯通为止。

（9）上行线与下行线同时开挖时，因根据两洞的轴线间距、洞口里程距离、地质条件及其他自然条件，选择适宜的施工方法，确定好两洞开挖的时间差，并采取措施，防止后行洞开挖对先行洞周壁产生不良的影响。

2. 岩石隧道洞身施工的掘进方式和选择原则

山岭隧道洞身施工的掘进方式是指对坑道设计端面内岩土体的破碎及挖除方式方法。目前常用的掘进方式方法有三种：钻眼爆破掘进、单臂掘进机掘进和人工开挖掘进。一般山岭隧道最常用的石钻眼爆破并配合人工掘进。

1）钻眼爆破掘进

钻研爆破掘进是山岭隧道工程中最常用的掘进方式，它是用钻眼装炸药爆破场地范围内的岩体。钻爆掘进前首先应设计应根据地质条件、开挖断面、开挖方法、掘进循环进尺、钻眼机具、钻爆材料和出渣能力等因素综合考虑。

钻爆掘进一般只适用于石质隧道。硬岩宜采用光面爆破，软岩宜采用预裂爆破，分部开挖时可采用预留光面层光面爆破。

2）机械掘进和人工掘进

机械掘进是采用装在可移动式机械臂上的切削头来破碎岩体，并挖除坑道范围内的岩体，可连续掘进，但只适用于软岩及土质隧道。单臂掘进机可以挖掘任意形状的坑道和大小跨度的隧道，并且对围岩的稳定性影响较小，扰动破坏性少。常用的单臂掘进机是铁盘式采矿机，挖斗式挖掘机和铲斗式装渣机亦可以用于隧道的掘进，机动灵活，适应能力强。人工掘进是采用十字镐、风镐等简易工具来挖除岩体。人工掘进的速度较慢，劳动强度很大。一般在不能采用爆破掘进的软弱破碎围岩及土质隧道中，若隧道工程量不太大，工期要求不紧，又无机械或不宜采用机械掘进，或长大隧道机械掘进中的局部小工作面，则采用人工掘进。人工掘进施工中应做好安全防护措施，并应注意掌握好掘进速度，要做到及时支护，不要让围岩暴露时间过长，产生风化作用及变形过大。若开挖面不能自稳，则应同时采取相应而有效的辅助稳定措施——支护或支撑。

3）隧道洞身施工掘进方式选择原则

在隧道施工中，掘进方式是影响围岩稳定的重要因素之一。因此，在选择确定掘进方式时，应根据坑道地质条件、岩体的坚硬程度、围岩的稳定性、不同的掘进方式对围岩的扰动程度、支护条件、机械设备能力、经济性等相关因素进行综合分析，选用较为恰当的掘进方式方法。采用钻爆掘进时，尤其应当实施控制爆破，以减少爆破震动对围岩破坏和对已有支护及衬砌结构物的影响。

综上所述：钻爆掘进爆破开挖较为经济和常采用，但对围岩扰动大，尤其对破碎软弱围岩的稳定性不利；机械掘进对围岩扰动小，速度较快，但是机械和设备投资较大；人工掘进对围岩扰动最小，但是掘进速度很慢，工人劳动强度太大。实际工程，掘进方式的选择，应充分考虑被挖掘岩体的坚固性及围岩的稳定性，选择经济快速，又不会影响围岩稳定性的掘进方式。由于洞内地质情况千变万化，所以三种基本掘进方式要配合使用，要机动灵活采用。目前，在山岭隧道工程施工中，尤其是石质岩体时多采用钻爆掘进。因此，必须做好钻爆设计，掌握采用先进的钻爆技术。

3. 隧道洞身开挖钻爆设计

钻爆设计应根据隧道工程地质条件、开挖断面、开挖方法、掘进循环进尺、钻眼机具、爆破材料和出渣能力等因素综合考虑。

1）钻爆设计内容

钻爆设计内容有：炮眼的布置、数目、深度和角度，装药量和装药结构，起爆方法和爆破顺序等。

2）钻爆设计图

钻爆设计图包括：炮眼布置图、周边炮眼装药结构图、钻爆参数表、主要技术经济指标及必要的钻爆设计说明书等。

钻爆作业必须按照钻爆设计进行钻眼、装药、接线和引爆。

4. 隧道洞身爆破要求

钻眼爆破方法破岩，目前在国内外的岩石巷道施工中仍然占有最大比例。它是掘进施工的第一个主要工序，直接影响着整个掘进循环的成效。良好的钻眼爆破工作应该是：

（1）爆破后所形成的巷道断面应符合设计要求和国家或行业相关标准的需求，巷道的方向与坡度应符合设计规定。

（2）爆下的岩石块度应有利于提高装岩生产率，岩石堆积状况便于组织装运、便于钻眼与装岩平行作业。

（3）对巷道围岩的震动和破坏要小，以利于巷道的维护。

（4）爆破单位体积的岩石所需的炸药和雷管的消耗量要低，钻眼工作量要小，炮眼利用率要达到85%以上。

（5）提高机械化，改善作业条件。

5.2.5 钻眼爆破作业

1. 钻眼方法和钻眼机具（设备）（图 5-9）

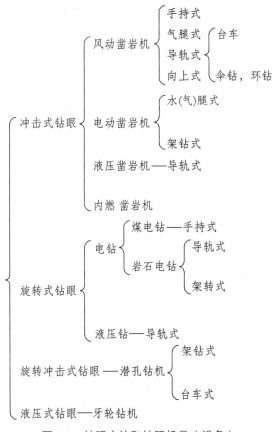

图 5-9　钻眼方法和钻眼机具（设备）

在山岭隧道施工中，钻爆掘进中常使用的凿岩机有：风动凿岩机和液压凿岩机，还有电动岩机和内燃凿岩机，但是较少采用。其工作原理都是利用镶嵌在钻头体前端的凿刃反复冲击和转动破碎岩石而成孔。凿岩机有的可以通过调节冲击功率和转动速度的大小，以适应不同硬度的石质，达到最佳的成孔效果。

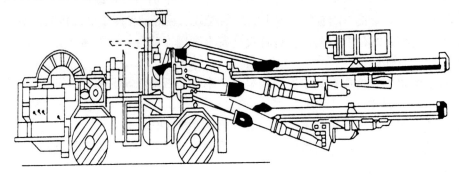

图 5-10　凿岩台车

1）爆破材料

炸药：我国目前使用的矿用炸药有硝铵类炸药和含水炸药（乳化，水胶炸药）。当穿过瓦斯地段时，应采用煤矿硝铵炸药和煤矿含水炸药；对于坚硬岩石可考虑采用粉状高威力炸药。硝铵类炸药价格低廉，为煤矿普遍使用。

起爆材料：一般用 8 号电雷管。其中秒延期雷管及毫秒延期电雷管都可以满足巷道爆破的起爆要求，但是在穿过瓦斯地层时，不能选用秒延期电雷管，且毫秒延期的秒量也不能大于 130 ms。

2）钻头

钻头根据钻刃的分布有一字形、十字形、Y 字形、柱齿形等。一字形结构简单，凿岩速度较高，应用最广，适用于整体性较好的岩石。十字形较适用于层节理发育、较破碎的岩石，但结构复杂，修磨困难。柱齿形是一种新发展起来的钎头，其特点是重复破碎少、耐磨，适用于磨蚀性高的岩层。（见图 5-11）

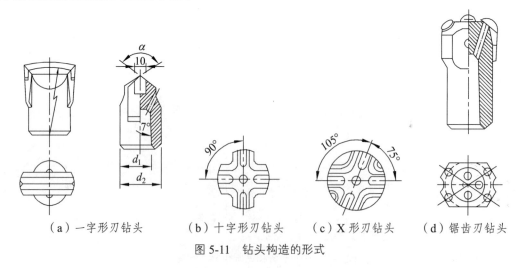

（a）一字形刃钻头　　（b）十字形刃钻头　　（c）X 形刃钻头　　（d）锯齿刃钻头

图 5-11　钻头构造的形式

2. 爆破参数

爆破参数有：炮眼直径、炮眼深度、炮眼数目、炸药消耗量。

1）炮眼直径

炮眼直径的大小对钻眼效率、全断面炮眼数目、单位炸药消耗量和爆破岩石块度与岩壁平整度等均有影响。因此，应根据巷道断面大小、块度要求、炸药性能和凿岩机性能等综合考虑，进行选择。炮眼直径大，可减少炮眼数目，炸药能量相对集中，也可提高爆破效率，但钻速下降，影响爆破质量和降低围岩稳定性。

在采用气腿式凿岩机的情况下，现场多根据药卷直径来确定。目前国内岩巷掘进均采用32 mm、35 mm两种药卷。因炮眼直径比药卷直径大6 mm左右，所以目前的炮眼直径多采用39~41 mm。

2）炮眼深度

影响炮眼深度的主要因素有：岩石性质、巷道断面大小、循环作业方式、凿岩机类型、炸药威力、工人技术水平等等。同时炮眼深度也影响了每茬炮的进尺量，也决定着循环的工作量及工时。其公式如下：

$$l\frac{L}{Nn\eta\eta_1}$$

式中　L——月或日计划进尺（m）；

　　　N——每月用于掘进作业的天数。按日进度计算时，$N=1$；

　　　n——每日完成的掘进循环数；

　　　η——炮眼利用率，0.85~0.9；

　　　η_1——正规循环率，0.85~0.9；按日进度计算时，$\eta_1=1$。

炮眼深度的合理性分析：

（1）合理的炮眼深度必须与具体施工设备相适应：气腿式轻型凿岩机，较适宜的钻眼深度一般为1.8~2.5 m；采用凿岩台车配备重型凿岩机，炮眼深度在3 m以上则更为有利。

（2）合理的炮眼深度必须保证较高的爆破效率：为了达到较高的炮眼利用率（一般不低于85%~90%）；除了考虑岩石条件和合理的炮眼布置外，还与炮眼的质量和爆破材料、装药结构有密切关系。

（3）合理的炮眼深度应尽可能使每班能够完成整循环：这样每班的工作任务明确，便于组织和管理，有利于实现正规循环作业，眼深与循环时间的确定必须和现有技术装备水平和施工条件密切结合，在合理的炮眼深度范围内，应力争达到每班多循环，以加快掘进速度。

3）炮眼数目

合理的炮眼数目应当保证有较高的爆破效率（炮眼利用率不小于85%~90%）、爆下的岩块、爆破后的巷道轮廓均能符合施工和设计要求。也可以按一个循环的总装药量平均装入所有炮眼的原则进行估算，作为实际排列炮眼的参考。其数目是否合理将直接影响钻眼的时间和钻眼工作量，也影响着爆破效果。

一个掘进循环所需总的装药量：

$$Q = q \cdot S \cdot L \cdot \eta$$

此总的装药量按照一定的炮眼装药系数，平均装入工作面的所有炮眼中去，那么总的装药量又可写成：

$$Q = \frac{N \cdot L \cdot a \cdot P}{m}$$

以上两式相等，故得总炮眼数为：

$$N = \frac{q \cdot S \cdot \eta \cdot m}{a \cdot P}$$

式中　q——单位炸药消耗量（kg/m^3）；

　　　S——巷道掘进断面积（m^2）；

　　　L——炮眼平均深度（m）；

　　　η——炮眼利用率；

　　　N——炮眼总数（个）；

　　　a——炮眼的平均装药系数，一般取 0.5～0.7；

　　　m——每个药卷的长度（m）；

　　　P——每个药卷的质量（kg）。

4）单位炸药消耗量

爆破每立方米原岩所需的炸药量叫单位炸药消耗量。它与许多因素有关，如炸药性质、岩石性质、断面大小、临空面多少、炮眼直径与深度等。

$$q = 1.1K\sqrt{f/S}$$

式中　f——岩石坚固性系数；

　　　S——巷首掘进断面积（m^2）；

　　　K——考虑炸药爆力的修正系数，$K=525/P$，P 为所选用炸药的爆力（mL）。

单位炸药消耗量确定后，根据断面尺寸、炮眼深度、炮眼利用率即可求出每循环所使用的总炸药消耗量。

影响炸药消耗量的主要因素有以下几点：

（1）炸药性能。

（2）岩石的物理力学性质。

（3）自由面的大小和数目。

除以上因素外，还有炮眼直径和炮眼深度等，总之，因影响因素太多，到目前为止，还没有解决精确计算炸药消耗量的问题。通过实践，国家对各种岩石、不同掘进断面的炸药消耗量进行了统计。

3. 掘进速度 v 和掘进尺寸 L 及开挖面的支撑作用

钻爆掘进是分段循环进行的，其循环过程一般包括三个作业环节：每一次钻眼爆破—出渣运输—支撑（矿山法）或初期支护。单循环爆破掘进深度称为掘进进尺 L；单循环所占拥有的时间称为循环时间 t；日掘进深度称为掘进速度，$v = 24L/t$（m/d）。

1）掘进速度

掘进速度 v 应满足工期的要求。采用较大的掘进进尺 L 或较短的循环时间 t，均可取得较快的掘进速度 v；掘进速度 v 的加快，要增加劳动力和施工机械；才能节省施工时间。实际工程中，应根据工期要求，合理地选择掘进速度。

2）掘进进尺 L 和循环时间的选择

当掘进速度确定后，主要根据围岩的稳定性、开挖面的支撑作用、开挖断面的大小、支撑或支护条件、机械配套能力和施工组织管理水平等因素，合理地选择掘进进尺 L 和循环时间 t_0 时间证明，可以采用短进尺、多循环掘进，或者采用深进尺、少循环掘进。

一般在围岩稳定性较差（Ⅲ级及以下），或开挖断面较小，或支护条件较差，或钻眼和出渣能力不足时，应采用短进尺、多循环掘进。反之当围岩较稳定（Ⅳ级及以上），或支撑速度较快，或钻眼和出渣能力较强时，应采用深进尺，少循环掘进（采用深孔控制爆破）。目前，我国索道工程钻爆掘进进尺 $L_1 = 0.5 \sim 5.0$ m（短的仅 0.5 m，深的可达 5.0 m）。

3）开挖面的支撑作用

隧道掘进方向上最前端的开挖作业正面称为开挖面，开挖面前方（一定范围内尚未被挖除的）岩体，对已开挖区段的围岩起着一定的约束作用，这种约束称为开挖面的支撑作用。随着隧道掘进，开挖面的支撑作用逐渐前移并消失，此后，围岩的稳定则依赖其自隐能力（成拱作用）的发挥及支撑或初期支护作用。

实测结果表明，对一般岩体，开挖面的支撑作用，可持续到 1～3 倍的洞径区段。岩体越破碎，其支撑作用的影响长度就会越短。

在隧道施工过程中，开挖面的支撑作用是可以和应当加以利用的，即可在开挖面的支撑作用消失之前即做好支撑或初期支护。应采用较短的掘进进尺 L 并应及时予以支撑或支护。

4. 炮眼布置

钻眼目前应定出开挖断面中线、水平线和断面轮廓，标出炮眼位置，经检查符合钻爆设计要求后可钻眼，而炮眼的布置、深度、角度、间距等应按钻爆设计要求确定。

隧道爆破通常采用掏槽爆破，即将开挖断面上的炮眼分区布置和分区顺序起爆，逐步扩大完成一次爆破开挖，按照炮眼的位置，作用的不同有三种炮眼：掏槽眼、辅助眼、周边眼，如图 5-12 所示。这三种炮眼除共同完成一个循环进尺的爆破掘进外，分别各有其作用，因此各有不同的位置、长度、方向、间距的要求。

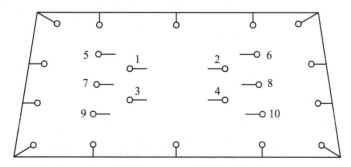

图 5-12　三种炮眼

1～4—掏槽炮眼；5～10—辅助炮眼；其余为周边炮眼

影响炮眼布置的因素：主要因素是岩石性质、巷道断面的大小、钻眼设备、炮眼深度和炸药性能。

选择炮眼的步骤：

（1）选择合理的掏槽方式；

（2）根据光面爆破要求布置周边眼及决定周边眼最小抵抗线的辅助眼；

（3）布置底眼；

（4）在工作面其余部分均匀布置辅助眼；

（5）最后根据工作面实际情况，不断改进，使之完善。

1）隧道洞身开挖轮廓线及预留变形量

因为坑道开挖后围岩由于失去部分约束而产生向坑道方向的收缩变形，所以施工开挖轮廓线应在设计开挖轮廓线的基础上适当加大，称为预留变形量。

预留变形量的大小，主要取决于围岩类别、隧道跨度大小、开挖方法、掘进方式、支撑或支护方法等因素的影响，可以根据实际量测数据分析确定，并可进行调整。

2）隧道爆破开挖中的炮眼布置方法（见图5-13）

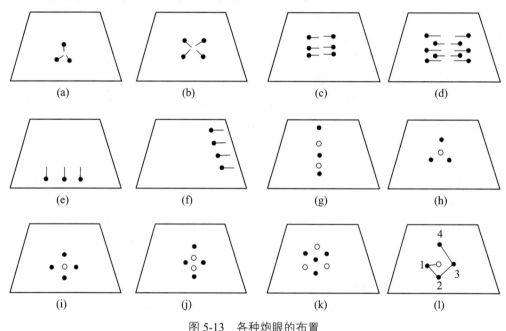

图5-13　各种炮眼的布置

a，*b*—锥形掏槽（三眼和四眼锥形）；*c*—垂直楔形掏槽；*d*—复式楔形；*e*，*f*—单向掏槽；
g—平行龟裂掏槽（隔眼装药，同时起爆）；*h*—单空孔三角柱形；*i*—中空孔四角柱形；
j—双空孔菱形；*k*—六角柱形；*l*—螺旋式掏槽

（1）掏槽眼的布置方法。

合理布置掏槽眼应掌握好炮眼的三度——深度、密度和斜度，并通过计算确定用药量及放炮顺序等。

掏槽炮的作用：将开挖面上适当部位先掏出一个小型槽口，以形成新的临空面，为后爆破的辅助炮开创更有利的临空面，达到提高爆破效率的作用。

掏槽眼本身只有一个临空面，且受周围围岩的夹持作用，故常需要采用较大的炸药单位消耗量K值和较大的装药系数α值，以增大爆破粉碎区，并利用爆破冲击波及爆破产物做功，将岩石抛掷出槽口。为保证掏槽炮能有效地将石渣抛出槽口，常将掏槽眼比设计掘进进尺加深 10～20 cm，并采用反向连续装药和用双雷管起爆。

槽口尺寸一般为 1.0～2.5 m²，要与循环进尺、断面大小和掏槽方式相协调。要求掏槽眼口间距误差和眼底间距误差不得大于 5 cm。

掏槽方式一般可分为斜眼掏槽和直眼掏槽两大类，如图 5-14～5-15 所示。

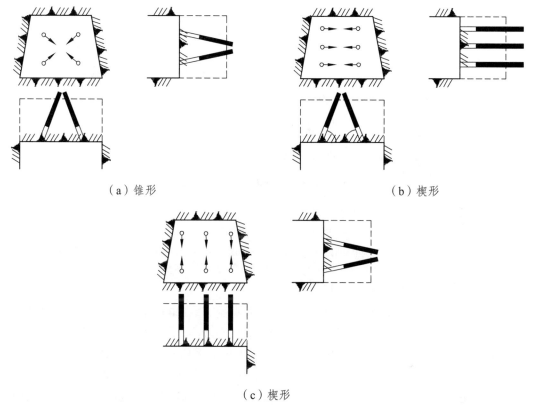

（a）锥形　　　　　　　　　　　　　　　（b）楔形

（c）楔形

图 5-14　斜眼掏槽布置

斜眼掏槽的优点：适用于各种岩层并获得较好的掏槽效果；所需掏槽眼数目较少，单位耗药量小于直眼掏槽；槽眼位置和倾角的精确度对掏槽效果的影响较小。

其缺点是：钻眼方向难以掌握，要求钻眼工具有熟练的技术水平；炮眼深度受巷道断面的限制，尤其在小断面巷道中更为突出；全断面巷道爆破下岩石的抛掷距离较大，爆堆分散，容易损坏设备和支护，尤其是掏槽眼角度不对称时。

直眼掏槽是由若干个彼此距离很近的垂直于开挖面的互相平行的炮眼组成，其中有一个或几个不装药的炮眼（空眼）。炮眼垂直于工作面且相互平行，距离较近。其中有一个或几个不装药的空眼。空眼的作用是给装药眼创造自由面和作为破碎岩石的膨胀空间。

直眼掏槽的优点：便于炮眼垂直于工作面布置，方式简单，易于掌握和实现多台钻机同时作业和钻眼机械化；炮眼深度不受巷道断面限制，可以实现中深孔爆破；当炮眼深度改变时，掏槽布置可不变，只需调整装药量即可；有较高的炮眼利用率；全断面巷道爆破，岩石的抛掷距离较近，爆堆集中，不易崩坏井筒或工作面内的设备和支架。

缺点是：需要较多的炮眼数目和较多的炸药；炮眼间距和平行度的误差对掏槽效果影响较大，必须具备熟练的钻眼操作技术。

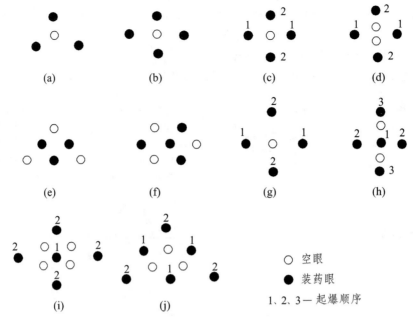

图 5-15　直眼掏槽的形式

a、e—三角柱掏槽；b—四角柱掏槽；c—单空孔菱形掏槽；d—双空孔菱形掏槽；f—六角柱掏槽；
g、h—大空眼菱形掏槽；i—五星掏槽；j—复式三角柱掏槽

因地质多变，几种掏槽方式可混合使用。

根据近年来重型凿岩机的投入使用，使得钻大直径 $D>100$ mm 孔并不困难。直眼掏槽中多采用大直径空眼，其作用相当于为装药掏槽提供了临空面，并取得了良好的掏槽效果。一般在中硬和坚硬岩层中，设计循环进尺为 3.5 m 左右时，采用双空孔形式最佳，对 3.5～5.5 m 的深孔掏槽，宜采用三空孔形式最好；对 3 m 以下的浅眼掏槽，则采用单空孔形式较好。为了保证掏槽炮眼爆破后岩渣有足够的膨胀空间，一般要求空眼体积为掏槽槽口体积的 10%～20%为宜。

当前国内外快速掘进的坑道，大多采用直眼掏槽和深眼爆破，可以节省大量辅助作业时间，如通风排烟、检查找顶、接通拉线等。

斜眼掏槽和浅眼爆破，适用于人工施工或机械设备不足的施工条件。

选择掏槽方式时，要根据具体的施工条件，因地制宜地加以选用。

（2）辅助眼的布置方法。

辅助眼的作用是进一步扩大槽口体积和爆破量，并逐步接近开挖断面形状，为周边眼创造有利的爆破条件。

辅助眼的布置主要是指炮眼间距 E 值和最小抵抗线 V 值的确定，主要根据岩石软硬和用药量的多少，由工地实验确定。其布置原则可参照后述周边眼的补助原则进行，只是 V、E 值及单位装药量 q 较大些。一般取 $E/V=0.6～0.8$ 为宜。并宜采用孔底连续装药。辅助眼应由内向外，逐步布置，逐步起爆，逐步接近开挖断面轮廓形状。

（3）周边孔的布置方法。

周边眼位于隧洞边缘，通过爆破控制隧洞边缘轮廓线的孔，称为周边孔。其孔起控制洞室轮廓线的作用。

布孔原则：对孔位、孔深和角度偏差都有较高的要求。普通爆破，因爆破对围岩破坏的影响，周边孔的孔位可在设计轮廓线以内 10 cm 处。光面爆破，其孔位应在轮廓线上。孔距与隧洞的断面大小和岩石的坚硬度有关。周边眼的爆破存在三个问题：

① 周边眼爆破法。不能达到按设计轮廓线准确成型的目的，开挖面容易起伏不平；

② 超挖量较大，一般为 10%～20%；

③ 对坑外地层的围岩的扰动较大，较大程度地影响到坑道开挖轮廓的质量和降低围岩的稳定性，因此采用周边眼爆破应慎重考虑。

为了解决上述问题，在 20 世纪 30 年代初期，便有工程师从事专门设计，如采用光面爆破或预裂爆破的研究，目的是使爆破后的岩石表面能按设计轮廓成型，表面能较平顺，超欠挖量最小。工程实际表明，光面爆破和预裂爆破是国内外公认的一项先进的爆破技术。

5. 光面爆破法

是指通过正确选择爆破参数和合理的施工方法，分区分段微差爆破，达到爆破后轮廓线符合设计要求，临空面平整规则的一种控制爆破技术。

与采用普通的爆破法相比，具有以下优点：

（1）能减少超挖。

（2）爆破后成形规整，提高了轮廓质量。

（3）爆破后围岩不产生或很少产生爆破裂缝，支护工作量小，材料消耗小。

（4）加快掘进速度，降低成本，保证施工安全。

光面爆破的破岩机理是一个十分复杂的问题，仍在探索之中。尽管在理论上还不甚成熟，但在定性分析方面已有共识。一般认为，炸药起爆时，对岩体产生三种效应：一是应力波反射拉伸破坏所起的作用；二是爆炸气体膨胀做功所起的作用；三是二者共同作用所起的破坏。近几十年来的研究、实验和生产实践表明，第三种效应比较符合工程实际情况。光面爆破是周边眼同时起爆，各炮眼的冲击波向其四周作径向传播，相邻炮眼的冲击相遇，则产生应力波的叠加，并产生切向拉力，拉力的最大值发生在相邻炮眼中心连线的中点，当岩体的极限抗拉强度小于此拉力时，岩体便被拉裂，在炮眼中心连线上形成裂缝，随后，爆炸产物的膨胀作用使裂缝进一步扩展，形成平整的爆裂面。

预裂爆破和光面爆破都要求沿设计轮廓产生规整的爆生裂缝面，两者成缝机理基本一致。现以预裂缝为例论述它们的成缝机理。预裂爆破采用不耦合装药结构，其特征是药包和孔壁间有环状空气间隔层，该空气间隔层的存在削减了作用在孔壁上的爆炸压力峰值。因为岩石抗压强度远大于抗拉强度，因此可以控制削减后的爆压不致使孔壁产生明显的压缩破坏，但切向拉应力能使炮孔四周产生径向裂纹。加之孔与孔间彼此的聚能作用，使孔间连线产生应力集中，孔壁连线上的初始裂纹进一步发展，而滞后的高压气体的准静态作用，使沿缝产生气刃劈裂作用，使周边孔间连线上的裂纹全部贯通成缝。

要使光面爆破取得良好效果，一般需掌握以下技术要点：

（1）根据围岩特点，合理选定周边眼的间距和最小抵抗线，尽最大努力提高钻眼质量。

（2）严格控制周边眼的装药量，尽可能将药量沿眼长均匀分布（见表5-2）。

（3）周边眼宜使用小直径药卷和低猛度、低爆速的炸药。为满足装药结构要求，可借助导爆索（传爆线）来实现空气间隔装药。

（4）采用毫秒微差有序起爆。要安排好开挖程序，使光面爆破具有良好的临空面。

（5）边孔直径小于等于 50 mm。

表 5-2　光面爆破的主要参数

岩石类别	周边眼间距 E/cm	周边眼抵抗线 W/cm	相对距离 K
极硬岩	50～60	55～75	0.8～0.85
硬岩	40～55	50～60	0.8～0.85
软质岩	30～45	45～60	0.75～0.8

为保证保留岩体按设计轮廓面成型并防止围岩破坏，须采用轮廓控制爆破技术。常用的轮廓控制爆破技术包括预裂爆破和光面爆破。所谓预裂爆破，就是首先起爆布置在设计轮廓线上的预裂爆破孔药包，形成一条沿设计轮廓线贯穿的裂缝，再在该人工裂缝的屏蔽下进行主体开挖部位的爆破，保证保留岩体免遭破坏；光面爆破是先爆除主体开挖部位的岩体，然后再起爆布置在设计轮廓线上的周边孔药包，将光爆层炸除，形成一个平整的开挖面。（光面爆破的过程见图 5-16）

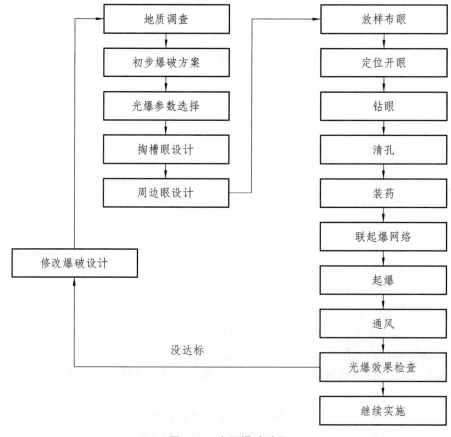

图 5-16　光面爆破过程

1）装药结构

（1）堵塞段：堵塞段的作用是延长爆生气体的作用时间，且保证孔口段只产生裂缝而不出现爆破漏斗，对深孔爆破该段长一般取 0.5 ~ 1.5 m。

（2）孔底加强段：段长大体等于堵塞段。由于孔底受岩石夹持作用，故需用较大的线装药密度。

（3）均匀装药段：该段一般为轴向间隔不耦合装药，并要求沿孔轴线方向均匀分布。轴向间隔装药须用导爆索串联各药卷起爆。为保证孔壁不被粉碎，药卷应尽量置于孔的中心。国外一般用炮孔中心定位器定位，国内一般是将药卷及导爆索绑于竹片进行药卷定位。（见图5-17）。

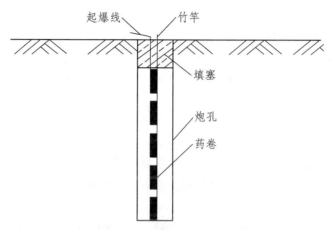

图 5-17　光面爆破装药形式

2）起爆

为保证同时起爆，预裂爆破和光面爆破一般都用导爆索起爆，并通常采用分段并联法。由于光面爆破孔是最后起爆，导爆索有可能遭受超前破坏。为保证周边孔准爆，对光面爆破孔可采用高段延期雷管与导爆索的双重起爆法。预裂孔若与主爆区炮孔组成同一网路起爆，则预裂孔应超前第一排主爆孔 75 ~ 100 ms 起爆（见图5-18）。

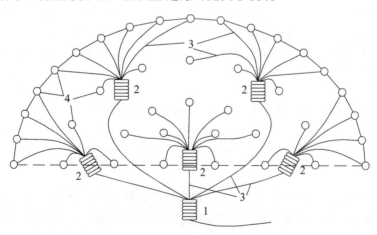

图 5-18　引爆装置

1—引爆雷管；2—导爆雷管与导爆管束联接结；3—导爆管；4—炮孔

在整个隧道施工作业中，爆破开挖方案的好坏对隧道爆破开挖速度起着决定性的作用。

同时，爆破效果的好坏直接影响后期装岩运输和衬砌支护的速度和成本。钻眼爆破开挖应达到以下要求：断面形状和尺寸符合设计要求；石渣块度大小适中，便于装岩和运输工作；掘进速度快，钻孔工作量小，炸药消耗量最省；有较好的爆破效果，表面平整，超欠挖量符合设计要求，对围岩的损伤破坏小。为了做到既降低爆破对围岩的损伤，又能实现较大的进尺，在隧道开挖爆破中采用光面爆破技术。

爆破方法对围岩稳定性有很大影响，研究结果表明，爆破影响总厚度与岩性有关，与爆破方法有关。在坚硬完整的岩层中与在软弱破碎的岩层中爆破，前者爆破影响范围小得多，无论在坚硬完整的岩层中，还是在软弱破碎的岩层中，光面爆破对围岩破坏最轻，而普通爆破法最严重，有时其围岩破坏总厚度甚至达到控制爆破的 2 ~ 3 倍。

针对工程对海洋生态环境的保护及减少爆破震动对围岩的影响，海底隧道爆破开挖时在软弱破碎围岩段宜采用台阶分部法或 CRD 法开挖，在较完整硬岩段采用风钻人工钻爆，分上下断面开挖支护。出渣运输采用机械配套。

6. 预裂爆破法

预裂爆破是指，进行石方开挖时，在主爆区爆破之前沿设计轮廓线先爆出一条具有一定宽度的贯穿裂缝。以缓冲、反射开挖爆破的振动波，控制其对保留岩体的破坏影响，使之获得较平整的开挖轮廓。

预裂爆破不仅在垂直、倾斜开挖壁面上得到广泛应用；在规则的曲面、扭曲面及水平建基面等也采用预裂爆破。预裂爆破适用于稳定性差而又要求控制开挖轮廓的软弱岩层。

1）技术要求

（1）预裂缝要贯通且在地表有一定开裂宽度。对于中等坚硬岩石，缝宽不宜小于 1.0 cm；坚硬岩石缝宽应达到 0.5 cm 左右；但在松软岩石上缝宽达到 1.0 cm 以上时，减振作用并未显著提高，应多做些现场试验，以利总结经验。

（2）预裂面开挖后的不平整度不宜大于 15 cm。预裂面不平整度通常是指预裂孔所形成之预裂面的凹凸程度，它是衡量钻孔和爆破参数合理性的重要指标，可依此验证、调整设计数据。

（3）预裂面上的炮孔痕迹保留率应不低于 80%，且炮孔附近岩石不出现严重的爆破裂隙。

2）技术措施

（1）炮孔直径一般为 50 ~ 200 mm，对深孔宜采用较大的孔径。

（2）炮孔间距宜为孔径的 8 ~ 12 倍，坚硬岩石取小值。

（3）不耦合系数（炮孔直径 d 与药卷直径 d_0 的比值）建议取 2 ~ 4，坚硬岩取小值。

（4）线装药密度一般取 250 ~ 400 g/m。

（5）药包结构形式，较多的是将药卷分散绑扎在传爆线上。分散药卷的相邻间距不宜大于 50 cm 和不大于药卷的殉爆距离。考虑到孔底的夹制作用较大，底部药包应加强，约为线装药密度的 2 ~ 5 倍。

（6）装药时距孔口 1 m 左右的深度内不要装药，可用粗砂填塞，不必捣实。填塞段过短，容易形成漏斗，过长则不能出现裂缝。

5.3 隧道开挖出渣运输

出渣是隧道作业的基本作业之一。出渣作业能力的强弱，决定了它在整个作业循环中所占时间的长短（一般为 40% ~ 60%），因此，出渣运输作业能力的强弱在很大程度上影响施工速度。

在选择出渣方式时，应对隧道或开挖坑道断面的大小、围岩的地质条件、一次开挖量、机械配套能力、经济性工期要求等相关因素综合考虑。

出渣作业可以分为装渣、运输、卸渣三个环节。

5.3.1 装渣

装渣就是把开挖下来的石渣装入运输车辆。装渣方式分类：
（1）按取岩构件名称分：铲斗式、耙斗式、蟹爪式、立爪式。
（2）按行车方式分：轨轮式、胶轮式、履带式、履带与轨道兼有式。
（3）按驱动方式分：电动、风动、液压、内燃式。
（4）按卸岩方向分：后卸式、前卸式、侧卸式。

1. 渣量计算

出渣量应为开挖后的虚渣体积，可按下式计算：

$$Z = R\Delta LS$$

式中　Z——单循环爆破后石砟量（m^3）；
　　　R——岩体松胀系数；
　　　Δ——超挖系数，视爆破质量而定，一般可取 1.15 ~ 1.25；
　　　L——设计循环进尺（m）；
　　　S——开挖断面面积。

2. 装渣方式

装渣的方式可采用人力装渣或机械装渣。人力装渣，劳动强度大，速度慢。仅在短隧道缺乏机械或断面小而无法使用机械装渣时，才考虑采用。机械装渣，速度快，可缩短作业时间，目前隧道施工中常用，但仍需少数人工辅助。

3. 装渣机械

装渣机械的类型很多，按其扒渣机构形式可分为：铲斗式、蟹爪式、立爪式、挖斗式。（见图 5-19）铲斗式装渣机为间歇性非连续装渣机，有翻斗后卸、前卸和侧卸三个卸渣方式。蟹爪式、立爪式和挖斗式装渣机，均配备刮板（或链板）转载后卸机构。

装渣机的走行方式有轨道走行和轮胎走行两种，也有配备履带走行和轨道走行两套走行机构的。轨道走行式装渣机须铺设走行轨道，因此其工作范围受到限制。但有些轨道走行式装渣机的装渣机构能转动一定角度，以增加其工作宽度。必要时，可采用增铺轨道来满足更大的工作宽度要求。轮胎走行式装渣机移动灵活，工作范围不受限制。但在有水土质围岩的隧道中，有可能出现打滑和下陷。

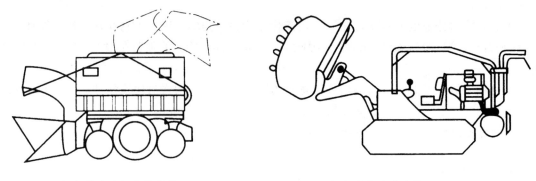

（a）铲斗后卸式装岩机　　　　　　　（b）侧卸式装岩机

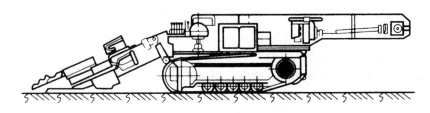

（c）蟹爪式装岩机

图 5-19　各式装渣机

装渣机扒渣的方式不同，走行方式不同，装备功率不同、则其工作能力各不相同。以充分发挥各自的工作效能，缩短装渣的时间。

隧道施工中几种常用的装渣机有翻斗式装渣机、蟹爪式装渣机、立爪式装渣机、挖斗式装渣机、铲斗式装渣机。

轮胎走行铲斗式装渣机转弯半径小，移动灵活；铲取力强，铲斗量大，可达 0.76～3.8 m，工作能力强；可侧卸也可前卸，卸渣准确，但燃油废气污染洞内空气，须配备净化器或加强隧道通风，常用于较大断面的隧道装渣作业。

轨道走行及履带走行的铲斗式装渣机，多采用电力驱动。轨道走行装渣机一般只适用于断面较小的隧道中，履带走行的大型电铲则适用于特大断面的隧道中。

5.3.2　运　输

隧道施工的洞内运输（出渣和进料）可以分为有轨运输和无轨运输两种方式。

有轨运输是铺设小型轨道，用轨道式运输车出渣和进料。有轨运输多采用电瓶车及内燃机车牵引，斗车或梭式矿车运渣，它既适应大断面开挖的隧道，也适用于小断面开挖的隧道，尤其适应于较长的隧道运输（3 km 以上），是一种适应性较强和较为经济的运输方式。

无轨运输是采用各种无轨运输车出渣和进料。其特点是机动灵活，不需要铺设轨道，能适用于弃渣场离洞口较远和道路坡道较大的场合。缺点是由于多采用内燃驱动，作业时，在整个洞中排出废气，污染洞内空气，故一般适用于大断面开挖和中等长度的隧道中，并应注意加强通风。

运输方式的选择应充分考虑与装渣机的匹配和运输组织，还应考虑与开挖速度及运量的匹配，以尽量缩短运输的卸渣时间。必要时应作技术经济合理性分析，以求方案最佳。

1. 有轨运输

1）运输车辆

常用的轨道式运输车辆有斗车、梭式矿车。

（1）斗车。

斗车结构简单，使用方便，适应性强。斗车运输是较经济的运输方式。按其容量大小可分为小型斗车（容量<3 m³）和大型斗车。

小型斗车轻便灵活，满载率高掉车便利，一般均可人力翻斗卸渣。在无牵引机械时还可人力推送，它是最常用的运输车辆。大型斗车单车容量较大，可达 20 m³，须用动力机车牵引，并配用大型机械装渣才能保证快速装运。根据斗车类型采用驼峰机构侧卸或翻车机构卸渣，对轨道要求严格。但可以减少装渣中掉车作业次数，而缩短装渣时间。

（2）梭式矿车。

梭式矿车采用整体式车体，下设两个转向架，车厢底部没有刮板式或链式转载机构，便于将整体车厢装满和转载或向后卸渣。

梭式矿车单车容量为 6～18 m³，可以单车使用，也可以 2～4 节搭接使用，以减少掉车作业次数。其刮板式自动卸渣机构，可以向后（码头前方）卸渣，也可以使前后转向架分别置于相邻的两股道上，实现向轨道侧面卸渣，扩大弃渣的范围。轨道间距应为 2.0～2.5 m，车体与轨道的交角可达 35°～40°

2）有轨运输牵引类型

常用的轨道式牵引机车有电瓶车、内燃机车，主要用于坡度不大的隧道运输牵引。当采用小型斗车和坡度较缓的短隧道施工时，还可以采用人力推送。

电瓶车牵引无废气污染，但电瓶须充电，能量有限。必要时可增加电瓶车台数，以保证行车速度和运输能力。

内燃机车牵引能力较大，但增加洞内噪声污染和废气污染。必要时，须配备废气净化装置和加强通风。

3）单线运输

单线运输能力较低，常用于地质条件较差或小断面开挖的隧道中。单线运输时，为掉车方便和提高运输能力，在整个线路上应合理布设会让站（错车道）。会让站间距应根据装渣作业时间和行车速度计算确定，并编制和优化列车运行图，以减少避让等时间。会让站的战线长度应能够容纳整列车，并保证安全。

4）双线运输

双线运输时，进出车分道行驶，无须避让等待，故通道能力较单线有明显提高。为了掉车方便，应在两线之间合理布设渡线。

渡线间距应根据工序安排及运输掉车需要来确定，一般间距为 100～200 m，或更长，并每隔 2～3 组渡线设置一组反向渡线。

5）工作面轨道延伸及掉车措施

（1）工作面的轨道延伸，应及时满足钻眼、装渣、运输机械的走行和作业要求，并避免轨道延伸与其他工作的干扰。有时需延至开挖面，延伸的方法可以采用浮放"卧轨""爬道"及接短轨。待开挖面向前推进后，将连接的几根短轨换成长轨。

（2）工作面附近的掉车措施，应根据机械走行要求和转道类型来合理选择确定，并尽量离开挖面近一些，以缩短掉车的时间。

（3）单线运输时首先应利用就近的会让站线掉车，当开挖面距离会让站较远时，则可以设置临时岔线、浮放掉车盘或平移掉车器来掉车，并逐步前移。

（4）双线运输时，应尽量利用就近的渡线来掉车，当开挖面距渡线较远时，则可以设置浮放掉车盘，并逐步前移。

6）洞口轨道布置

洞口外轨道布置包括卸渣线，上料线、修理线、机车整备线及掉车场等。

卸渣线应搭设卸渣码头，其重车方向应设置一段 0.5% ~ 1.0% 的上坡，并在轨端加设车挡，以保证卸渣车列安全。

7）轨道铺设要求

（1）轨距常用的有 600 mm、762 mm、900 mm 三种。双线线距净距不小于 20 cm；单线会让站线间距不小于 40 cm。车辆距坑道壁式支撑净间距不小于 20 cm，双线不另设人行道，单线须设人行道，其净宽不小于 70 cm。

（2）轨道平面最小曲线半径，在洞内应不小于机车车辆轴距的 7 倍，洞外不小于 10 倍。使用有转向架的梭式矿车式，最小曲线半径不小于 12 m，并应尽量使用较大的曲线半径。

（3）洞内轨道纵坡按隧道坡度设置。洞外轨道除卸渣线设置上坡外，其余尽量设置为平坡或 0.5% 以下的纵坡。

（4）钢轨质量有 15 kg/m、24 kg/m、30 kg/m、38 kg/m、43 kg/m 几种，轨枕和枕木有 10 cm×12 cm、10 cm×15 cm、12 cm×15 cm、14 cm×17 cm（厚×宽）几种。钢轨和枕木的选择，应根据各种机械的最大轴重来确定，轴重较大时应选用较重的钢轨和较粗的枕木，枕木间距一般不大于 70 cm。

（5）轨道铺设可利用开挖下来的碎石作为道砟，并铺设平整、顺直、稳固。若有变形和位移，应及时养护和维修，保证线路处于良好的工作状态。

2. 无轨运输

隧道用无轨运输车的品种很多，多为燃油式动力、轮胎走行的自卸载货汽车。载质量 2 ~ 25 t 不等。为适应在隧道内运输，有的还采用了铰接车身或双向驾驶的坑道专用车辆。

无轨运输车的选择应注意与装渣机的匹配，尤其是能力配套，充分发挥各自的工作效率，提高整体工作能力。此外，一般要求选用载重自重比大、体型小、机动灵活、能自卸、配有废气净化器的运输车。

洞内转向，还可以局部扩大洞径，设置车辆转向站，或设置机械转向盘。

5.3.3 卸 渣

有轨运输应根据卸渣场地地形条件、弃渣利用情况、车辆类型，妥善布置卸渣线和卸渣设备，提高卸渣速度。

隧道弃渣场应结合当地自然环境、水土保持、人文景观、运输条件、弃渣利用等因素综合考虑，弃渣场应做好挡墙护坡、排水系统、绿化覆盖等配套设施。

5.4 案 例

某铁路隧道开挖施工工艺如图 5-20：

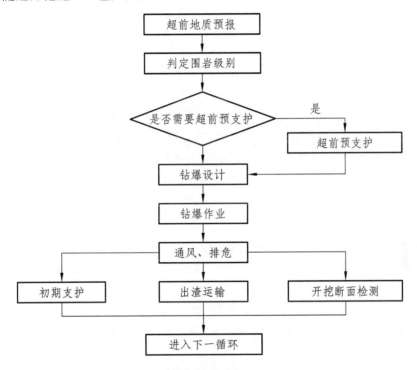

图 5-20　隧道断面开挖施工工艺流程图

1. 洞身开挖方法及作业程序

洞身开挖方法详见表 5-3 "隧道开挖方法表"。

表 5-3　主要隧道开挖方法表

围岩级别	开挖方法
Ⅲ级	台阶法
Ⅳ级	环形导坑留核心土法
Ⅳ级	上、下台阶法
Ⅴ级	上、下台阶法

2. 隧道钻爆设计

Ⅳ级、Ⅴ级、级围岩隧道开挖施工坚持"弱爆破、短进尺、强支护、早封闭、勤量测"的原则，采用微震爆破、小炮、机械或人工开挖，严格控制装药量，以减小对围岩的扰动，工序变化处支钢架（临时钢架）设脚锚杆，以确保钢架基础稳定；导坑开挖孔径及台阶高度可根据施工机具、人员安排进行适当调整；钢架之间纵向连接钢筋及时施作并连接牢固。

Ⅴ级围岩台阶法按光面爆破和预裂控制爆破布眼，三臂液压钻孔台车钻眼，塑料导爆管非电起爆、毫秒微差爆破，全面采用水压环保型爆破新技术，即在孔底及孔口分别装上水袋，中间装药，孔口堵塞机制炮泥的装药结构形式，达到降低炸药消耗量，降低粉尘，增加开挖进尺的目的。

通过爆破试验确定爆破参数，试验时参照表 5-4 "光面爆破参数表"，并根据地质情况及时修正其钻爆参数。

表 5-4　光面爆破参数表

岩石类别	周边眼间距 E/cm	周边眼抵抗线 W/cm	相对距离 E/W	装药集中度 q/（kg/m）
硬岩	40～50	50～60	0.8～0.85	0.15～0.25
软质岩	35～45	45～60	0.75～0.8	0.07～0.12

隧道开挖采用钻爆法（其工艺流程见图 5-21），以新奥法理论指导施工（见钻爆法施工工艺流程框图），光面爆破，爆破器材采用乳化炸药，周边眼采用 ϕ25 光爆小药卷，其余均采用 ϕ32 药卷。装岩运输采用 ZL-50 装载机配合 5 t 自卸式汽车运输，直接运至业主指定的弃碴场，装药结构示意图如表 5-5。

光面爆破参数：

（1）不耦合系数。合理的不耦合系数应使炮孔压力低于岩壁动抗压强度，而高于动抗拉强度，通常，不耦合系数采用 1.5～2.5，选用 1.7；

（2）光面炮眼间距 E。一般取炮眼直径的 8～15 倍。在节理裂隙比较发育的岩石中，应取小值；在整体性好的岩石中，可取大值，选用 45 cm；

（3）最小抵抗线 W。光面层厚度或周边眼到邻近辅助眼间的距离，是光面眼起爆时的最小抵抗线，一般它应大于或等于光面炮眼间距，选用 60 cm。炮眼布置图及爆破参数表见第 3 部分。

表 5-5　装药结构图

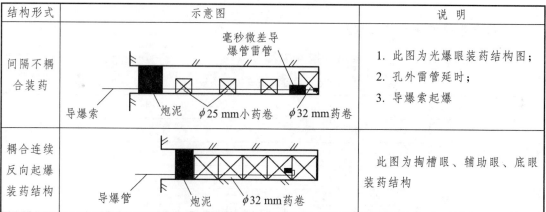

结构形式	示意图	说　明
间隔不耦合装药	毫秒微差导爆管雷管 导爆索　炮泥　ϕ25 mm 小药卷　ϕ32 mm 药卷	1. 此图为光爆眼装药结构图； 2. 孔外雷管延时； 3. 导爆索起爆
耦合连续反向起爆装药结构	导爆管　炮泥　ϕ32 mm 药卷	此图为掏槽眼、辅助眼、底眼装药结构

光面爆破宜采用细药卷，起爆时注意以下事项：

（1）周边孔应该同时起爆才能保证光面爆破效果；

（2）起爆顺序为先掏槽孔，再辅助孔，辅助孔起爆后再起爆周边孔、底孔；

（3）周边孔的底孔应该装一个粗药卷，以克服岩体挟制作用；

（4）为了减少超挖和降低工程造价，开挖过程中，加强断面量测，并及时处理个别欠挖部位，修整开挖断面，获得良好的经济效果。

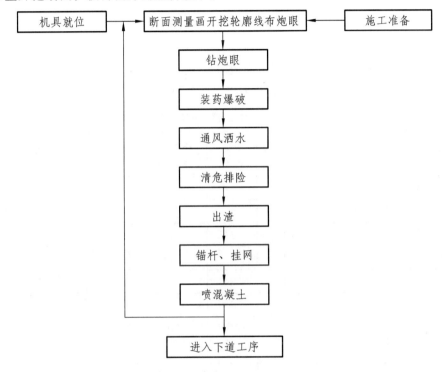

图 5-21　爆破开挖施工工艺流程图

3. 隧道开挖参数设计

1）施工方法及顺序

施工中严格按照设计要求，遵循新奥法施工原理，软弱地质洞身开挖应坚持：短进尺、弱爆破、强支护、早衬砌的原则，加强施工临. 时监控量测，确保施工安全。施工中如遇实际围岩类别与设计资料不符及时与监理、设计部门联系调整施工方案，确保开挖安全，顺利进行。隧道中停车段，配电室等待隧道开挖成型后，再进行扩挖。

2）炮孔装药量

（1）掏槽孔。

$$Q_1 = \eta \cdot L \cdot r$$

式中　η——炮孔装药系数，取 $\eta=0.9$；

L——孔深，$L_{III}=3.2$ m、$L_{IV}=2.2$ m、$L_V=1.2$ m；

r——每米长度炸药量，$r=0.78$ kg/m。

经计算 $Q_{III}=2.25$ kg，取 2.3 kg，$Q_{IV}=1.54$ kg，取 1.5 kg，$Q_V=0.84$ kg，取 0.8 kg。

（2）辅助孔。

$Q_{\mathrm{III}}=\eta \cdot L \cdot r=0.8 \times 3.2 \times 0.78=2.0\ \mathrm{kg}$，取 $Q_{\mathrm{III}}=2.0\ \mathrm{kg}$；

$Q_{\mathrm{IV}}=\eta \cdot L \cdot r=0.8 \times 2.2 \times 0.78=1.37\ \mathrm{kg}$，取 $Q_{\mathrm{IV}}=1.4\ \mathrm{kg}$；

$Q_{\mathrm{V}}=\eta \cdot L \cdot r=0.7 \times 1.2 \times 0.78=0.66\ \mathrm{kg}$，取 $Q_{\mathrm{V}}=0.7\ \mathrm{kg}$。

（3）光爆孔。

通常为辅助孔的 1/3～1/4，取 $Q_{\mathrm{III}}=0.7\ \mathrm{kg}$，$Q_{\mathrm{IV}}=0.5\ \mathrm{kg}$，$Q_{\mathrm{V}}=0.2\ \mathrm{kg}$。

3）隧道开挖炮孔布置图

（1）Ⅲ级围岩上下台阶法开挖。

① 上台阶光面爆破，采用斜眼掏槽，周边眼采用空气柱状法装药。循环进尺按 3 m 考虑，光面爆破参数表（表 5-6）、炮眼布置（图 5-22～图 5-23）如下。

表 5-6　Ⅲ级围上台阶岩爆破参数表

起爆顺序	炮孔名称	炮孔数量	炮孔深度/m	雷管段别	装药参数 药量/kg	备注
1	掏槽孔	4	3.2	1	9.2	
2	掏槽孔	6	3.2	3	13.8	
3	辅助孔	5	3.1	5	10	1. 每循环进尺 3.0 m，爆破效率 87%，每循环方量 249.75 m³；
3	辅助孔	9	3.1	7	18	
4	辅助孔	12	3.1	8	24	2. 炸药单耗 0.6 kg/m³；
5	辅助孔	15	3.1	9	30	3. 光爆炮眼痕迹率 90%
6	周边孔	44	3.1	10/11	30.8	
7	底孔	20	3.1	12	14	
合计		126			149.8	

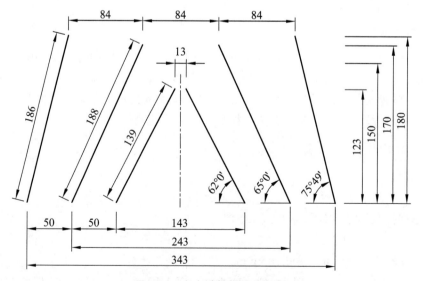

图 5-22　上台阶掏槽眼布置图

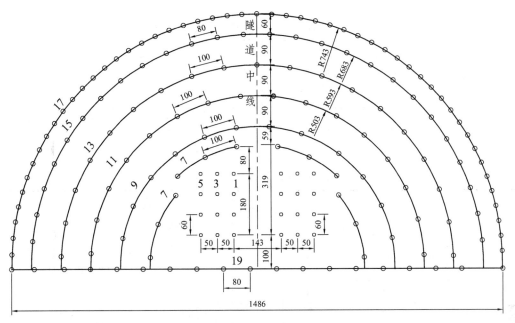

图 5-23　上台阶炮眼布置图

② 下台阶光面爆破。（类似于上台阶，略）

（2）Ⅳ级围岩采用三台阶法开挖。

① 上台阶光面爆破，采用楔形掏槽，周边眼采用不耦合装药，装药结构见周边眼采用装药结构图和辅助眼装药结构图。上台阶断面面积：58.4 m²。爆破参数如表 5-7，炮眼布置如图 5-24。

② 中台阶光面爆破。（略）

③ 下台阶光面爆破。（略）

④ 隧底爆破开挖时要严格控制超欠挖。隧底断面面积：15 m²，炮眼数量 21 个。爆破参数如表 5-8，炮眼布置如图 5-25。

表 5-7　Ⅳ级围上台阶岩爆破参数表

起爆顺序	炮孔名称	炮孔数量	炮孔深度 /m	雷管段别	装药参数 药量/kg	备　注
1	掏槽孔	3	2.2	1	4.5	1. 每循环进尺 2.0 m，爆破效率 89%，每循环方量 116.8 m³；
2	掏槽孔	6	2.2	3	9	
3	掏槽孔	6	2.2	5	9	
4	辅助孔	5	2.1	7	7	2. 炸药单耗 0.6 kg/m³； 3. 光爆炮眼痕迹率 90%
4	辅助孔	12	2.1	7	16.8	
5	周边孔	32	2.1	8/10	16	
6	底孔	14	2.4	9	7	
合计		70			69.3	

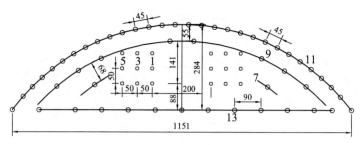

图 5-24　上台阶炮眼布置图

表 5-8　Ⅳ级围隧底爆破参数表

起爆顺序	炮孔名称	炮孔数量	炮孔深度/m	雷管段别	装药参数 药量/kg	备　注
1	辅助孔	3	2.2	1	4.5	1. 每循环进尺 2.0 m，爆破效率 85%，每循环方量 30 m³；
2	辅助孔	6	2.2	3	9	2. 炸药单耗 1.0 kg/m³；
5	底孔	12	2.4	5	16.8	3. 光爆炮眼痕迹率 90%
合计		21			29.8	

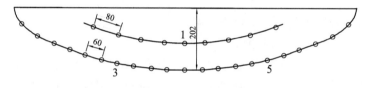

图 5-25　隧底炮眼布置图

（3）Ⅴ级围岩采用三台阶法开挖。（略）

4）爆破网络

为确保起爆网络的安全传爆、改善爆破质量、减少爆破危害、方便施工操作，结合我公司成熟的施工技术和经验，本工程的爆破起爆网络拟采用复式微差起爆网络，起爆网络采用塑料导爆管和四通连接，起爆器起爆。为控制爆破有害效应，最大单响药量距民房 15~40 m 为 1.5 kg、40 m 以上为 25 kg，一次爆破最大装药量为 150 kg。为了确保起爆网络设计与现场施工的有效衔接，方便爆破施工，避免雷管的分发错误，采取了标识措施。对每个孔都用竹片进行标识，表明孔号、孔深、雷管段位。

4. 隧道出渣

本标段所有隧道采用 PC220 液压挖掘机配合 ZLC50 侧卸式装载机装渣，自卸汽车运渣至洞外指定地点。

思考题

1. 围岩的三位一体特征是什么？

2. 什么是光面爆破？光面爆破有哪些优越性？

3. 什么是预裂爆破？预裂爆破有什么优点？

4. 钻爆设计的内容有哪些？

5. 全断面开挖法的施工特点。

6. 掏槽眼的布置及其作用。

7. 暗挖法施工方法有哪些？

8. 直眼掏槽的优缺点。

9. 斜眼掏槽的优缺点。

10. 正向装药和反向装药的顺序。

6 隧道支护衬砌施工

6.1 隧道支护衬砌主要类型及结构设计

隧道施工在地层中开挖出导坑后，出现了岩壁临空面，改变了围岩的应力状态，产生了趋向隧道内的变形位移。同时，由于开挖扰动以及随时间推移的变形量的增长，又降低了围岩的强度。当围岩应力超过围岩强度时，围岩的变形发展过大，从而造成失稳；其表现通常为围岩向洞内的挤入、张裂、沿结构面滑动，甚至最后发生坍塌。

围岩的变形是个动态过程。对于坚硬稳固的围岩，开挖成洞后其强度足以承受重分布后的应力，因而不致失稳。但对于破碎、软弱围岩，开挖后随着暴露时间的增加，变形随着发展，就会造成失稳。尤其是在隧道拱部、洞口、交叉洞以及围岩呈大面积平板状且结构面发达的部位，更易失稳。

为了有效地约束和控制围岩的变形，增强围岩的稳定性，防止塌方，保证施工和运营作业的安全，必须及时、可靠地进行人工支护。人工支护通常又分为一次支护（初期支护）和二次支护（衬砌）两大类。按使用目的和时间又分为临时支护和永久支护，临时支撑的功能是作为辅助开挖结构，或作为过渡结构，特别是用于控制局部塌落等，当临时支撑的任务完成后常被拆除。永久支护一般是指混凝土衬砌。

有时仅仅采用喷混凝土、锚杆及钢支撑等一般人工支护方法不能保证坑道的稳定时，还需要采取辅助的支护措施，如小导管注浆、管棚、锁脚锚杆、围岩注浆等支护方式。这是提高围岩自支护能力的重要措施。一般说，这种人工支护的措施，多数是在地质条件差的情况时采取的。

6.1.1 隧道结构体系组成

完整的隧道结构体系，是由复合围岩结构和复合衬砌结构组成的。复合围岩结构是由深层围岩和浅层围岩组成，复合衬砌结构是由初期支护和二次衬砌组成，如图 6-1 所示。这 4 个子结构层和结构层之间的 3 个结构界面就构成了隧道结构体系的核心。

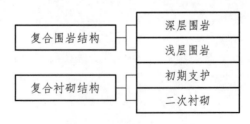

图 6-1　隧道结构体系图

对复合围岩结构而言，深层围岩是具有自稳能力的岩层，是发挥承载能力的围岩主体；浅层围岩是指隧道开挖扰动后由于应力集中和围岩力学特性劣化造成的局部损伤!破坏的岩层，是需要进行加固处理的部分，并且浅层围岩也具有一定的承载能力，但其自稳能力具有一定的时效性。浅层围岩的失稳类型也是多种多样的，比如：底鼓、片帮、冒顶、掉砟、塌方、岩爆等。浅层围岩是隧道稳定性控制的核心，而浅层围岩中注浆、锚杆的施作使得浅层围岩本身成为多种材料的复合体。复合围岩结构既是荷载来源又是承载体，复合围岩结构自身承担了大部分的围岩自重荷载和地层构造荷载，即广义上的围岩荷载。隧道施工中必须充分发挥围岩的自承能力，一方面不能让围岩进入松动状态，以保持围岩的稳定性；另一方面允许围岩发生一定程度的塑性变形，使围岩自承力得到最大限度的发挥。对复合衬砌结构而言，初期支护是由锚杆、喷射混凝土、钢架（型钢钢架、格栅钢架）、钢筋网等组成，二次衬砌通常为模筑的素混凝土、钢纤维混凝土或钢筋混凝土。其施工步骤一般为：隧道洞室开挖后及时喷混凝土，施作锚杆，型钢钢架（格栅钢架）中的一种或几种对围岩进行加固，待初期支护的变形基本稳定后，再模筑二次衬砌。这样的施工步序可以保证绝大多数隧道的正常施工和运营（不考虑高地应力、高水压、软岩大变形等条件下的隧道），由于二衬在初支变形稳定后施作，按照这样施工步序，复合衬砌结构中主要的承载构件是初期支护。初期支护和围岩共同作为主承载结构承担全部围岩荷载，初期支护本身承担围岩应力释放后全部的围岩荷载，即狭义上的围岩荷载。既然初期支护（和围岩）承受全部荷载，那么后施作的二次衬砌完全可以作为安全储备。二衬作为安全储备并不是说二衬结构不受力，由于岩土介质的流变特性以及二衬施作后围岩、初支、二衬间应力的转移和重新分布，二衬必然受力。二衬作为安全储备的含义是二衬在常规条件下有较高的安全系数，能够承担地震荷载等非常规荷载并且可以提高隧道结构体系的耐久性。为了使得二衬能够作为安全储备，二衬必须要在初支变形稳定后施作。在硬岩条件下，这易于实现：在软岩条件下，可以考虑加强初支，采用超前支护甚至两层初支的方法控制围岩变形，使得二衬可以在初支变形稳定后施作。初期支护（和围岩）承受全部荷载，二次衬砌作为安全储备的设计理念是对大量隧道工程实践的总结，符合隧道施工力学的原理。

支护体系的"支"效应和"护"效应往往以初衬和围岩的接触界面为界，该界面以内的隧道结构体系多发挥对围岩的"护"效应，比如浅层围岩中的注浆加固等；该界面以外的隧道结构体系则多是体现了"支"效应，比如初衬和二衬等；锚杆往往穿过该界面，在围岩内部段由于其自身材料强于围岩加之锚杆周边注浆相当于增强了围岩的力学性能，体现了"护"效应，而锚杆端头垫板端会提供主动（预应力锚杆）或被动抗力（围岩、锚杆相对变形引起），体现了"支"效应。隧道结构体系的组成及其支护效应如图6-2所示。

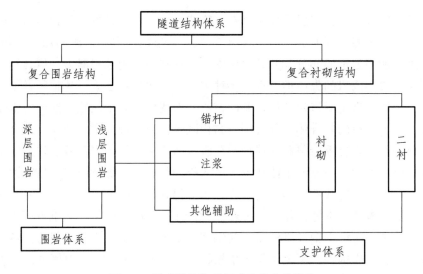

图 6-2　隧道结构体系组成及其支护效应

6.1.2　锚喷支护及衬砌

锚喷支护是一种组合支护，它是将喷射混凝土、锚杆、钢筋网喷射混凝土、钢纤维、钢拱架组合起来的支护形式。可以根据不同围岩的稳定状况，采用锚喷支护中的一种或几种结构的组合。锚喷支护是目前通常采用的一种围岩支护手段。采用锚喷支护可以充分发挥围岩的自承能力，并有效地利用洞内的净空，既提高了作业的安全性，又提高了作业效率。它能适应软弱岩层和膨胀性岩层中隧道的开挖、它能用于整治坍方和隧道衬砌的裂损。

1）常用的喷锚支护及衬砌类型

（1）喷射混凝土支护；

（2）钢筋网喷射混凝土支护；

（3）锚杆喷射混凝土支护；

（4）锚杆钢筋网喷射混凝土联合支护；

（5）喷锚加设钢拱门或设置仰拱。

一般对整体围岩，宜采用喷射混凝土或喷锚混凝土支护；对层状围岩，宜采用喷锚或喷混凝土支护，有可能失稳的层状岩体及软硬互层岩体，则必须以锚杆为主；对块状岩体，宜采用锚杆钢筋网喷混凝土支护，必要时加钢拱架。

常用喷射混凝土厚度，不应小于 50 mm，不宜大于 300 mm、锚杆间距不宜大于 1.5 m。对于大跨度隧道，为了节省钢材，可以采用短时间的锚杆支护形式。

2）锚喷支护优越性

（1）能及时支护和有效地控制围岩的变形，防止岩块坠落和坍塌的产生，充分发挥围岩的自承能力。

（2）能大量节省混凝土、木材和劳动力，加快施工进度，工程造价可大幅度降低，并有利于施工机械化程度的改进和劳动条件的改善等。

（3）是一种符合岩体加固原理的积极支护方法，加固体具有良好的物理力学性能。即它能及时地支护和加固围岩，与围岩密贴并封闭岩体的张性裂隙和节理，加固围岩结构面，有效地发挥和利用岩块间的镶嵌咬合和自锁作用，从而提高岩体自身的强度、自承能力和整体性。

（4）支护结构柔性好，它能同围岩共同变形，构成一个共同工作的承载体系。在变形过程中，它能调整围岩应力，抑制围岩变形的发展，避免岩体坍塌的产生，防止过大的松散压力出现。锚喷支护结构不再把围岩仅仅视作荷载（松散压力），同时还把它视为承载结构的组成部分。

6.1.3　锚喷支护及衬砌的结构设计

支护的合理选用与围岩的稳固程度有关。一般说来，Ⅰ级围岩不需临时支护；Ⅱ级围岩采用锚杆支护；Ⅲ~Ⅳ级围岩采用喷射混凝土支护、锚杆喷混凝土联合支护、锚杆钢筋网喷混凝土联合支护；Ⅴ级围岩采用喷射混凝土钢支撑联合支护或其他支撑支护；Ⅵ级围岩采用木、钢、钢木混合支撑或钢筋混凝土支撑。对于Ⅰ~Ⅱ级围岩，可以先挖后支，支护距开挖面距离一般不宜大于 5~10m；Ⅳ~Ⅴ级围岩随挖随支，支护需紧跟工作面；Ⅴ~Ⅵ围岩先支后挖。施工过程中如条件合适，应尽量将临时支护与永久支护结合采用。

1）隧道支护类型的选择

（1）对预计的主要岩体类型的评价；

（2）对岩体类别变化的适应性；

（3）对很大的或特殊地压的适应性；

（4）对地下水性质的适应性；

（5）经济性；

（6）作业时间消耗。

考虑隧道衬砌结构式，遇到下列情况时就必须慎重对待。必要时应通过理论验算及现场试验确定和修正支护参数，并采取相应的辅助施工措施。

（1）Ⅵ及围岩（属不良地质围岩）；

（2）自稳时间很短，未胶结的砂砾石地层；

（3）膨胀性地层（自承能力差）；

（4）大面积淋水地段或可能引起钢筋、混凝土严重腐蚀的地段（不宜采用喷锚支护）；

（5）严重冻害地段；

（6）有严重湿陷性的黄土地层；

（7）原始地应力过大的地层；

（8）有突泥、突水现象的地段；

（9）洞周围有平行于隧道中线的断层破碎带。

2）隧道支护衬砌施工

（1）隧道支护衬砌施工时，其中线高程、断面尺寸和净空大小均需符合隧道设计要求。

（2）模筑支护衬砌的模板放样时，允许将设计的衬砌轮廓线扩大 5 cm，确保衬砌不侵入隧道建筑限界。

（3）在严寒地区，整体式衬砌、喷锚衬砌或复合衬砌，均应在洞口和易受冻害地段设置伸缩缝。衬砌施工缝应与设计的沉降缝、伸缩缝结合布置，在有地下水的隧道中，所有施工缝、沉降缝和伸缩缝均应进行防水处理。

（4）衬砌施工时，应与设计单位密切配合，对衬砌完成的地段，应继续观察和检测隧道的稳定状态，注意衬砌的变形、开裂、侵入净空等现象，并做出长期稳定性评价。施工中发现工程地质及水文地质与设计文件不符，需进行变更设计时，应履行正式变更设计手续。

（5）凡隐蔽工程，经质量检查验收合格后，方可进行隐蔽工程作业。

6.2 隧道支护衬砌施工要点

6.2.1 锚杆施工技术要求和施工要点

1. 锚杆支护概述

1）支护机理

锚杆是用金属或其他高抗拉性能的材料制作的一种杆状构件。使用机械装置、钻结介质将其安设在地下工程的围岩或其他工程体中，形成能承受荷载、阻止围岩变形的锚杆支护。

锚杆加固围岩可以根据不同的围岩的岩层产状和稳定状况灵活进行其作用原理主要有：

（1）悬吊效应。

把隧道洞附壁附近具有裂隙、节理的不稳定岩层用锚杆固定在深层的坚固稳定的岩体上，可将不稳定岩体的重量传递给深层坚固的岩体负担，以起到悬吊效应。安设锚杆时，应考虑不稳定岩体的重量和锚杆在稳定岩体中的锚固承载力，在一部分围岩上布置锚杆即可，如图6-3所示。

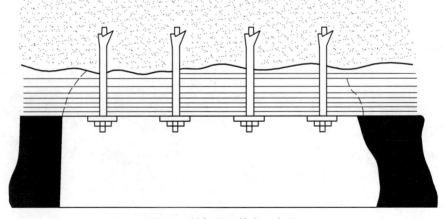

图 6-3　锚杆悬吊效应示意图

（2）组合效应。

锚杆可将若干层层状岩体或节理发育的岩体串连在一起，增大层间的摩擦阻力形成组合梁效应，或者锚杆将围岩中不稳定的层块岩和岩层连接起来形成整体，以组织岩层的滑移和坍塌，如图 6-4 所示。

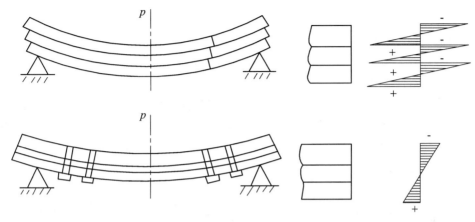

图 6-4　锚杆组合效应示意图

（3）加固效应。

按一定间距在隧道周边呈放射状不布置的组合锚杆（或称体统锚杆），可使一定厚度范围内有节理、裂隙的破裂岩体或软弱岩体紧压在一起形成连续压缩。这种加固效应在使用预应力锚杆时显得十分明显，如图 6-5 所示。在锚杆预张应力 P 的作用下，每根锚杆周围都形成一个两头成圆锥形的筒状压缩区，各锚杆所形成的压缩区彼此搭接，形成一条厚度为 W 的压缩带。在均匀压缩带中产生了径向压力，给压缩带外的围岩提供了径向支护抗力，使围岩接近于三项受力状态，增加了围岩的稳定性。

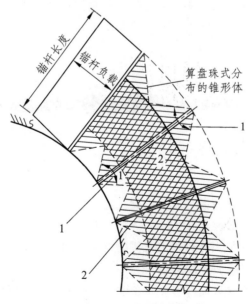

图 6-5　锚杆加固效应示意图

2. 锚杆的种类

要使锚杆成为洞室开挖中的良好支护手段，锚杆必须具备两个基本条件。第一，锚杆受力后产生变形，且其本身不受破坏；第二，锚杆与围岩保持紧密接触。锚杆种类繁多，我国较为普遍使用的锚杆，按其与被支护锚固的方式不同大致分为机械式、黏结式、混合式、摩擦式等。

（1）机械式锚固锚杆，是通过其尖端部锚头锚固在围岩中，杆的另一端则由垫板同岩面接触，拧紧螺母时垫板紧压在岩面上，此时锚杆即进入工作状态，对围岩产生预加压应力，以增强围岩的稳定性阻止围岩的变形。

机械式分为楔缝式和胀壳式。楔缝式锚杆的结构构造简单，容易加工，施工安装方便，施工后能立即提供支护抗力，并能对围岩施加不大的预应力，故适合于坚硬裂隙岩体中的局部支护和系统支护。但爆破震动可能引起锚头滑动，因此，当开挖前面向前掘进后，应有计划的将螺母重复拧紧，使其始终处于工作状态。

（2）黏结式锚固杆，又分为端部黏结式锚固杆（如快硬水泥卷端部锚固锚杆、树脂端部锚固锚杆）和全长黏结式锚固锚杆（如水泥砂浆钢筋锚杆、树脂全长黏结式锚固锚杆、树脂全长黏结式锚固锚杆）。我国铁路隧道使用最多的是全长黏结的砂浆钢筋锚杆。这种锚杆一般不带头，通常使用先灌后锚式，即通过风动灌浆器向锚杆孔灌注水泥砂浆（最好为早强型水泥砂浆），然后插入锚杆使之与围岩黏结在一起，让杆体牵制围岩的变形，已达到增强围岩稳定性和减少围岩变形的目的。砂浆锚杆的特点是：在整个钻孔壁上岩体与杆体紧密连接，具有较高的锚固力，抗冲击和抗震动性能好，对围岩的适应性强，由于其价廉、施工简单，故使用于变形量不大的各类地下工程的永久系统支护。

（3）混合式锚杆见图 6-6。它是一种端部锚固方式与全长黏结式锚固方式相结合的锚杆，既可以施加预应力，又具有全长锚杆的优点。当锚杆较长时，采用先灌浆后插锚杆的安装方式会遇到很大困难，采用混合式锚固可以先把锚杆锚固在岩体中，在全长上灌浆黏结。但它的安装施工较复杂，一般用于大体积、大范围工程结构的加固，如高边坡、地下洞室等。

图 6-6　混合式中空锚杆

（4）摩擦锚固锚杆。当隧道通过软弱围岩、破碎带、断层带、有水地段时，机械式锚固锚杆容易失效，全长黏结式砂浆锚杆施工不方便，且不能及早提供支护能力，而采用摩擦式锚杆则可立刻提供抗力，其最大特点是能对围岩施加三向预应力，韧性好。这种锚杆又有开缝管式和膨胀管式两种。开缝管式摩擦锚杆，由前段冠部制成椎体的开缝钢管杆体、挡环及托板组成，原理是：由于开缝式锚杆的外径一般比软质围岩钻孔直径大 1～2 mm，当开缝式打入围岩钻孔后，管体受到挤压围岩钻孔壁产生弹性抗力，使钻孔与锚杆体之间产生摩擦阻力，阻止围岩的松动、变形。

3. 锚杆施工要点

1）锚杆施工一般规定

（1）隧道工程坑道开挖后，应及时安设锚杆，确保施工安全。

（2）一般宜先喷射混凝土，在钻孔安设锚杆。

（3）锚杆的孔位、孔径、孔深及布置形式应符合设计要求。

（4）锚杆杆体露出岩面长度，不应大于喷射的厚度。

（5）应确保隧道工程辅助稳定措施中的锚杆施工质量符合设计要求。

2）锚杆施工前准备工作

（1）砂浆锚杆质量和技术要求。

采用砂浆锚杆预支护时，除应保证锚杆原材料规格、品种、锚杆各部件质量及技术性能符合设计要求外，尚应做好以下准备工作：

① 锚杆杆体应调平直、除锈和除油。

② 应优先使用普通硅酸盐水泥。

③ 条件不具备可使用矿渣硅酸盐水泥或火山灰硅酸盐水泥。

（2）缝管式摩擦锚杆质量与要求。

采用缝管式摩擦锚杆时对其应进行以下检查工作：

① 必须检查管径，同批成品管径径差不宜超过 0.5 mm。

② 根据围岩情况选择钻头，直钻头直径符合设计要求。

③ 安装用冲击器尾部必须淬火，硬度宜为 HBC48～53。

④ 钻孔长度必须大于锚杆长度。

（3）楔缝式内锚头锚杆质量检测。

采用楔缝式内锚头锚杆时，对其应进行以下检查工作：

① 检查楔缝和楔块的尺寸和配合情况。

② 检查锚杆尾部螺栓和螺纹的配合情况。

③ 备齐配套工具，做好螺口保护措施。

④ 在钻杆上标出锚杆的长度。

此外，还应检查钻孔工具、风压以及其他机械设备，使之保持正常状态。

锚杆安装前应做好的检查工作：

① 锚杆原材料型号、规格、品种以及锚杆各部件质量和技术性能应符合设计要求。

② 锚杆孔位、孔径、孔深及布置形式是否符合要求。

③ 孔内积水和岩粉应吹洗干净。

4. 锚杆钻孔施工要求

1）孔卫允许偏差

孔位应根据设计要求和围岩情况做出标记，孔位允许偏差为+（15～50）mm。

2）钻孔方向

宜沿隧道周边径向钻孔，但钻孔不宜平行于岩层层面。

3）钻孔深度技术要求

锚杆的钻孔深度，应符合下列规定：

① 砂浆锚杆孔深度偏差不宜大于正负 50 mm。

② 风管式锚杆孔深度不得小于杆体有效长度。

③ 楔缝式锚杆孔深度不应大于杆体有效长度 30 mm。

④ 锚杆钻孔应保持圆而直，钻孔方向宜尽量与岩层主要结构而垂直。

4）锚杆孔径应符合的规定

（1）水泥砂浆锚杆孔径，应大于杆体直径 15 mm。

（2）管缝式摩擦锚杆孔径，应根据设计要求并经过试验确定，锚杆孔径与孔径差值的大小，是根据锚杆的管径、长度及围岩软硬而定，一般现场试验是根据拉拔结果选择合理的钻头直径，钻头直径应较管缝外径小 1～3 mm。钻孔与管缝直径之差是设计与施工最需要严格控制的主要因素。管缝式摩擦锚杆的锚固力与孔、管径差的关系是：径差小，锚杆安装推进阻力小，锚固力也较小；径差大，锚杆安装推进阻力大，锚固力也较大。另外，施工中还应考虑到因钻头磨损导致孔径缩小的影响因素。

（3）楔缝式内锚头锚杆孔径，应根据围岩条件及楔缝张拉度严格掌握确定。一般对于坚硬岩体楔块的楔角在 8 度左右为好；对于较软岩土体，楔角小于等于 8 度为好。锚杆杆体楔缝宽度一般为 3 min。其他尺寸可根据对锚固力的影响关系及先行实验数据合理选择，否则应修改设计参数，直到满足锚固力的要求为止。

5. 通用式锚杆施工要求

1）普通水泥砂浆锚杆施工要点

普通水泥砂浆锚杆，是以普通水泥砂浆作为黏结剂多大的全长黏结式锚杆。如图 6-7 所示其施工要点如下。

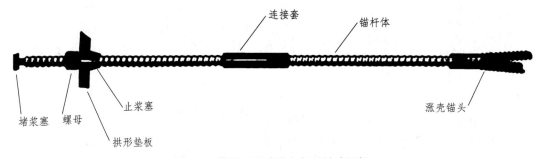

图 6-7　普通水泥砂浆全长黏结式锚杆

（1）砂浆强度不低于 M20。砂浆配合比一般为水泥∶沙∶水=1∶（15～15）∶（0.45～0.5）水灰比宜为 0.45～0.50，沙的粒径不宜小于 3 mm。

（2）杆体材料宜用 20MnSi 钢筋也可采用 A3 钢筋：直径 14～22 mm 为宜，长度 2～3.5 m 为增加锚固力，杆体内端可以劈口叉开。

（3）钻孔方向宜尽量与岩层主要结构面垂直。钻孔好后用高压水枪将孔眼冲洗干净，并用塞子塞紧孔口，以防止石渣或泥土掉入钻孔内。

（4）锚杆及黏结剂材料制作，应符合设计要求，锚杆应按设计要求的尺寸截取，外端不用垫板的锚杆应先弯制弯头。

（5）黏结砂浆应拌和均匀，并调整其和易性，随搬随用，一次拌和的砂浆应在初凝前用完。

（6）砂浆作业应遵守以下规定

① 先注浆后插杆体时，注浆管应先插到钻孔底；开始注浆后，徐徐均匀地将注浆管往外抽出，并始终保持注浆管口埋在砂浆内，以免浆中出现空洞。

② 注浆开始或中途停止超过 30 min 时，应用水润滑注浆罐及其管路，注浆孔口的压力不得大于 0.4 MPa。

③ 注浆时应堵塞孔口，注浆管应插至距孔底 5 ~ 10 cm 处，随水泥砂浆的注入缓慢匀速拔出，随即迅速将杆体插入，若孔口无水泥砂浆溢出应将杆体拔出重新注浆。

④ 锚杆杆体宜对中插入，插入后应在孔口将杆体固定，锚杆杆体插入孔内的长度不宜小于设计规定。

⑤ 注浆体积应略多于需要体积，将注浆管全部抽出后迅速插入杆体，并可锤击或通过套筒用风钻冲击，使杆体强行插入钻孔。

⑥ 杆体插入孔内的长度不得短于设计长度的 95%，实际黏结长度也不应短于设计长度的 95%注浆是否饱满，可根据孔口是否有砂浆挤出来判断。

⑦ 杆体到位后，要用木楔或小石子在孔口卡住，防止杆体滑出；砂浆未达到设计强度的 70%时不得随意碰撞，一般规定三天内不得悬挂重物锚杆安设后，不得随意敲击。

2）早强水泥砂浆锚杆施工要点

早强水泥锚杆的施工，与普通水泥砂浆锚杆基本相同，所不同的是早强水泥砂浆锚杆的黏结剂是由硫酸早强水泥、沙、Ⅱ型早强型剂和水组成。因此它具有早期强度高、承载快、安装较方便等优点，可弥补普通水泥砂浆锚杆早期强度低、承载慢的不足。尤其是在软弱、破碎自稳时间短的围岩中，使用早强水泥砂浆锚杆能显示出其优越性。

另外，以树脂或快硬水泥作为黏结剂的全长黏结式锚杆，也具有以上优点，但因费用高所以在一般隧道工程中较少使用树脂或快硬水泥砂浆全长黏结式锚杆。

早强水泥砂浆锚杆的施工，除应遵守前述普通水泥砂浆锚杆的施工规定外，在注浆作业开始或中途停止超过 30 min 时，应测定砂浆坍落度其值小于 10 mm 时不得注入罐内使用。

早前水泥砂浆锚杆，采用硫酸盐早强水泥所掺入的早强剂具有早强、缓凝减水与防锈的效果，其掺量是：亚硝酸钠掺量为 1% ~ 3%，缓凝型蜜糖减水剂掺量宜为 0.2%。

3）早强药包锚杆施工要点

早强药包锚杆，使以快硬水泥卷，或早强砂浆卷，或树脂卷作为内锚固剂的内锚头锚杆，其施工除应遵守普通水泥砂浆锚杆的施工规定外，还应符合以下规定：

（1）药包使用前应检查，要求无结块、未受潮。药包的浸泡宜在清水中进行，随泡随用，药包必须泡透。

（2）药包应缓慢推入孔底，不得中途爆裂，应配备专用的装药包工具。

（3）药包直径宜较钻孔直径小 20 mm 左右，卷长度一般为 20 ~ 30 cm。锚杆杆体插入时应注意旋转，使药包充分搅拌均匀。锚杆药包主要有硅酸盐与硫酸盐两个系列，分速凝型、早强型、早强速凝型几种。

（4）锚杆药包也可自行生产。ZM-2 型早强锚杆药包采用硫酸盐水泥加 TS 速凝剂和阻锈剂，属速凝早强型。TS 速凝剂含锂盐，具有速凝早强作用，掺量 4% ~ 6%。阻锈剂为亚硝酸钠，掺量 0.5%。药包的浸水时间也是施工的关键，应根据产品试验确定，一般为 1 ~ 2 min。

（5）采用快硬水泥卷内锚头锚杆的施工要点：

① 钻眼要求同前所述，但孔眼应比锚杆长度短 4 ~ 5 cm。

② 用直径 2 ~ 3 mm、长 150 mm 的锥子，在快硬水泥卷端头扎两个排气孔，让后将水泥卷竖立放入清洁的水中，应保持水面高出水泥卷 10 cm；浸水时间以不冒气泡为准，但不得超过水泥的初凝时间可作浸水后的水灰比检查。

③ 将浸好水的水泥卷用锚杆送到眼底，并轻轻捣实，若中途受阻，应及时处理若处理时间超过水泥终凝时间，则应换装新水泥卷或钻眼作废。

④ 锚杆外端套上链接套筒（带有六角旋转头的短锚杆，断面大平后对中焊上锚杆螺母），装上搅拌机，然后开动搅拌机，带动锚杆旋转搅拌水泥浆，并用人力推进锚杆至眼底，再保持 10 s 的搅拌时间（搅拌时间为 30 ~ 40 s）。

⑤ 轻轻卸下搅拌机，用木楔楔紧杆体，使其位于钻眼孔中心处，自浸水后 20 min，快硬水泥具有足够的强度时，才能使扳手卸下链接套筒（一般可以多准备几个套筒周转使用）。

（6）树脂药包使用要点。

接排采用树脂药包时，还应注意：搅拌时间应根据现场气温决定，20 ℃ 时固化时间为 5 min；气温下降 5 ℃时固化时间大约会延长 1 倍，即 15 ℃ 时间为 10 min，10 ℃ 时间为 20 min。因此，地下工程在正常温度下，搅拌时间为 30 s，当气温在 10 ℃ 以下是，搅拌时间可适度延长为 60 s。

4）缝管式锚杆施工要点

（1）缝管式锚杆可根据需要和机具能力，选择不同直径的钻头和管径，通过现场试验确定最合理的径差。其杆体一般要求材料具有较高的弹性极限。

（2）采用一般风动凿岩机时应配置专用冲击器。宜随钻眼跟随安设锚杆，也可以集中钻孔、也可集中钻孔、集中安置锚杆，此时不可隔班隔日安置锚杆，凿岩机的工作分压不应小于 0.4 MPa。

（3）安设锚杆前应吹孔，并核对孔深是否符合实际要求，安设前应检测风压，风压不得小于 4 MPa。

（4）安装时先将锚杆套上垫板，将带有挡环的冲击钎插入锚管内（锚杆应在锚管内自由转动），锚杆尾端套入凿岩机或风镐的卡套内，锚头导入钻孔，调正方向、开动凿岩机，即可将锚杆打入钻孔内，至垫板压紧围岩为止。停机取出钎杆即告完成。2.5 m 长的锚杆，一般用 20 ~ 60 s 时间即可安装一根锚杆完毕。

（5）安设推进锚杆过程中，要保持凿岩机、锚杆、钻孔的中心线在同一条直线上，凿岩机在推进过程中，适当放水冷却冲击器。锚杆推到末端时，应降低推进力，当垫板抵紧岩石时应立即停机，以免损坏垫板和挡环。

（6）若作为永久支护，则应作防锈处理，并灌注有膨胀箱的砂浆。

5）楔缝式内锚头锚杆施工要点

（1）安设锚杆前，应将楔子与锚杆组装好，送入孔内时不得偏斜。楔缝式锚杆的安装时先将楔块插入楔缝，轻轻敲击时期固定于缝中，然后插入眼底；并以适当的冲击力冲击锚杆尾，至楔块全部插入楔缝为止。打紧楔缝时应注意丝扣不被损坏。为了防止杆尾受冲击力发生形变可采用套筒保护。

（2）一般要求锚杆具有一定的预张力，可采用测力矩扳手或定力矩扳手来拧紧螺母，以控制锚固力。楔缝式锚杆安设后应立即上好托板，并拧紧螺母，螺母的拧紧扭矩不应小于100 N·m。

（3）若要求在楔缝式锚杆的基础上再作注浆加固，则除按砂浆锚杆注浆外，预张力应在砂浆初凝前完成，并注意减少砂浆的收缩率。

（4）若只要求作为临时支护，则可改楔缝式锚杆为楔头式，或胀壳式锚杆。楔头式锚杆及胀壳式锚杆的杆体均可回收，但锚头加工制作比较复杂，故一般多用在煤矿或其他坑道中。

6）胀壳式内的锚头预应力锚索施工要点

（1）胀壳式内锚头预应力锚索的施工，应符合设计质量要求，在存放、运输及安装过程中不得有损伤和变形。

（2）钻孔一般采用冲击式潜孔钻，也可选用各种旋转式地质钻，钻孔完毕后应丈量孔深并予以清洗，并做好钻孔口现浇混凝土支墩。

（3）锚索安装要平直不紊乱，同时安设排气管，锚索推送就位后，即可安装千斤顶张拉。一般先用20%～30%的预应力值张拉1～2次，促使各相连部位接触紧密，使钢锚索平直。最终张拉值应有5%～10%的超张拉量，以保证预应力损失后仍能达到设计要求的有效预应力。张拉式千斤顶后禁止站人，以防不测。

（4）预应力无明显衰减时才锁定，且48 h内再检查、注浆应饱满。注浆达到设计强度后，进行外锚头封盖。

6.2.2 喷射混凝土施工工艺和要点

采用喷射混凝土作为隧道工程Ⅱ～Ⅴ级围岩中临时性和永久性支护，也可以与各种形式的锚杆、钢纤维、钢拱架、钢筋网等构成呼和是支护结构。它除用于地下工程外，还广泛应用于地面工程的路堑边坡防护与加固、基抗防护、结构补强及矿山、水利、人防工程等。随着施工工艺、施工机械的研究和应用，喷射混凝土作为新型材料、新型支护结构和新的施工工艺，将有更为广阔的发展前景。

1. 喷射混凝土基本原理及特点

1）喷射混凝土的施工程序

喷射混凝土时使用喷射机，按一定的程序，将掺有速凝剂的混凝拌和料与高压水混合，经过喷嘴喷射到岩壁表面上，并迅速凝结成一层支护结构，从而对围岩起到支护作用。

2）采用喷射混凝土作隧道支护的主要优点

（1）采用速度较快，支护及时，施工安全。

（2）支护质量较好，强度高，密实度好，防水性能较好。

（3）省工，操作较简单，支护工作量减少。

（4）省料，不需要进行对边墙后及拱背作回填压浆等。

（5）施工灵活性很大，可根据需要分次喷射混凝土追加厚度，满足工程设计与使用要求。

3）喷射混凝土作用原理

（1）充填黏结作用。

高速喷射的混凝土充填到围岩的节理、裂隙及凹凸不平的岩石中，把围岩黏结成一个整体，大大提高了围岩的整体性和强度。

（2）封闭作用。

当隧道围岩壁面喷上一层混凝土后，完全隔绝了空气、水与围岩的接触，有效地防止了风化、潮解引起的围岩破坏和强度降低。

（3）结构作用。

靠喷射混凝土与围岩之间的黏结力及其自身的抗剪力，形成一个共同受力的承载结构。且喷射混凝土层将锚杆、钢筋网和围岩黏结在一起，构成一个共同作用的整体结构，从而提高了支护结构的整体承载能力。

2. 喷射式混凝土工艺流程种类

喷射混凝土的工艺流程有干喷、潮喷、湿喷和混合喷四种。它们之间的主要区别是：各工艺流程的投料程序不同，尤其是加水和速凝剂的时机不同，其中湿喷混凝土按其运输方式的不同，可分为分送式、泵送式、抛甩式和混合式，应根据实际情况选用。

1）干喷

用搅拌机将集料和水泥拌和好，投入喷射机料斗，同时加入速凝剂，用压缩空气使干混合料在软管内呈悬浮状态，压送到喷枪，在碰头处加入高压水混合，以较高速度喷射到岩面上，其工艺流程如图6-8所示。

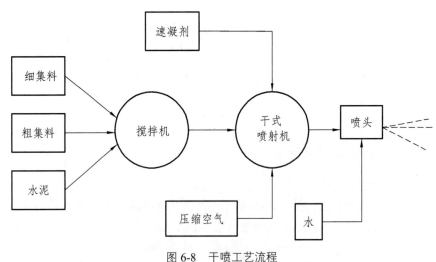

图 6-8　干喷工艺流程

干喷缺点是：产生水泥与砂粉尘量较大，回弹量亦较大，加水是由喷嘴处的阀门控制的，水灰比的控制程度与喷射手操作的熟练程度有直接关系，但使用机械较简单，机械清洗故障处理较容易。水泥与砂石材料质量比宜为 1∶4 ~ 1∶4.5，水灰比宜为 0.4 ~ 0.45。

2）潮喷

潮喷是将集料预加少量水使之呈潮湿状态，再加水泥拌和，从而降低上料、拌和和喷射时的粉尘，但大量的水仍是在喷头处加入和喷嘴射出的，其潮喷工艺流程和使用机械同干喷工艺。目前隧道施工现场使用较多的时潮喷工艺。

3）湿喷

湿喷是将集料、水泥和水按设计比例拌和均匀，用湿式喷射机压送拌和好的混凝土混合料，压送到碰头处，再在喷头上添加速凝剂后喷出，其工艺流程如图 6-9 所示。湿喷混凝土的质量较容易控制，喷射过程中的粉尘和回弹量较少，是应当发展、推广应用的喷射工艺。但对湿喷的机械要求较高，机械清理和故障处理较困难。对于喷层较厚的软岩和渗水隧道，不宜采用湿喷混凝土工艺施工。水泥与砂石材料质量比宜为 1:3.5~1:4，水灰比宜为 0.42~0.5。

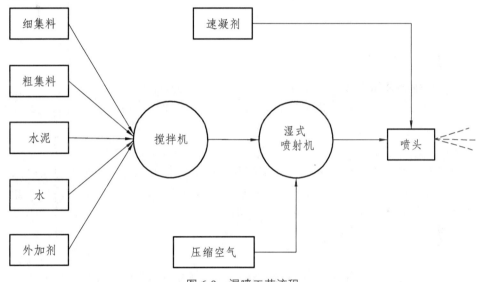

图 6-9　湿喷工艺流程

4）混合喷射（SEC 式喷射）

此法又称水泥裹砂造壳喷射法。分别由泵送砂浆系统和分送混合料系统两套机具组成。先是将一部分砂加第一次水拌湿，再投入全部用量水泥，强制拌成一砂为核心外裹水泥壳的球体；然后加第二次水和减水剂拌和成 SEC 砂浆；再将另一部分砂和石、速凝剂按配合比配料，强制拌成均匀的干混合料；然后再分别通过砂浆泵和干式喷射机，将拌和成的砂浆及干混合料由高压胶管输送到混合管混合，最后由碰头喷出。其工艺流程图如图 6-10 所示，干混合料宜随拌随用。

混合式喷射是分次投料搅拌工艺与喷射工艺相结合，其关键是水泥裹砂（或砂、碎石）造壳工艺技术。混合是喷射工艺使用的主要机械设备与干喷工艺基本相同，但混凝土的质量较干喷混凝土的质量好，且粉尘和回弹量大幅度降低。混合式喷射使用机械数量较多，工艺技术较复杂，机械清理和故障处理较麻烦。因此一般只在喷射混凝土量大和大断面隧道工程中使用。混合喷射混凝土的强度可达到 C30~C35，而干喷和湿喷混凝土强度较低，一般只能达到 C20，以上几种喷射方式，各有其特点。

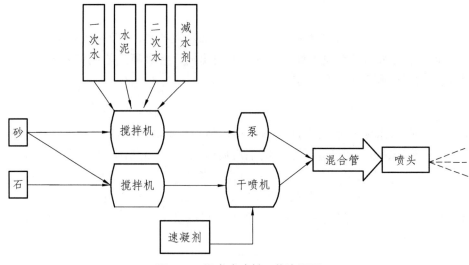

图 6-10　混合式喷射工艺流程图

3．喷射混凝土及配合比

1）喷射混凝土原材料

喷射混凝土的原材料包括水泥、碎石、或卵石、砂水和外加剂（速凝剂）等各种原材料基本要求如下。

（1）水泥。

为保证喷射混凝土的凝结时间，并与速溶剂有较好的相容性，所用水泥应具有强度高、抗渗好和耐久性好特点，应优先选用 32.5 级以上普通硅酸盐水泥，其次是矿渣硅酸盐水泥和火山灰质硅酸盐水泥；在地质条件复杂的隧道中应用早强型水泥；使用前均应做强度检定试验，水泥强度大于等于 32.5 MPa。

（2）粗集料。

为防止喷射混凝土过程中的堵塞管道，减少回弹量及保证混凝土支护结构的强度，应采用坚固耐久的碎石或卵石，粒径不宜大于 15 mm。

（3）细集料。

为保证喷射混凝土的强度和减少施工作业时的粉尘，以及减少混凝土硬化时的收缩裂纹，应采用坚硬耐久的中砂，粗砂，细度模数一般宜大于 2.5，含水率宜控制在 5% ~ 7%，若超过 7%，喷射时宜造成堵管，当采用黏料喷射机时，砂含水率可为 7% ~ 10%。

（4）水。

为保证喷混凝土正常凝结硬化，保证强度和稳定性，饮用水可做喷射用水，不得使用污水以及 pH 小于 4 的酸性水和含硫酸盐量超过水量 1% 的水，也不得使用含有影响水泥正常凝结与硬化的有害物质的其他水。

（5）外加剂。

主要是速凝剂，应采用符合质量要求并对人体危害性很小的外加剂。掺外加剂之前，应做与水泥的相容性试验及水泥净浆速凝效果试验，初凝不应大于 5 min，终凝不应大于 10 min，注意速凝剂平时保持干燥，勿受潮变质。

（6）集料成分和级配。

喷射混凝土的集料级配，宜控制在 6-1 所给的范围内。

表 6-1 喷射混凝土集料通过各筛径的累计百分数

粒径/mm	0.15	0.30	0.60	1.20	2.50	5.00	10.00	15.00
优/%	5～7	10～15	17～22	23～31	35～43	50～60	78～82	100
良/%	48	5～22	13～31	18～41	26～54	40～70	62～90	100

若使用碱水性质速凝剂，砂、石、应石料均不得含有活性二氧化硅，以免产生碱集料反应引起混凝土开裂，为了使喷射混凝土在运送管道中顺畅和喷准，喷射混凝土配合比宜控制在表 6-2 的范围内。

2）配合比

（1）干集料中水泥和砂石重量比。

水泥与砂石重量比一般为 1∶4～1∶4.5，每立方干集料中水泥用量为 375～400 千克每立方。实践表明这种配合比能满足喷射混凝土强度要求，回弹量也较少。

（2）含砂率。

含砂率一般为 45%～55%，实践表明：低于 45%或高于 55%，均容易造成赌管、回弹量大、强度降低且收缩加大。应特别强调：细砂不易采用，细砂亦会影响喷射混凝土强度、增加其收缩开裂等。宜用中砂或粗混合砂，砂子含水率应控制在 5%～7%。

（3）水灰比。

水灰比一般以 0.4～0.45 为宜经验表明：水灰比太小，会产生粉尘大、回弹量多、黏结力低以及喷射层产生干斑、砂窝等现象，并影响喷射混凝土的密实性。而水灰比若太大，又会使喷射混凝土强度降低速凝效果差，造成喷射流淌、滑移、坍落等，湿法喷射混凝土坍落度宜为 8～12 cm。

通过工程实践，喷射混凝土配合比，参照 6-2 所列配合比较为合适，且能保证质量。

表 6-2 喷射混凝土配合比（质量比）

喷射部位	级配配合比
	水泥∶粗中混合砂∶石子（质量比）
边墙	1∶（2.0～2.5）∶（2.5～2.0）
拱部	1∶2.0∶（1.5～2.0）

（4）速凝剂和其他外加剂。

速凝剂和其他外加剂的掺量值，一定要由速凝剂效果试验来确定其最佳掺量值，并要求达到各龄期的设计强度。工程实践表明，速凝剂效果随水灰比和施工温度不同而有差异。水灰比越大，速凝剂效果就越差；施工温度越高，速凝剂效果会越好，并且当施工温度低于 5 ℃时，即使加入速凝剂，喷射混凝土也很难成型。

一般情况下，实际使用时拱部可用 2%～4%，边部可用 2%的速凝剂掺量，并通过实验适当调整。已达到最佳掺量。

总而言之，合理又适当的配合比，必须满足喷射混凝土工艺流程的基本要求：宜喷射不易堵管、减少回弹量和粉尘，同时，要符合设计要求的质量好、强度高、密实度高、防水性能好以及达到其他物理学指标。

4. 喷射混凝土的施工要点

1）喷射作业前检查及施工准备工作

（1）喷射作业前检查主要内容。

① 喷前应对开挖面尺寸认真检查，清楚松动危石，欠挖超标过多的先行局部处理。

② 受喷岩面有较集中渗水时，应做好排水引流处理；无集中渗水时，根据岩面受潮程度，适当调整水灰比。

③ 根据石质情况，在喷射前用高压风或水清洗受潮面，将开挖的粉法和杂物清理干净，以有利于混凝土黏结。

④ 埋设喷层厚度检查标志，一般是在石缝处打铁钉，或用快硬化水泥安设钢筋头，并记录其露出长度，以便控制在喷射厚度

⑤ 应检查运转和调试好各机械设备工作状态。

（2）喷射混凝土要求。

① 喷射混凝土厚度、平整度

② 喷射混凝土的厚度和表面平整度应符合下列要求：

③ 平均厚度大于设计厚度。

④ 检查点数的 80% 及以上大于设计厚度。

⑤ 最小厚度不小于设计厚度 2/3。

⑥ 表面平整度的允许偏差为 100 mm。

⑦ 设计要求喷射混凝土厚度：

2）喷射混凝土施工要点

（1）喷射作业施工准备工作做好后，严格掌握规定的速凝剂掺量，并添加均匀。喷射手应该严格控制水灰比，使喷射表面平整光滑，无干斑或滑移流淌现象。

（2）在未上混凝土拌和料之前，先开高压风及高压水，如喷嘴风压正常喷出来的水和高压风应成雾状。若喷嘴风压不足，可能是出料口堵塞；口喷嘴不出风，可能是输料管堵塞。这些故障都应及时排除，再开电动机，先进行空转，待喷射机运转正常后才开始投料、搅拌和喷射。

（3）喷射应分段分部分块，按先墙后拱、自下而上的进行喷射，如图 6-11（a）所示。喷嘴需对受喷岩面做均匀的顺时针方向的螺旋转动，一圈压半圈的横向移动，螺旋直径为 20～30 cm 如图 6-11（b）所示，以使混凝土喷射密实。

（4）为保证喷射混凝土质量，减少回弹量和降低粉尘，作业时还应注意以下事项：

① 喷射时应分段长度不超过 6 cm，分布为先下后上，分块大小为 2 m×2 m，并严格按先墙后拱、先下后上的顺序进行喷射，以减少混凝土因重力用而引起滑动或脱落的现象的发生。

② 掌握好喷嘴与受喷岩面的距离和角度。喷嘴至岩面的距离为 0.8～1.2 m，过大或过小都会增加回弹性量；喷嘴与受喷面垂直并稍微偏向刚喷射的部位，则回弹量最小喷射效果和

质量最佳；对于岩面凹陷处应先喷和多喷，而凸出处应后喷和少喷。

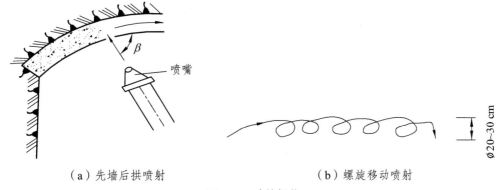

（a）先墙后拱喷射　　　　　　　（b）螺旋移动喷射

图 6-11　喷枪操作

③ 喷射混凝土程序如图 6-12 所示，即喷射时可采用螺旋式移动前进见图 6-11（a），也可采用 s 型往返移动前进见图 6-11（b）。

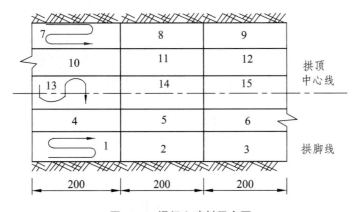

图 6-12　混凝土喷射程序图

（5）调节好风压和水压风压与喷射质量有密切的关系，过大的风压会造成喷射速度太高而加大回弹量，损失水泥，风压过小会使喷射力减弱，则混凝土密实性差。因此根据喷射情况应适当调整风压，可参考表 6-3 及结合输料管长度进行调节风压。

为了高压水枪能从喷枪混合室内壁小孔高速度射出，把干拌和料迅速搅拌均匀，稍高于风压。湿式喷射时，风压及水压均较干喷时高。一般水压力比熟料管的压力至少高 10～15 N/cm^2，同时要求供水系统的水压不宜大于 40 N/cm^2，供水通水压不足时，需要力水箱提供稳定压力，才能确保喷射混凝土施工质量。

表 6-3　风压调节参数

输料管长度/m	20	40	80	120	160	200
风压/（10 N/cm^2）	10～15	20	30	40	50	60

（6）喷射作业应分层进行，一次喷射厚度不能太厚或太薄，它主要与喷射混凝土层与受喷面之间的黏结力和受喷部位等有关，并且应根据掺与不掺速凝剂、喷射效率回弹损失率等因素而定，一般规定按照表 6-4 确定喷射厚度。

表 6-4　一次喷射厚度和喷射部位

喷射部位	掺速凝剂	不掺速凝剂
边墙	70 ~ 100	50 ~ 70
拱部	50 ~ 70	30 ~ 50

一次喷射太厚，在自重作用下喷层会出现错裂而引起大片坍落。一次喷射太薄，大部分集料会回弹，使喷射面上部仅留下一层薄薄的混凝土或砂浆，势必影响效果及工程质量。一般情况下，一次喷射厚度：边墙为 5 ~ 7 cm，拱部为 3 ~ 4 cm。当掺入速凝剂后边墙不宜超过 8 cm，拱部超过 6 cm 分层喷射厚度，一般粗集料最大粒径的 2 倍，如一次喷射厚度小于 5 cm 时使用石子的最大粒径也要求相应减小。

（7）分层喷射的间隔时间。

分层喷射，一般为 2 ~ 3 层喷射；分层喷射的间隔时间应根据水泥品种、速凝剂类型及掺量、施工温度和水灰比大小等因素，并视喷射混凝土终凝情况而定。

分层喷射时间间隔不能太短，一般要求在初喷混凝土终结以后，再进行复喷；当间隔时间较长时，复喷前应将初喷混凝土表面清洗干净，且复喷时应将凹陷处进一步找平。

一般在常温下（15 ~ 20 ℃）采用红星一型速凝剂时可在 5 ~ 10 min 后进行下一次喷射，而采用碳酸钠速凝剂时，最少要在 30 min 后才能进行复喷。

（8）喷射混凝土的养护。

为使水泥充分水化，使喷射混凝土的强度均匀增长，减少或防止混凝土的收缩开裂，确保喷射混凝土质量。喷射后特别需要有良好的养护，应在其终凝 1 ~ 2 h 后在进行洒水养护，养护时间不小于 7 d。

另外，当有钢筋时，喷射应严格控制水灰比、喷射角度也可偏一些，喷射混凝土应覆盖钢筋 2 cm 以上。当有钢架时，钢架与围岩之间的间隙必须使用喷射混凝土填充密实，喷射混凝土应将钢架覆盖，避免钢架锈蚀，并应由两侧拱脚向拱顶方向喷射。当采用钢纤维喷射混凝土时，钢纤维在混合料中应分布均匀，不得结成团。

3）钢纤维喷射混凝土施工要点

（1）首先，因采用经过实践检验过的喷射机械，应特别注意防止钢纤维结团堵管。一般可采用水溶性黏结剂将钢纤维黏结成片状，在搅拌过程中可以容易分离成单一纤维，避免结团堵管。

（2）钢纤维和基本材料应拌和均匀，避免喷射机内产生结成团块状堵管或堵塞拨料盘。实践证明，行之有效的方法是先将水泥、砂子、碎石拌和均匀，再掺入钢纤维和速凝剂，拌和均匀后装入运输车和集料管。

（3）钢纤维喷射混凝土施作同普通喷射混凝土，但钢纤维对输料管的磨耗大，一般要求普通喷射混凝土 30% ~ 40% 尤其是输料管拐弯处。可在每台班将胶凝管翻转 1 ~ 2 次，能延长输料管的使用时间。

（4）其风压要比普通喷射混凝土高 0.02 ~ 0.05 MPa；当输送距离小于 40 m 时，风压一般可为 0.05 ~ 0.18 MPa。

4）钢筋网喷射混凝土施工要点

（1）钢筋网是喷射混凝土前挂设在岩面上的，然后再喷混凝土。目前，我国在各类隧道工程中应用其做支护的较多，主要用软弱破碎围岩，更多的是与锚杆或钢拱架构成联合支护结构。

（2）钢筋网通常应环向和纵向布置。环向筋一般为受力筋，由设计计算确定，钢筋直径为 12 mm 左右；纵向筋一般为构造筋，直径 4~12 mm；网格尺寸一般为 20 cm×20 cm、20 cm×25 cm：25 cm×25 cm、25 cm×30 cm、30 cm×30 cm。

（3）钢筋网应根据被支护围岩面上的实际起伏形状铺设，应在初喷一层混凝土一层混凝土后在铺设。钢筋网与岩面或与初喷混凝土面的间隙不小于 3~5 cm，钢筋网保护层厚度不小于 3 cm，有水部位不小于 4 cm。钢筋用前应清除污锈。

（4）为便于挂网安装，常将钢筋网先加工成网片，长宽尺寸可以为 100~200 cm。

（5）钢筋网应与锚杆或锚钉头连接牢固，并应尽可能多点链接。喷射混凝土时以减少使钢筋网发生弦振现象。铆钉的锚固深度不得小于 20 cm，以确保连接牢固。安全、可靠。

（6）在开始喷射时，适当缩短喷头至受喷面距离和调整喷射角度，使钢筋网背面混凝土达到密实。对于干燥土质隧道，第一次喷射一定不能太厚，否则会鼓起及剥落等。

（7）在砂层地段，应注意要紧贴砂层铺挂细钢筋网，并用环向钢筋压紧，再喷射混凝土。在正式喷射前先喷一层加大速凝剂掺量的水泥砂浆，适当减少喷射机的工作风压。

（8）在有水地段，应改变配合比，增加水泥用量；先喷干混合料，待其与涌水融合后，再逐渐加水喷射。喷射时由远及近，逐渐向涌水点逼近，然后在涌水点安设导管将水引出，再在导管附近喷射。

（9）当涌水范围较大时，可设树枝状排水盲沟再喷射；当涌水严重时，可设置泄水孔，边排边喷射；当涌水点不多时，可用开缝摩擦锚杆进行倒水处理后再喷射。

5）减少粉尘和回弹量的措施

（1）严格控制在喷射机的工作风压。

（2）合理选择喷射混凝土配合比，适当减小最大集料的粒径，使砂石料具有一定的含水率，呈潮湿状，宜掺加粉尘抑制剂。

（3）掌握好喷头处的用水量提高喷射作业施作熟练水平和喷射施工的技术。

（4）采用特殊结构的碰头。

（5）采用湿喷工艺施工。

6）喷射混凝土中钢筋网的施工要点

（1）钢筋使用前，应清除污锈。钢筋网宜在施工现场预置点焊成网片，也可就地绑扎相结合。

（2）成品钢筋网安设时，其搭接长度不小于 200 mm；钢筋网宜在岩面喷射一层混凝土后铺设；采用双层钢筋网时，第二层钢筋网应在第一层钢筋网被混凝土覆盖后铺设。

（3）钢筋网应与锚杆、钢拱架或其他锚定装置联结牢固，喷射时钢筋网不得晃动。

6.2.3 锚喷联合支护衬砌

锚喷支护是指以锚杆和喷射混凝土为主体的一类支护形式的总称，根据地质条件及围岩稳定性的不同，它们可以单独使用也可联合使用。联合使用时即为联合支护，具体的支护形式依所用的支护材料而定，如"锚杆+喷射混凝土支护"，称锚喷联合支护，简称锚喷支护；"锚杆+注浆支护"，简称锚注支护；"锚杆+钢筋网+喷射混凝土支护"，简称锚网喷联合支护等。

联合支护在设计与施工中应遵循以下原则：

（1）有效控制围岩变形，尽量避免围岩松动，以最大限度地发挥围岩自承载能力。

（2）保证实现围岩、喷层和锚杆之间具有良好的黏结和接触，使三者共同受力，形成共同体。

（3）选择合理的支护类型与参数并充分发挥其功效。

（4）合理选择施工方法和施工顺序，以避免对围岩产生过大扰动，缩短围岩暴露时间。

（5）加强现场监测，以指导设计与施工。

联合支护衬砌的类型主要有四种：整体式模筑混凝土衬砌、装配式衬砌、锚喷式衬砌、复合衬砌。

1. 整体式模筑混凝土衬砌

整体式模筑混凝土衬砌，是在坑道内树立模板、拱架，然后浇灌混凝土而成，具有较大的厚度和刚度。适用于不同的地质条件，易于按需成型，整体性强，抗渗性好，且适合多种施工方法，因此，在我国隧道工程中广泛使用，技术成熟，适用多种围岩条件，特别是在隧道洞口段、浅埋段及围岩很差的软弱围岩中采用整体式衬砌较为稳妥可靠。

整体式模筑混凝土衬砌是传统衬砌结构形式，采用传统矿山法施工的隧道，广泛使用整体式衬砌，不考虑围岩的承载作用，主要通过衬砌的结构刚度抵御地层的变形，承受围岩的压力，应用传统松弛荷载理论设计。

其工艺流程为：立模—灌筑—养生—拆模

特点：对地质条件的适用性较强，易于按需要成型，整体性好，抗渗性强，并适用于多种施工条件，如可用木、钢模板或衬砌模板台车等

适用：技术成熟，适应多种围岩条件。在隧道洞口段、浅埋段及围岩条件很差的软弱围岩中采用整体式衬砌较为稳妥可靠。

整体式模筑混凝土衬砌主要是通过调整断面形状和衬砌厚度来适应不同的地质条件，即适应不同的围岩级别和围岩压力分布情况，因而，单层衬砌的形状和厚度变化较多。

1）直墙式衬砌

（1）适用条件。

适用于地质条件比较好，以垂直围岩压力为主而水平围岩压力较小的情况，主要适用于Ⅰ、Ⅱ、Ⅲ级围岩，有时也可用于Ⅳ级围岩。

（2）结构组成：上部拱圈、竖直边墙、下部铺底组成（如图 6-13）。

2）曲墙式衬砌

（1）适用条件。

曲墙式衬砌适用于地质条件比较差，岩体松散破碎，强度不高，又有地下水，侧向水平压力也相当大的情况。主要适用于Ⅳ级及以上的围岩或Ⅲ级围岩双线。多线隧道也采用曲墙有仰拱的衬砌。

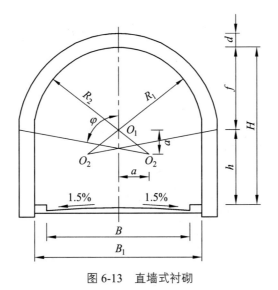

图 6-13　直墙式衬砌

（2）结构组成：顶部拱圈、侧面曲边墙、底部仰拱或铺底组成（如图 6-14）。

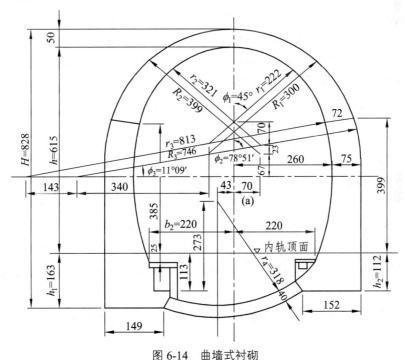

图 6-14　曲墙式衬砌

3）施工的工艺方法

（1）复检钢筋：台车就位前按照用仪器测放的隧道中线及标高对已安扎好的钢筋再次进行结构尺寸检查，看钢筋位置是否正确，保护层能否满足要求，环向主筋内外面是否已安设混凝土保护层浆垫块，只有符合要求后才能进行台车就位。

（2）立模（台车就位）：根据放线位置，移动台车就位。台车就位后，按要求检查台车位置、尺寸、方向、标高、坡度、稳定性，符合要求后，并安设好挡头模板，接头止水带及止水胶条和拱部注浆管，再进行合格检验和经监理工程师签证，方可灌筑边拱混凝土。

（3）混凝土灌筑：灌筑边拱混凝土时，应由下向上对称灌筑，两侧同时或交替进行，边墙部位混凝土应采取埋管式浇注，由液压泵直接顶压入模，挤压顶升式浇注。拱部先采取退出式浇注，最后用压入式封顶。混凝土用附着式振捣器和插入式振捣器联合捣固，安排专人负责，保证混凝土内部密实，外部光滑。并注意保护好预埋于混凝土内部的注浆管，防止其歪斜和倾倒，以确保二衬后回填注浆能顺利进行。要配足备用捣固机具，防止因捣固机具发生故障，造成漏捣或捣固不实。混凝土灌筑必须连续进行，因故不能连续灌筑，间歇时间超过混凝土初凝时间时，必须按规定进行接茬处理。

（4）拆模养护：当边、拱混凝土强度达到 5 MPa 时，方可拆模，拆模时间不可过早。拆模后及时进行洒水养护，养护时间不少于七天。

（5）衬砌厚度、密实度及外观检测方法：衬砌外观要目测平顺光滑，无蜂窝麻面。断面尺寸及中线、高程用钢尺配合经纬仪、水平仪量测，内轮廓必须符合设计要求。衬砌厚度检查采用雷达检测。密实度检查可采用混凝土回弹仪，其强度检查采用同期制作混凝土试件，做抗压强度试验。

4）施工中需注意的几个方面

（1）初期支护、防水层应与二次衬砌要密贴，拱、墙背回填应满足：

① 隧道拱、墙背后的局部坍塌或塌落，必须回填密实，必要时回填注浆。

② 拱部范围与墙脚以上 1 m 范围内的超挖，应用与二次衬砌同级混凝土回填。

③ 隧底超挖部分应用与隧底结构同级的混凝土回填。

④ 其余部位的超挖、坍塌或塌落，可视围岩稳定情况、空隙大小，采用混凝土、片石混凝土回填。

⑤ 所有超挖部分不得用浆砌片石进行回填。

（2）二次衬砌混凝土施工时应注意以下几个方面：

① 灌筑前，应清除防水层表面灰粉并洒水润湿。

② 模板台车走行轨道的中线和轨面标高误差应不大于±10 mm，台车就位后启动微调机构，用仪器校正模板外轮廓与设计净空相吻合，并锁定台车。

③ 钢筋混凝土二次衬砌地段，必须用与二次衬砌混凝土相同配合比的细石混凝土或砂浆制作垫块，确保钢筋保护层的厚度，主筋保护层尺寸应不小于 30 m、迎水面主筋保护层不小于 50 mm。

④ 采用高效减水剂时，混凝土运到场后应作坍落度检查，泵送混凝土一般以 15～18 cm 为宜。

⑤ 混凝土应对称、分层浇筑，分层捣固。捣固应采用插入式振动器。

⑥ 每二次衬砌段拱顶部位应预留 2 个注浆孔。

（3）二次衬砌混凝土灌注段施工接头处应采取以下措施：

① 模板台车宜采用带有气囊的端模（堵头板），以防止漏浆。

② 采用加硬橡胶间隙带。

2. 装配式衬砌

装配式衬砌是将衬砌分解为若干块构件（也称管片），这些构件在现场或工厂预制，然后

运到现场安装。按传统松弛荷载理论设计，也可按现代围岩承载理论设计。（见图 6-15）

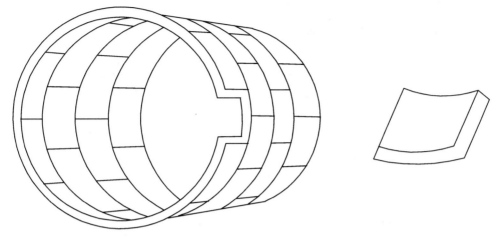

图 6-15　装配式衬砌

适用条件：

（1）地质条件较好，围岩稳定，地下水很少，有场地，施工单位又有制造、运输和拼装衬砌的设备，并控制开挖和拼装工艺有一定的经验时，可采用拼装衬砌。

（2）采用盾构施工，又考虑二次衬砌时，也宜采用拼装式衬砌，快速形成一次衬砌的强度。

1）装配式衬砌的优缺点

（1）一经装配成环，不需养生时间，即可承受围岩压力。

（2）预制的构件可以在工厂成批生产、在洞内可以机械化拼装，从而改善了劳动条件。

（3）拼装时，不需要临时支撑如拱架、模板等，从而节省大量的支撑材料和劳力。

（4）拼装速度因机械化而提高，缩短了工期，还有可能降低造价。

（5）拼装衬砌既可以按传统隧道工程理论作为单层衬砌设计和使用，也可以按现代隧道工程理论作为内层衬砌设计和使用。

（6）拼装衬砌的整体性较差，受力状态不太好，尤其是接缝缝多，防水性能较差，必须单独加设有效的防水层，在富水地层中应用时需要有较多的支持措施。

（7）要求一定的机械化设备，施工工艺复杂。

2）装配式衬砌的构造要求

（1）强度足够而且耐久；

（2）能立即承受荷载；

（3）管片形状简单，尺寸统一，便于工厂预制；

（4）管片类型少、规格少、配件少，大小和重量合适，便于机械拼装；

（5）管片的接头数目和接头总长要求尽量减少，以有利于防水、抗渗和防侵蚀等；若采用轻质混凝土装配式衬砌，则可以减轻砌块自重，容易同时满足几条设计原则要求。

（6）必须加设有效的防水层及排水设施。

3. 锚喷式衬砌

锚喷式衬砌是指锚喷结构既作为隧道临时支护，又作为隧道永久结构的形式。

喷射混凝土是以压缩空气为动力，将掺有速凝剂的混凝土拌和料与水汇合成为浆状，喷射到坑道的岩壁上凝结而成的。当岩壁不够稳定时，可加设锚杆、金属网和钢架，构成"锚喷式衬砌"，也称为"喷锚衬砌"（见图6-16）。

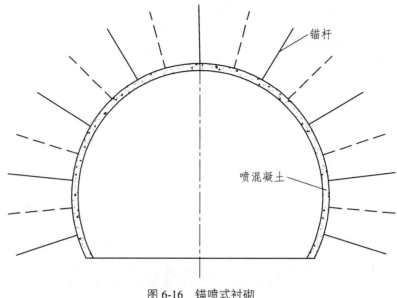

图6-16　锚喷式衬砌

1）特点

（1）与围岩密贴、支护及时、柔性好；

（2）封闭围岩壁面防止风化；

（3）充填裂隙加固围岩；

（4）它能充分调动围岩本身的自稳能力，与围岩组成共同承载体系；

（5）施工方便和经济。

2）适用

在Ⅳ-Ⅵ级围岩中不宜单独采用喷锚支护作永久衬砌，一般考虑在Ⅰ、Ⅱ级等围岩良好、完整、稳定的地段中可以采用。隧道洞口段不宜采用。

不宜采用喷锚支护作为永久衬砌的情况有：

（1）膨胀性围岩；

（2）黏土质胶结的软岩；

（3）大面积涌水地段；

（4）堆积层、破碎带等不良地质地段；

（5）对衬砌有特殊要求的隧道或地段，如洞口地段，要求衬砌内轮廓很整齐、平整；

（6）辅助坑道或其他隧道与主隧道的连接处及附近地段；

（7）有很高的防水要求的隧道；

（8）围岩及覆盖太薄，且其上已有建筑物，不能沉落或拆除者等；

（9）地下水有侵蚀性，可能造成喷射混凝土和锚杆材料的腐蚀；

（10）最冷月平均气温低于-5℃地区的冻害地段。

3）锚喷式衬砌构造

（1）锚杆。锚杆是一种锚固在岩体内部的杆状体，是喷锚支护的主要组成部分。它通过锚入岩体内部的钢筋，与岩体融为一体，达到提高围岩的力学性能，改善围岩的受力状态，实现加固围岩、维护围岩稳定的目的。锚杆支护不仅对硬质围岩，而且对软质围岩也能起到良好的支护效果。具体要求如下：

① 要紧跟开挖面及时安装系统锚杆；

② 要确保锚杆全长注浆饱满，与岩体连成整体；

③ 要求锚杆达到使用耐久、避免松弛、锈蚀、腐蚀损坏。

利用锚杆的悬吊作用、组合拱作用、减跨作用、挤压加固作用，将围岩中的节理、裂隙串成一体，提高围岩的整体性，改善围岩的力学性能，从而发挥围岩的自承能力。

（2）喷射混凝土。喷射混凝土是在隧道开挖后立即施工，利用泵或高压风作动力，把混凝土混合料通过喷射机、输料管及喷头直接喷射到隧道围岩壁上，以覆盖围岩壁面，维护隧道围岩稳定的结构物。

具有不需模板、施作速度快、早期强度高、密实度好、与围岩紧密黏结、不留空隙的突出优点。作用：

① 封闭岩面、防止风化松动、填充坑凹及裂隙、维护和提高围岩的整体性。

② 帮助围岩发挥自身的结构作用、调整围岩应力分布、防止应力集中。

③ 控制围岩变形、防止掉块、防止坍塌。

（3）组成形式：

① 锚杆支护；

② 喷射混凝土支护；

③ 喷射混凝土+锚杆联合支护；

④ 喷射混凝土+钢筋网联合支护；

⑤ 喷射混凝土+锚杆+钢筋网联合支护；

⑥ 喷射钢纤维混凝土支护；

⑦ 喷射钢纤维混凝土+锚杆联合支护；

上述几种类型加设型钢支撑（或格栅支撑）的联合支护等。

4. 复合衬砌

复合式衬砌不同于单层厚壁的模筑混凝土衬砌，它把衬砌分成两层或两层以上，可以是同一种形式、方法和材料施作的，也可以是不同型式、方法、时间和材料施作的。

外衬主要是以喷射混凝土和锚杆为基本组合形式的一系列现代隧道支护。内层衬砌则有多种材料和构造形式，但以就地模筑混凝土为主。按现代围岩承载理论设计和施作（见图6-17）。

我国铁路隧道、高等级公路隧道已普遍采用复合式衬砌。

（1）复合衬砌按内、外衬的组合情况可分为：

① 喷锚支护与混凝土衬砌；

② 喷锚支护与喷射混凝土衬砌；

③ 可缩性钢拱架（或格栅钢构拱架）喷射混凝土与混凝土衬砌；

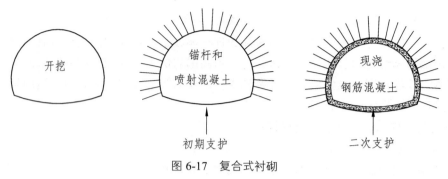

图 6-17　复合式衬砌

④ 装配式衬砌与混凝土衬砌。

复合衬砌主要是通过调整断面形状和初期支护参数来适应地质条件变化，即适应不同的围岩级别以及围岩松弛范围和松弛程度变化，因而，复合衬砌中的初期支护参数变化幅度较大（如外衬为锚喷衬砌的厚度多在 5 到 20 cm 之间），而内层衬砌厚度变化不大（如公路隧道多数在 30 到 40 cm 之间，铁路铁路单线隧道内层衬砌厚度一般为 25 cm，双线隧道内层衬砌厚度一般为 30 cm。双线高速铁路隧道和公路隧道断面尺寸较大时，内层衬砌厚度稍厚）。内层衬砌一般均为等厚截面，只将两侧边墙下部稍做加厚，以降低基底应力。

为防止地下水流入或渗入隧道，可以在内外层衬砌之间设防水层，其材料可以用软聚氯乙烯薄膜、聚异丁烯片、聚乙烯片等防水卷材，或用喷涂乳化沥青等防水剂。在喷层表面有凹凸不平时，须事先以砂浆敷面，作成找平层，勿使岩壁与防水层密贴。防水层接缝处，一般用热水焊接，或电敏电阻焊接，亦可用适当的溶剂作溶解焊接，以便保证防水的质量（见图 6-18）。

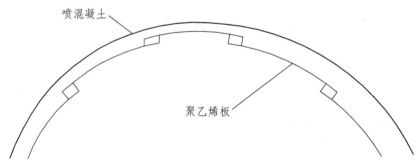

图 6-18　防水卷材纵向搭接

（2）复合衬砌的优缺点如下：

① 复合衬砌是将整个人工支护结构分解为"初期支护"和"内层衬砌"两大部分，各部分分别起到不同的作用，两部分分别参与并与围岩共同工作，各有侧重。

② 复合衬砌结构形式既能充分调动并利用围岩自我承载自我稳定的能力，又可以充分发挥支护结构的承载能力和支护材料的力学性能，结构稳定。

③ 复合衬砌比较符合隧道——地下工程结构体系的力学变化过程，尤其是能按受力和变形的规律，调整各项参数，适合多种地质条件。

④ 复合衬砌的极限承载能力比同等厚度的单层衬砌的极限承载能力可以提高 20%～30%。而且，如果调整好内层衬砌的施作时间，还可以改善结构的受力条件。

⑤ 与传统的模筑混凝土单层衬砌相比，能节约工程投资约 5% ~ 10%。

⑥ 但是，复合衬砌尤其是初期支护的施工工艺特别复杂，要从概念上理解其作用比较困难，从技术上掌握其设置准则也比较困难，不像单层衬砌那样简单直观，容易理解。

复合式衬砌最适宜在 Ⅱ ~ Ⅵ 级围岩中使用，但遇到下列情况时，应慎重对待，必要时应辅以相应的加固措施：

① 拱顶以上覆盖厚度小于隧道直径时；

② 有明显偏压力时；

③ 在无自稳能力的未胶结砂砾石地层中时；

④ 在大膨胀性的地层中时；

⑤ 在大涌水的地层中时；

⑥ 在严重的冻害的地区中时。

（3）隧道复合式衬砌设计要求。

复合衬砌的设计，目前以工程类比为主，理论验算为辅。结合施工，通过测量、监控取得数据，不断修改和完善设计

① 初期支护宜采用锚喷支护，即由喷射混凝土、锚杆、钢筋网和钢架等支护形式单独或组合使用。

② 二次衬砌宜采用模筑混凝土或模筑钢筋混凝土结构，内层衬砌的构造形式、材料和施做方法与单层衬砌基本相同。

③ Ⅲ类及以下围岩或可能出现偏压时，应设置仰拱。

④ 两层衬砌之间宜采用缓冲、隔离的防水夹层。

⑤ 在确定开挖断面时，除应满足隧道净空和结构尺寸外，还应考虑围岩及初期支护的变形，并预留适当的变形量，以保证初期支护稳定后，二次衬砌的必要厚度。

6.3 隧道浅埋段开挖

1. 隧道浅埋段和洞口段加强段的开挖

在浅埋段和洞口加强地段，进行开挖施工和支护，应根据地质条件，地表沉陷对地面建筑物的影响，以及保障施工安全等因素选择，并应考虑施工效果及工程费用确定。

隧道浅埋段和洞口加强段，通常位于软弱、破碎、自稳时间极端的围岩中，若施工方法和支护方式不妥当，则极易发生冒顶塌方或地表有害下沉。当地表有建筑物时会危及其安全。所以，应采用先支护后开挖或分部开挖等措施，以防止开挖工作面失稳或地表有害下沉等。

隧道浅埋段施工方法和支护方法的技术规定如下：

（1）根据围岩及周围环境条件，可优先采用单侧壁导坑法。双侧壁导坑法或留核心土开挖法；围岩的完整性较好时，可采用多台阶法开挖。严格采用前端面法开挖，否则，对属于大断面的铁路隧道全断面开挖，对围岩的扰动很大，会导致全周壁围岩出现松动，增大坍塌的可能性，且支护结构难以及时施作，并增大隧道工程造价。

（2）开挖后应尽快施作锚杆、喷射混凝土、敷设钢筋网或钢支撑。当采用复合式衬砌时，

应加强初期支护的锚喷混凝土，V 级以下围岩应尽快施作衬砌，防止围岩出现松动。锚喷支护及构建支撑的施工应符合（铁路隧道施工规范）的有关要求。

（3）锚喷支护或构建支撑，应尽量靠近开挖面，其间距应小于 1.0 倍洞跨。

（4）视地质条件，可配合采用超前小导管注浆，超前锚杆住户加固等辅助施工措施，即浅埋段地质条件很差时，就采用辅助施工方法。

2．控制隧道地表沉降技术措施

（1）隧道浅埋段和洞口加强段施工开挖后，应立即铺设小网孔的钢筋网，并喷射 3～5 cm 厚的混凝土层。

（2）安全锚杆及钢拱架，二次支护喷射混凝土应将钢拱架覆盖不小于 3 cm 的保护层。

（3）落底，安设锚杆及下部钢拱架，应同时进行挂网，喷射混凝土。

（4）应进行仰拱封底，尽早形成封闭结构。

3．控制隧道地表沉降技术措施

（1）宜采用单臂掘进机或风镐开挖，减少对围岩的扰动；当采取爆破开挖时，应采用短进尺、弱爆破。

（2）应加强对公交的处理，搭设公交锚杆，提高拱脚处围岩的承载力。

（3）应及时施作仰拱或临时仰拱。

（4）若初期支护变形过大，又不宜加固时，可对洞周 2～3 m 围岩进行系统注浆固结支护。

（5）地质条件差或有涌水时，宜采用地表预注浆结合洞内环型注浆固结。

（6）加强对地表下沉，拱顶下沉的量测及反馈，以指导施工，测量频率宜为深埋段时的两倍。

国内外大量隧道施工事件，其围岩难以自成拱，地表易沉陷，因此施工方法不能与覆盖层深的隧道区段相同，应采取合适的浅埋段的施工方法。根据大量的施工资料调查，覆盖层不足毛洞洞径 2 倍的隧道或区段属于浅埋隧道，应采用浅埋段施工方法施工。浅埋段工程应包括洞口加强段。

国内外隧道施工实践和科研成果表明侧壁导坑法的效果较好。并在多座隧道施工证明，采用侧壁导坑法施工引起的地表面沉降量最小。

6.4　新奥法

新奥法即新奥地利隧道施工方法的简称。我国铁路等部门通过科研、设计、施工三结合，在许多隧道修建中，根据自己的特点成功地应用了新奥法，取得了较多的经验，积累了大量的数据。目前新奥法几乎成为在软弱破碎围岩地段修建隧道的一种基本方法，其技术经济效益是明显的。新奥法为铁路隧道的科学施工奠定了坚实的理论基础，为采用各种先进的施工机械、合理的隧道开挖方法开辟了广阔的道路。新奥法已成为我国修建铁路隧道、公路隧道和其他地下工程的重要技术。

6.4.1　新奥法的概念

新奥法是以隧道工程经验和岩体力学理论为基础，将锚杆和喷射混凝土组合在一起作为主要支护手段的施工方法，已成为现代隧道工程新技术的标志之一。新奥法技术摒弃了以整体式混凝土衬砌被动地支撑洞室围岩的传统做法，改由柔性、薄壁、能与围岩紧密贴合的锚喷网支护保护、加固围岩，从而发挥围岩的自承与自稳能力形成天然承载结构，从而达到省工、省料和降低造价的目的。

新奥法的基本要点可归纳如下：

（1）岩体是隧道结构体系中的主要承载单元，在施工中必须充分保护岩体，尽量减少对它的扰动，避免过度破坏岩体的强度。为此，施工中断面分块不宜过多，开挖应当采用光面爆破、预裂爆破或机械掘进。

（2）为了充分发挥岩体的承载能力，应允许并控制岩体的变形。一方面允许变形，使围岩中能形成承载环；另一方面又必须限制它，使岩体不致过度松弛而丧失或大大降低承载能力。在施工中应采用能与围岩密贴、及时筑砌又能随时加强的柔性支护结构，例如，锚喷支护等。这样，就能通过调整支护结构的强度、刚度和它参加工作的时间（包括闭合时间）来控制岩体的变形。

（3）为了改善支护结构的受力性能，施工中应尽快闭合，而成为封闭的筒形结构。另外，隧道断面形状应尽可能圆顺，以避免拐角处的应力集中。

（4）通过施工中对围岩和支护的动态观察、量测，合理安排施工程序、进行设计变更及日常的施工管理。

（5）为了敷设防水层，或为了承受由于锚杆锈蚀，围岩性质恶化、流变、膨胀所引起的后续荷载，可采用复合式衬砌。

（6）二次衬砌原则上是在围岩与初期支护变形基本稳定的条件下修筑的，围岩和支护结构形成一个整体，因而提高了支护体系的安全度。

上述新奥法的基本要点可扼要的概括为：少扰动、早锚喷、勤量测、快封闭。复合柔性支护和基于现场施工监测及信息反馈分析的信息化施工是新奥法的核心和关键。

新奥法施工中尤其要重视初期支护以发挥围岩的自承能力，Ⅰ～Ⅲ级围岩中完全依靠初期支护控制围岩变形，而在Ⅳ、Ⅴ级围岩中更应重视初期支护，必要时采取辅助施，充分保护和发挥不良地质围岩的自承能力。

重视初期支护包括两方面的内容：

（1）初期支护要及时，即使Ⅰ、Ⅱ级围岩也要注意，这两级围岩采用光面爆破后也会出现个别地方的岩石松动，如果不及时打上锚杆，也会因后面的爆破扰动，将已松动的岩石震下来。对Ⅳ、Ⅴ级围岩由于本身的自稳能力差，变形时间效应比Ⅰ、Ⅱ、Ⅲ级围岩要小得多，不把握初期支护时间，等到岩石松动时才去支护，就失去利用围岩自身承载能力的机会。

（2）初期支护要紧贴围岩，用初期支护紧贴围岩并形成整体才能调动围岩自身承载能力共同控制围岩变形，如果初期支护同围岩贴合不紧，形成空隙，使支护与围岩分离，提供了围岩变形的空间条件并不断向围岩深处发展，造成松动破坏区扩大，最后由初期支护单独承担荷载，易使支护失稳、围岩坍塌。

6.4.2 新奥法的基本原理

1. 设计理论

松弛荷载理论其核心内容是：稳定的岩体有自稳能力，不产生荷载；不稳定的岩体则可能产生坍塌，需要用支护结构予以支撑。这样，作用在支护结构上的荷载就是围岩在一定范围内由于松弛并可能塌落的岩体重力。这是一种传统的理论，其代表人物有泰沙基和普氏等人。

岩承理论其核心内容是：围岩稳定显然是岩体自身有承载自稳能力；不稳定围岩丧失稳定是有一个过程的，如果在这个过程中提供必要的帮助或限制，则围岩仍然能够进入稳定状态。这种理论体系的代表性人物有拉布西维兹、米勒·菲切尔、芬纳·塔罗勃和卡斯特奈等人。

由以上可以看出，前一种理论更注意结果和对结果的处理；而后一种理论则更注意过程和对过程的控制，即对围岩自承能力的充分利用。由于有此区别，因而两种理论体系在过程和方法上各自表现出不同的特点。新奥法是岩承理论在隧道工程实践中的代表方法。

2. 施工原理

新奥法中认为，岩体是结构体系中的主要承载单元，在施工中必须充分保护岩体尽量减少对它的扰动，避免过度破坏岩体的强度。为充分发挥岩体的承载能力，应允许并控制岩体的变形。为了改善支护结构的受力性能，施工中应尽快闭合而成为封闭的筒形结构。在施工中的各个阶段，应进行现场量测监视，及时提供可靠的数量足够的量测信息。为了铺设防水层，成为了承受锚杆锈蚀，围岩性质恶化，流变，膨胀所引起的后续荷载，可采用复合式衬砌。二次衬砌原则上是在围岩与初期支护变形基本稳定的条件下修筑的，围岩和支护结构形成一个整体，因而提高了支护体系的安全度。

在大量的地下工程实践中，人们普遍认识到，隧道及地下洞室工程，其核心问题，都归结在开挖和支护两个关键工序上。即如何开挖，才能更有利于洞室的稳定和便于支护？若需支护时，又如何支护才能更有效地保证洞室稳定和便于开挖？这是隧道及地下工程中两个相互促进又相互制约的问题。

在隧道及地下洞室工程中，围绕着以上核心问题的实践和研究，在不同的时期，人们提出了不同的理论并逐步建立了不同的理论体系，每一种理论体系都包含和解决（或正在研究解决）了从工程认识（概念）、力学原理，工程措施到施工方法（工艺）等一系列工程问题。

6.4.3 新奥法施工特点

1. 及时性

新奥法施工采用喷锚支护为主要手段，可以最大限度地紧跟开挖作业面施工，因此可以利用开挖施工面的时空效应，以限制支护前的变形发展，阻止围岩进入松动的状态，在必要的情况下可以进行超前支护，加之喷射混凝土的早强和全面黏结性因而保证了支护的及时性和有效性。

在巷道爆破后立即施工以喷射混凝土支护能有效地制止岩层变形的发展，并控制应力降低区的伸展而减轻支护的承载，增强了岩层的稳定性。

2. 封闭性

由于喷锚支护能及时施工，而且是全面密黏的支护，因此能及时有效地防止因水和风化作用造成围岩的破坏和剥落，制止膨胀岩体的潮解和膨胀，保护原有岩体强度。

巷道开挖后，围岩由于爆破作用产生新的裂缝，加上原有地质构造上的裂缝，随时都有可能产生变形或塌落。当喷射混凝土支护以较高的速度射向岩面，很好的充填围岩的裂隙，节理和凹穴，大大提高了围岩的强度（提高围岩的黏聚力和内摩擦角）。同时喷锚支护起到了封闭围岩的作用，隔绝了水和空气同岩层的接触，使裂隙充填物不致软化、解体而使裂隙张开，导致围岩失去稳定。

3. 黏结性

喷锚支护同围岩能全面黏结，这种黏结作用可以产生三种作用：

（1）连锁作用，即将被裂隙分割的岩块黏结在一起若围岩的某块危岩活石发生滑移坠落，则引起临近岩块的连锁反应，相继丧失稳定，从而造成较大范围的冒顶或片帮。开巷后如能及时进行喷锚支护，喷锚支护的黏结力和抗剪强度是可以抵抗围岩的局部破坏，防止个别危岩活石滑移和坠落，从而保持围岩的稳定性。

（2）复合作用，即围岩与支护构成一个复合体（受力体系）共同支护围岩。喷锚支护可以提高围岩的稳定性和自身的支撑能力，同时与围岩形成了一个共同工作的力学系统，具有把岩石荷载转化为岩石承载结构的作用，从根本上改变了支架消极承担的弱点。

（3）增加作用。开巷后及时继进行喷锚支护，一方面将围岩表面的凹凸不平处填平，消除因岩面不平引起的应力集中现象，避免过大的应力集中所造成的围岩破坏；另一方面，使巷道周边围岩由双方向受力状态，提高了围岩的黏结力和内摩擦角，也就是提高了围岩的强度。

4. 柔性

喷锚支护属于柔性薄性支护，能够和围岩紧贴在一起共同作用，由于喷锚支护具有一定柔性，可以和围岩共同产生变形，在围岩中形成一定范围的非弹性变形区，并能有效控制允许围岩塑性区有适度的发展，使围岩的自承能力得以充分发挥。另一方面，喷锚支护在与围岩共同变形中受到压缩，对围岩产生越来越大的支护反力，能够抑制围岩产生过大变形，防止围岩发生松动破坏。

6.4.4 新奥法施工要点

1. 新奥法与传统施工方法的区别

传统方法认为巷道围岩是一种荷载，应用厚壁混凝土加以支护松动围岩。而新奥法认为围岩是一种承载机构，构筑薄壁、柔性、与围岩紧贴的支护结构（以喷射混凝土、锚杆为主要手段）并使围岩与支护结构共同形成支撑环，来承受压力，并最大限度地保持围岩稳定，而不致松动破坏。

新奥法将围岩视为巷道承载构件的一部分，因此，施工时应尽可能全断面掘进，以减少巷道周边围岩应力的扰动，并采用光面爆破、微差爆破等措施。减少对围岩的震动，以保全其整体性。同时注意巷道表面尽可能平滑，避免局部应力集中。

新奥法将锚杆、喷射混凝土适当进行组合，形成比较薄的衬砌层，即用锚杆和喷射混凝土来支护围岩，使喷射层与围岩紧密结合，形成围岩-支护系统，保持两者的共同变形，故而可以最大限度地利用围岩本身的承载力。

2. 保护巷道围岩自身的承载能力

新奥法施工在巷道开挖后采取了一系列综合性措施：构筑防水层、围岩巷道排水；选择合理的断面形状尺寸；给支护留变形余量；开巷后及时做好支护、封闭围岩等，都是为保护巷道围岩的自身承载能力，使围岩的扰动影响控制在最小范围内，并加固围岩，提高围岩强度，使其与人工支护结构共同承受巷道压力。

3. 围岩变形

允许围岩有一定量的变形，以利于发挥围岩的固有强度。同时巷道的支护结构，也应具有预定的可缩量，以缓和巷道压力。围岩的变形是控制在一定范围内的，必须避免围岩变形过大，从而导致围岩强度的削弱以致引起垮落、失稳。支护结构具有一定的变形量，允许巷道围岩产生一定的变形，以缓和来自巷道的巨大压力，更进一步减轻支护荷载。

4. 新奥法施工过程中量测工作的特殊性

由于岩体生成条件与地质作用的复杂性，施工条件的复杂性，以及对工程设计参数的精确要求，得要通过许多量测手段，在施工过程中对围岩动态和支护结构工作状态和支护结构工作状态进行监测，并用监测结果修改初步设计，指导施工。

量测的结果可以作为施工现场分析参数和修改设计的依据，因而能够预见事故和险情，以便及时采取措施，防患于未然，提高施工的安全程度。

由上所述，新奥法的支护原则是：围岩不仅是载物体，而且是承载结构；围岩承载圈和支护体组成巷道的统一体，是一个力学体系；巷道的开挖和支护都是为保持改善与提高围岩的自身支撑能力服务。

6.4.5 新奥法的主要支护手段与施工顺序

新奥法是以喷射混凝土、锚杆支护为主要支护手段，因锚杆喷射混凝土支护能够形成柔性薄层，与围岩紧密黏结的可缩性支护结构，允许围岩有一定的协调变形，而不使支护结构承受过大的压力。

施工顺序可以概括为：开挖→一次支护→二次支护。

1. 开挖

开挖作业的内容依次包括：钻孔、装药、爆破、通风、出渣等。开挖作业与一次支护作业同时交叉进行，为保护围岩的自身支撑能力，第一次支护工作应尽快进行。为了充分利用围岩的自身支撑能力开挖应采用灌面爆破（控制爆破）或机械开挖，并尽量采用全断面开挖，地质条件较差时可以采用分块多次开挖。一次开挖长度应根据岩质条件和开挖方式确定。岩质条件好时，长度可大一些，岩质条件差时长度可小一些，在同等岩质条件下，分块多次开挖长度可大一些，全断面开挖长度就要小一些。一般在中硬岩中长度约为 2~2.5 m，在膨胀性地层中大约为 0.8~1.0 m。

2. 支护作业

一次喷射混凝土、打锚杆、联网、立钢拱架、复喷混凝土在巷道开挖后，应尽快地喷一层薄层混凝土（3~5 mm），为争取时间在较松散的围岩掘进中第一次支护作业是在开挖的渣堆上进行的，待把未被渣堆覆盖的开挖面的一次喷射混凝土完成后再出渣。

按一定系统布置锚杆，加固深度围岩，在围岩内形成承载拱，由喷层、锚杆及岩面承载拱构成外拱，起临时支护作用，同时又是永久支护的一部分。复喷后应达到设计厚度（一般为 10~15 mm），并要求将锚杆、金属网、钢拱架等覆裹在喷射混凝土内。

完成第一次支护的时间非常重要，一般情况应在开挖后围岩自稳时间的二分之一时间内完成。目前的施工经验是松散围岩应在爆破后三小时内完成，主要由施工条件决定。

在地质条件非常差的破碎带或膨胀性地层（如风化花岗岩）中开挖巷道，为了延长围岩的自稳时间，为了给一次支护争取时间，安全的作业，需要在开挖工作面的前方围岩进行超前支护（预支护），然后再开挖。

在安装锚杆的同时，在围岩和支护中埋设仪器或测点，进行围岩位移和应力的现场测量：依据测量得到的信息来了解围岩的动态，以及支护抗力与围岩的相适应程度。

一次支护后，在围岩变形趋于稳定时，进行第二次支护和封底，即永久性的支护（或是补喷射混凝土，或是浇注混凝土内拱），起到提高安全度和整个支护承载能力增强的作用，而此支护时机可以由监测结果得到。

对于底板不稳，底鼓变形严重，必然牵动侧墙及顶部支护不稳，所以应尽快封底，形成封闭式的支护，以谋求围岩的稳定。

6.4.6　新奥法的适用范围

1）主要适用范围

（1）具有较长自稳时间的中等岩体；

（2）弱胶结的砂和石砾以及不稳定的砾岩；

（3）强风化的岩石；

（4）刚塑性的黏土泥质灰岩和泥质灰岩；

（5）坚硬黏土，也有带坚硬夹层的黏土；

（6）微裂隙的，但很少黏土的岩体；

（7）在很高的初应力场条件下，坚硬的和可变坚硬的岩石。

2）在下述条件下应用新奥法必须与一些辅助方法相配合

（1）有强烈地压显现的岩体；

（2）膨胀性岩体（要与仰拱与底部锚杆相配合）；

（3）在一些松散岩体中，要与钢背板与之配合；

（4）在蠕动性岩体中，要与冻结法或预加固法等配合。

 3）在下列场合中应用应慎重

（1）大量涌水的岩体；

（2）由于涌水会产生流砂现象的围岩；

（3）极为破碎，锚杆钻孔、安装都极为困难的岩体；

（4）开挖面完全不能自稳的岩体等。

新奥法施工是从实际经验中总结出来的，又在不断实践经验中得以丰富其内容和进一步发展，新奥法施工在我国推广以来，经过几十年的发展，通过科研、设计、施工三结合，应用新奥法技术，取得了较大的成就。

不可否认，新奥法也存在不少缺点，不过经过工程技术人员和科技工作者的共同努力一定可以把新奥法不断完善，在我国的现代化建设进程中发挥更加重要的作用。

6.5 隧道支护衬砌质量检验

隧道工程支护包括，若围岩完全不能自稳，会随时挖塌，甚至不挖也会塌，必须先支护后开挖的"超前支护"；隧道开挖后，若围岩稳定能力不足，需加以支护才能使其进入稳定状态的初期支护；隧道投入使用后的服务年限很长久，应为永久性的人工构造物，一般要采用混凝土或钢筋混凝土内层衬砌，以保证隧道工程建筑在运营服务过程中的稳定、耐用、减少阻力和实用及美观等功能的"二次支护"。

"初期支护"主要是采用锚杆和喷射混凝土支护围岩的形式和方法。"超前支护"主要是采用超前锚杆、管棚预支护、超前小导管注浆、超前深孔围幕注浆等预支护加固围岩的形式和方法。"二次支护"主要是采用整体式模筑混凝土衬砌、锚喷衬砌、浇注仰拱和底板混凝土、喷射混凝土支护、钢纤维喷射混凝土支护、钢筋网喷射混凝土支护、钢拱架喷射混凝土支护等形式和方法。

各种支护仅仅是为了使围岩稳定的各种手段，但真正的目的是要保护隧道稳定、安全、可靠及可供正常使用。因此，无论是新奥法设计还是新奥法施工，都应围绕这个目的来解决支护的有效、安全、经济等问题。

6.5.1 喷射混凝土强度控制

1. 喷射混凝土强度控制

1）喷射混凝土的强度

喷射混凝土的强度，应根据弦长 28 d 龄期抗压强度的试验结果绘制强度图，以便采用强度控制。显然，喷射混凝土是由非匀质材料所组成的，施工中又受到各种因素形象，如喷射混凝土原材料的规格与质量，水泥用量与水灰比，外加剂的品种与掺入量、配合比与拌制质量、机具设备与喷射技术水平、施工工艺技术与控制水平、现场温度与养护条件、强度试验频率与管理等，导致喷射混凝土强度有时大，有时小，有较大的离散性。但是，如果实行严格的质量管理与控制，喷射混凝土支护的质量是可以保证的。施工中应绘制强度控制表图，以及时发现问题，并采取补救措施。

2）喷射混凝土平均强度

喷射混凝土施工应达到的平均强度 R_n 按下式计算。

$$\overline{R}_n = R + 1.04S$$

式中　R——相当于喷射混凝土强度等级的抗压极限强度；

　　　S——标准差，其系数取值 1.04 时，低于 R 的概率为 15%。

喷射混凝土的抗压强度亦可用回弹仪测试，通过对比试验进行强度控制。

3）喷射混凝土支护质量的基本要求

（1）材料必须满足规范和设计要求。

（2）喷射前要检查开挖断面的质量，处理好超欠挖。

（3）喷射前，岩面必须洗刷清洁和风干。

（4）喷射混凝土支护应与围岩紧密黏合，结合牢固。喷层厚度应符合要求，不能有空洞。喷层内不容许添加片石和木板等杂物，必要时应进行黏结力测试。喷射混凝土严禁挂模喷射，受喷面必须是原岩面。

（5）支护前应做好排水措施，对渗漏水孔洞、隙缝应采取排引、堵水措施，保证喷射混凝土质量。

（6）采用钢纤维喷射混凝土时，钢纤维抗拉强度不得低于 380 MPa，且不得有油渍及明显的锈蚀。

2. 喷射混凝土抗压强度试块制取

喷射混凝土必须做抗压强度试验，当设计有其他要求时，可以增加其他性能的试验。喷射混凝土抗压强度检验所需的试块应按下列要求制取。

1）试块制取数量

试块应在喷射混凝土施工中抽样制取。试块数量：每喷射 50～100 m³ 混合料或混合料小于 50 m³ 的独立工程，不得少于 1 组，每组试块不得少于 3 个；隧道每 10 延米，至少应在拱脚和墙边各取 1 组试块，材料和配合比有变更时另取 1 组，每组至少取 3 个试块进行抗压试验。

2）试块标准制作方法

试块的标准制作方法是：喷大板切割制成边长 10 cm 的立方体。

检验方法：将试块在标准条件下养护 28 d，在压力试验机上测试其极限抗压强度，乘以 0.95 的系数，喷射混凝土标准试块的尺寸，考虑到所用集料的最大粒径不宜大于 15 mm，故规定试块边长为 10 cm 的立方体，同时在标准养护条件下养护龄期为 28 d 的抗压极限强度乘以 0.95 的换算系数，以便能与建筑混凝土的抗压强度相比较。

3）试块的非标准制取

采用喷大板切割的方法制取试块，虽与实际较接近，但目前也仍有不少施工单位不具备切割条件，为此，试块亦可用边长为 10 cm 或 15 cm 的立方体无底模具喷射成型的非标准法制取，但检验时，应将其换算成标准试块的抗压强度（换算系数或公示，应通过相同情况下的对比试验求得），非标准方法与标准方法制取的试块，其抗压强度的换算系数为 10。另外，作为检验喷射混凝土的抗压强度，亦可以采用在实际喷体上钻取芯样的方法制取试块，极具可用 ZQ-1 型混凝土岩心钻取机等。对试验数据进行整理分析时，先做方差分析，判断采用不同的试块制作方法对抗压强度的影响大小。

4）喷射混凝土试块试验

喷射混凝土抗压试验时，加载方向必须与试块喷射方向垂直。用回弹仪测试时，测试数量不得少于第 1 条要求的试块数量。抗压强度是喷射混凝土强度的主要指标，一般能反映其他物理力学性能及支护质量的优与劣，因此，检验时通常只做抗压强度试验，或通过用回弹仪测试后换算成标准试块的抗压强度值。当设计有某些特殊要求时，可增加其他性能的实验。

5）强度等级

强度等级不应低于 C20，不同强度等级喷射混凝土的设计强度应按表 6-5 采用。

表 6-5　喷射混凝土的设计强度值

强度种类	C20	C25	C30
轴心抗压/MPa	10.0	12.5	15
弯曲抗压/MPa	11.0	13.5	16.5
抗拉/MPa	1.1	1.3	1.5

3. 喷射混凝土抗压强度检验

1）检查批次确定

原材料和配合比基本相同的喷射混凝土才能统一检查验收批次，同批喷射混凝土的抗压强度，应与同批内标准试块的抗压强度值做比较来评定支护质量。

2）每组强度代表值的确定

每组试块的强度代表值为 3 个试块试验结果的平均值（精确到 0.1 MPa）。同组试块应在同一大板上制取，有明显缺陷者应给予舍弃，3 个试块中过大或过小的强度值，与中间值相比超过 15%时，以中间值代表该组试块的抗压强度。

3）喷射混凝土抗压强度的确立

喷射混凝土抗压强度满足以下条件者为合格，否则为不合格。
（1）同批试块的抗压强度平均值，不低于设计强度为 C20。
（2）同一组试块抗压强度平均值，不低于设计强度的 80%。
（3）同批试块为 3～5 组时，低于设计强度的十块组数不得多于 1 组；试块为 6～16 组时，不得多于 2 组；17 组以上，不得低于总组数的 15%。
（4）检查不合格时，应查明原因并采取措施，可用加厚喷层或根据实际情况增设锚杆的办法予以补强。

喷射混凝土抗压强度的合格条件是主要指标，其设计计算强度的保证率为 95%，当同批

试块组数 $n<10$ 时，考虑的主要因素如下。

（1）采用计量抽样检验方法，使之能以较少的检验数量得到有关质量状况较多的信息。

（2）采用标准差位置的公式，这对地下工程和隧道工程建筑生产水平不够稳定、喷射混凝土强度易于受多重因素影响而产生波动，较为适宜。

（3）兼顾隧道使用方和施工方的利益，在限制漏判概率的同时，也适当限制错判概率。检查验收函数中的 K 值，遵从非中心分布。当试块组数一定时，合格判定系数 K 值越大，则错判概率越大，而漏判概率越小，检验标准越严，可能造成工程费用浪费；反之 K 值越小、检验标准越宽，则可能造成对支护结构物安全的不良影响。为保证漏判概率不随试块组数而变，K 的取值必将随试块组数增多而减少。

当统计数据同时满足合格条件的两项要求时，则可以认为该批喷射混凝土强度合格。

4. 混凝土喷射施工质量控制重点

（1）宜采用回弹率小、粉尘少、混凝土均匀性好的湿喷技术。

（2）在喷射混凝土之前，检查喷射混凝土厚度的控制标志是否在系统锚杆上标出，受喷面是否冲洗干净并已通过验收；

（3）严格控制喷头与受喷面的距离及喷头喷射方向与受喷面的夹角满足国家标准的要求。

（4）喷射作业要自下而上，分段分层进行，首次喷层厚度一般可控制为 5 cm。

（5）初喷完成后，应及时清除坡面上的回弹混凝土，然后才能进行复喷到设计厚度，每次喷射厚度宜控制在 5~6 cm。

（6）注意保证混凝土要及时养护，且养护时间应满足规范要求。若采用钢纤维喷射混凝土。

6.5.2 初期支护质量控制

1. 隧道初期支护厚度检查

1）喷层厚度检查

喷层厚度可分为喷射过程和支护完成两个阶段检查。

（1）喷射时可插入长度比设计厚度长 5 cm 的铁丝，从横纵向 1~2 m 设一根，做施工控制用。

（2）支护完成后，每 10 延米至少检查一个断面，再从拱顶中线起，每隔 2 m 凿孔检查一个点。每个断面拱、墙分别统计，全部检查孔处喷层厚度，应有 60% 以上不小于设计厚度；平均厚度不得小于设计厚度；最小厚度不小于设计厚度的 1/2，在软弱破碎围岩地段，喷层厚度不应小于设计规定的最小厚度。钢筋网喷射混凝土的厚度不应小于 60 mm。

2）初期支护厚度检验方法和数量

用凿孔或电测法等方法对初期支护进行检查。检查断面数量，隧道每 10 m 检查一个断面；每个断面应从拱顶中线起，每间隔 2 m 布设一个检查点。

喷射混凝土厚度的检查，常用钻眼法。钻眼检查宜在混凝土喷好 8 h 以内进行，用短钢钎将孔凿出，此时，混凝土强度还较低，易于凿孔，若发现厚度不够，可及时补喷加厚，其施工管理亦较方便。采用凿岩机钻眼，若因喷射的混凝土与围岩黏结紧密，颜色相近，较难辨认喷层厚度时，可用酚酞试液涂抹孔壁，碱性混凝土即呈现红色，这样就易于辨认了。

3）检查断面的间距

按规定检查断面间距，当设计喷层厚度为 10 cm 时，与留取强度检查试块的相应工程量接近。检查断面间距：单车道隧道每 20 延米，双车道隧道每 10 延米检查一个断面。每个断面从拱顶中线起，每间隔 2 m 布设一个检查点。若隧道工程对喷层厚度有特别严格要求时，检查断面及钻眼数量，可以适当增加，以确保特殊功能和相应高质量的要求。

2. 初期支护外观与隧道断面尺寸检验

（1）隧道断面尺寸应符合设计和使用要求。

（2）应无漏喷、离鼓现象；混凝土表面密实，蜂窝麻面面积不超过 0.5%，深度不超过 10 mm；结构轮廓线条直顺美观、墙面平整。

（3）应没有尚在扩展中或危及使用安全的裂缝。

（4）设塑料板防水层的复合式衬砌，锚杆尾端及钢筋网等不得外露。

（5）喷层与围岩黏结情况的检查，可采用小锤敲击，如有空巷应凿除喷层，洗净重喷，必要时应进行黏结力测试或增设锚杆支护。

（6）当发现喷层表面有裂缝、脱落、露筋、渗漏水等情况，应予修补，凿除喷层重喷或进行整治。

6.5.3 锚杆控制

1. 锚杆抗拔力试验与检查

1）锚杆质量检查

检查锚杆质量必须做抗拔力试验。锚杆质量的检查，包括长度、间距、角度、方向、锚固力（即抗拔力）等项的检查，有的已在隐蔽工程检查中进行。锚杆锚固力或抗拔力与锚杆形式、杆体材料、直径、围岩强度以及孔壁清洁程度等有关，因此，一般可提出锚杆质量的综合性指标，即进行锚固力和抗拔力试验时，达到设计指标即为合格。

锚杆安设后，按锚杆数 1%且不少于 3 根或每 300 根至少选择 3 根作为 1 组进行抗拔力试验，围岩条件或原材料变更时另做 1 组试验，同时锚杆 28 d 的抗拔力平均值应不小于设计值，每根锚杆的抗拔力最低值不得小于设计值的 90%。

2）检查锚杆抗拔力注意事项

（1）安装拉力计时，其拉力作用线应与锚杆同心。

（2）加载应匀速缓慢，拉拔至预设计荷载即停止；设计无要求时，则不做破坏性试验。

（3）拉力计应固定牢靠必须有安全保护措施。

3）锚杆质量的基本要求

（1）锚杆的材质类型、质量、规格、数量和性能必须符合设计要求和规范的要求。

（2）锚杆插入孔内的长度不得短于设计长度的 95%。

（3）砂浆锚杆和注浆锚杆的灌浆强度应不小于设计和规范要求，锚杆孔内灌浆密实饱满。

（4）锚杆垫板应满足设计要求，垫板应紧贴围岩，围岩不平时要用 M10 砂浆填平

（5）锚杆应垂直于开挖轮廓线布设，对沉积岩，锚杆应尽量垂直于岩层面。

2. 锚杆的加工质量包括锚杆材料质量

（1）抗拉强度和延展性与弹性。

（2）锚杆规格对长度、直径。

（3）锚杆车丝、热锻、焊接质量的要求。

3. 锚杆安装质量

主要包括锚杆间距、排距及钻孔的深度、角度、直径、孔形等项目，以及冲孔质量（是否将孔内岩粉全部冲洗出来）和吹孔质量（是否将孔内积水全部吹干净，无明水）及锚杆入孔深度；对于中空注浆锚杆还包括注浆管要按照《土层锚杆设计与施工规范》要求插至距孔底 5～10 cm 处，停止注浆时，孔口应溢出砂浆，并注意在砂浆终凝前，不得使锚杆受到碰撞；最后进行锚杆拉拔力测试、砂浆饱满程度测试。

关于锚杆要强调一点，锚杆是锚喷支护的核心，锚杆的施作质量直接关系到施工和运营的安全。在过去，许多已建隧道和在建隧道均大量使用普通砂浆锚杆，主要是它施工工艺简单，成本低廉。但是它存在致命弱点：大仰角插入锚杆时漏浆严重，砂浆难以饱满，达不到全长黏结要求；注浆时无压力或压力很小，砂浆不能进入围岩裂隙，对围岩的加固作用小；插入锚杆时不能准确的将锚杆杆体居中于锚杆孔，难以保证锚杆必要的砂浆保护层厚度。从长期效果看，锚杆易腐蚀、失效，从而在运营期间易出现衬砌开裂、漏水等病害。

近年来，隧道中开始采用了中空注浆锚杆、自进式锚杆和水力膨胀式锚杆等新型式。从实际效果看：中空注浆锚杆可以有效地克服普通砂浆锚杆的缺点，同时还克服了自进式锚杆价格较高、难以推广的缺点，使用效果好。施工中必须严格按照设计要求选用锚杆形式，坚决杜绝以普通砂浆锚杆代替中空注浆锚杆的情况出现。

6.5.4　隧道二次衬砌质量控制

二次衬砌是保证隧道运营安全的保障，是隧道防水工程最重要的防线，也是隧道外观的直接体现。二次衬砌施工中要注意内在和外观质量两个方面，二次衬砌质量控制重点是原材料质量、混凝土强度和厚度、墙面平整度、混凝土表面质量、轮廓线顺直程度。施工中要严格执行混凝土配合比、对混凝土进行充分拌和、振捣；同时坚决杜绝衬砌背后填塞不密实、拱顶部位有空洞及衬砌厚度不足等现象发生。

1. 二次衬砌质量控制重点

（1）衬砌施工前要全面检查并及时处理初期支护的质量缺陷，如喷射混凝土不密实及空洞、喷射混凝土表面不平整等问题。

（2）做好边墙地基承载力的观测及软基加固工作，重点是洞口、明洞及断层破碎带等部位，地基承载力不足的地段要认真进行加固，保证衬砌结构坚实稳定。

（3）重视拱顶封顶工作。在浇筑衬砌混凝土时，由于混凝土泌水干缩，在初期支护与二

次衬砌之间的拱部难免会出现一定的空隙。通常可采取如下措施：穿过挡头板，在拱顶防水层内纵向布置 PVC 管，并设置出浆孔，在衬砌混凝土终凝后，实施补充注浆，以保证拱部初期支护与二次衬砌密贴。

（4）二次衬砌工作缝需采取特殊防渗处理。衬砌每环模筑混凝土之间的工作缝不论采取打毛或砌口接缝措施，因接缝处产生的应力及位移，都会出现密封破坏的问题。通常可在工作缝设置膨胀橡胶止水带。为确保止水条安装质量，在端头预留出一个沟槽，沿沟槽安设止水条，为避免止水条吸水膨胀，应在下一轮混凝土的模板安装固定后再贴止水条，完成后即浇注混凝土。另外，止水条抗拉强度低，安装时注意按照从下往上的顺序，避免止水条承受不了自重而变形。

（5）加强混凝土浇筑质量的控制。隧道二次衬砌混凝土施工一般采用液压衬砌台车和泵送混凝土或者简易衬砌台车和人工灌筑混凝土。采用液压衬砌台车时，其自重大，刚度也非常强，能较好地抵御混凝土灌注过程中产生的侧压力、垂直压力，施工中需注意保证基底平整、台车轨道基础稳固，并加强混凝土的振捣。采用简易衬砌台车时，其刚度较差，施工中要确保二次衬砌几何尺寸并避免错台现象，同时钢模板极易变形或损坏，施工过程中必须加强维修，且使用次数也不宜过多。

2. 二次衬砌的厚度检查

隧道施工中，对二次衬砌的厚度检查，可在灌注混凝土之前进行。

方法：可在架设好模板、灌注混凝土之前，用量尺检查衬砌厚度。在分段灌注的中部和端部两个断面内，对衬砌厚度所需的空间进行检测（精确到 1 cm）测点的间距为 2 m。检测结果应在断面图上标注。在某些地质条件复杂而又必须保证衬砌厚度的地段，为确认衬砌尺寸符合要求，可采用摄影照片或激光断面仪检测。当对衬砌厚度有疑问时，可采用钻孔检测，但检测后孔眼应用水泥砂浆填塞；若衬砌背后设有塑料板防水层，为避免穿透防水层，则不宜采用凿孔的检测方法，而因采用前面介绍的其他方法检查二次衬砌的厚度。

6.6　特殊地质地段的隧道施工

在隧道修建过程中，常会遇到一些不利于施工的特殊地质地段，如膨胀土围岩、软弱黄土、溶洞、断层、松散地层、流沙、岩爆，以及含有瓦斯的地层等。在这样的地段，尤其是在溶洞开挖阶段，施工进度、施工安全和结构质量都会受到较大的影响，稍有不慎，就可能发生开挖塌方，或引起支护结构严重变形，衬砌结构断裂等问题，在瓦斯地层中更是潜藏着严重的安全隐患。因而需要决策者引起高度的重视。

6.6.1　膨胀土围岩

膨胀土是指土中黏土矿物成分主要由亲水性矿物组成，同时具有吸水显著膨胀软化和失水缩硬裂两种特性，且具有湿涨干缩往复变形的高塑性黏性土，决定膨胀性的亲水矿物主要是蒙脱石黏土矿物。

我国是世界膨胀土分布面积最广的国家之一，现已发现有膨胀土发育地区达 20 余个省、市和自治区，遍及西南、西北、东北、长江与黄河中下游及东南沿海地区。

1. 膨胀土围岩的特性

在膨胀土地层中，隧道开挖后不久，常常可以见到围岩因开挖而产生变形，或者因浸水而膨胀，或因风化而开裂等现象。使隧道的顶部及两侧向内挤入，底部鼓起，随着时间的推移，会出现支撑破坏、衬砌变形。这些现象说明膨胀土围岩性质是极其复杂的。它与一般土质的围岩性质有着根本的区别。膨胀土围岩的基本特性，主要有以下三个方面：

（1）膨胀土围岩大多具有原始地层的超固结特性，使土体中储存有较高的初始应力。当隧道开挖后，引起围岩应力释放、强度降低，产生卸荷膨胀。因此，膨胀土围岩常常具有明显的塑性流变特性，开挖后将产生较大的塑性变形。

（2）膨胀土中发育有各种形态的裂隙，形成土体的多裂隙性。膨胀土围岩实际上是土块与各种裂隙和结构而相互组合形成的膨胀土体。由于膨胀土体在天然原始状态下具有高强度特性，隧道开挖后洞壁土体失去边界支撑而产生胀缩，同时因风干脱水使原始隐裂隙张弛，使围岩强度急剧衰减。因此，隧道施工开挖过程中，常有初期围岩变形大、发展速度快等现象。

（3）膨胀土围岩因吸水而膨胀，失水而收缩，土体中因干湿循环而产生胀缩效应。一是使土体结构破坏，强度衰减或丧失，围岩压力增大。二是造成围岩应力变化，无论是膨胀压力还是收缩压力，都将破坏围岩的稳定性，特别是膨胀压力将使得围岩压力显著增加。

2. 膨胀土围岩对隧道施工的危害

由于膨胀土围岩的特殊工程地质性质及其围岩压力特性，使隧道存在普遍开裂、内挤，甚至局部坍塌等变形现象。膨胀土隧道围岩变形常具有速度快、破坏性大、延续时间长和整治困难等特点。施工中常见以下几种情况：

1）围岩裂缝

隧道开挖后，开挖面土体的原始应力被释放而使围岩产生胀裂；洞壁表层土体风干而脱水，产生收缩裂缝。同时，两种因素都可以使土中原生隐裂隙张开扩大。沿围岩周边产生裂缝，拱部的围岩尤其容易产生张拉裂缝与上述裂缝贯通，形成局部变形区。

2）隧道下沉

由于隧道下部膨胀土体的承载力较低，加之上部围岩压力过大，而发生隧道下沉变形。隧道的下沉，往往造成支撑变形、失效，进而引起土体坍塌等现象。

3）围岩膨胀突出和坍塌

膨胀土开挖过程中或开挖后，围岩产生膨胀土变形，周边土体向洞内膨胀突出，开挖断面缩小。在土体丧失支撑或支撑力不够的状态下，由于围岩压力和膨胀压力的综合作用，使土体产生局部破坏，有裂缝发展到出现溜塌，然后逐渐牵引周围土体连续破坏，形成坍塌。

4）底鼓

隧道底部开挖后，洞底围岩的上部压力被解除，围岩应力被释放出来，使得洞底围岩发生卸荷膨胀；加之隧道多有积水，使洞底围岩产生浸水膨胀。加剧了洞底围岩鼓出变形。当底部仅作一般铺底时，常会出现底部鼓起，铺底被破坏。

5）衬砌变形和破坏

由于围岩巨大的膨胀压力，使得拱顶受挤压下沉，也可能向上凸起。以向上凸起为例，拱顶外缘经常出现纵向贯通拉裂缝，而拱顶内缘出现挤裂、脱皮、掉块。在拱腰部位也会出现纵向裂缝，这些裂缝有时可发展到张开、错台。

3. 隧道在膨胀土围岩中的施工要点

1）加强调查与量测

再膨胀土地层中开挖隧道，仅仅是认真按设计图纸施工是不够的，在施工过程中，除了位移量测外，还应对围岩压力及其流变情况进行充分的调查和测量，分析其变化规律。对地下水亦应探明分布范围及规律，了解水对施工的影响程度，以便根据围岩动态采取相应的施工措施。

2）合理选择施工方法

膨胀土隧道围岩压力的施工效应，是导致隧道变形病害的主要原因。采用合理的施工方法，对隧道的稳定性有着至关重要的作用。在膨胀土隧道中常用的施工方法有：短台阶或超短台阶法、单侧壁导坑法、眼镜工法等。后两种适于跨度较大的隧道，但它们的断面闭合时间较迟，必须注意防止边墙混凝土受压向隧道内挤。还有环形开挖留核心土法、中隔墙法等也都可以用，具体选择时，依据施工综合条件而定。

3）基本施工原则

施工的基本原则是，应尽量减少对围岩的扰动和防止水的浸湿。根据这个原则最好是采用无爆破掘进法。如采用风镐、液压镐等开挖机械。在开挖过程中应尽可能缩短围岩暴露时间，及时支护，以求尽快恢复洞壁因土体开挖而解除的围岩应力，减少围岩膨胀变形。对于有地下水渗透的隧道，应切断水源并加强隧道的防、排水措施。如局部渗流，可采用注浆堵水方法阻隔地下水。同时，还要注意防止施工及水对围岩的浸湿。

4. 膨胀土隧道的支护结构

由于膨胀土围岩往往对隧道产生很大的侧压力，为防止边墙开裂，应设计为曲边墙。同时，在这样的特殊地段，原则上模注混凝土衬砌结构应设仰拱，以抵抗围岩底部压力，防止产生底鼓现象或沉陷，改善结构的整体内力状态。习惯上仰拱施工往往是在拱、墙衬砌完成后才做，这样可以不影响开挖过程中的出渣等工作。但仰拱不能及时发挥作用，很有可能在施工过程中就出现了底鼓，因此，这是应先做仰拱，必要时，在初期支护完成后立即施作仰拱、在做边墙和拱圈。

6.6.2　黄　土

黄河中游的河南西部、山西南部、陕西和甘肃的大部分地区为我国黄土和湿陷性黄土的主要分布区，这些地区的黄土分布厚度大、底层全面连续，发育较为典型。其他地区，如河北、山东、内蒙古和东北以及青海、西藏等地亦有所分布。

1. 黄土分类及其对隧道施工的影响

黄土有褐黄、灰黄、黄褐或红棕色等颜色，在干燥气候条件下形成针状大孔，垂直节理发育。按黄土形成的年代，有老黄土和新黄土之分。老黄土指形成于下更新世 Q1 的午城黄土和中更新世 Q2 的离石黄土。新黄土指普遍覆盖在上述黄土上部及河谷阶地地带的上更新世 Q3 的马兰黄土及全新世 Q4 下部的次生黄土。此外还有新近堆积黄土，为 Q4 的最新堆积物，多为近几十年至近几百年形成的。一般来说，老黄土的稳定性比新黄土为好。

根据黄土物理性质不同，按塑性指数（IP）的大小可分为：黄土质黏砂土（1＜IP＜7），黄土质砂黏土（7＜IP＜17），黄土质黏土（IP＞17）。

黄土地层对隧道施工的影响主要有：

1）黄土节理

在红棕色或深褐色的古土壤黄土层，常具有各方向的构造节理，有的原生节理呈现 X 形，成对出现，并具有一定的延续性。在隧道开挖时，土体容易顺着节理张松或剪断。如果这种地层位于隧道顶部，则极易产生"塌顶"。如果位于侧壁，则普遍出现侧壁掉土，若施工时处理不当，常会引起较大的坍塌。

2）黄土冲沟地段

隧道在黄土冲沟或黄土塬边地段施工时，当隧道在较长的范围内沿着冲沟或黄土塬边平行走向，而覆盖较薄或偏压很大的情况下，容易发生较大的坍塌或滑坡的现象。

3）黄土溶洞与陷穴

黄土溶洞与陷穴是黄土地区经常见到的不良地质现象。隧道若修建在其上方，则有基础下沉的危害；隧道若修建在其下方，常有发生冒顶的危险；隧道若修建在其邻侧，则有可能承受偏压的危险。

4）水对黄土隧道施工的影响

在含有地下水的黄土层中修建隧道，由于黄土在干燥时很坚固，承受力也较高，施工可顺利进行。当其受水浸湿后则呈不同程度的湿陷性，会突然发生下沉现象，使开挖后的围岩迅速丧失自稳能力，如果支护措施满足不了变化后的情况，极容易造成隧道坍塌。

黄土隧道中施工，若洞内排水不良，洞内道路会泥泞难行，不论是无轨还是有轨运输都会给道路的维护、机械的使用与保养、隧道的铺垫或仰拱施工等作业造成很大的困难。

2. 黄土隧道的施工方法

黄土隧道施工，应做好黄土中构造节理的产状与分布状况的调查。对因构造节理切割而形成不稳定的部位，在施工时应加强支护措施，防止坍塌，以策安全施工。

施工中应遵循"短开挖、少扰动、强支护、实回填、严治水、勤量测"的施工原则，紧凑施工工序，精心组织施工。

开挖方法宜采取短台阶法或环形开挖留核心土法，初期支护应紧跟开挖面施作。黄土围岩开挖后不能暴露时间过长，否则围岩壁面会风化至内部，使得土体松弛加快，以致发生坍方。

做好洞顶、洞门及洞口的防排水系统工程，并妥善处理好陷穴、裂缝，以免地面积水浸蚀洞体周围，造成土体坍塌。在含有地下水的黄土层中施工时，洞内应施作良好的排水设施。水量较大时，应采取井点降水等方法将地下水位降至隧道衬砌底部一下，以改善施工条件。在干燥无水的黄土层中施工，应管理好施工用水，不使废水漫流。

6.6.3 溶 洞

溶洞是以岩溶水的溶蚀作用为主，间有潜蚀和机械塌陷作用而造成的基本呈水平方向延伸的通道。溶洞是岩溶现象的一种。

岩溶是指可溶性岩层，如石灰岩、白云岩、白云质灰岩、石膏、岩盐等，受水的化学和机械作用产生沟槽、裂缝和空洞以及由于空洞的顶部塌落使地表产生陷穴、洼地等类现象和作用。我国石灰岩分布极广，在这些地区修建隧道常会遇到溶洞，因此必须予以高度注意。

1. 溶洞的类型及其对隧道施工的影响

溶洞一般有死、活、干、湿、大、小几种类型。死、干、小的溶洞比较容易处理，而活、湿、大的溶洞，处理方法则较为复杂。

当隧道穿过可溶性岩层时，有的溶洞岩质破碎，容易发生坍塌。有的溶洞位于隧道底部，充填物松软且深，使隧道基底难于处理。有时遇到填满饱含水分的充填物溶槽，当隧道掘进至其边缘时，含水充填物不断涌入隧道，难以遏止，甚至使地表开裂下沉，山体压力剧增。有时遇到大的水囊或暗河，岩溶水或泥沙夹水大量涌入隧道。有的溶洞、暗河迂回交错、分支错综复杂、范围宽广，处理起来十分困难。

2. 隧道遇到溶洞时的工程对策

隧道穿过岩溶区，遇到岩层比较完整、稳定，溶洞已停止发育，有比较坚实的填充，且地下水量小的情形时，可采用探孔或物探等方法，探明地质情况，以便采取相应的工程措施。

如溶洞尚在发育或穿越暗河、水囊等岩溶区时，必须探明地下水量大小与水流方向，首先应解决施工中的排水问题，一般可采用平行导坑的施工方案，以超前钻探方法，向前掘进。当出现大量涌水、流石流泥、崩塌落石等情况时，平导可作为泄水通道，正洞堵塞时也可利用平导在前方开辟掘进工作面，不致正洞停工。

在岩溶地段，隧道常用处理溶洞的方法，有"引、堵、越、绕"四种。

1）引

遇到暗河或溶洞有水流时，宜排不宜堵。应在查明水源流向及其与隧道位置的关系后，用暗管、涵管或小桥等设施渲泄水流，或开凿泄水洞将水排出洞外（见图6-19）。当岩溶水流的位置在隧道顶部或高于隧道顶部时，应在适当距离处，开凿引水斜洞（或引水槽）将水位降低到隧底标高以下，再行引排。当隧道设有平行导坑时，可将水引入平行导坑排出。

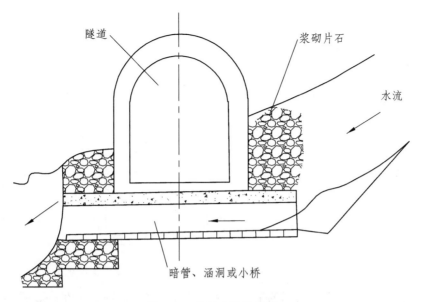

图 6-19 渲泄水流示意图

2）堵

对已停止发育、跨径较小、无水的溶洞，可根据其与隧道相交的位置及其充填情况，采用混凝土、浆砌片石或干砌片石予以回填封闭，或加深边墙基础，加固隧道底部（见图 6-20）。

当隧道拱顶有溶洞时，可视溶洞的岩石破碎程度在溶洞顶部采用锚杆或网锚喷加固，必要时可考虑注浆，并加设隧道护拱及拱顶回填进行处理（见图 6-21）。

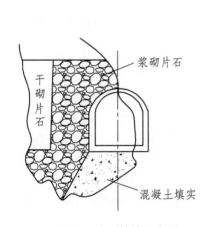

图 6-20 溶洞堵填示意图

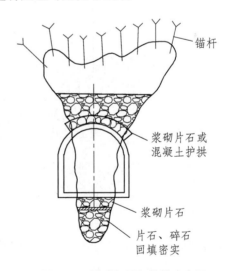

图 6-21 锚喷加固与护拱示意图

3）越

当隧道一侧遇到狭长而较深的溶洞，可加深该侧的边墙基础通过（见图 6-22）。隧道底部与遇有较大溶洞并有流水时，可在隧道底部以下砌筑圬土承重墙，支承隧道结构，跨越而过，在承重墙内应套设涵管引排溶洞水（见图 6-23）。

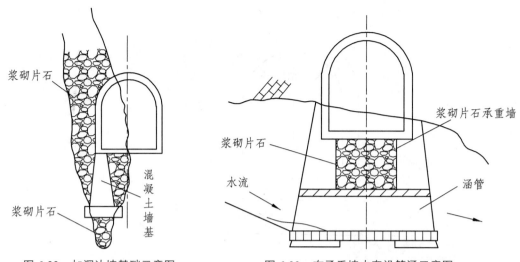

| 图 6-22　加深边墙基础示意图 | 图 6-23　在承重墙内套设管涵示意图 |

　　隧道过墙部位遇到较大、较深的溶洞，不宜加深边墙基础时，可在边墙部位或隧底以下筑拱跨过（见图 6-24）。隧道穿过大型溶洞，情况复杂时可根据情况，采用边墙梁、行车梁等，由设计单位负责进行特殊设计后再施工。

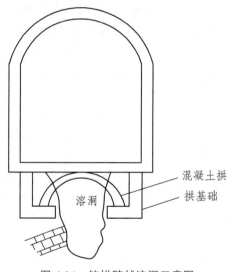

图 6-24　筑拱跨越溶洞示意图

　　4）绕

　　在岩溶区施工，个别溶洞处理耗时且困难时，可采用迂回导坑绕过溶洞，继续进行隧道前方的施工，以节省时间加快施工进度，同时处理溶洞。绕行开挖迂回导坑时，应与溶洞保持一定的间距，以防止洞壁失稳。

3. 溶洞施工的注意事项

　　（1）当施工达到溶洞边缘时，各项工序应紧密衔接，支护和衬砌赶前。同时应利用探孔或物探做超前预报，设法探明溶洞的形状、范围、大小、填充物及地下水情况，根据制定施工处理方案及安全措施。

（2）施工中注意检查溶洞顶部，及时处理危石。当溶洞较大、较高且顶部破碎时，应先喷射混凝土加固，在靠近溶洞顶部附近打入锚杆，并应设置施工防护架或钢筋防护网。

（3）在溶蚀地段的爆破作业应尽量做到多打眼、打浅眼，并控制爆破药量，以减少对围岩的扰动，防止再一次爆破后溶洞内的填充物突然大量涌入隧道，或溶洞水突然袭击隧道，造成严重损失。

（4）在溶洞填充体中掘进，如填充物松软，可用超前支护施工。如填充物为松散的砾石、块石堆积或流塑状黏土等、可与开挖前采用地表注浆、溶洞内注浆或地表和洞内注浆相结合的方式加固。如遇颗粒细、含水量大的流塑状土壤，可采用劈裂注浆技术，注入水泥浆或水泥水玻璃双液浆进行加固。

（5）溶洞未作出处理方案前，不要将弃渣随意倾填于溶洞中。因弃渣覆盖了溶洞，不但不了解其真实情况，反而会造成更多困难。

6.6.4 岩 爆

岩爆是岩体中聚集的高弹性应变能，因隧道开挖而发生的一种应力释放现象。它的形成需要两个条件：

（1）地层的岩性条件。岩爆只发生与结构完整或基本完整的脆性硬岩地层中。多见于石英岩、花岗岩、正长岩、闪长岩、大理岩、花斑状大理岩、片麻岩等岩体。

（2）地应力条件。岩爆多次发生于埋深大的隧道中，因只有埋深大才能形成高地应力，在高地应力作用下，地层中才能堆积很高的弹性应变能。一般来说，埋深超过 700 m 的隧道发生岩爆的情况居多，但埋深在 200 m 左右也有发生的实例。

（3）岩爆的工程现象是：当隧道开挖时，岩体受到急剧破坏，岩片由围岩壁上面发生性的飞出，发出爆裂声，而且大都发生在隧道掌子面附近及侧壁上，有时频繁出现，有时甚至会延续一段时间后才逐渐消失。

近几年来，我国长度超过 10 km 的隧道工程不断出现，例如长 18.4 km 的秦岭西康线铁路隧道，长 12 km 的长梁山铁路隧道，长 10 km 左右的太平驿水工隧洞等。这些隧道的埋置深度大多在 800～1 000 m 以上，有些甚至超过 2 000 m，因而形成了高地应力。当隧道穿过这些高地应力区时，一旦具备岩性条件，发生岩爆的可能性就大为增加。岩爆不仅直接威胁作业人员与施工设备的安全，而且严重的影响施工进度，增加了工程造价。

1. 隧道内岩爆的特点

（1）岩爆在未发生前无明显的预兆（虽然经过仔细找顶，但并无空想声）一般认为不会掉落石块的地方，也会发生演示爆裂声响，石块有时应声而下，有时暂不坠落。这与塌顶和侧壁坍塌现象有明显的区别。

岩爆时，岩块从围岩母体进射而出，一般呈中间厚边缘薄的不规则片状，块度大小多呈几厘米的长宽薄片，个别达几十厘米长宽。严重时，上吨重的演示岩石从拱部弹落，造成岩石塌方。

（2）岩爆发生的地点，多在新开挖工作面及其附近，个别的也发生在距新开挖工作面较远处。岩爆发生的频率随暴露后的时间延长而降低，一般岩爆发生在半个月之内，但是也有滞后一个月，甚至数月后还有岩爆发生的。

2. 岩爆的防治措施

既然岩爆产生的前提条件取决于围岩的应力状态与围岩的岩性条件。在施工中控制和改变这两个因素就可能防止或减弱岩爆的发生。因此防治岩爆发生的措施主要有两条：一是强化围岩，二是弱化围岩。

强化围岩的措施很多，如喷射混凝土或喷钢纤维混凝土、锚杆加固、喷锚支护、网锚喷联合、钢支撑网喷联合等。这些措施的出发点是给围岩一定的镜像约束，使围岩的应力状态较快地从平面转向三维应力状态，已达到延缓或抑制岩爆发生的目的。

弱化围岩的措施之一是往围岩中注水，调查结果表明，当隧道有用水时是不会发生岩爆的，注水能改变岩石的物理学性质，降低岩石的脆性和储存能量的能力。措施之二是解除围岩中高地应力，方法有超前预裂爆破、排空法、切缝法等。目的是削弱围岩中的能量，使能量平和的转化或释放。

3. 岩爆地段隧道施工的注意事项

（1）如设有平行导坑，则平导应超前于正洞一定距离，以了解地质，判断是否会发生岩爆。

（2）根据岩爆发生的频率和规模情况，必要时应考虑缩短爆破循环进尺。初期支护和衬砌要紧跟开挖面，以尽可能减少岩层的暴露面和暴露时间，防止岩爆的发生。

（3）岩爆引起塌方时，应迅速将人员和机械撤到安全地带。采用摩擦型锚杆进行支护，增大初始锚固力，喷射钢纤维混凝土，抑制开挖面围岩的剥落，采用钢支撑加固。

（4）充分做好围岩现象观察记录，以备分析。

6.6.5 高地温

隧道通过高温、高热地段时会给施工带来困难，一般在火山地区修建隧道会遇到高温高地热的情况，如日本某地的发电厂工程隧道，其围岩温度高达 175 ℃。在高温隧道中发生工作人员被地层中喷出的热水或硫化氢等有害气体烫伤或中毒的事例。

1. 高地温的热源

地热的形式按热源分可分为三大类：① 地球的地幔对流；② 火山岩浆集中处的地热；③ 放射性元素的裂变热。其中，对隧道工程造成施工影响的，主要是过山的热源和放射性元素的裂变热源。

1）火山的热源

由火山供给的热使地下岩浆附近的地下水成为热水，这种热水（泉水）成为热源又将提供给周围的岩层。当隧道穿过这种岩层时，就会发生高温、高热的现象。

2）放射性元素裂变热的热源

根据日本文献介绍，由于地壳内岩石中含有放射性物质，其裂变热产生地温，地下温度随深度的增加而增加，其平均增温率为 3 ℃/100 m。东京大学院内测定的实例表明，假定地度为 15 ℃，地下增温率以 3 ℃/100 m 计，则覆盖层厚 1 000 m 深处的地温成为 45 ℃。日本某地质调查所对 30 处深层热水地区进行了调查，结果表明，在不受火山热源影响的平原地区，下 2 000 m 深处的地温高达 67~136 ℃。这说明如果覆盖层很厚，即使没有火山热源供给，也能形成高温、高热。

2. 隧道在高地温地区的施工措施

（1）为保证隧道施工人员进行正常的安全生产，我国有关部门对隧道施工作业环境的卫生标准有专门规定。如原铁道部规定，隧道内气温不得超过 28 ℃；交通运输部规定，隧道内气温不宜超过 30 ℃。国外的资料介绍，日本规定隧道内温度低于 37 ℃。

（2）为达到规定的标准，在施工中一般采取通风和洒水的措施降温。地温较高时，可用大型通风设备降温。地温很高时，利用平导往正洞前方超前钻探一段距离，如有热水涌出，可在平导内增加降水、排水设施和排水钻孔，以降低正洞的水位。如正洞施工中仍有热水涌出，可采取注浆措施来堵住热水。

（3）应密切注意高温地段的衬砌混凝土施作。在高温（如 70 ℃）的岩体及喷射混凝土上浇筑二次混凝土衬砌时，及时厚度再薄，水化热也不易溢出，由于混凝土里面和表面的温差，在早龄期有可能存在裂缝。因此，对二次混凝土衬砌应采取防止裂缝的措施：

① 为了防止高温时的强度降低，应选定合适的水灰比，并考虑到温泉水的耐久性，宜采用高炉矿水泥（分离粉碎型水泥）。混凝土配合比和掺和剂应做实验选优。

② 在防水板和混凝土衬砌之间设置隔热材料，可在一定程度上隔断由围岩传播过来的热量，使混凝土内的温度应力降低。

③ 适当缩短衬砌混凝土的浇筑长度。

④ 用防水板和无纺纱布组合成缓冲材料，将二次混凝土衬砌与喷混凝土隔离，这可以使混凝土衬砌的收缩不受约束。

（4）根据隧道内的高温程度、劳动强度和劳动效率，合理确定劳动工时，以保证施工员的健康，同时也保证了进度的顺利开展。

6.6.6 瓦斯地层

瓦斯是在地下隧道内有害气体的总称，其成分以沼气（甲烷 CH_4）为主，一般习惯称沼气为瓦斯。当隧道穿过煤层，油页岩或沥青等岩层，或从其附近围岩破碎。节理发育的地层中穿过时，可能会遇到瓦斯。如果隧道内空气中瓦斯浓度达到爆炸限度，一旦与火源接触，就会引起爆炸，给隧道施工安全带来很大的危害，造成严重的经济损失。因此，在瓦斯地层中修建隧道，必须采取相应措施，才能安全顺利施工。

1. 瓦斯的性质

（1）瓦斯（沼气）为无色、无臭、无味的气体，与碳化氢或硫化氢气体混合在一起，发生类似苹果的香气，由于空气中瓦斯浓度增加，氧气相应减少，很容易使人窒息或发生死亡事故。

（2）瓦斯比重为 0.544，仅为空气的一半，所以瓦斯容易积聚在隧道顶部，其扩散速度比空气大 1.6 倍，很容易透过裂隙发育，结构松散的岩层。

（3）瓦斯不能自燃，但极易燃烧，其燃烧的火焰颜色随瓦斯浓度的增大而变淡，空气中含有少量瓦斯时火焰呈蓝色，浓度 5% 左右时火焰呈淡青色。

2. 瓦斯的燃烧和爆炸性

当隧道中的瓦斯浓度小于 5% 遇到火源时，瓦斯只是在火源附近燃烧而不会爆炸。瓦斯浓度在 5%~6% 到 14%~16% 时，遇到火源具有爆炸性。瓦斯浓度大于 14%~16% 时，一般不爆炸，但遇火能平静地燃烧。

瓦斯燃烧时，一旦遇到障碍物而受压缩，就会形成爆炸。爆炸时能发生高温，封闭状态中的爆炸（即容积为常数），温度可高达 2 150 ℃~2 650 ℃，能向四周自由扩张时的爆炸（即压力为常数），温度可达 1 850 ℃。发生瓦斯爆炸后的隧道内完全无氧，而充满氮气、二氧化碳及一氧化碳。这些有害气体很快传到邻近的隧道和工作面，凡是来不及躲避的人员，都会中毒窒息，甚至死亡。

瓦斯爆炸时，暴轰波运动造成暴风在前，火焰在后，暴风遇到积存瓦斯，使它先受到压力，然后火焰点燃发生爆炸。第二次瓦斯受到的压力比原来的压力大，因此，爆炸后的破坏力也更剧烈。

3. 瓦斯释放的方式

1）施工阶段

（1）瓦斯的渗出：它是缓慢地、均匀地、不停地从煤层或岩层的暴露面的空隙中渗出，延续时间很久，有时带有一种"嘶"音。

（2）瓦斯的喷出：比上述渗出强烈，从煤层或岩层裂缝或孔洞中放出，喷出的时间有长有短，通常有较大的响声和压力。

（3）瓦斯的突出：在短时间内，从煤层或岩层中，突然猛烈地喷出大量瓦斯，喷出的时间能从几分钟到几小时，喷出时常有巨大轰响，并夹有煤块或岩石。

以上三种瓦斯释放形式，往往以第一种放出的瓦斯量为最大，因其最不易被人所发觉。

2）运营阶段

地层中的瓦斯主要通过衬砌本体的细微裂缝和施工缝等通道渗入隧道内。瓦斯渗入量不仅与煤层（或地层）中瓦斯含量、压差（及瓦斯压力和隧道内空气压力之差）有关，而且与衬砌材料。接缝材料的渗透性质有关，同时也与隧道内空气的流动速度等因素有关。

4. 防止瓦斯事故的措施

（1）隧道穿过瓦斯溢出地段，应预先确定瓦斯探测方法，并制定瓦斯稀释措施、防爆措施和紧急救援等措施。

（2）在选择瓦斯地区的施工方法时，要求各工序间距尽量短，尽快对瓦斯地段进行衬砌封闭，并保证混凝土的密实性，以防瓦斯溢出。当开挖分部多时，岩层暴露的总面积多，成洞时间长，洞内各工序交错分散，易使瓦斯各处积滞浓度不匀，这对工程是很不利的。因此，应尽量选择分部少的施工方法，只要条件许可，就应尽可能采用全断面开挖，因其工序简单、面积大、通风好，随挖随护，能够尽快缩短煤层中瓦斯放出的时间和缩小围岩暴露面，有利于防止瓦斯。或者采用台阶法。

（3）加强通风是防止瓦斯爆炸最有效的办法。把空气中的瓦斯浓度稀释到爆炸浓度以下的 1/10～1/5，将其排出洞外。有瓦斯的隧道，必须采用机械通风。通风设备必须防止漏风，并配置备用的通风机，一旦原有的通风机发生故障时，备用风机能立即供风，始终保证工作面空气内的瓦斯浓度在允许的限度内。当通风机发生故障或停止运转时，洞内工作人员应马上撤到新鲜空气地区，直到通风正常，才能进入工作面继续工作。

（4）洞内空气允许的瓦斯浓度应控制在下述规定以内：

① 在洞内总回风风流中小于 0.75%；

② 从其他工作面进来的风流中小于 0.5%；

③ 在挖掘工作面为 2% 以下；

④ 工作面装药爆炸时在 1% 以下；

⑤ 当开挖工作面风流中和电动机附近 20 m 以内风流中瓦斯浓度达到 1.5% 时，或局部积聚的瓦斯浓度达到 2% 时，都必须停工、停机，撤出人员，切断电源，进行处理。因瓦斯浓度超过规定而切断电源的电气设备，都必须在瓦斯浓度降到 1% 以下时，方可重新开动。

（5）如开挖进入煤层，瓦斯排放量较大，使用一般的通风手段难以稀释到安全标准时，可使用超前周边全封闭预注浆，形成一个全封闭截堵瓦斯的帷幕。

（6）采用防爆设施。

① 在瓦斯散发区段，使用防爆安全型的电气设备。洞内运转机械须具有防爆性能，避免运转时发生高温火花。机械施工时，要防止金属与坚石撞击、摩擦而发生火花。

② 采用非电毫秒爆破，并使用安全炸药，采用毫秒雷管时，最后一段的延迟时间不得超过 130 ms。

③ 洞内使用防爆灯或者蓄电池灯照明。只准用电缆，不准使用皮线。

（7）严格执行有关规定制度。

① 严格执行瓦斯防爆的技术安全规则与有关制度。指定专人定时或随时测量洞内风流和瓦斯含量。瓦斯检查手段可采用瓦斯遥测装置、定点报警仪和手持式光波干涉仪。

② 洞内严禁使用明火，严禁将火柴、打火机、手电筒及其他易燃品带入洞内。

③ 进洞人员必须经过瓦斯知识和防止瓦斯爆炸的安全教育。抢救人员未经专门培训不准在瓦斯爆炸后进洞抢救。

位于南昆线南宁到红果段上的家竹箐隧道，全长 4 980 m，其中有 1 084 m 是典型的瓦斯隧道，现场实测瓦斯压力 0.2～1.34 MPa。采用上述相关措施，家竹箐隧道成功地完成了施工任务。该隧道的瓦斯段支护体系采用全封闭（带抑拱）复合式衬砌，为了封闭瓦斯，支护结构材料选用掺有硅灰和粉煤灰的双掺气密性混凝土，并在二次模式注混凝土与初期支护间设置了 HDPE 防水板以阻止瓦斯渗漏。现场数据表明，普通混凝土衬砌的瓦斯深入量是气密性混凝土衬砌瓦斯渗入量的约 10 倍，所以气密性混凝土衬砌对封闭瓦斯是非常有效的。但在家竹箐隧道经气密性混凝土衬砌封闭后，隧道内仍有瓦斯渗入，仍需机械通风。

6.7 案 例

6.7.1 工程概况

杨家珑隧道位于新建铜九铁路工程 Z-2 标 DK230+374 ~ DK230+513，是本段唯一的隧道。围岩情况较差，其中 DK230+374 ~ DK230+388 为斜切式 V 级明洞衬砌；DK230+410 ~ DK230+440，DK230+490 ~ DK230+503 采用 V 级复合式衬砌；DK230+440 ~ DK230+490 采用 Ⅳ 级复合式衬砌。其余地段采用 V 级复合加强衬砌。支护及施工方法：① DK230+440 ~ DK230+490 段采用临时仰拱弧形开挖，其余采用 CRD 法开挖。全隧道采用锚喷支护，先墙后拱衬砌。② DK230+388 ~ DK230+410 段拱部采用一环 ϕ 108 大管棚超前支护。大管棚长度 10 m，环间间距每米 3 根，外插角 5°43′，搭接长度 2.00 m。并设置拱墙格栅钢架，格栅钢架间距 0.75 米/榀。还在拱部设置小导管，间距环向每米 3 根，外插角 20°。③ 除 DK230+388 ~ DK230+410 段外的其余段拱部设置超前小导管注浆加固围岩。其中：DK230+410 ~ DK230+440，DK230+490 ~ DK230+503 段小导管每根长 3.5 m，环向 2 m 一根，外插角 10° ~ 15°并设置钢格栅每米 1 榀。DK230+503 ~ DK230+513 段设置小导管每米长 3.5m，环向间距 2.25 米 1 根，外插角 10° ~ 15°。并设置钢格栅每 0.75 米/榀。

6.7.2 锚喷支护（主要介绍其喷锚支护施工工艺）

1. 施工准备

1）主要材料选定及配合比

（1）水泥：采用 32.5R 普通硅酸盐水泥，每立方米用量 550 kg，使用前应做强度复查试验。

（2）砂：采用硬质洁净的中砂（平均粒径为 0.35 ~ 0.5 mm）或粗砂（平均粒径 > 0.5 mm），细度

模数宜大于 2.5，含水率宜为 5% ~ 7%，使用前必须过筛。

（3）碎石：采用坚硬耐久的碎石，粒径必须控制在 7.5 ~ 15 mm 之内，含水率控制在 2% 左右，级配良好，使用前必须筛洗干净。

（4）水：水中不应含有影响水泥正常凝结与硬化的有害杂质；不得使用污水、PH 小于 4 的酸性水和含硫酸盐量按 SO_4^{2-} 计超过水重 1%的水，使用前必须进行水质分析。

（5）配合比：按经验选择后通过试验确定，喷射第一层时可采用：水泥：砂：石=1：2：（1.5 ~ 2），水灰比 0.4 ~ 0.5。

（6）速凝剂：采用液态速凝剂，掺量可根据试验确定，一般为水泥重量的 2% ~ 4%（喷拱部时可用 3% ~ 4%，喷边墙时可用 2% ~ 3%）。

（7）锚杆：根据设计要求截取杆体，安装前钢筋应除锈矫直。

（8）钢筋网：根据设计要求选定钢筋规格，宜采用预制网块，其尺寸与形状应与隧道断面形状及分部开挖方式相适应，一般为 150 mm × 150 mm ~ 300 mm × 300 mm，使用前应清除锈蚀。

2）喷射混凝土施工前应做好以下准备工作

（1）检查开挖断面尺寸是否符合设计要求；

（2）清除松动岩块和墙脚岩渣并用高压风、水冲洗受喷面（当岩面受水容易泥化时，只能用高压风吹）；

（3）设置标志或利用锚杆外露长度以掌握喷射混凝土厚度；

（4）检查机具设备和风、水、电等管线路并试运转；

（5）岩面如有渗漏水时，应作妥善处理：

① 受喷面只有渗水、润水时，在硬岩及软岩中，可采用增加速凝剂使用量的方法，即时封闭围岩。

② 对于砂土及软岩地层，应在受喷面上固定细孔钢筋网，增加黏结力，防止喷层因自重而剥落。

③ 当地下水从狭小范围或岩层裂隙中涌出时，如能将水集中于一处，则可利用钻孔排水和排水管进行排水，如不能将水集中，则应采用半圆形导水管，在其表面喷射混凝土。

④ 当涌水量大、涌水范围广，采用上述方法无效时，可在受喷面上先铺设带导水槽的防水板，然后再喷射混凝土。

2. 施工工艺及要求

1）锚杆

采用灌浆锚杆，施工时应注意：

（1）钻孔直径应大于钢筋直径 15 mm（一般锚杆采用 $\phi 22$ 的螺纹钢筋，钻孔采用 YT-28 型风钻即可），孔距误差不宜大于 15 cm，孔深不宜大于±5 cm。

（2）系统锚杆应沿隧道周边均匀布置，在岩面上按菱形布置；在隧道横断面内，锚杆的方向应接近于径向；在倾斜或层状围岩中，锚杆的方向宜与岩面垂直，不得与其平行。

（3）灌浆前应将孔眼吹净，水泥砂浆（标号不小于 200 号）应拌和均匀，随拌随用，灌浆饱满，从孔底开始均匀进行，不得中断，严防拔管过快，导致砂浆脱节和灌浆不满。

（4）灌浆后即将锚杆迅速插入，位置居中，孔口可用木楔临时封固；钢筋尾端外露长度小于喷层厚度，安装后不得敲击和碰撞；锚杆插入深度不应小于设计要求的95%；锚杆尾部应紧丝，以便安装垫板，垫板安装应密贴岩面。

2）钢筋网喷射混凝土

在松散、破碎或膨胀性围岩中宜采用钢筋网喷射混凝土。钢筋网的铺设可在岩面喷射一层混凝土后进行，如有锚杆则在锚杆安装后进行；当采用双层钢筋网时，第二层钢筋网应在第一层钢筋网被喷射混凝土覆盖后铺设。铺设应符合下列要求：

（1）钢筋网应随受喷面的起伏铺设，与受喷面的间隙宜为 3 cm，钢筋网的喷混凝土保护层厚度不得小于 2 cm；

（2）钢筋网应与锚杆或其他固定装置连接牢固，在喷射混凝土时钢筋不得晃动；

（3）当受喷面起伏较大时，钢筋网可在现场进行编制、挂设；

（4）喷射时如有脱落的岩块被钢筋网架住时，应及时清除后再喷射。

3）喷射方法

（1）工作风压：开机后，操作人员要保证工作风压在 0.4 ~ 0.55 MPa 之间，并根据所喷部位和管道长短调整风压；

（2）喷射距离：喷射手应视具体情况，选用适当的喷射距离，一般保持在 0.8 ~ 2 m 范围内，采用全断面开挖时，喷射应在开挖台架上进行操作，以保证喷嘴至受喷面的距离；

（3）喷射角度：喷头应保持与受喷面垂直，若受喷面被格栅、钢筋网覆盖时，可将喷头稍加偏斜，但不宜小于 70°；

（4）喷头运动方式：喷头应作连续不断的圆周运动，并形成螺旋状运动，后一圈压前一圈三分之一。喷射混凝土应分段（分段长度不大于 6 m）、分片、自下往上，呈"S"形运动，隧道内应先边墙后拱部；

（5）喷射厚度：按初喷和复喷二次进行，初喷厚 4 ~ 5 cm，复喷至设计厚度。

（6）钢架喷射混凝土应符合下列要求：

① 钢架与围岩之间的间隙必须用喷射混凝土充填密实；

② 喷射顺序，应从下向上对称进行，先喷射钢架与围岩之间空隙，后喷射钢架与钢架之间的混凝土；

③ 钢架应全部被喷射混凝土所覆盖，保护层厚度不得小于 4 cm。

4）施工养护

喷混凝土终凝后 2 h 起，即应开始洒水养护，洒水次数以能保持混凝土有足够的湿润状态为度，养护期不得小于 14 d。黄土或其他土质隧道，喷混凝土以采用喷雾养护为宜，防止洒水过多软化下部土层。

3. 工艺流程图（图 6-25）

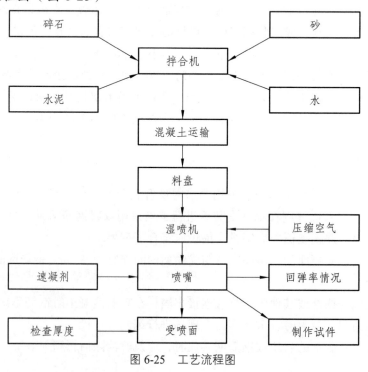

图 6-25　工艺流程图

4. 设备配置（表6-6）

表6-6 设备配置表

机具名称	型号	生产能力
湿喷机（轮胎式）	TK-961	5 m³/h
强制式拌和机	JS500	25～50 m³/h
混凝土运输车	农用小四轮	0.3～0.5 m³/车
开挖台架	自制简易	—
电动空压机	L10/8	10 m³/min
风动凿岩机	YT-28	

5. 质量控制要点、质量检验

（1）严格按配合比施工，对砂、石、水进行电子计量。

（2）拌和过程按常规操作，拌和时间不得低于2 min，以使集料充分拌和均匀。

（3）喷射前检查速凝剂箱液面高度，根据喷射量添加速凝剂，检查计量泵调节表盘，使速凝剂添加比例符合掺量要求。理顺混凝土管子，防止混凝土管出现急拐弯和憋劲现象。

（4）严格控制喷射的角度和距离。

（5）锚杆安装28 d后，用锚杆抗拔仪每300根至少选择3根作为一组作抗拔试验，同组锚杆的抗拔力平均值应满足设计要求，每根锚杆的抗拔力最低值不得小于设计的 90%（不应低于50 kN）。

（6）喷射混凝土强度：喷射混凝土质量应根据现场28 d龄期抗压强度的试验结果确定，其强度应符合设计要求。试件应在施工中抽样制取，单线隧道每20 m，双线隧道每10 m，至少应在拱部和边墙各取一组试件，原材料或配合比改变时另取一组，每组至少三块。试件采用边长10 m的立方体无底钢模板喷射成型、现场钻取试件、大板切割等方法制取。

（7）喷射混凝土厚度：可采取钻孔或预埋铁钉等方法检验，单线隧道每20 m，双线隧道每10 m，至少应检查一个断面。每个断面从拱顶起，每间隔2 m布设一个检查点。实际厚度小于设计厚度的点数不应大于检查点数的 40%，平均厚度不得小于设计厚度，最小厚度不得小于设计厚度的1/2。

（8）初期支护的外观与隧道断面的检查，应满足下列要求；

① 断面尺寸应符合设计要求；

② 不应有漏喷、离鼓现象；

③ 不应有尚在扩展或危及安全的裂缝；

④ 设塑料板的复合衬砌，锚杆尾端及钢筋网等构件，不得外露。

思考题

1. 简述锚杆支护作用的原理。

2. 锚杆必须具备的基本条件是什么？常用的时候锚固的方式有哪些？

3. 喷射混凝土有哪些优点？施工中要注意哪些问题？

4. 混合喷射混凝土施工方法的工艺特点是什么？

5. 喷射混凝土施工要点有哪些？

6. 喷射混凝土施工中减少粉尘的措施包括哪些内容？

7. 隧道通过特殊地质地段施工时应注意什么？

8. 简述隧道施工中遇到涌水、溶洞、瓦斯时，可采用什么放大进行处理？

9. 二次衬砌施工的主要条件是什么？

10. 整体式衬砌结构设计的基本要求是什么？

11. 隧道内模筑混凝土衬砌应注意哪些问题？

7 盾构法施工

7.1 隧道掘进机施工法概述

隧道掘进机施工方法是一种采用专门机械切削破岩来开挖隧道的施工方法，这种专门的机械就成为隧道掘进机。它问世于 20 世纪 30 年代，是一种针对性很强的施工机械，不同的地质条件需要不同的掘进机，因而也就产生了不同类型的隧道掘进机，有的适用于软弱不稳定地层，称为（机械化）盾构，盾构法是本章的重点学习内容。目前盾构在我国的交通隧道施工中，一般主要用于城市地铁施工，而在山岭隧道中，尚未见使用。有的适用于坚硬岩石地层，习惯上所说的隧道掘进机就是指这类岩石掘进机，本节中介绍的掘进机就属于这一类。

7.1.1 铁路轨道的功用及特点

隧道掘进机（TBM）是一种新型的综合隧道施工设备，主要由主机系统和辅助系统两部分组成，整机长度达到 150～300 m。主机主要由刀盘、主轴承驱动系统、护盾、主梁、推进及支撑系统、后支撑系统、主机皮带机等组成；辅助系统主要包括锚杆钻机、超前钻机、钢拱架安装器、掘进机通风系统、除尘系统、混凝土喷射系统、后配套系统、有害气体检测系统等。作为 TBM 核心的主机系统用于破岩掘进和出渣；辅助系统主要起初期支护、运渣、灌浆、通风、通信等辅助功能。TBM 是集掘进、出渣、初期支护、通风除尘于一体，综合应用计算机、测量系统、自动化系统等领域里前沿的技术，并通过激光导向等先进电子信息技术对施工进行实时的监控和指导，在掘进中始终保持各组成部分处于最佳的工作状态。

（1）相对于传统的钻爆法，TBM 工法具有以下优点：

① TBM 具有高效、安全、稳定一般可达同等条件下钻爆法施工的 4～6 倍。

② TBM 施工时可实现全断面开挖且断面呈圆形，承载能力最佳且施工质量稳定。

③ TBM 施工超、欠挖可控制在 2 cm 以内。

④ 采用激光导向技术和测量控制技术，使得隧洞轴线偏差可以控制在 50 mm 以内。

⑤ TBM 施工对生态环境的影响小，TBM 采用机械能破岩掘进，无炸药产生的震动和噪声污染和有害气体的产生；在同等距离的条件下可以大幅减少支洞数量，减少了对洞口植被的破坏、减少了渣场的数量和弃渣堆存的数量。

（2）TBM 工法再具有上述优点的同时，也存在自身的局限性。

与钻爆法相比，掘进机法对地址的适用性是较差的，特别是在不良的地质中，这一缺陷尤为突出。在国外，曾有掘进机通过堆积大块砂卵石地层时施工失败的报道。在国内，贵州天生桥电站水工隧道因突然出现大型溶洞而使掘进机无法工作。遇有膨胀性很高的膨胀岩土时，由于围岩变形值很大，必须采取有效措施，才能保证施工顺利。在瓦斯地层中修建隧道，钻爆法已有一套较为安全成熟的规则，而掘进机法还缺少这样的工例，因此要格外慎重。

TBM 的缺点：主机重量大，运输不方便，安装工作量大，需要现场有良好的运输、装卸条件以及 40~100 t 的大型起重设备；特别是对地质条件的适应性不如常规的钻爆法，例如，天生桥二级电站前期勘探工作受地形条件、勘探手段及熔岩发育的不规则性影响，在用 10.8 m 直径掘进机掘进的过程中遭遇到熔岩泥石流，再进行推进时刀盘无法进砟，不进而退时泥沙石乘虚而入将机器掩埋，致使工程耽误半年之久，类似情况在该隧道掘进时竟遇到 4~5 次之多；另外遇到岩爆、暗河、断层等地质灾害，处理起来相当费事，并造成长时间停机。掘进机对这种地质条件适应能力差的弱点在一定程度上限制了其使用范围。此外，购买 TBM 主机的一次性费用高，其主机费用约为每米直径 100 万美元，还有进口配件、技术协助、海关税和运费等。短隧道使用掘进机是不经济的，因此要求隧道有一定的长度，在国外使用掘进机的最经济隧道长度为 3~10 km。其次，掘进机必须一机一洞，即一个隧道施工完成后下一个工程的断面必须与前次相同，否则即使设备完好也难以物尽其用，倘若首次使用的型号不能继续使用，则该项目在长度、断面及一次性非要等方面的经济问题就显得尤为突出。

一方面，虽然在工程建设初期进行洞段线路选择时会尽力避免线路穿越各种不良地质因素存在的区域，但任何一项工程项目，其工程地质条件都不可能是单一的，难免会遇到不利于 TBM 工法施工的因素如：软弱围岩变形、突涌水、岩爆塌方掉块等，且由于 TBM 设备自带的混凝土喷射系统位于刀盘后 50 m 左右，导致掘进后初露的围岩无法及时喷射混凝土，降低了 TBM 对不良地质灾害的适应性。另一方面，国内在建的以 TBM 工法为主要施工方法的项目中，普遍使用的围岩分级方法仍沿用传统钻爆法依据现行国家标准《工程岩体分级标准》GB/T 50218 以围岩稳定性为主要分级手段，但 TBM 工法以机械能破岩掘进，施工过程中刀盘、护盾等设备对围岩有挤密作用且断面为圆形，辅助系统可对围岩进行处理，在同等条件下，TBM 工法施工后的围岩具有一定的稳定性，显然以原分级方法不能科学、高效指导 TBM 施工。

虽然钻爆法仍是目前山岭隧道施工中普遍采用的方法，而且掘进机也很难取代钻爆法，但用掘进机施工的隧道数量在不断上升。据不完全统计，世界上采用掘进机施工的隧道已有 1 000 余座（直径从 1.8~11.87 m），总长度在 4 000 km 左右，特别是在欧美国家，由于劳动力昂贵，掘进机施工已成为施工方案比选时所必须考虑的一种方案。

7.1.2 TBM 在国内外的发展现状与趋势

1846 年，意大利的 Henry Joseph Maus 为了进行穿越阿尔卑斯山的 Cenis 隧道的施工，设计了世界上第一台硬岩 TBM 的原型样机。其破岩的机理是采用凿岩钢钎破岩。1851 年，美国工程师 Charles Wilson 为了进行 Hoosac 隧道的施工，设计了世界上第一台可以连续掘进的隧道掘进机 TBM，采用将圆锥刀盘安装在悬臂上的旋转式 TBM。但是存在连续破岩等问题难以与当时刚刚兴起的钻爆法相比，试验没有取得成功。在此后将近一个世纪的以内，TBM 的研制处于长期停滞的状态。1953 年，美国 Robbins 公司的首任经理 James S. Robbins 制造了 TBM910-101 型，这台 TBM 成功完成了 Oahe 水坝四条排水隧洞的开挖，日进尺最高达 49 m。后期该台 TBM 转用于芝加哥下水道施工，围岩强度为 124~184 MPa，最终因为机械的坚固性和刀具的磨损等问题未取得成功。1956年，世界第一台硬岩TBM131-106型在美国Robbins公司问世。该台TBM进行了加拿大多伦多Humber River下水道隧洞的施工，并最终成功贯通，累计掘进4510 m。至此，TBM工法逐渐被人们所认识。此后，相继有美国Jarva、Boretec，德国的DEMAG、Wirth、Herrenknecht，欧洲的Atras COPCO等诸多公司陆续开展研制硬岩隧洞掘进机。国外采用TBM施工实例见下表7-1。

表7-1 国外采用TBM施工实例

工程名称	地层岩性	直径/m	掘进长度/m	施工方法	用途
瑞士San Gotthard隧道	花岗岩	9.4	11400	开敞式TBM	铁路
瑞士Vereina隧道	沉积岩	7.64	11100		铁路
美国Fresno隧道	花岗岩	7.3	10300		水工
瑞士Dagestan隧道	砂岩	8.5	10100		水工
瑞士Bozberg	泥灰岩	11.93	7500		公路

20世纪90年代，我国水利系统的"引大入秦"工程、"引黄入晋"工程，相继引进国外双护盾TBM以国外承包商为主导，进行水利工程建设，取得引人瞩目的成绩，对国内水利工程建设产生广泛、深远的影响。"引大入秦"和"引黄入晋"工程的成功贯通，是我国正式引入TBM进行隧道施工的标志。初期引进的TBM多为双护盾小直径TBM，21世纪初，我国引入了国外大直径开敞式TBM，随着秦岭隧洞、大伙房隧洞的成功贯通，为我国隧道建设培养了一批国内年轻、配套的TBM施工队伍，完善了国内引进TBM机械的类型，成功进行了8 m以上大直径TBM的施工，取得了TBM掘进、初期支护和二次混凝土衬砌施工的经验。半个世纪以来，TBM的设计、制造、施工技术已趋于成熟，目前国内在建的隧道项目中有超过40%采用或者部分采用TBM进行施工。国内采用TBM施工实例见表7-2。

表7-2 国内采用TBM施工实例

工程名称	地层岩性	直径/m	掘进长度/m	施工方法	用途
引大入秦3隧洞	灰岩、板岩	5.53	9 080	双护盾TBM	供水
引黄入晋工程	灰岩、白云岩	6.11	21 400		水工
秦岭铁路隧道	花岗岩	8.8	10 844	开敞式TBM	铁路
上公山隧道	玄武岩	3.66	13 800		水工
吉林引松供水	凝灰岩、灰岩	8.0	22 955		水工

TBM的发展发展趋势：

（1）主轴承设计和制造工艺不断完善，TBM单机的质量和使用寿命不断提高。

（2）滚刀材质不断改进，提高刀具寿命。

（3）测量系统、激光导向系统的不断优化，提高了TBM的贯通精度。

（4）不断完善连续皮带机，提高出渣效率，简化施工以便充分发挥TBM快速掘进的优势。

7.1.3 山岭隧道全断面掘进机法施工

山岭隧道掘进机法是用掘进机切削破岩、开凿岩石的施工方法，始于20世纪30年代。

随着掘进机技术的迅速发展和机械性能的日益完善，隧道掘进机施工得到了很快发展。掘进机施工有着与钻爆法施工不可比拟的优点。虽然钻爆法仍是当前山岭隧道施工最普遍的方法，而且掘进机也不能取代钻爆法施工，但用掘进机施工的隧道数量却在不断上升。

1. 施工特点

与钻爆法开挖隧道施工过程相比，使用掘进机开挖隧道的特点在于施工过程是连续的，具有隧道工程"工厂化"的特点。经过近一个世纪的努力，随着现代技术的发展，特别是近几十年来，掘进技术不仅能在岩石整体性及磨蚀性强的条件下工作，也能在稳定条件差的地层中施工，从而被许多隧道作为主要施工方案进行比选。

钻爆法施工和掘进机施工有着不同的适用范围和优劣。钻爆法施工适用范围广，不受隧道断面尺寸和形状的限制；对各类围岩均能适用，当地质条件变化时，施工工艺可机动灵活随之变化；施工设备的组装和工地之间的转移简单方便，重复利用率高；多年来已积累了丰富宝贵的施工经验，形成了科学完整的工艺，这些是人们普遍认同的优势。但它同时也存在施工工序多，施工过程中各工序干扰大，开挖速度低，超（欠）挖严重，爆破时对地层扰动大，施工安全性差，作业场所环境恶劣，工人劳动强度大等难以克服的缺点。此外由于开挖速度低，在较长隧道施工时，往往需要采用辅助坑道来增加开挖工作面，从而增加了工程造价。

采用掘进机施工具有快速、连续作业、机械化程度高、安全、劳动强度小、对地层扰动小、衬砌支护质量好、通风条件好、能减少辅助工程等优点。但它也有对地质条件的依赖性大，设备的型号一旦决定，开挖断面尺寸不可改变，一次性投资大等劣势。

2. 掘进机类型

山岭隧道掘进机分为全断面和悬臂式两大类。全断面掘进机又分开敞式和护盾式两类。目前使用的主要是全断面掘进机，悬臂式掘进机尚处在发展的初级阶段。

开敞式和护盾式掘进机的区别在于开敞式掘进机在开挖中依靠撑于岩壁上的水平支撑提供设备推力和扭矩的支撑反力，开挖后的围岩暴露于机械四周。而护盾掘进机则可在掘进中利用尾部已安装的衬砌管片作为推进的支撑，围岩由于有护盾防护，在护盾长度的范围内不暴露。

一般而言，开敞式掘进机适合于硬岩隧道的开挖。开敞式掘进机有两种类型：单支撑和双支撑。

7.1.4 盾构法施工

盾构是一种集施工开挖、支护、推进、衬砌、出土等多种作业于一体的大型暗挖隧道施工机械。在后面的内容中，将重点介绍盾构法施工技术，并对土压平衡盾构法和泥水平衡盾构的构造与分类、施工准备工作、盾构法开挖和推进、衬砌拼装、衬砌方式和向衬砌背后压浆等施工工艺，按照施工程序分别予以介绍。

盾构类型很多，可接开挖方式、构造类型、盾构的断面形状、盾构前部构造和排水与稳定开挖面方式等进行分类。

7.2 盾构法隧道施工基本原理及分类

盾构法是暗挖法施工中的一种全机械化施工方法。它是将盾构机械在地中推进，通过盾构外壳和管片支承四周围岩防止发生往隧道内的坍塌。同时在开挖面前方用切削装置进行土体开挖，通过出土机械运出洞外，靠千斤顶在后部加压顶进，并拼装预制混凝土管片，形成隧道结构的一种机械化施工方法，如图 7-1 所示。

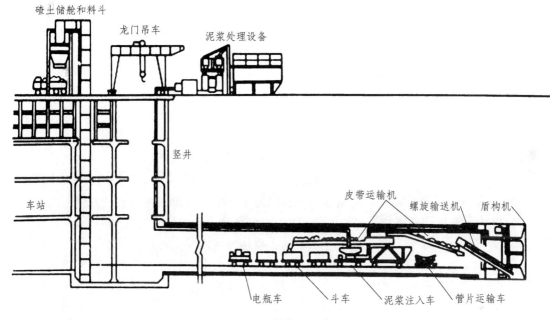

图 7-1　盾构施工示意图

盾构机既是一种施工机具，也是一种强有力的临时支撑结构。盾构机外形上看是一个大的钢管机，较隧道部分略大，它是设计用来抵挡外向水压和地层压力的。它包括三部分：前部的切口环、中部的支撑环以及后部的盾尾。大多数盾构的形状为圆形，也有椭圆形、半圆形、马蹄形及箱形等其他形式。

7.2.1　盾构法特点

1. 适用条件

在松软含水地层，或地下线路等设施埋深达到 10 m 或更深时，可以采用盾构法。

（1）线位上允许建造用于盾构进出洞和出渣进料的工作井；

（2）隧道要有足够的埋深，覆土深度宜不小于 6 m 且不小于盾构直径；

（3）相对均质的地质条件；

（4）如果是单洞则要有足够的线间距，洞与洞及洞与其他建（构）筑物之间所夹土（岩）体加固处理的最小厚度为水平方向 1.0 m，竖直方向 1.5 m；

（5）从经济角度讲，连续的施工长度不小于 300 m。

2. 盾构法的优点

（1）安全开挖和衬砌，掘进速度快；

（2）盾构的推进、出土、拼装衬砌等全过程可实现自动化作业，施工劳动强度低。

（3）不影响地面交通与设施，同时不影响地下管线等设施；

（4）穿越河道时不影响航运，施工中不受季节、风雨等气候条件影响，施工中没有噪音和扰动；

（5）在松软含水地层中修建埋深较大的长隧道往往具有技术和经济方面的优越性。

3. 盾构法的缺点

（1）断面尺寸多变的区段适应能力差；

（2）新型盾构购置费昂贵，对施工区段短的工程不太经济；

（3）工人的工作环境较差。

4. 施工工序

采用盾构法施工时，首先要在隧道的始端和终端开挖基坑或建造竖井，用作盾构及其设备的拼装井（室）和拆卸井（室）。特别长的隧道，还应设置中间检修工作井（室）。拼装和拆卸用的工作井，其建筑尺寸应根据盾构装拆的施工要求来确定。拼装井的井壁上设有盾构出洞口，井内设有盾构基座和盾构推进的后座。井的宽度一般应比盾构直径大 1.6～2.0 m，以满足铆、焊等操作的要求。当采用整体吊装的小盾构时，则井宽可酌量减小。井的长度，除了满足盾构内安装设备的要求外，还要考虑盾构推进出洞时，拆除洞门封板和在盾构后面设置后座，以及垂直运输所需的空间。中、小型盾构的拼装井长度，还要照顾设备车架转换的方便。盾构在拼装井内拼装就绪，经运转调试后，就可拆除出洞口封板，盾构推出工作井后即开始隧道掘进施工（见图 7-2）。盾构拆卸井设有盾构进口，井的大小要便于盾构的起拆卸。

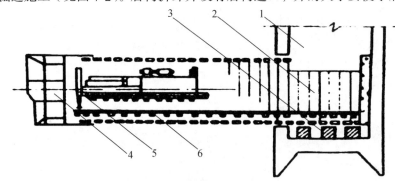

图 7-2　盾构出洞示意图

1—盾构拼装井；2—后座管片；3—盾构基座；4—盾构；5—管片拼装器；6—运输轨道

其他施工主要有土层开挖、盾构推进操纵与纠偏、衬砌拼装、衬砌背后压注等。这些工序均应及时而迅速地进行，决不能长时间停顿，以免增加地层的扰动和对地面、地下构筑物的影响。

1）土层开挖

在盾构开挖土层的过程中，为了安全并减少对地层的扰动，一般先将盾构前面的切口贯入土体，然后在切口内进行土层开挖，开挖方式有：

（1）敞开式开挖。适用于地质条件较好、掘进时能保持开挖面稳定的地层。由顶部开始逐层向下开挖，可按每环衬砌的宽度分数次完成。

（2）机械切削式开挖。用装有全断面切削大刀盘的机械化盾构开挖土层。大刀盘可分为刀架间无封板的和有封板的两种，分别在土质较好的和较差的条件下使用。在含水不稳定的地层中，可采用泥水加压盾构和土压平衡式盾构进行开挖。

（3）挤压式开挖。使用挤压式盾构的开挖方式，又有全挤压和局部挤压之分。前者由于掘进时不出土或部分出土，对地层有较大的扰动，使地表隆起变形，因此隧道位置应尽量避开地下管线和地面建筑物。此种盾构不适用于城市道路和街坊下的施工，仅能用于江河、湖底或郊外空旷地区。用局部挤压方式施工时，要根据地表变形情况，严格控制出土量，务使地层的扰动和地表的变形减少到最低限度。

（4）网格式开挖。使用网格式盾构开挖时，要掌握网格的开孔面积。格子过大会丧失支撑作用，过小会产生对地层的挤压扰动等不利影响。在饱和含水的软塑土层中，这种掘进方式具有出土效率高、劳动强度低、安全性好等优点。

2）推进纠偏

推进过程中，主要采取编组调整千斤顶的推力、调整开挖面压力以及控制盾构推进的纵坡等方法，来操纵盾构位置和顶进方向。一般按照测量结果提供的偏离设计轴线的高程和平面位置值，确定下一次推进时须有若干千斤顶开动及推力的大小，用以纠正方向。此外，调整的方法也随盾构开挖方式有所不同：如敞开式盾构，可用超挖或欠挖来调整；机械切削开挖，可用超挖刀进行局部超挖来纠正；挤压式开挖，可用改变进土孔位置和开孔率来调整。

3）衬砌拼装

常用液压传动的拼装机进行衬砌（管片或砌块）拼装。拼装方法根据结构受力要求，可分为通缝拼装和错缝拼装。通缝拼装是使管片的纵缝环环对齐，拼装较为方便，容易定位，衬砌圆环的施工应力较小，但其缺点是环面不平整的误差容易积累。错缝拼装是使相邻衬砌圆环的纵缝错开管片长度的 $1/2 \sim 1/3$。错缝拼装的衬砌整体性好，但当环面不平整时，容易引起较大的施工应力。衬砌拼装方法按拼装顺序，又可分为先环后纵和先纵后环两种。先环后纵法是先将管片（或砌块）拼成圆环，然后用盾构千斤顶将衬砌圆环纵向顶紧。先纵后环法是将管片逐块先与上一环管片拼接好，最后封顶成环。这种拼装顺序，可轮流缩回和伸出千斤顶活塞杆以防止盾构后退，减少开挖面土体的走动。而先环后纵的拼装顺序，在拼装时须使千斤顶活塞杆全部缩回，极易产生盾构后退，故不宜采用。

4）衬砌压注

为了防止地表沉降，必须将盾尾和衬砌之间的空隙及时压注充填。压注后还可改善衬砌受力状态，并增进衬砌的防水效果。压注的方法有二次压注和一次压注。二次压注是在盾构推进一环后，立即用风动压注机通过衬砌上的预留孔，向衬砌背后的空隙内压入豆粒砂，以防止地层坍塌；在继续推进数环后，再用压浆泵将水泥类浆体压入砂间空隙，使之凝固。因压注豆粒砂不易密实，压浆也难充满砂间空隙，不能防止地表沉降，已趋于淘汰。一次压注是随着盾构推进，当盾尾和衬砌之间出现空隙时，立即通过预留孔压注水泥类砂浆，并保持一定的压力，使之充满空隙。压浆时要对称进行，并尽量避免单点超压注浆，以减少对衬砌的不均匀施工荷载；一旦压浆出现故障，应立即暂停盾构的推进。盾构法施工时，还须配合进行垂直运输和水平运输，以及配备通风、供电、给水和排水等辅助设施，以保证工程质量和施工进度，同时还须准备安全设施与相应的设备。

在盾构掘进机领域中，英国、德国、美国和日本处于领先水平。特别是日本开发和应用盾构法隧道技术达到了很高的水平，并获得了国际隧道界的认可。盾构掘进机（见图 7-3）有着很广阔的应用范围，引起各界人士的关注。

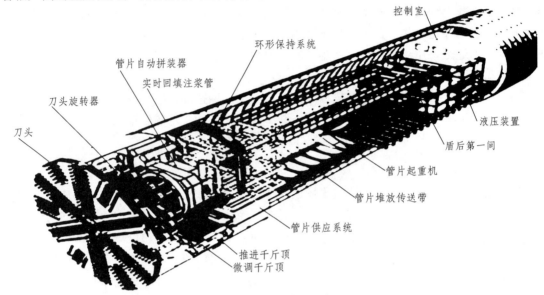

图 7-3 盾构掘进机示意图

7.2.2 盾构的分类

1. 盾构的外形和材料

1）盾构的外形

作为一种保护人体的空间，隧道的形状因其使用要求不同而造成盾构外形不同是理所当然的。无论盾构的形状如何，隧道掘进总是沿轴线方向前进，所以，盾构的外形就是指盾构的断面形状，从采用过的盾构来看，其外形有圆形、双圆、三圆、矩形、马蹄形、半圆形和与隧道断面相似的特殊形状等（见图 7-4）。例如，将人行隧道筑成矩形，最大地利用了挖掘空间；将水利隧道筑成马蹄形，使流体的力学性能达到最佳状态；将穿山隧道筑成半圆形，可以使底边直接与公路连接等，但是，绝大多数盾构还是采用传统的圆形。

2）制造盾构的材料

盾构在地下穿越，要承受水平荷载、竖向荷载和水压力，如果地面有构筑物，还要承受这些附加荷载；盾构推进时，还要克服正面阻力，所以，盾构整体要求具有足够的强度和刚度。盾构主要用钢板成型制成。大型盾构考虑到水平运输和垂直吊装的困难，可制成分体式，到现场进行就位拼装，部件的连接一般采用定位销定位、高强度螺栓连接，最后焊接成型的方法。

圆形

椭圆形

矩形

三圆形

图 7-4　各种盾构外形

2. 盾构的基本构造

盾构种类繁多，就盾构在施工中的功能而言，其基本构造如图 7-5 所示。

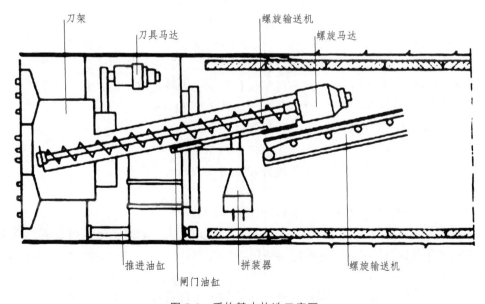

图 7-5　盾构基本构造示意图

1）盾构壳体

所有盾构的形式，其本体从工作面开始均可分为切口环、支撑环、和盾尾三部分，借以外壳钢板联成整体（见图7-6）。

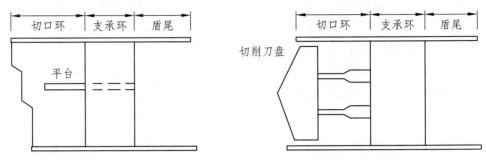

图7-6　盾构壳体示意图

（1）切口环。

切口环部分是开挖和挡土部分，它位于盾构的最前端，施工时最先切入地层并掩护挖作业，部分盾构切口环前段设有刃口以减少切入掘进时对地层的扰动。切口环保持着工作面的稳定，并作为把开挖下来的土砂向后方运输的通道，因此，采用机械化开挖式、土压式、泥水加压式盾构时，应根据开挖下来土砂的状态，确定切口环的形状、尺寸（见图7-7）。

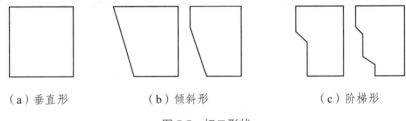

（a）垂直形　　　　（b）倾斜形　　　　（c）阶梯形

图7-7　切口形状

切口环的长度主要取决于盾构正面支承、开挖的方法，就手掘式盾构而言，考虑到正面施工人员的安全和挖土机具工作要有回旋的余地等因素。大部分手掘式盾构切口环的顶部比底部长，犹如帽檐，有的还设有千斤顶控制的活动前沿，以增加掩护长度；对于机械化盾构切口环内按不同的需要安装各种不同的机械设备，这些设备是用于正面土体的支护及开挖，而各类机械设备是由盾构种类而定的，主要设备情况如下：

① 泥水盾构，安置有切削刀盘、搅拌器和吸泥口；

② 土压平衡盾构，安装有切削刀盘、搅拌器和螺旋输送机；

③ 网格式盾构，安置有网络、提土转盘和运土机械的进口；

④ 棚式盾构，安置有多层活络平台、储土箕斗；

⑤ 水力机械盾构，安置有水枪、吸口和搅拌器。

在局部气压、泥水加压、土压平衡等盾构中，因切口内压力高于隧道内常压，所以在切口环处还需部设密封隔板及人行舱的进出闸门。

（2）支撑环。

支撑环是盾构的主体结构，是承受作用于盾构上全部荷载的骨架。它紧接于切口环，位于盾构中部，通常是一个刚性很好的圆形结构。地层压力、所有千斤顶的反作用力以及切口入土正面阻力、衬砌拼装时的施工荷载均有支撑环来承受。

在支撑环外沿布置盾构千斤顶，中间布置拼装机及部分液压设备、动力设备、操纵控制台。当切口环压力高于常压时，在支撑环内要布置人行加、减压舱。

支撑环的长度应不小于固定盾构千斤顶所需要的长度，对于有刀盘的盾构还要考虑安装切削刀盘的轴承位置、驱动装置和排土装置的空间。

（3）盾尾。

盾尾一般由盾构外壳钢板延伸构成，主要用于掩护隧道管片衬砌的安装工作。盾尾末端设有密封装置，以防止水、土及压注材料从盾尾与衬砌之间进入盾构内。盾尾密封装置损坏、失效时，在施工中途必须进行修理更换，所以盾尾长度要满足上述各项工作的进行。

盾尾厚度从整体结构上考虑应尽量薄，这样可以减小地层与衬砌间形成的建筑空隙，从而压浆工作量也少，对地层扰动范围也小，有利于施工。但盾尾也需承担土压力，在遇到纠偏及隧道曲线施工时，还有一些难以估计的载荷出现。所以盾尾是一个受力复杂的圆筒形薄壳体，其厚度应综合上述因素来确定。

盾尾密封装置要能适应盾尾与衬砌间的空隙，由于在施工中纠偏的频率很高，因此，就要求密封材料要富有弹性，结构形式要耐磨，防撕裂，其最终目的是要能够止水。止水的形式有许多，目前较为理想且常用的是采用多道、可更换的盾尾密封装置，盾尾的道数根据隧道埋深、水位高低来定，一般取 2~3 道（见图 7-8）。

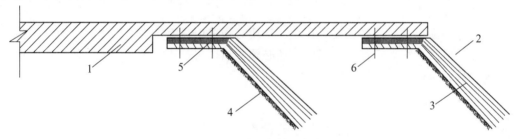

图 7-8　盾尾密封示意图

1—盾壳；2—弹簧制板；3—钢丝束；4—密封油脂；5—压板；6—螺栓

由于钢丝束内充满了油脂，钢丝又为优质弹簧钢丝，这使其成为一个既有塑性又有弹性的整体，油脂保护钢丝免于生锈损坏，油脂加注采用专用的盾尾油脂泵，这种盾尾密封装置使用后效果较佳，一次推进可达 500 m 左右。这主要看土质情况如何，相对而言，在砂性土中掘进，盾尾损坏较快，而在黏性土中掘进则寿命较长。

盾尾的长度必须根据管片宽度和形状及盾尾密封装置的道数来确定，对于机械化开挖式、土压式、泥水加压式盾构。还要根据盾尾密封的结构来确定，最少必须保证衬砌组装工作的进行。但必须考虑在衬砌组装后因管片破损而需要更换管片，修理盾构千斤顶和曲线段进行施工等因素，故必须给予一些余裕量。

2）推进机构

盾构掘进的前进动力是靠液压系统带动若干个千斤顶工作所组成的推进机构，它是盾构重要的基本构造之一。

（1）盾构千斤顶的选择和配置。

盾构千斤顶的选择和配置应根据盾构的灵活性、管片的构造、拼装衬砌的作业条件等来决定。选定盾构千斤顶必须注意以下事项：

①采用高液压系统，使千斤顶机构紧凑。目前使用的液压系统压力值为 30~40 MPa。

②千斤顶要尽可能地轻，且经久耐用，易于维修、保养和更换。

③千斤顶要均匀地配置在靠近盾构外壳处，使管片受力均匀。

④千斤顶应与盾构轴线平行。

（2）千斤顶数量。

千斤顶的数量根据盾构直径、千斤顶推力、管片的结构、隧道轴线的情况综合考虑。一般情况下，中小型盾构每只千斤顶的推力为 600~1 500 kN，在大型盾构中每只千斤顶的推力多为 2000~4 000 kN。

（3）千斤顶的行程。

盾构千斤顶的行程应该考虑到盾尾管片的拼装及曲线施工等因素，通常取管片宽度加上 100~200 mm 的富余量。

另外，成环管片总有一块封顶块存在，若采用纵向全插入封顶成环时，在相应的封顶块位置应布置数只双节千斤顶，其行程大致是其他千斤顶的一倍，以满足拼装成环所需。

（4）千斤顶的速度

盾构千斤顶的速度必须根据地质条件和盾构形式来定，一般取 50 mm/min 左右，且可无极调整。为了提高工作效率，千斤顶的回缩速度要求越快越好。

（5）千斤顶块

盾构千斤顶活塞的前端必须安装顶块，顶块必须采用球面接头，以便将推力均匀分布在管片的环面。其次，根据管片材质不同，还必须在顶块与管片的接触面上安装橡胶或其他柔性材料的垫板，对管片环面起到保护作用。

3）管片拼装机

管片拼装机俗称举重臂，是盾构的主要设备之一，常以液压为动力。为了能将管片按照所需要的位置安全、迅速地进行拼装，拼装机在钳捏住管片后，还必须具备沿径向伸缩、前后平移和 360°（左右叠加）旋转等功能。

拼装机的形式有环形、中空轴形、齿轮齿条形等，常用的是环形拼装机拼装成隧道（见图 7-9）。这种拼装机安装在支撑环后部，或者盾构千斤顶撑板附近的盾尾部，它如同一个可自由伸缩的支架，安装在具有支承滚轮的、能够转动的中空圆环上。该形式中间空间大，便于安装出土设备。

目前，欧洲国家生产盾构时，常采用真空吸盘装置，具有管片钳捏简便、拼装平衡及碎裂现象少等优点。在超大型盾构制造中，较多应用此类拼装机。

4）真圆保持器

盾构向前推进时管片就从盾尾处脱出，管片受到自重和土压的作用会产生变形，当该变形量很大时，既成环和拼装环拼装时就会产生高低不平，给安装纵向螺栓带来困难。为了避免管片产生高低不平的现象，就有必要让管片保持真圆，该装置就是真圆保持器。真圆保持器支柱上装有上、下可伸缩的千斤顶，上下装有圆弧形的支架，它在动力车架挑出的梁上是可以滑动的。当一环管片拼装成环后，就让真圆保持器移到该管片环内，支柱的千斤顶使支架圆弧面密贴管片后，盾构就可进行下一环的推进。盾构推进后由于它的作用，圆环不易产生变形而保持着真圆状态（见图 7-10）。

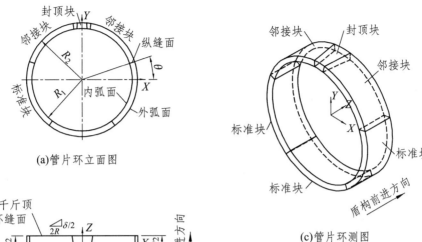

(a)管片环立面图

(b)管片环平面图

(c)管片环测图

图 7-9　拼装式成环后隧道

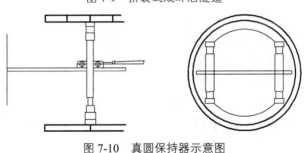

图 7-10　真圆保持器示意图

3. 盾构分类

盾构按开挖方式不同可分为手工挖掘式、半机械挖掘式和全机械挖掘式三种；按断面形状不同可分为圆形、拱形、矩形和马蹄形四种；按前部构造不同可分为敞胸式和闭胸式两种；按排除地下水与稳定开挖面的方式不同可分为人工井点降水、泥水加压、土压平衡式的无气压盾构、局部气压或全气压盾构等。随着科技发展，盾构机械的种类越来越多，适用性更加广泛，为进一步了解盾构机械性能和适用性，现将盾构的分类列入表 7-3。

表 7-3　盾构分类

挖掘方式	构造类型	盾构名称	开挖面稳定措施	适用土层	附注
手工挖掘式	敞胸	普通盾构	千斤顶支撑临时挡板	地质稳定或松软均可	辅以气压，人工井点降水及其他地层加固措施
		棚式盾构	将开挖面分成几层，利用砂的安息角和棚的摩擦角稳定开挖面	砂性土	
		网格式盾构	利用土和钢制网状格栅的摩擦稳定开挖面	软土淤泥	

挖掘方式	构造类型	盾构名称	开挖面稳定措施	适用土层	附注
	闭胸	半挤压盾构	胸板局部开孔，依靠盾构千斤顶推力土砂自然流入	可塑性软黏土	辅助措施
		全挤压盾构	胸板无孔，不进土	淤泥	
半机械挖掘式	敞胸	反铲式盾构	手掘式盾构装上反铲式挖土机	土质坚硬，开挖能自立	辅助措施
		旋转式盾构	手掘式盾构装上软岩掘进机	软岩	
全机械挖掘机	敞胸	旋转刀盘式盾构	单刀盘加面板，多刀盘加面板	软岩	辅助措施
		插刀式盾构	千斤顶支撑挡土板	硬土层	
	闭胸	局部气压盾构	面板与隔板间夹气压	含水松软地层	不再另设辅助措施
		泥水加压盾构	面板与隔板间加有压水泥	含水地层的冲击、洪积层	辅助措施
		土压平衡盾构	面板与隔板间充满土砂产生的压力和开挖处的地层压力保持平衡	淤泥、淤泥夹砂	
		网格式挤压盾构	隔板为网格，土体通过网格孔挤入盾构	淤泥	

1）手掘式盾构

（1）一般手掘式：在切口环前檐及部分挡土千斤顶保护下，人工开挖盾构前方土层的方法。该方法适用于开挖稳定土层。特点：盾构构造简单；施工操作、管理简单；便于纠偏；但劳动强度大，效率低，人员易受正面塌方危险。

（2）挤压式盾构：靠强大推力将前方土层全部或部分挤入盾构四周外侧而向前推进。在盾构的前方设置胸板，以挡住正面的土体。分为：全挤压式和局部挤压式（半挤压式）。

① 全挤压式盾构——工作面胸板全部封闭不出土，而将盾构经过区域的土挤入到外部。适用于软塑土质。

② 局部挤压式盾构——要部分打开胸板，部分土体从胸板土孔挤入盾构。

2）半机械化盾构（图7-11）

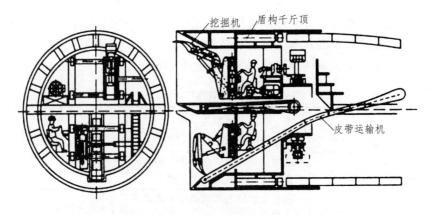

图 7-11　半机械式盾构

在手掘式盾构的正面装上挖土机械,以代替人工开挖。适用于良好的地质条件。特点:半机械式盾构,盾构造价低,效率也较高。

3)机械式盾构

在盾构切口环部分装上与盾构直径相仿的旋转刀盘进行全断面开挖的盾构。

机械化盾构按稳定开挖面方式不同分:局部气压式;全气压式盾构;泥水加压式盾构;土压平衡式盾构。

7.2.3 盾构的选型

一般来说,用盾构法施工的地层都是复杂多变的,因此,对于复杂的地层要选定较为经济的盾构是当前的一个难题。

实际上,在选定盾构时,不仅要考虑到地质情况,还要考虑到盾构的外径、隧道的长度、工程的施工程序、劳动力情况等,而且还要综合工程施工环境、基地面积、施工引起对环境的影响程度等。选择盾构的种类一般要求掌握不同盾构的特征。同时,还要逐个研究以下几个项目:

(1)开挖面有无障碍物;

(2)气压施工时开挖面能否自立稳定;

(3)气压施工并用其他辅助施工法后开挖面能否稳定;

(4)挤压推进、切削土加压推进中,开挖面能否自立稳定;

(5)开挖面在加入水压、泥压、泥水压作用下,能否自立稳定;

(6)经济型;

1. 盾构掘进机选型依据

盾构掘进机选型依据按其重要性排列如下:

(1)土质条件、岩性(抗压、抗拉、粒径、成分等各参数);

(2)开挖面稳定(自立性能);

(3)隧道埋深、地下水位;

(4)设计隧道的断面;

(5)环境条件、沿线场地(附近管线和建筑物及其结构特性);

(6)衬砌类型;

(7)工期;

(8)造价;

(9)宜用的辅助工法;

(10)设计路线、线形、坡度;

(11)电气等其他设备条件。

2. 盾构掘进机选型的一般程序

综合盾构机的特性与选型依据,盾构掘机选型一般程序可用流程图来描述(见图7-12)。

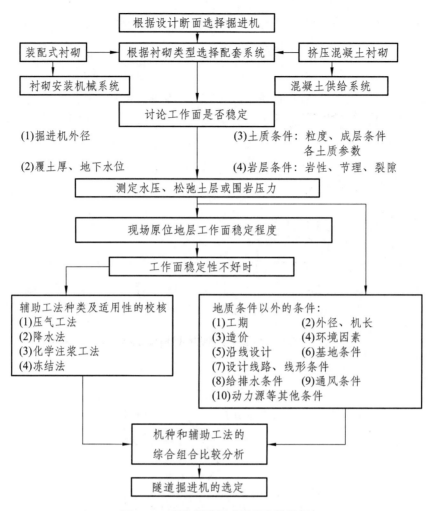

图 7-12　盾构掘进机选型程序流程图

从该流程图可以看出，盾构掘进机选型首先要看该盾构掘进机是否利于开挖面的稳定，其次才考虑环境、工期、造价等限制因素，同时，还必须将宜用的辅助工法加以考虑。只有这样才能选择出一种较为合适的盾构掘进机。

1）根据地质条件选择盾构掘进机类型（见图 7-13）

对沙质土类等自立性能较差的地层，应尽量使用密闭性的盾构施工；若为地下水较丰富且透水性较好的沙质土，则应优先考虑使用泥水平衡盾构；对黏性土，则可首先考虑土压平衡盾构；砂砾和软岩等强度较高的地层自立性能较好，应考虑半机械式或敞口机械式盾构施工。在相同条件下，盾构复杂，操作困难，造价高；反之，盾构简单，制造使用方便，造价低。

针对地下水条件，若其压力值较高（大于 0.1 MPa），就应优先考虑使用密封型的盾构，以保证工程的安全，条件许可也可采用降水或气压等辅助方法。

对于砾径较小的地层，可以考虑各种盾构的使用。若砾径较大，除自立性能较好的地层可考虑手棚式或半机械式盾构外，一般应使用土压平衡盾构，若需采用泥水平衡盾构的话，须增加一个碎石机，在输出泥浆前，先将大石块粉碎。

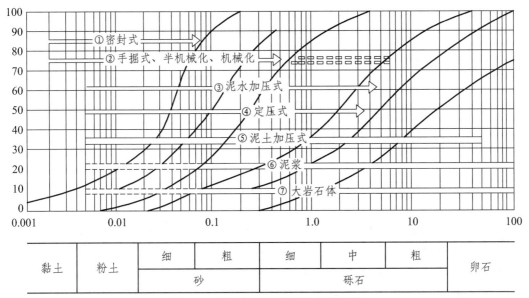

图 7-13 不同地质条件下的盾构选型

2）盾构掘进机选型的其他条件。

除了地质条件以外，盾构掘进机选型的制约条件还很多，如工期、造价、环境因素、基地条件等。

（1）工期条件的制约。

因为手掘式与半机械式盾构掘进机使用人工较多，机械化程度低，所以施工进度慢。其余各类型盾构掘进机因为都是机械化掘进和运输，平均掘进速度比前者块。

（2）造价因素的制约。

一般敞口式盾构掘进机的造价比密闭式盾构掘进机低，主要原因是敞口式盾构掘进机不像密闭式盾构掘进机那样有复杂的后配套系统。在地质条件允许的情况下，从降低造价考虑，宜优先考虑选用敞口式盾构掘进机。

（3）环境因素的制约。

敞口型的盾构掘进机引起的地表沉降大于网格式盾构，更大于密闭式的盾构掘进机。

（4）基地条件的制约。

泥水平衡式的盾构掘进机必须配套大型的泥浆处理和循环系统，若需使用泥水平衡盾构开挖隧道，就必须具备较大的地面空间。

（5）设计线路、平面竖向曲线形状的制约若隧道转弯曲率半径太小，就需要考虑使用中间铰接的盾构。例如直径为 6 m 的盾构，其长度为 6~7 m，如将其分为前后铰接的两段，显然增加了施工中转弯的灵活性。

3. 辅助工法的使用

盾构掘进机施工隧道的辅助工法一般有气压法、降水法、冻结法、注浆法等。前三种属于物理方法，注浆法属于化学方法。这些方法也主要是用于保证隧道开挖面的稳定，注浆法还能减少盾构掘进机开挖过程中引起的地表沉降。一般密闭式盾构掘进机使用最大的是注浆法。盾尾注浆用以填补建筑间隙，以减少地面沉降。在地层自立性能差的情况下，若采用手掘进、半机械式或网格式掘进机施工，就需采用压气法辅助施工，以高气压保证开挖面的稳定，但在这一辅助工法下，施工人员易患气压职业病。当盾构掘进机在沙质土或砂砾层中施工时，可考虑使用降水的方法改变地层的物理力学指标，增加其自立性能，确保开挖面的稳定。冻结法的施工成本较高，一般情况下不采用，而在长距离隧道的盾构对接中使用。

7.3　土压平衡式盾构

土压平衡式盾构又称为削土密闭式或泥土加压式盾构，这种盾构是在局部气压盾构和泥水加压盾构的基础上发展起来的。该盾构的前端有一个全断面切削刀盘，在盾构中心或下部有长筒形螺旋运输机的进土口，其出口在密封舱外。其施工方法是保持开挖面的稳定，在切削刀盘后面的密封舱内充满开挖下来的土砂，并保持一定土压力。

土压平衡盾构（Earth-pressure balance system），通常简写为 EPBS。

自 1974 年在日本首次使用以来，以其独特的优势已广泛用于世界各地的隧道工程中。1984年上海市隧道工程公司在我国首次应用从日本引进的 4.36 m 土压平衡盾构建成了芙蓉江下水道总管工程。1988 年在上海又自行研制了 4.35 m 加泥式土压平衡盾构，成功穿越了软弱黏土和砂性土交错的复杂地层，建成了上海市南电缆过江隧道。目前，土压平衡式盾构在全国地铁、市政、能源等工程建设中得到更为广泛的应用。实践证明。土压平衡式盾构因其能较好得控制地表沉降、保护环境、适应在市区和建筑密集处施工等优点，在我国正走向普及。

7.3.1　土压平衡盾构机原理

土压平衡盾构机：刀盘面板借助盾构推进油缸的推力通过隔板进行加压，产生泥土压，这一压力通过渣土及刀盘作用于整个作业面，使作业面稳定，同时用螺旋输送机排土，螺旋输送机排土量与盾构推进量相适应，掘进过程中始终维持开挖土量与排土量动态平衡，维持土舱内土压力稳定在预定范围内。通过安装在土舱内的 4 个土压传感器对土舱内的土压力进行测量。为保证预定的土压力，可通过控制推进速度、螺旋输送机转速和向土舱注入添加剂来控制如图 7-14 所示。

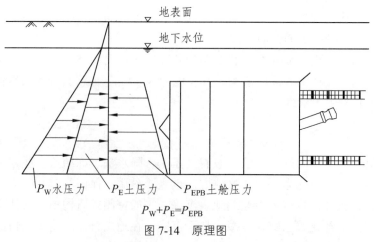

$$P_W + P_E = P_{EPB}$$

图 7-14　原理图

7.3.2 设备简介

土压平衡式盾构掘进机几乎适应于全部的软弱地层，并能有效的保持开挖面的稳定和减少地面的沉降，施工的安全性及可操作性高，其总体性能已在上海、广州、南京及深圳等地铁隧道建设中得到大量工程实绩的证明，土压平衡式盾构主机构造如图 7-15 所示。

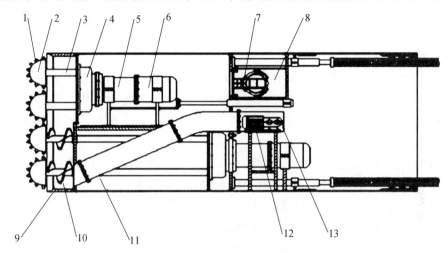

图 7-15 土压平衡式盾构主机构造图

1—截齿；2—刀具；3—刀具传动轴；4—分动箱；5—减速机；6—驱动电机；7—人性闸门；8—气压过渡舱；
9—土压平衡舱；10—螺旋集渣器；11—渣土输送机；12—渣土输送驱动马达；13—渣土输送减速机

在刀盘扭矩力和推进油缸顶力的作用下，盾构在土层中利用布置在刀盘上的切削刀，对土体进行切削。切削下的土体经刀盘上槽并进入土舱，通过配备的加泥系统对充满土舱的切削土进行改良，使其具有良好的塑流性，通过可控制转速的螺旋输送机，控制土舱的出土量，使土舱内的改良土保持一定的压力，使之与开挖面的土压力保持动态平衡，达到控制地面沉降的目的。

土压平衡式盾构主要由以下几部分组成：盾构壳体、刀盘及驱动系统、螺旋输送机、管片拼装机、推进系统、皮带输送机、人行闸、液压系统、电气控制系统、集中润滑系统、加泥系统、水冷却系统、盾尾密封系统、衬背注浆系统、车架、双梁吊运机和单梁吊运机构。

7.3.3 特点及适用范围

1. 特点

（1）施工中基本不适用土体加固等辅助施工措施，节省技术措施费，并对环境无污染。

（2）根据土压变化调整出土和盾构推进速度，易达到工作面的稳定，减少了地表变形。

（3）对掘进土量和排土量能形成自动控制管理，机械自动化程度高，施工速度快。

2. 适用范围

土压平衡盾构掘进机一般不需要辅助技术措施，本身具备改善土体的性能，通过对各种土体的改良，能适应多种环境和地层的要求。可在砂砾、砂、粉砂、黏土等压密程度低、软、硬相间的地层及砾层、砂层等地层中使用。

土压平衡式盾构可分为两类：一类是在黏性土地层中将开挖下来的土体直接充填在切削腔内，用螺旋输送机调整土压，使土舱内土体与开挖面水土压平衡；另一类是在砂性土地层中向开挖下来的土砂中加入适量的水或泥浆、添加剂等，通过搅拌以匀质、具有流动性的土体充填土舱和螺旋机，达到工作面的稳定。

7.3.4 工艺流程

土压平衡盾构掘进机是利用安装在盾构最前面的全断面切削刀盘，将正面土体切削下来进入刀盘后面的储留密封舱内，并使舱内具有适当压力与开挖面水土压力平衡，以减少盾构推进对地层土体的扰动，从而控制地表沉降，在出土时由安装在密封舱下部的螺旋运输机向排土口连续地将土渣排出。

螺旋运输机是靠转速控制来掌握出土量，出土量是要密切配合刀盘切削速度，以保持密封始终充满泥土而又不致过于饱满。这种盾构避免了局部气压盾构的主要缺点，也省略了加压盾构投资较大的控制系统、泥水运输系统和泥水处理等设备。

土压平衡式盾构施工工艺流程如图 7-16 所示。

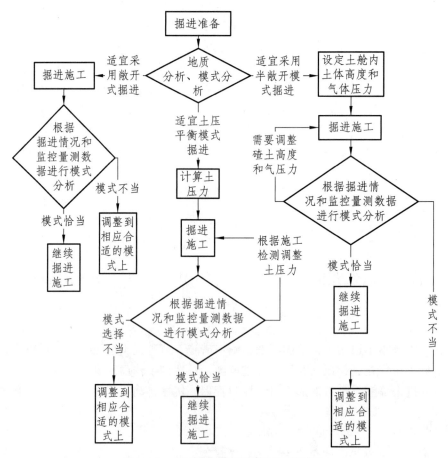

图 7-16 土压平衡式盾构施工工艺流程

7.3.5　施工要点

土压平衡盾构掘进机施工时（见图7-17），应注重日常操作等活动的管理，随时注意开挖面状态、隧道中心线偏移、衬砌环拼装状况、注浆状况以及对地表变形的影响等。

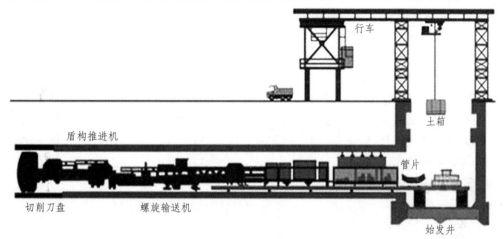

图 7-17　土压平衡式盾构施工示意图

1. 初始推进段施工

盾构从竖井出发后一般需要有一段距离作为推进试验阶段，在这期间应做到：

（1）熟悉并熟练掌握土压平衡盾构的性能和工作状况；

（2）确定适合于当前工程和盾构施工管理的要素；

（3）摸索出盾构施工中地表变形的一般规律。

在试验阶段推进中，结合地表变形量测量情况和工程质量、盾构设备的要求，对施工参数反复量测、分析、调整，进一步优化。对于土压平衡式盾构而言，一般选定以下几个施工管理参数：

（1）平衡压力

平衡压力值的设定是根据地质情况及隧道埋深情况，理论计算切口平衡压力得到：正面平衡压力

$$P = k_0 \gamma h$$

式中　P——平衡压力（包括地下水）；

　　　k_0——土的侧向静止平衡压力系数；

　　　γ——土体的平均重度（kN/m³）；

　　　h——隧道埋深（m）。

盾构在掘进施工中平衡压力的设定值，根据盾构埋深、所在位置的土层状况及监测数据进行不断的调整。

（2）推进进度（千斤顶行程速度）。

正常推进时速度宜控制在 2～4 cm/min，通过建筑物时推进速度不宜大于 1 cm/min。

（3）总推力。

（4）刀盘扭矩。

（5）出土量。

每环理论出土量

$$\frac{\pi}{4} \times D^2 \times L$$

式中　D——盾构外径（m）；

　　　L——管片宽度（m）；

盾构推进出土量宜控制在 98%～100%

（6）同步注浆及二次注浆。

盾构推进中的同步注浆和衬砌壁后补压浆是填充土体与管片圆环间的建筑物和减少后期沉降的主要手段，也是盾构推进施工中的一道重要工序。盾构推进施工中的注浆，选择其有和易性好、泌水性小，且具有一定强度的浆液进行及时、均匀、足量压注，确保其建筑空隙得以及时和足量的填充。

每推进一环的建筑空隙为

$$\frac{\pi(D_1^2 - D_2^2)}{4}L$$

式中　D_1——盾构外径（m）；

　　　D_2——管片外径（m）；

　　　L——管片宽度（m）；

每环的注浆量一般为建筑空隙的 140%～250%。泵送出口处的压力控制在 0.3 MPa 左右。

① 同步注浆。

同步注浆浆液的配比按照设计要求来调配。隧道工程同步注浆的浆液通常采用 24 h 缓凝液。

压浆量和压浆点视压浆时的压力值和地层变形监测数据而定。压浆属一道重要工序，须指派专人负责，对压入位置、压入量、压力值均作详细记录、并根据地层变形监测信息及时调整，确保压浆工序的施工质量。

隧道内运输车以及地面上的拌浆系统的清洗时间一般为每班一次。由于盾构工作面的注浆管路清洗等原因形成的废浆，会对工作环境造成污染，应利用平板车、土箱外运。

② 二次注浆。

当盾构推进至特殊地段时。地面上有需要保护的建筑物或管线时，可根据实际情况和地层变形监测信息进行壁后补压浆。浆液采用单液浆和双液浆，注浆的压力值、压入量和具体压注位置应根据实际情况而定。

2. 地表变形控制

土压平衡盾构在初始段推进中摸索出变形一般规律及有效的防治措施，还需根据沿线环境情况设置不同的量测段，作更深入具体的地表沉降值、土压力、孔隙水压力及添加剂量、注浆量等方面的量测和管理工作。

1）土压力管理

土压力一般通过装置在密封土舱内的土压计检测读出，通常较为合适的土压力 P_0 范围是：

（水压力+动土压力）$<P_0<$（水压力+被动土压力）

P_0 以相应的静止土压力为中心在此范围内作波动。土压力 P_0 设定与管理方法为：理论估算，经验判断，确定一个较为理想的 P_0 值；精心操作，认真测量，及时反馈信息，根据出土量与地表沉降数据对 P_0 做相应调整；对已定 P_0 进行动态管理，以适应连续推进情况。

2）排土管理

以土压力为控制目标，通过实测土压力值与 P_0 值相比较，依次压力差进行相应的排土管理，其控制流程如图 7-18 所示。

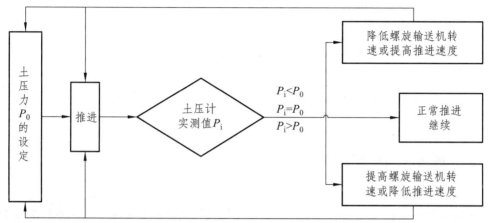

图 7-18　土压力管理原理

3）泥水管理

对加强泥或水式土压平衡盾构机，需在施工前详细了解与分析工程所遇的地质情况，初步确定盾构推进中加入泥、水、添加剂的浓度和数量，并在施工中根据工作面稳定情况和螺旋机出土状况对添加材料进行调整，以适应盾构正常工作的需要。

加入的制泥材料一般有黏土、膨润土。

4）注浆管理

① 作用。

防治土体松弛和下沉；减少地表沉降；保持隧道衬砌的早期稳定；提高衬砌接缝防水性能。

② 材料。

应选择符合土体条件及盾构形式的注浆材料。材料应具备以下特点：

拌制后液浆不离析；压注后凝固收缩小；压注后强度可较快地大于土体强度；具不透水性。

一般常用材料有：水泥砂浆（砂+水泥为主）；水泥+粉煤灰+陶土粉；可塑性注浆材料采用炉渣-石灰类甚至黏土代替水泥，使浆液具有可塑性。

③ 注浆方法。

一般从通过设置在盾构上的注浆孔进行同步注浆，也可从设在管片上的注浆孔进行注浆。

以不偏压力为原则，从下往上对称压注；特殊情况下先填充建筑空隙大的部位；安装并保护盾尾密封材料，按要求压注盾尾密封油脂，定期检查并更换密封材料，防止盾尾跑浆。

注浆压力和数量：注浆压力选择以能充填建筑空隙为原则，根据相应部位的土压力、水压力、泥浆压力以及衬砌的强度选择合适的压力，压浆量考虑到其渗透、加压单侧挤入、脱水、超挖等因素，对注浆一般结合地表沉降进行压力与压浆量的综合管理。

3. 其他操作要领

（1）对隧道施工所需的主要材料及制品应进行必要的试验和检查，确认其质量、形状、尺寸、强度等与说明书或质保书符合之后方可使用。

（2）盾构推进中千斤顶及其所产生的推力的选择，既不应使工作面受到损害，又不应使衬砌等后方结构受到损伤，并使盾构在设计轴线上准确推进。

（3）推进测量是为了在推进时隧道轴线偏差控制在容许范围内，应及早掌握其偏差，并及时纠正。原则上每环盾构姿态、衬砌位置需各测一次，并将结果在下一环推进之前反馈给施工管理人员和盾构操作员。

（4）对管片运输、储存要加强管理，在运输过程中防止管片受到损伤，在现场的临时堆放应能适应盾构施工进度的要求，具有一定的富余量。

（5）隧道运输的合理安排和调度是保证盾构推进进度的重要因素。

7.4　泥水平衡式盾构

泥水加压平衡盾构工法是从地下连续墙以及钻孔等所使用的泥水工法中发展起来的，它起源于英国，日本在 1964 年前后开始着手泥水加压平衡盾构工法的研究（见图 7-19）。1969 年，日本铁道建设公司在京叶线森绮运河附近的工程中，成功地实施了泥水压平衡盾构工法。由于它独特的创举，很快地在日本盛行起来。随着电子计算机和自动控制技术的不断发展，这一新技术在一些先进的欧美国家亦相继运用。拥有完全自主知识产权的国产首台"高铁大直径泥水平衡盾构机""铁路双线超大直径泥水平衡盾构机"同时在长沙顺利下线，填补了我国超大直径掘进装备研制的空白，见图 7-20。

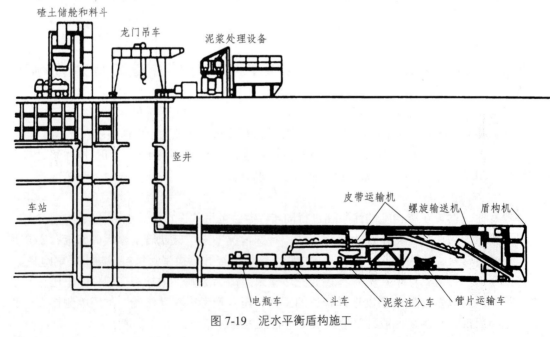

图 7-19　泥水平衡盾构施工

图 7-20　国产首台铁路双线大直径泥水平衡盾构机长沙下线仪式现场

7.4.1　泥水平衡盾构工作原理

泥水加压平衡盾构：是在机械式盾构的前部设置隔板，与刀盘之间形成泥水舱，开挖面的稳定是将泥浆送入泥水舱内，在开挖面上用泥浆形成不透水的泥膜，通过该泥膜的张力保持水压力，以平衡作用于开挖面的土压力和水压力。开挖的土砂以泥浆形式输送到地面，通过泥水处理设备进行分离，分离后的泥水进行质量调整，再输送到开挖面，见图 7-21。

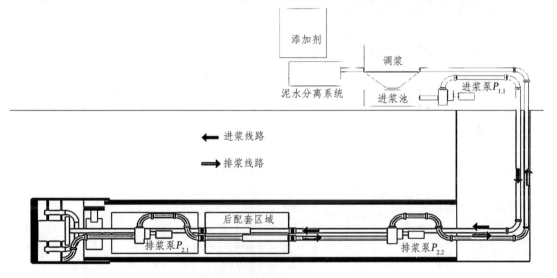

图 7-21　泥水平衡盾构施工原理图

7.4.2　设备简介

泥水平衡式盾构主要由盾构掘进机、掘进管理、泥水处理、泥水输送和同步（壁后）注浆等 5 大系统组成。各系统设计合理，操作规范方便，信息反馈能力极强，可自动实时采集盾构掘进的各项数据，并及时加以分析总结，以指导盾构施工。

1. 盾构掘进机

盾构掘进机系统是进行掘进和完成管片拼装的主要设备。

盾构掘进机系统是由刀盘、气压舱、千斤顶、拼装机以及盾尾刷等组成图 7-22 为盾构掘进机的具体组成结构。

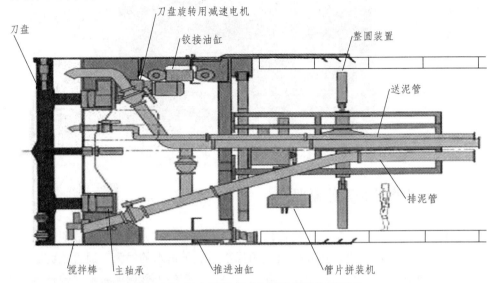

图 7-22 泥水平衡式盾构掘进机结构示意图

盾构机主要技术参数表（见表 7-4）。

表 7-4 盾构机主要技术参数

名称		技术参数	名称		技术参数
盾构本体	外径	11 220 mm	大刀盘	旋转驱动	电动机
	内径（盾尾）	11 080 mm		外径	11 240 mm
	总长	11 145 mm		额定转速	0.47 r/min
	盾尾密封装置	道		额定力矩	18 550 kN·m
	后继台车	6 节		最高力矩	22 760 kN·m
	推进速度	4.6 cm/min		仿形超挖刀	11 500 mm
	设计总推力	1 120 000 kN 3 500 kN×32		超挖刀（2 把）	行程 150 mm 最大超挖 4.65 m³/r
举重臂	驱动形式	液压油马达	土体探测装置	形式	土压计和油压千斤顶式
				测定部位	盾构机上部
拼装机	回转角度	±200	搅拌机装置	安装数量	4 套
	平移行程	1 250 mm		叶片外径	1 200 mm
	提升行程	1 300 mm		旋转速度	48 r/min
	注浆设备	4 个		搅拌扭矩	6 kN·m
		双液浆		长度	2 000 m
备注			盾构设有盾尾油脂加注系统等辅助设备		

2. 推进管理系统（中央控制室）

泥水平衡盾构掘进管理系统由自动计测子系统、输送管理子系统、同步注浆管理子系统和泥水管理子系统等几部分组成。

掘进管理系统主要用于调节推进过程中的开挖面稳定；管理盾构推进时的双液注浆量和注浆压力；测定泥水输送系统中的泥水指标和控制盾构姿态。掘进管理系统还能依靠设置在泥水管路上的密度计及流量计，及时测定被挖土体的土砂量，并通过电脑快速显示当前切口水压、送泥流量、排泥流量、送泥密度、排泥密度、千斤顶速度、刀盘力矩、千斤顶顶力、注浆压力、注浆量、土砂量、干砂量、掘削时间和盾构平面、高程、方位角、转角等实际施工参数；除此之外，还能对这些参数进行储存和打印，并能对实测数据进行数值回归和雷达坐标系统分析，为准确设定、调整各类施工参数，实现信息化施工提供了可能。

3. 泥水处理系统

泥水处理系统主要由泥水控制室、沉淀池、储浆层、新浆拌制槽、调整槽、剩余槽、清水槽和泥水分离除砂器及清洁器等组成，起着处理由盾构开挖面排出的泥水和制造新鲜泥水的作用（见图 7-23）。

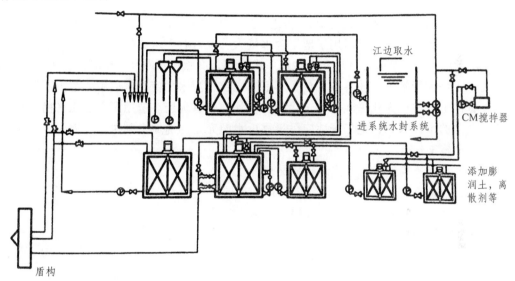

图 7-23　泥水处理系统工艺流程图

经泥水处理站分离成土砂和泥水，将大颗粒的土砂排弃而回收含有小颗粒的泥水，后者进入调查槽并按施工要求加入新浆（必要时可直接加 CMC 浆液）进行调整，再输送至盾构工作面，实现泥水平衡。

4. 泥水输送系统

泥水输送系统是由送泥管、排泥管、气压阀、送泥泵和排泥泵等组成。经泥水处理系统处理合格的泥水储存在调整槽，通过设置在地面的 pH 泵或 pH 泵送至井下，盾构泥水压力舱内排出的高密度泥水，经分别安装在地面和隧道内的接力泵回送至泥浆沉淀池再处理。

5. 同步注浆系统

同步注浆系统采用双液单系统注浆方式。在盾构推进的同时，由地面拌浆系统分别拌制 A 液（膨润土、水泥、清水和稳定剂拌制而成）和 B 液（水玻璃），由泵输送至井下中继储存箱，利用压浆泵在注出口处经混合注入土体，及时充填建筑空隙，减小地面沉陷，同时防止泥水后窜。

7.4.3 主要特点及适用范围

1. 主要特点

（1）在易发生流沙的地层中能稳定开挖面，可在正常大气压下施工作业，无需用气压法施工。

（2）泥水压力传递速度快而均匀，开挖面平衡土压力的控制精度高，对开挖面周边土体的干扰少，地面沉降量的控制精度高。

（3）盾构出土由泥水管道运输，速度快而连续；减少了电机车的运输量，施工进度快。

（4）刀具，刀盘磨损小，易于长距离盾构施工。

（5）刀盘所受扭矩小，更适合大直径隧道的施工。

（6）需要较大规模的泥水处理设备及设置泥水处理设备的场地。

2. 土层范围

泥水平衡式盾构适用于软弱的淤泥质黏土层、松散的砂土层、沙砾层、卵石沙砾层、砂砾和硬土的互层等地层，尤其适用于地层含水量大、上方有大水体的越江隧道和海底隧道的施工。在处于恶劣的市政施工环境和存在地下水尤其是高承压水砂性土层等不良工况条件下，亦能使用本工法进行施工。随着施工技术的不断进步，泥水平衡盾构适用的范围不断扩大，泥水平衡盾构工法被认为几乎能适用于除硬岩以外的所有地层。选用泥水加压平衡盾构工法施工需要大量的水，因此，施工场地应尽量靠近水源充足的地域。其次，还需要一套泥水处理系统来辅助施工。

适合泥水平衡盾构施工的具体地质情况有：

（1）隧道上方有江、河、湖、海等大水体的地层；

（2）由黏性土、砂性土、粉土等多层互层构成的地层；

（3）滞水砂层和高承压水的地层；

（4）砾石直径不大但砾石数量多的地层。

7.4.4 工艺流程

1. 主要参数的控制

根据泥水平衡盾构中对泥水系统的压力控制方式的不同，泥水加压平衡盾构可划分为两种基本类型。

1）直接控制型（日本式）

图 7-24 中 P_1 为提供泥浆泵，从地面泥水调整槽将压力泥水输入盾构泥水室，供入泥水密度一般为 1.05 ~ 1.25 t/m³，在泥水室与开挖泥沙混合后形成厚泥浆由排泥泵输送到地面泥水处理场。排出泥水密度为 1.1 ~ 1.4 t/m²。排出泥水通常要经过分离处理，将弃土排除，符合要求的泥水回到调整槽重复循环使用。

控制泥水室的泥水压力，通常有两种方法：若 P_1 为变速泵即可通过控制泵的转速来实现压力控制；若 P_1 泵为恒速泵，则通过调节节流阀的开口比值来实现压力控制。泥水管路中的泥水流速，必须保持在临界值以上，低于临界值时，泥水中的颗粒会产生深沉而堵塞管路，尤其是排出泥水产生堵塞更为严重。

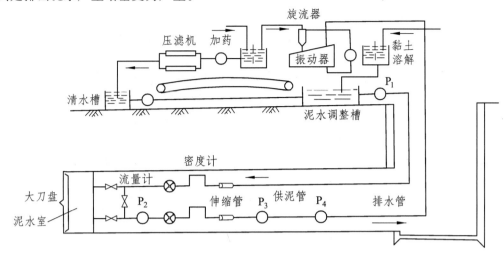

图 7-24　直接控制型泥水平衡盾构

在盾构推进过程中，进、排泥水管路需要不断伸长，管阻亦随之增大。为了保证管道中恒定的流速（大于临界流速），排泥泵 P 转速应随时作相应改变，因而排泥泵 P_2 必须自动调整。当 P_2 泵到达最大扬程时，再加 P_3、P_4 接力泵。

要直接观察开挖面工况是十分困难的。为保证盾构掘进质量，应在进、排泥管路上分别装设流量计和密度计，通过检测的数据，即可算出盾构排土量。

将检测到的排土量与理论掘进排土量进行比较，并使实际排土量控制在一定范围内，就可避免和减小地表沉陷。

2）间接控制型（欧洲式）

这种间接控制型（图 7-25）的工作特性，是由空气和泥水双重系统组成。在盾构泥水室内，装有一道半隔板，将泥水室分隔承两部分，在半隔板的前面充满压力泥浆，半隔板后面在盾构轴线以上部分加入压缩空气，形成气压缓冲层，气压作用在隔板后面的泥浆接触面上。由于在接触面上的气、液具有相同的压力，因此只要调节空气压力，就可以确定开挖面上相应的支护压力。当盾构掘进时，由于泥浆的流失或盾构推进速度的变化，进出泥浆量将会失去平衡，空气和泥浆接触面位置就会出现上下波动现象。通过液位传感器，可以根据液位的变化控制泥泵的转速，使液位恢复到设定位置，以保持开挖面支护压力的稳定。当液位达到最高极限位置时，可以自动停止供泥浆；当液位达到最低极限位置时，可以自动停止排泥浆。

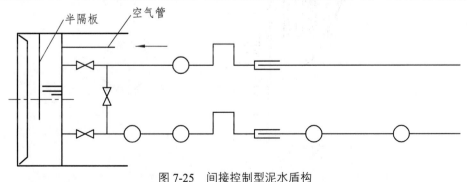

图 7-25　间接控制型泥水盾构

空气室的压力是根据开挖面需要的支护泥浆压力而确定的，空气压力可通过空气控制阀使压力保持恒定。同时由于空气缓冲层的弹性作用，使液位波动时对支护液也无明显影响。因此间接控制型泥水平衡盾构与直接控制型相比，控制系统更为简化，对开挖面土层支护更为稳定，对地表沉陷的控制能力更为方便。

1976 年，比利时昂维斯地铁工程因土层含水、砂土密集，最终选择了由比利时公司和德国 Wayss&Freytag 公司共同制造的盾构掘进机。这一工程计划包括 4 座长 130 m 的矿山法施工的车站以及一条长约 3.68 km 的单隧道线，隧道外径为 6.40 m，内径为 5.70 m。

由 Wayss&Freytag 公司生产的泥水盾构原理，是在一定压力下将膨润土悬浮液支护工作面，就像槽壁法那样，把它注入开挖面与盾壳之间。悬浮液的压力匹配是借助空气缓冲装置，它与体积变化、盾构泥水室内膨润土的耗损保持协调，再送膨润土，达到足以支护为止。然后通过关闭输送管道使压力基本保持不变，以适应周围土层及地下水情况。

2. 工艺流程（见图 7-26）

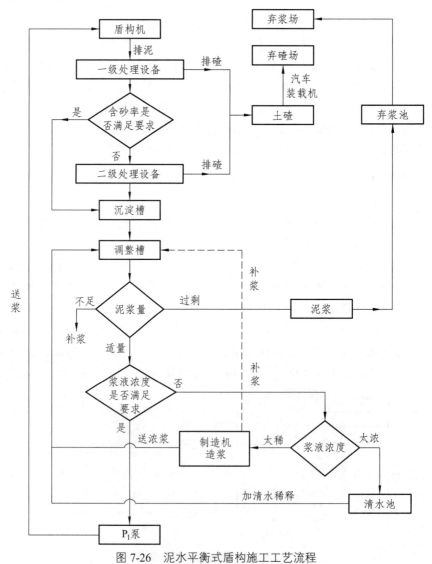

图 7-26 泥水平衡式盾构施工工艺流程

7.4.5 施工要点

1. 盾构出洞段施工

盾构的顺利出洞，将为盾构正常施工奠定基础。出洞施工前，应重点控制好洞口地基加固及洞口密封两方面，保证泥水平衡顺利建立。

2. 施工参数设定及地面沉降控制

泥水盾构施工环节多，应采取信息化动态施工管理，保证各系统施工参数的及时调整、优化匹配，从而控制好地面沉降。

泥水加压平衡盾构掘进是一个均衡、连续的施工过程。每环掘进前要发出正确无误的指令；在掘进中要密切注意各个施工参数的变化情况；在掘进结束后根据采集到的各种数据进行分析，做出适当的调整，准备下一环的指令。

具体工作如下：

（1）掘进前下达指令：切口水压、推进速度、送泥水密度、黏度及同步注浆量等技术参数设定。

（2）掘进中对各种参数监视。

（3）掘进后对下列参数分析，然后做出相应的调整：

① 地面沉降量——切口水压是否有变化；

② 泵的电压、电流、转速、流量、扬程——设备是否正常运行；

③ 进、排泥流量偏差——判断输送管路是否通畅，是否发生超、欠挖；

④ 千斤顶总推力——泥水压力是否匹配；

⑤ 隧道稳定情况——同步注浆系统是否满足要求；

⑥ 同步注浆状态——推进速度是否适当。

3. 泥水管理

施工过程中，应结合实际地层条件，动态调整泥水指标，保证开挖面稳定，同时节约工程成本。

1）水配比

出洞初期要配置大量的工作泥浆。工作泥浆的配置分为两种：一种是天然土泥浆，另一种是膨润土泥浆。前者成本低，但在天然黏土中或多或少存在些杂质、粉砂等，故质量不太高；后者成本高，但浆液的质量可以得到保证。

2）泥水的检查和调整

在具体的施工中，要配置实验室和专门技术人员，对泥水进行测定，一旦发现泥浆劣化要及时进行调整。另外，根据不同土质，也要及时对泥浆加以调整，调整的效果主要看综合资料反映，因为施工情况是千变万化的，所以调整配方也不是固定不变的。

4. 同步注浆

同步注浆应兼顾两方面的作用，即地面沉降及隧道稳定性。鉴于此，一般采用双液浆，施工过程中，及时调整注浆量的同时，应随时检查浆液初凝时间。

5. 隧道抗浮

由于隧道断面相对较大，且泥水易后窜至成环隧道，引发成环隧道上浮，故在正常施工前提下，应采取隧道抗浮技术。

6. 穿越江、河地层

在做好防冒、防塌、防漏、防堵及防浮的同时，应重视江中段江底监测，并做好过江水准测量工作。

7.5 案 例

本节对工程案例的研究主要是围绕着本章盾构施工来论述的，所以其余详述在此不做过多讲解。

7.5.1 工程研究的意义

随着中国城市化进程的加快，城市人口的增加给城市交通带来的压力日渐明显。传统的地上交通显然无法满足城市发展的需求，相对应的地下交通则成为缓解城市交通压力的新渠道。地铁与公交车、电车相比的优势显而易见：地铁单向运量每小时 4 万～6 万人次，公交车、电车单向运量每小时 1 万人次。从运输方式看，地铁运输更具多方面的优点：舒适、准时、快捷、占地少，环保、节能、安全，而且不占用地面，街道等。毫无疑问，地铁交通是绿色工程，而且符合中国的可持续发展战略。但是地铁的发展主要依赖地下工程隧道开挖等相关技术的进步，了解相关的主要技术进步与革新就显得尤为重要。

本次设计地段位于上海市合川路至虹梅路之间，处于繁华地段，沿线居民区和道路较多，汽车和公共交通工具为主要交通运输方式，在上下班高峰期车流量较大，经常造成交通堵塞，行车速度慢。公共交通系统难以满足城市大量的客流量的需求，为缓解交通压力可以采用耗能低、污染少的地铁，不但客运量大，还有速度快、安全正点、方便的特点。采用隧道的方式不占用地面上建、构筑物的面积，又能在施工期间不影响城市的正常交通。城市快速轨道交通的发展，对城市功能的合理布局如城市规划、交通、经济乃至社会环境等，能够起到重要的作用。而且地铁线路带动城市发展，合理优化城市资源，调整城市发展方向和布局，加速城市化进程。

考虑到施工工地周围环境条件，并通过方案的比选，本次开挖支护采用盾构法施工。合川路站——虹梅路站隧道沿宜山路，周边多为居民区，道路交通繁忙，车辆和人流众多，而盾构法施工不影响地面交通与设施，且噪音和扰动较小，对居民的影响小。该区间内分布有上水、煤气、电力、电话、污水等多种管线，其埋设深度在地面以下 0～4.0 m 范围内，而盾构施工不影响地下管线等设施。本次施工工期紧，需要在短时间内完成施工，盾构法施工速度快，开挖和衬砌安全，盾构的推进、出土、拼装衬砌等全过程可实现自动化作业，施工劳动强度低。区间隧道掘进范围内的地基土层具有以下性质：含水量高，孔隙比大，呈流塑状态；强度低，压缩性高且稳定时间长；渗透性弱，排水固结时间长。所以选用土压平衡式盾构，使施工更加安全，实现全自动化操作，施工易于管理，施工人员也较少，劳动强度低，生产效率高。施工不受风雨等气候条件的影响。

7.5.2 工程概况

1. 工程简介

上海轨道交通 9 号线一期工程途经松江、闵行和徐汇三个区，工程自松江新城至宜山路站，全程约 31 公里。沿途共设车站 12 座。本工程为合川路站—虹梅路站，单线全长 1 109.64 m。周边多为居民区，道路交通繁忙，车辆和人流众多。

2. 工程地质情况

区间隧道掘进范围内的地基土层具有以下性质：含水量高，孔隙比大，呈流塑状态；强度低，压缩性高且稳定时间长；渗透性弱，排水固结时间长。隧道掘进时将适当控制掘进速率，避免对土体产生过大的扰动，以减少施工后的沉降和不均匀沉降。

拟建区间段发现有暗浜存在、未发现天然气等不良地质现象。本场区地下水对混凝土无腐蚀性，对钢结构有弱腐蚀性。

3. 区间沿线管线及障碍物情况

根据铁道第三勘察设计院上海分院物探技术研究所提供的物探成果报告，可知该区间内分布有上水、煤气、电力、电话、污水（雨水）等多种管线，其埋设深度在地面以下 0 ~ 4.0 mm 范围内。

沿宜山路方向，在道路北侧有两路上水管道，管径为 300 mm、500 mm，管顶埋深约 1.2 m；有一路 18 孔电话电缆，埋深为 1.0 m；道路中央有一雨水管道，管径为 1 400 mm、1 800 mm，埋深约 3.5 m；有一管径 500mm 污水管道，埋深 2.0 m；道路南侧有两路煤气管道，管径为 200 mm、300 mm，埋深约 1.2 m；沿宜山路方向，在道路北侧有两路上水管道，管径为 300 mm、500 mm，管顶埋深约 1.1 m；有一路 18 孔电话电缆，埋深为 1.2 m；道路中央有一雨水管道，管径为 1 200 mm、1 400 mm，埋深约 2.5 m；有一管径 600 mm 污水管道，埋深 3.0 m；道路南侧有两路煤气管道，管径为 200 mm、300 mm，埋深约 1.1 mm；有一路电力电缆，埋深约 0.8 m。合川路站—虹梅路站隧道沿宜山路，周边多为居民区，道路交通繁忙，车辆和人流众多。

7.5.3 隧道施工方案

在现有的施工条件下，根据地下工程的施工方法，本工程可选择的施工方案有：明挖法、暗挖法、矿山法、顶管法、盾构法。以下对四种施工方法进行优劣比较，并确定定施工方案。

1. 盾构法

盾构法是在地表以下土层或松软岩层中暗挖隧道的一种施工方法。盾构推进主要依靠盾构内部设置的千斤顶,如此不断开挖,不断拼装,并不断推进,借助盾构这种施工机械可用较快的速度完成隧道施工基本作业循环,直至隧道建成。盾构法隧道建设对地面干扰小、施工速度快、安全、机械化和自动化程度高等优点是显而易见的。

盾构法的类型很多,按开挖方式不同可分为:手工挖掘式、半机械挖掘式和全机械挖掘式三种。按断面形状不同可分为:圆形、拱形、矩形和马蹄形四种。按排除地下水与稳定开挖面的方式可分为:泥水加压、土压平衡等。

2. 方案确定

明挖法施工技术要求较低,费用低,但是工期较长,劳动强度高,对环境影响大,地面场地要求高,而本工程途经交通繁忙区及居民区,场地要求不允许适合明挖法。

矿山法施工与明挖法施工相比,对地面环境影响小,地面场地要求低,施工费用较高,然而矿山法适用于硬、软岩层中各类地下工程,特别是对于中硬岩中。本工程工期要求工期较短,且地下水丰富,土层较软,因此不选用矿山法施工。

本工程设计隧道内径较大,管道顶进困难,考虑到场地以及经济效益的影响不选用顶管法施工。

盾构法和其他的施工方法比较,具有地面作业少、适应性广、对周围环境影响小、自动化程度高、施工快速优质高效、安全环保等特点。

首先,盾构是一种集机、电、液压、传感、信息技术于一体的隧道施工成套专用特种设备,盾构法施工的掘进、出土运输、衬砌拼装、接缝防水和盾尾注浆充填等作业都是在盾构保护下进行,实现了工厂化施工,掘进速度较快。从而缩短了工期,降低了劳动强度和材料消耗,较大地提高了经济效益和社会效益。在土质差、水位高、埋深大的隧道施工中、有较高的技术优越性。

其次,盾构法施工场地作业少,隐蔽性好,因噪声、震动引起的环境问题小;穿越地下地面建筑群和地下管线密集区时,周围可不受施工影响;施工时不影响地面交通;不受气候条件影响。

再次,盾构法施工改善了作业人员的劳动条件,减轻了体力劳动量,施工在盾壳的保护下进行,可避免人员伤亡,减少安全事故。

最后,自动化、信息化高。盾构采用了计算机控制、传感器、激光导向、测量、超前地质探测、通信技术,是集机、光、电、气、液、传感、信息技术于一体的隧道施工成套设备,具有自动化程度高的优点。而且具有施工数据采集功能,盾构姿态管理功能,施工数据管理功能,施工数据实时远传功能,实现了信息化施工。

本区间工程地质条件较为复杂,隧道埋深满足盾构施工条件,覆土层埋深大,地下水丰富,工程的工期要求较紧,而且对于地面沉降要求较高,综合以上各种施工工法的优缺点可知,盾构法施工具有进度快,对工程地质的适应能力强,施工过程安全高等优点,采用盾构法施工可以很好地发挥它的优点,充分满足工程的要求,考虑到上海地铁隧道施工的一般方法,最终确定本隧道区间采用盾构法进行施工。

7.5.4 盾构选型

盾构的分类方式很多，可按盾构正面对土体开挖与支护方式分，有手掘式盾构、挤压式盾构、半机械式盾构、机械式盾构四大类。但手掘式盾构劳动强度大，危险系数高，效率低，现在大直径盾构中基本不考虑；挤压式盾构对底层扰动较大，地面易产生较大隆起变形，在地面建筑物处不能使用，只能在空旷地区或跨江跨海隧道施工；半机械式盾构即在手掘式盾构的基础上正面装上挖掘机械施工，机械化程度低。因此，目前地铁隧道施工普遍使用的为机械式施工，典型的机械式施工主要有泥水平衡盾构和土压平衡盾构两种方法。下面就介绍两种方法的原理与优缺点比较。

1. 泥水平衡盾构

泥水工盾构在机械式盾构刀盘的后方设置一道封闭隔板，隔板与刀盘间的空间定名为泥水舱。把水、黏土及添加剂混合制成的泥水，经输送管道压入泥水舱，待泥水充满整个泥水舱，如盾构机的推进系统工作进发，则推进力经舱内泥水传递到掘削面的土体上，即泥水对掘削面上的土体作用有一定的压力，该压力称为泥水压力。

刀盘掘削下来的土砂进入泥水舱，经搅拌装置后掘削土砂的高浓度泥水，经泥浆泵泵送到地表的泥水分离系统，待土、水分离后，再把滤除掘削土砂的泥水重新压送回泥水舱。如此不断完成掘削、排土、推进。泥水平衡盾构机主要是用于地下水压力大，土体渗流系数大的地质状况。泥水平衡盾构机是通过大功率泥浆泵将开挖的渣土以泥浆的形式泵送到隧道外，因此具有作业效率高，工作环境清洁的特点，但是由于难以确保泥浆处理用地，近年来选用逐渐减少。

2. 土压平衡盾构

土压平衡盾构属封闭式盾构，推进时，其前端刀盘旋转掘削地层土体，切削下来的土体进入土舱。当土体充满土舱时，其被动土压与掘削面上的土，水压基本相同；故掘削面实现平衡。土压平衡盾构靠螺旋输送机将渣土排入至土箱，运至地表。由装在螺旋输送机排土口处的滑动闸门或旋转漏斗控制出土量，确保掘进面稳定。

土压平衡式盾构机，是在机械式盾构机的前部设置隔墙，使土室内和排土用的螺旋输入机内充满开挖土渣，依靠盾构机千斤顶的推力给土室内的开挖土砂加压，使土压作用于开挖面使其稳定。

3. 泥水平衡盾构和土压平衡盾构在开挖方面的比较（表7-5）

表7-5　泥水平衡盾构和土压平衡盾构在开挖方面的比较

	泥水加压式盾构	土压平衡式盾构
适用土层	软弱黏性土层、沙砾层、漂砾层固结淤泥层及含甲烷气体的特殊地层等。最适合于洪积层砂性土中掘进	冲击黏土、粉土、黏土、砂质粉土、砂质黏土、夹砂粉质黏土
优点	①泥水盾构对地层的扰动小，沉降小；②由于开挖泥浆的作用，刀具和切削刀盘的使用寿命相应的增长；	①内部设置布置简单，开挖面稳定机制可靠，施工安全可靠，速度较快；②能适应较大的土质范围和地质条件；

	泥水加压式盾构	土压平衡式盾构
	③ 适用于高地下水压，江底、河底、海底隧道施工； ④ 排查过程始终在封闭状态下进行，故施工现场与沿途道路十分干净而不受土渣污染	③ 因排除的是泥土，故排土效率比泥水盾构工法高； ④ 因土压盾构工法无需像泥水盾构那样的泥水处理系统，故设备少、现场占地面积小，成本低
缺点	① 通过泥水运出掘削土砂，故出土效率不高； ② 由于切削刀盘和泥水室泥浆的阻隔，不能直接观察到开挖面工作情况，对开挖面的处理和故障的排查都十分困难； ③ 由于设置泥水管理、处理系统，致使工序、设备复杂，成本高； ④ 地表施工占地面积大并影响交通、市容	① 因添加材料的相对密度大，故对掘削地层的渗透作用小，所以掘削摩阻力大，即掘削扭矩大。致使盾构机的装备扭矩大、功耗大； ② 切削刀头、刀盘盘面磨损较大，刀头寿命比泥水加压盾构短，要求刀头的耐磨性高； ③ 土压盾构法工法对周围地层的扰动大，故地层隆起、沉降均较泥水盾构略大
泥土输送方式	泥水管道输送，可连续输送，输送速度快而均匀；管道输送，施工进度较快；占用隧道空间小，更便于隧道内的结构和隧道同时施工	螺旋机出土，一般用土箱运输，输送间断不连续，施工速度较慢；占用隧道内空间大，不便于隧道内的结构和路面的同步施工
费用情况	施工所需费用较高	较泥水盾构费用较小

4. 盾构方法具体选型

本工程位于上海市内，四周交通复杂，空余场地少，较难提供泥水盾构机所需的地面泥水处理系统。由于上海地质情况主要是黏土为主，结合上海地区地铁工程实际施工中的经验，按照适用性、可靠性、经济性以及施工进度相统一的原则，最终选择土压盾构进行本工程左右线隧道的施工。

7.5.5 盾构进出洞设计

1. 盾构进洞施工

1）盾构进洞前的准备工作

清除端头井下积水及所有垃圾及杂物。实测进洞处洞门中心实际高程及平面坐标。纵横向每间隔 3 m 测出井底实际高程。在洞门、井底或车站结构段上用红漆做好轴线、高程等标志。

2）盾构进洞前的姿态复核测量

盾构贯通前的测量是复核盾构所处的方位、确认盾构姿态、评估盾构井洞时的姿态和拟定盾构进洞段的施工轴线、推进坡度的控制值和施工方案等重要依据，以使盾构在此阶段的施工中始终按预定的方案实施，以良好的姿态进洞，准确就位在盾构接收基座上。在进洞前

100 环，应精确做好轴线贯通测量工作，以后根据盾构推进的轴线偏差情况，每推 20~30 m，复核一次。最后 50 环的推进，盾构轴线与设计轴线的偏差，应尽可能控制在 3 cm 内，使盾构以最佳姿态进洞。

3）盾构接收井地基加固

盾构进洞区域地基加固也采用深层搅拌桩工法。地基加固宽度为端头井外 3.2 m。在盾构进洞前对井外地基加固进行验收，加固强度达到设计要求后，才能进行进洞推进施工，否则应采取补救的加固措施。

4）盾构进洞前洞门混凝土的凿除

当盾构逐渐靠近洞门时，可在洞门混凝土上开设观察孔加强对其变形和土体的观测，并控制好推进时平衡压力值。在盾构切口距封门 50 cm 时，停止盾构推进，尽可能除空平衡仓内的泥土使切口正面的平衡压力降到最低值，以确保混凝土封门凿除的施工安全。封门凿除首先在洞圈内搭设钢制脚手架。在洞门中心凿一个孔，用来观察外部土体情况，然后分六块凿除洞门混凝土，暴露出内、外排钢筋，割去内排钢筋，保留外排钢筋，并在每块混凝土中间凿出一个吊装孔，清理干净落在同圈底部的混凝土碎块，然后按照先下后上的顺序逐块割断外排钢筋，吊出混凝土。

5）盾构进洞掘进

盾构机推进离洞口约剩 10 环时，当班工长及盾构司机应密切注意刀盘马达的油压显示，如有升压趋势，即可认为切口已至地基加固边缘，此时应立即降低推进速度。在洞门混凝土吊除后，盾构应尽快推进并拼装管片，尽量缩短盾构进洞时间。

6）盾构接收井准备

盾构接收井施工完成后对洞门位置的方位测量确认，安装盾构接收架，调整接收架的标高及左右位置，为保证盾构接收，接收架安置高程可略低于盾构进洞时的实际高程，并将其与井壁可靠地固定。接收井内洞门混凝土凿除和洞门封堵材料等各项工作全部准备就绪。

2. 盾构进洞土体加固

盾构隧道施工临近结束，盾构机进入工作井前的进洞口土体必须具有一定的稳定性，其加固方法很多，基本上与盾构出洞洞口加固方法相同。

采用垂直冻结管的全断面冻结，并控制冻结范围到最小程度，仍是冻结法加固的主要方式和加固原则。也有不少工程实例采用水平圆筒形的冻结方式。这种冻结方式虽然要求更高的施工精度和冻结工艺水平，但它是一种经济有效的方案。

1）进洞土体加固

区间盾构端头地层加固计划采用三管旋喷桩加固，加固范围为隧道衬砌轮廓线外左右两侧 3.0 m，顶板以上为 3 m 至底板以下 3 m。

2）步骤及技术措施

盾构始发步骤及相应的主要技术措施如下：

（1）洞门凿除。颐和园站基坑围护结构为 ϕ 800 mm 钻孔灌注桩，洞门凿除分两步进行：

第一步，以手持风镐方式由上至下分块凿除钻孔桩，保留最内层钢筋；第二步，当盾构组装调试完成，并推进至距离洞门约 1.0 m 左右时，再由上至下分层、间隔地割除预留的最内层钢筋。

（2）洞门防水装置安装。洞门防水装置由帘布橡胶板、圆环板、固定板、压板、垫板和螺栓等组成。在洞门凿除第一步工作完成后，将前述构件按顺序安装在车站施工时预埋的洞门圈钢环上。为防止盾构推进洞门圈时刀盘损坏帘布橡胶板，可在帘布橡胶板外侧涂抹一定量的油脂。随盾构向前推进需根据情况对洞门密封压板进行调整，以保证密封效果。

（3）负环管片安装。当前述（1）~（2）及盾构组装调试等工作完成后，组织相关人员对盾构设备、反力提供系统、始发台等进行全面检查与验收。验收合格后，盾构开始向前推进，并安装负环管片。

3）试掘进

本合同段将左右线盾构每次始发后的 60 m 作为试掘进段。试掘进主要任务包括：

（1）进一步进行盾构及设备能力检验并掌握盾构操作控制方法；

（2）摸索在本合同段该类地层中各项盾构掘进施工参数的选择方法；

（3）熟练掌握管片拼装工艺、防水施工工艺、环形间隙注浆工艺；

（4）对地表隆陷、管片受力、建（构）筑物位移等进行监控量测，依此具体分析在该类地层中，采用一定的掘进施工参数时的相关影响，并对掘进参数进行优化，为全合同段安全顺利施工提供技术依据。

3. 盾构出洞施工

盾构机的出洞是主体工程的开始，关键是保证安全性，涉及洞口外土体的自立性、洞门混凝土的开凿的时间，止水帘布的安装效果等。

1）出洞前准备工作

（1）洞口槽壁混凝土凿除。

洞口槽壁混凝土凿除前，必须复核洞门中心坐标及高程，保证满足盾构机出洞的要求；同时盾构出洞口用深层搅拌桩和旋喷桩加固的土体，须达到设计所要求的强度、渗透性、自立性等技术指标，经检测达到设计要求后，方可开始洞口槽壁混凝土的凿除。

洞口槽壁混凝土采用人工用高压风镐凿除，凿除工作须分 2 层渐进，先凿除外层 500 mm，并割除钢筋预埋件。外层凿除工作先上部后下部。钢筋及预埋件割除须彻底。以保证预埋门洞的直径。

里层槽壁凿除方法是将剩余的 300 mm 分割成 9 大块体，做法是在洞门中心位置上凿 2 条水平槽，沿洞门周围凿 1 条环槽，然后开 2 条竖槽，其中 1 条凿在地墙接缝处。开槽凿除混凝土，露出槽壁钢筋，同时在每 1 块混凝土块上凿出栓钢丝绳的位置。

拆除洞口脚手架改搭临时易拆操作平台，钢筋割断与混凝土块吊离应先下部后上部，先中间后两侧，割 1 块吊 1 块。合理安排割断顺序，使用长割具，防止混凝土块倾倒。尽可能缩短混凝土块吊离工作的时间，防止土体塌方，吊离完毕后盾构机须迅速进入洞门。

（2）洞口止水帘布安装。

由于洞口与盾构（或衬砌）存在建筑空隙，易造成泥水流失，从而引起地表沉降，因此，须在洞口安装出洞装置，出洞装置包括帘布橡胶板、圆环板、扇形板及相应的连接螺栓和垫圈。安装前须对帘布橡胶板上所开螺孔位置、尺寸进行复核，确保其与洞圈上预留螺孔位置一致，并用螺丝攻清理螺孔内螺纹。安装顺序为帘布橡胶板→圆形板→扇形板，自上而下进行。安装时圆形板的压板螺栓应可靠拧紧，使帘布橡胶板紧贴洞门，防止盾构出洞后同步注浆浆液泄漏。

（3）后盾反力系统布置。

盾构出洞前，先进行后盾施工。后盾反力系统必须有足够的强度和刚度，在盾构机强大的后顶力作用下不致发生变形位移，确保盾构初始掘进时的正确位置和方向，后盾系统由钢反力架、钢弧形环、钢支撑、临时衬砌组成。

根据首环管片的里程，决定反力架的平面位置，安装反力架时，用经纬仪双向校正两根立柱的垂直度，使其形成的平面与推进轴线垂直。然后，在反力架上，测出最后一环后盾管片的位置，弹好控制线，确认高程及左右位置与出洞环管片一致后，用螺栓将其与反力架固定。

盾构机井下安装时，应精确计算发射架的安置高程及左右位置，确认无误后，将发射架与井壁四周用型钢撑紧焊牢。

2）盾构机出洞掘进

盾构机处洞前，为避免刀盘上的刀头损坏洞口密封装置，在刀头和密封装置上涂抹黄油以减少摩擦力。

（1）出洞时盾构应迅速上靠，在油压显示约等于静止土压力时，用刀盘切削水泥搅拌桩，并穿越加固区。在这段区域施工时，土压力设定值应略低于理论值，推进速度不宜过快，盾构坡度可略大于设计坡度，待盾构出加固区时，为防止由于正面土压变化而造成盾构突然"磕头"，必须将土压力的值设定成略高于理论值，施工过程中根据地层变形量等信息反馈，对土压力设定值、推进速度等施工参数作及时调整。

（2）盾构出洞时，应密切观察盾构机推力与后盾结构受力情况，要保证后盾结构的安全，如发现结构变形，应立即停止推进，采取必要措施后，方可恢复推进。

（3）由于洞门外侧土体已加固，盾构在加固层推进时，应由丰富经验的盾构司机进行操作，盾构机加水慢速推进，加固土层力学性质复杂，加水量，大刀盘转速及油压、推进速度应随时调整。

7.5.6 主要施工工序

1. 盾构掘进的施工准备

1）技术交底

在盾构施工前，对参加施工的全体人员按阶段进行详细的技术交底，按工种进行岗位培训，考核合格后方可上岗操作。

2）地面准备工作

在盾构推进施工前，按常规进行施工用电、用水、通风、排水、照明等设施的安装工作，特别是盾构机的高压电路的布设。施工必需材料、设备、机具备齐，管片、连接件的储量须满足三天推进用量。井上、井下建立测量控制网并经复核、认可。车架安置到位，电缆、管路等接至井下。对隧道沿线的建筑物，以及盾构将要穿越的需要保护的管线布置沉降监测点并取得初始值。

3）井下准备工作

（1）盾构吊装就位、调试验收。

根据现场情况，采用大吊车将盾构机本体分块吊入井下，在盾构基座上正确就位、组装，然后将盾构与车架之间的电缆、油管等连接，最后由专业技术人员调试验收。

（2）盾构后靠制作。

在最后一环负环和井壁结构之间加设钢后靠，钢后靠采用2根双榀70＃H钢，钢后靠与井壁结构之间灌注水泥砂浆，使混凝土管片受力均匀，环面平整。后盾支撑设置完成后，在盾构推进时，应注意观察后靠的变形，防止位移量过大而造成破坏。在后靠设置变形观测点，开始时每推进一箱土测量一次，待后靠变形较稳定时每环测量一次，直至后靠稳定（约15环）后方可停止观测。后靠如变形过大，应立即采取加固措施。

（3）导向轨制作。

洞圈内盾构支座制作需满足支撑盾构机始发推进时的本体重量，并起到一个导向作用。盾构基座上选用43 kg/m重型轨道作为导向轨，共布置2根。

（4）洞门的密封装置安装。

由于工作井洞圈直径与盾构外径单边存有约18 cm的间隙，为了防止盾构始发推进时及施工期间土体从该间隙中流失，在洞圈周围安装橡胶帘布带、环板、铰链板等组成的密封装置，并设置注浆孔，作为洞口防水堵漏的预防措施。

（5）盾尾油脂。

为确保盾尾的密封防水效果，在盾构调试结束后，向盾尾钢刷之间涂抹盾尾油脂，油脂涂抹要均匀、密实。

（6）负环拼装。

盾构后座选用10环负环管片拼装而成，第1环负环管片拼装是控制管片拼装质量的第一步，管片的环面必须按轴线高程和平面放样的位置，校正到垂直于设计轴线的位置。

4）地基加固

为确保端头井盾构进出洞安全，本标段端头井进出洞处用深层搅拌桩加固，在搅拌桩与连续墙之间用高压旋喷加固进行补强加固，中间风井进出洞处采用高压旋喷加固，使加固后的土体强度满足盾构进出洞的设计和施工要求，保证盾构施工顺利进行。

2. 盾构出洞施工

盾构机的出洞是主体工程的开始，关键是保证安全性，涉及洞口外土体的自立性、洞门混凝土的开凿的时间，止水帘布的安装效果等。

1）出洞前准备工作

（1）轴线测量。

为使盾构机能以最佳姿态出洞，应做好轴线测量工作。对于轴线控制点，应再次从空导点引下来，对地面轴线控制点及井下临时轴线点，站台层里的吊篮点进行复核，同时对地面水准点和井下高程控制点进行复核。在出洞前对盾构原始姿态作再次测量，确保盾构机出洞的姿态偏差控制在±5 cm范围之内。

（2）监测点布置。

为了能及时反映盾构机出洞时以及推进时对周围环境的影响，应在地面布置一定数量的地面沉降监测点。为了能及时地反馈盾构机出洞时的地面及土层的变形情况，在端头井外沉降监测点适当加密。在盾构机出洞之前，对已布设好的沉降监测点须测得原始数据。

（3）洞口槽壁混凝土凿除。

洞口槽壁混凝土凿除前，必须复核洞门中心坐标及高程，保证满足盾构机出洞的要求；同时盾构出洞口用深层搅拌桩和旋喷桩加固的土体，须达到设计所要求的强度、渗透性、自立性等技术指标，经检测达到设计要求后，方可开始洞口槽壁混凝土的凿除。

（4）洞口止水帘布安装。

由于洞口与盾构（或衬砌）存在建筑空隙，易造成泥水流失，从而引起地表沉降，因此，须在洞口安装出洞装置，出洞装置包括帘布橡胶板、圆环板、扇形板及相应的连接螺栓和垫圈。安装前须对帘布橡胶板上所开螺孔位置、尺寸进行复核，确保其与洞圈上预留螺孔位置一致，并用螺丝攻清理螺孔内螺纹。

（5）后盾反力系统布置。

盾构出洞前，先进行后盾施工。后盾反力系统必须有足够的强度和刚度，在盾构机强大的后顶力作用下不致发生变形位移，确保盾构初始掘进时的正确位置和方向，后盾系统由钢反力架、钢弧形环、钢支撑、临时衬砌组成。

2）盾构机出洞掘进

盾构机出洞前，为避免刀盘上的刀头损坏洞口密封装置，在刀头和密封装置上涂抹黄油以减少摩擦力。

（1）出洞时盾构应迅速上靠，在油压显示约等于静止土压力时，用刀盘切削水泥搅拌桩，并穿越加固区。在这段区域施工时，土压力设定值应略低于理论值，推进速度不宜过快，盾构坡度可略大于设计坡度，待盾构出加固区时，为防止由于正面土压变化而造成盾构突然"磕头"，必须将土压力的值设定成略高于理论值，施工过程中根据地层变形量等信息反馈，对土压力设定值、推进速度等施工参数作及时调整。

（2）盾构出洞时，应密切观察盾构机推力与后盾结构受力情况，要保证后盾结构的安全，如发现结构变形，应立即停止推进，采取必要措施后，方可恢复推进。

（3）由于洞门外侧土体已加固，盾构在加固层推进时，应由丰富经验的盾构司机进行操作，盾构机加水慢速推进，加固土层力学性质复杂，加水量，大刀盘转速及油压、推进速度应随时调整。

3. 盾构进洞施工

盾构机进洞是隧道贯通的关键。

1）盾构进洞前的准备工作

清除端头井下积水及所有垃圾及杂物。实测进洞处洞门中心实际高程及平面坐标。纵横向每间隔3 m测出井底实际高程。在洞门、井底或车站结构段上用红漆做好轴线、高程等标志。

（1）盾构进洞前的姿态复核测量。

盾构贯通前的测量是复核盾构所处的方位、确认盾构姿态、评估盾构进洞时的姿态和拟定盾构进洞段的施工轴线、推进坡度的控制值和施工方案等的重要依据。

在进洞前 100 环，应精确做好轴线贯通测量工作，以后根据盾构推进的轴线偏差情况，每推 20～30 m，复核一次。最后 50 环的推进，盾构轴线与设计轴线的偏差，应尽可能控制在 3 cm 内，使盾构以最佳姿态进洞。

（2）盾构接收井地基加固。

盾构进洞区域地基加固也采用深层搅拌桩工法。地基加固宽度为端头井外 3.2 m。在盾构进洞前对井外地基加固进行验收，加固强度达到设计要求后，才能进行进洞推进施工，否则应采取补救的加固措施。

（3）盾构进洞前洞门混凝土的凿除。

当盾构逐渐靠近洞门时，可在洞门混凝土上开设观察孔加强对其变形和土体的观测，并控制好推进时平衡压力值。在盾构切口距封门 50 cm 时，停止盾构推进，尽可能除空平衡仓内的泥土使切口正面的平衡压力降到最低值，以确保混凝土封门凿除的施工安全。

（4）盾构接收井准备。

盾构接收井施工完成后对洞门位置的方位测量确认，安装盾构接收架，调整接收架的标高及左右位置，为保证盾构接收，接收架安置高程可略低于盾构进洞时的实际高程，并将其与井壁可靠地固定。

2）盾构进洞掘进

盾构机推进离洞口约剩 10 环时，当班工长及盾构司机应密切注意刀盘马达的油压显示，如有升压趋势，即可认为切口已至地基加固边缘，此时应立即降低推进速度。在洞门混凝土吊除后，盾构应尽快推进并拼装管片，尽量缩短盾构进洞时间。

7.5.7 盾构推进主要施工技术措施

1. 减少地面变形控制措施

（1）综合考虑开挖隧道而引起的地面沉降的影响因素（如注浆量、出土量、仓内压力和推进速度等），制定适当的施工方案，精心施工。

（2）注浆量的大小和浆液稠度是控制地面沉降的关键因素，考虑到注浆量对隧道轴线上浮的影响，故注浆量应在 4.3～5.8 m³，浆液稠度在 9～11 之间为宜。

（3）控制地面沉降除考虑地层损失和建筑空隙充填不足对地面沉降的影响外，还须考虑管片圆环变形和其他因素对地面沉降的影响，因此在应严格控制进场管片质量，以及注意管片拼装的质量。

2. 针对特殊地段掘进的保护措施

本标段合川路站—外环站区间其隧道线路走漕宝路，跨越大上海国际大花园，沿宜山路走向，沿线多为厂区、居民区，道路交通繁忙，车辆和人流众多，其中大上海国际花园是居民集中区，多为 6～7 层的多层建筑，其基础有预制方桩（最深约 18 m）、水泥搅拌桩（最深约为 14 m），根据设计隧道剖面，桩底离隧道最小间距约 2.0 m 左右，是本标段施工难点重点，业主方要求重点保护，也是我方重点保护施工段，其具体方案如下：

1）推进施工管理技术措施

在盾构推进过程中，操作人员必须密切关注盾构机的运行姿态，及时有效的纠正偏差，使其按设计的轴线推进，尽可能地减小"蛇形"轨迹出现。

在推进过程中要密切关注土压力的变化，使其保持在恒定的范围内。若有较大的波动发生，必须停止推进，并报告工程技术人员采取有效措施予以解决。必须严格禁止发生盾构机后退的现象，完全切实地执行盾构机的规范操作方法，防止发生意外的地层扰动和地表塌陷。在穿越桩基群期间，可适当提高管片拼装状态的千斤顶压力。

2）地层加固处理措施

为了尽量减轻盾构掘进带来的影响，确保建筑物的安全，考虑到该桩基为摩擦桩，盾构掘进必然会削弱桩身和土体之间摩擦力，从而降低了桩基的承载能力。在沉降情况较为严重时可以通过在桩身周围注浆，增加桩身和周围土体的固结，使桩基的承载能力得到提高。

3）施工监测措施

通过监测资料的反馈可以及时调整推进参数。在盾构穿越桩基处，对监测点的布置进行加密，加强监测频率。

4）遇障碍物情况

如盾构在掘进过程中遇到未调查明的小体积障碍物，如独立混凝土桩基，无法进行开挖清除时，盾构机刀盘放慢旋转速度，可将障碍物切削掉。

如块石体积较小时，可利用螺旋机将其带入螺旋机下半段，然后关闭螺旋机底部闸门，打开螺旋机下部的排障门，将块石清除。

如遇大体积的障碍物（如桩基、大石块等），可先从地面把桩基拔除或进行地面开挖把大石块清除，必要时，为使开挖后土体稳定，可对开挖周围土体进行注浆加固，以使盾构机顺利通过。

5）桩基加固措施

由于桩基离隧道较近，在必要时可以加大配筋，加强混凝土管片的设计强度，提高支承力。

3. 针对不良土质掘进的保护措施

1）对于强度低、压缩性高的土体

（1）在隧道掘进时，严格控制各种施工参数。

严格控制盾构正面土压力，在盾构穿越过程中必须严格控制切口土压力，同时也必须严格控制与切口土压力有关的施工参数，如推进速度、总推力、出土量等，尽量减少土压力的波动。

严格控制盾构纠偏量，在确保盾构正面沉降控制良好的情况下，使盾构均衡匀速施工，以减少盾构施工对地面的影响。

（2）通过控制注浆时间、注浆量和注浆质量来减小沉降量。

严格控制同步注浆量和浆液质量，对主要材料的质量严格控制。注浆过程中，各材料的配比严格按照设计要求，再根据试验结果适当调整。注浆随推进均匀进行，按照轴线设计要求，适当调整注浆量。

在管片脱出盾尾后，每 5 环对管片的建筑空隙进行二次双液注浆。浆液通过管片的注浆孔注入地层。注浆量根据实际情况调整，根据施工中的变形监测情况，随时调整注浆量及注浆参数，壁后二次注浆根据地面监测情况随时调整，从而使地层变形量减至最小。

2）对于强度较高及易产生流沙管涌的粉砂层时

充分估计该区间土层的特性对盾构推进造成的不利影响，并采取相应有效措施确保推进质量以及对地表变形的有效控制。强化信息施工，不断优化盾构施工参数，优化合适的注浆浆液，加强同步注浆以及必要时的补压浆，注意后部加强止水措施，封堵盾尾，并加强隧道监测。必要时对盾构头部和密封舱内的注浆孔向头部和密封舱注入发泡剂，改良土体。

盾构在穿越该土层时，还应注意以下事项：

（1）合理控制推进速度，保证连续均衡施工，盾构设备注意日常保养，避免较长时间的搁置；

（2）严格控制土仓压力及出土量，防止超挖及欠挖；

（3）盾构姿态变化不可过大、过频，每次纵坡变化小于 0.2%；

（4）同步注浆要求做到及时、适量；

（5）如沉降超过报警值时，及时采取跟踪注浆等措施控制建、构筑物的变形量。

思考题

1. 简述全断面挖掘机的破岩机理。
2. 简述全断面挖掘机的施工特点和适用范围。
3. 盾构的类型有哪些？
4. 土压平衡式盾构的特点与适用范围？
5. 泥水平衡式盾构中泥膜形成的机理及影响泥膜形成的基本要素是什么？
6. 盾构在推进的过程中如何进行纠偏？
7. 在盾构法施工中，对地表沉降有何控制？

8 沉管法施工

8.1 概　述

8.1.1 沉管法

沉管法又叫沉埋法，是修筑水底隧道的主要方法。沉管施工时，先在隧址附近修建的临时干坞内（或利用船厂的船台）预制管段，预制的管段采用临时隔墙封闭，然后将此管段浮运到隧址的规定位置，此时已于隧址处预先挖好的一个水底基槽。待管段定位后，向管段内灌水、压载，使其下沉到设计位置，将此管段与相邻管段在水下连接，并经基础处理，最后回填覆土，即成为水底隧道。

8.1.2 沉管法的特点

1）对地质水文条件适应能力强

由于沉埋法在隧址的基槽开挖较浅，基槽开挖和基础处理的施工技术比较简单，而且沉管受到水浮力，作用于地基的载荷较小，因而对各种地质条件适应能力较强。由于管段采用先预制再浮运后沉放的方法施工，避免了难度很大的水下作业，故可在深水中施工，而且对于潮差和流速的适应能力也强。

2）可浅埋，与两岸道路衔接容易

由于沉管隧道可浅埋，与埋深较大的盾构隧道相比，沉管隧道路面标高可抬高，这样，与岸上道路很容易衔接，无需做较长的引道，线型也较好。

3）沉管隧道的防水性能好

由于每节预制管段很长，一般约 100 m 左右（而盾构隧道预制管片环宽仅为 1 m 左右）。因而沉管隧道的管段接缝数量很少，管段漏水的机会与盾构管片相比成百倍的减少。而且沉管接头采用水力压接法后，可达到滴水不漏的程度，这一特点对水底隧道的营运至关重要。

4）沉埋法施工工期短

由于每节预制管段很长，一条沉管隧道只用几节预制管段就可完成，而且管段预制和基槽开挖可同时进行，管段浮运沉放也较快，这就使沉管隧道的施工工期与其他施工方法相比要短得多。特别是管段预制不在隧址，使隧址受施工干扰的时间相对较短，这对于在运输繁忙的航道上建设水底隧道十分重要。

5）沉管隧道造价低

由于沉管隧道水底挖基槽的土方数量少，而且比地下挖土单价低，管段预制整体制作与盾构隧道管片预制相比所需费用也低。管段接缝少，接缝处理费用低。因此沉管隧道与盾构隧道相比，每延米的单价。而且由于沉管隧道可浅埋，隧道全长相对埋深大的盾构隧道要短得多，这样工程总造价可大幅度降低，能节省大量建设资金。

6）施工条件好

沉管隧道施工时，不论预制管段还是浮运沉放管段等主要工序大部分在水上进行，水下作业极少，除了少数潜水工作外，工人们都在水上操作，也无需气压作业，因此施工条件好，施工较为安全。

7）沉管隧道可做成大断面多车道结构

由于采用先预制后浮运沉放的施工方法，故可将隧道横向尺寸做大，一个隧道横断面可同时容纳4~8个车道，而盾构隧道施工时受盾构尺寸的影响不可能将隧道横断面做得很大，一般为双车道。

8.2　沉管隧道设计

8.2.1　沉管隧道组成

沉管隧道一般由敞开段、暗埋段、岸边竖井及沉管段等到部分所组成，如图8-1所示。在沉管段两端，通常设置竖井作为沉管段的起讫点，竖井是沉管隧道的重要组成部分，它可作为通风、供电、排水、运料及监控等的通道。

应根据两河岸的地形、地物及地质条件，也可将沉管段与暗埋段直接连接而不设竖井。

深埋管段按断面形式可分为圆形和矩形两大类。一般来讲，采用矩形管段比圆形管段经济，且适合于多车道的公路隧道，故成为最常用的断面形式。

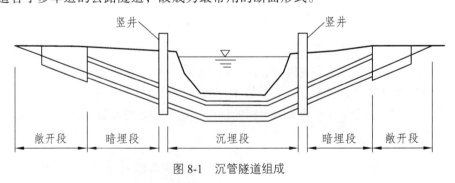

图 8-1　沉管隧道组成

8.2.2　沉管隧道施工方法

沉管隧道的施工方式分为干坞方式和钢壳方式。

1）干坞方式

干坞方式（图8-2）一般在制作沉管隧道管节时需要专用的船坞。管节的壁厚大约1.0 m，因此在浇筑混凝土时应注意由于温度的变化而产生的裂纹。此种方式主要适用于断面较宽的公路和铁路隧道。

图8-2 干坞方式

干坞方式的特点是沉管隧道管节在制作的过程中无浮起现象，不需要钢壳，用钢量少；对于管节的外形尺寸、断面形状无任何限制，可制成大断面的管节。存在的问题是在施工现场附近是否有制作管节的场地是采用此法的关键；需要严格控制混凝土的防水性能，并需要设置相应形式的防水层。

2）钢壳方式

钢壳方式或称钢模板方式，是钢制的外壳作为沉管隧道管节的外形框架浇筑混凝土后制成管节。钢壳方式的特点是可利用造船厂的船台进行施工，不需要建筑专用的制作沉管隧道管节的设备；钢壳具有良好的防水性能，不需要其他的防水措施。

钢壳方式存在的问题是由于钢壳在水中处于浮起状态，浇注混凝土时便会产生复杂的应力状态，对此需要对钢壳进行适当的补强，其经济性较差；钢壳制作一般采用现场焊接方式，故而易产生变形，同时制作精度和焊接质量都要求较高；对钢壳需要实施相应的防腐蚀措施。

8.2.3　沉管隧道构造形式

沉管隧道的断面形状多为圆形、眼镜形和长方形。

1）钢壳方式圆形断面

圆形断面在受到外部水压力和土压力的作用时，构件的截面内力受到轴向力的制约故而弯矩较小，因此在水深处施工较经济。由于断面呈圆形故而与开挖后的基础沟槽相接触的底面较窄，基础开挖比较容易。但对于公路、铁路大断面的隧道而言，由于圆形断面的上下残余空间较多。因此断面形状尺寸较大。

2）钢壳方式长方形断面

此种断面形状可利用造船厂的设备进行制作。由于此种形式是在浮起状态进行混凝土的浇注，为了保证钢壳的刚度而需要适当地增加补强，因此用钢量较大。

3）钢筋混凝土长方形断面

在干坞制作的钢筋混凝土沉管隧道管节可制成较宽的断面，但壁厚较厚。管节底面较宽，因此基础处理较费工时。

4）预应力混凝土长方形断面

预应力混凝土沉管隧道管节最大的特点是由于导入了预应力而施加了压缩应力，因此可以控制裂纹的发生，防水性强。管节构件的壁厚较钢筋混凝土的壁薄，质量轻，高度低，因此断面紧凑，疏浚土方量少，隧道长度较短，但在管节制作至沉放期间对于偏心预应力的处置、PC钢锚固处的防水、砂浆的注入等需谨慎。

合成构造管节：合成式管节即防水钢板与混凝土一体化制成的沉管隧道管节。合成构件又分为夹层结构和开放式夹层结构。夹层结构是两侧为钢板中间充填混凝土，但不配钢筋。而开放式夹层结构是一侧为钢板，另一侧为混凝土，两种材料用螺栓及型钢固定合成。

管片式管节：管片式管节类似盾构隧道的管片，它是在陆地上制作场地制成，然后按顺序联结成管节。用PC钢绳临时固定，此种方式制作占地面积小。制作工期短，适合于急速施工的要求。

8.3 沉管隧道施工

沉管隧道施工流程大致分为：① 施工前的准备；② 沉管预制场内在不妨碍隧道体的制作、拖航、沉放等作业的前提下，沿隧道纵轴线方向将隧道体分割成适当的长度；③ 沉管隧道的管节在干坞或造船厂制作、配筋和浇筑混凝土，并在管节的两端设置端封墙，用拖船拖到铺设场地；④ 事先在选定的铺设位置上挖掘成形沟槽；⑤ 将拖航的管节沉放在沟槽内与已沉放的管节连接，抽掉内部的水，利用静水压力与已沉放的管节临时连接，然后撤除端封墙进行最终连接；⑥ 在沉管隧道底部与海底地基之间的间隙内充填砂浆等，然后进行回填。

8.3.1 施工前的准备

沉埋隧道由开始规划到工程实施期间需要进行多项勘察工作，以保证隧道的正常施工和永久正常使用。勘察的主要内容有基于勘察和水文水质调查。

基本勘察：即对河道条件（河道的深度、宽度等），河道两岸组装场地的规模，管节制作场地施工条件等的勘察。

水文水质调查：对建设地段进行水文、水质、水的比重、流速、波浪潮汐、河床标高等进行调查。沉管隧道施工前首先需要掌握水中及陆地上的地层结构，以及土质的性质、地基的沉降状态、开挖沟槽的难易程度等。当沉埋隧道沿线的地基压密后由于某种原因地基可能会出现沉降、不均匀沉降等现象，这样将会造成沉管隧道的变形或承受不必要的附加荷载，对有关因素需特别调查。需要了解掌握建设隧道的周围环境历年有关地震的详细资料，以及沉埋隧道的抗震能力。

8.3.2 预制管段

钢筋混凝土管段制作在钢筋混凝土管段制作中，最重要的是保证管段预制完成后在水中浮运时能有合适的干舷浮运，沉埋于江底基槽中使用时，不产生管壁渗漏。因此，在灌筑管段混凝土时，要求保证管段混凝土的匀质性和水密性。

管段混凝土的匀质性是指管段板、壁的厚度均匀、混凝土密实度均匀。在管段制作时必须经常检查管段尺寸，严格控制混凝土密实度与匀质性。为使管段尺寸准确无误，外表平整，可选用刚度大、精度高、可微动高速的大型滑动内、外模板台车，灌筑管段混凝土。在灌筑混凝土全过程中定要严格控制模板的变形与走动，模板制作与安装要达到以毫米计的精度。另外必须实行严格的密实度管理，每班八小时内应取一定数量的混凝土试件，通过测试试件来控制混凝土的密实度变化，以达到：

$$（\rho - \rho_m）/\rho_m \leqslant 0.6\%$$

式中　ρ——混凝土试件密实度；

　　　ρ_m——混凝土试件的平均密实度。

1）管段的水密性

为确保管段的水密性，混凝土的防裂问题也非常突出。钢筋混凝土管段的防裂、防水措施有四种：管段自身防水、管段外侧防水和施工接缝防水及采用预应力提高抗裂性能。

（1）管段结构物自身防水能力的提高。一方面采用防水混凝土灌筑管段，其抗渗标号应根据最大水深与管段边墙厚度所决定的水压力梯度值来选用；另一方面要防止管段混凝土由于温差和干缩造成的裂缝。

施工中采用以下防止管段裂缝的措施：

①控制节段长度。将每片预制管段分成几个节段施工，每个节段长度宜为 15～20 m。

②控制混凝土内外的温差。采用隔热性能良好的木模板，推迟拆模时间，加强养护工作。

③降低混凝土灌筑温度。采用低水化热的矿渣水泥等品种，降低水灰比，减少水泥用量（如掺用粉煤灰）；夏天掺冰水拌和混凝土，选择气温较低的夜间或阴天灌筑混凝土等措施。

④减少施工缝两侧混凝土温差。在灌筑边墙混凝土时，在离底板 3 m 范围内的边墙中设置蛇形冷却水管，降低边墙混凝土温度，使先浇筑的底板混凝土与后浇筑边墙混凝土温差减小。

（2）管段结构外侧防水。外侧防水层必须满足以下要求：不透水性、耐久、耐压、耐腐蚀性好，不必修补，并能适应管段的温度变化而延伸与收缩，便于施工，较经济等。外侧防水的技术措施如下：

①采用钢壳、钢板防水。圆形管段，采用钢壳（厚 12 mm）作模板兼作永久性防水层，但采用钢壳防水耗钢量大，焊缝防水的可靠性低，并且钢材防锈问题不易解决。矩形管段采用在管底与侧边墙下部以 6 mm 厚的钢板作钢筋混凝土板的外侧防水层，防水钢板的拼接一般采用焊接。底部钢板还可以在浮运、沉放时起到保护管段的作用。

②采用卷材、保护层防水。管段边墙及顶板，可采用柔性防水层和保护层防水。柔性防水层常选用沥青类卷材与合成橡胶卷材。

沥青类卷材一般用浇油摊铺法粘贴，顶板要中间向两边摊铺，边墙则自下而上摊铺，搭接相叠宽度 10～15 cm，要求搭口不翘。异丁合成橡胶卷材的层厚 2 mm，采用层数视水头大小而定。例如：当水深 20 m 左右时，可用 3～5 层。卷材防水一般须在外面再设一保护层，其构成视管段具体部位，管段边墙外面可采用木板或混凝土作保护层，有的管段不设保护层，而是将顶板的保护层延伸到边墙上，以形成护舷。管段顶上一般设 10～15 cm 厚的钢筋混凝土保护层，同时起到防锚作用。

合成橡胶卷材的主要缺点是：施工工艺较复杂，施工中稍有不慎就会"起壳"，返工时非常费事，坏了简直无法修补。

③ 涂料防水。

可直接将化学涂料涂刷于管段边墙和顶部防水，其优点是施工工艺较简单，而且在平整度较差的混凝土表面上，可直接施工使用，但缺点是延伸率较小。目前涂料防水尚未普遍采用。

（3）管段施工接缝防水。

管段预制时，一般先灌筑底板混凝土，后灌筑边墙（竖墙）和顶板混凝土。在边墙下端（在高出底板 30～50 cm）会产生纵向施工接缝，管段沿长度方向分成几个节段施工，节段之间设置横向施工缝为垂直变形缝，其水密性很难保证，一般要采用有针对性的防水措施。

一般将横向施工缝做成变形缝（图 8-3），其间隔长为节段长 15～20 m，以使管段结构不因隧道纵向变形而开裂。

管段变形缝的构造应满足以下三个要求：

① 能适应一定幅度的线变形与角变形；

② 施工阶段能传递弯矩，使用阶段能传递剪力；

③ 变形前后均能防水。

在管段浮运时，为了保持管段的整体性，变形缝一定要能传送由波浪及施工荷载引起的纵向弯矩。通常采用如下两种措施：

① 把变形缝处所有管壁内、外纵向（水平）钢筋全部切断。另设临时纵向预应力筋承受浮运时的纵向弯矩；

② 只将变形缝处所有的管壁外排纵向钢筋切断。内排纵向钢筋则保持连续并通过变形缝。待沉没完毕后，再予切断，使之成为完全的变形缝。

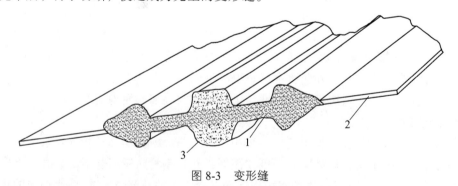

图 8-3　变形缝

1—橡胶带体；2—薄钢板（0.7～0.8 mm）；3—塑料

在变形缝中，一般设置 1～2 道止水带，以保证变形前后均能防止河海水流入。止水带必须是既能适应变形，又能有效地截止渗漏水。止水带的形式种类有很多，钢板橡胶止水带目前应用得较多。

2）封端墙

在管段灌筑完成，拆除模板之后，为了使管段能在水中浮起，必须在管段两端离端面设置封端墙（或称端封墙）。封端墙可采用钢板或钢筋混凝土制成。近年较多用钢筋混凝土封端墙，其优点是变形较小，易于确保不漏水，但缺点是拆除封端墙较麻烦。沉管隧道工程实践表明，钢板封端墙方法仍较可取，其密封问题不难解决，钢板制作的封端墙由端面钢板、主梁及横肋组成正交异性板（可用防水涂料封缝，或用多环橡胶密封环，其防漏效果相当可靠、密封性能良好，并且装拆方便）。

封端墙设有水力压接的设施：人字孔钢门（密封防水）、给气阀（设于上部）、排水阀（设于下部）、鼻式托座（左、右对称设置）和拉合结构（左、右对称设置）。人字孔钢门应向外开启。沿门的周边应设密封性能良好的密封条止水带。

3）压载设施

沉管隧道的预制段是自浮的，浮运拖拉就位后要沉放到水底，在沉放时不加压载就沉不下去。加压下沉时，可用石渣、矿渣、砂砾等压载。用水箱压载简单方便，采用较多。

在封端墙安设前，须先设置防水密封门供人员出入孔，及在管段内对称设置容纳压载水的容器，使管段保持平衡，达到平稳地下沉。压载水箱宜采用拼装或木板水箱，便于装拆，可重复使用。

8.3.3　沉管基槽开挖

1）沉管基槽开挖的基本要求

在沉管隧道施工中，在隧址处的水底沉埋管段范围，需在水底开挖沉管基槽，沉管基槽开挖的基本要求如下：

（1）槽底纵坡应与管段设计纵坡相同。

（2）沉管基槽的断面尺寸，根据管段断面尺寸和地质条件确定如图8-4所示。

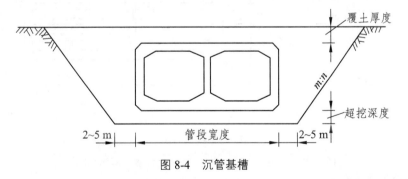

图8-4　沉管基槽

① 沉管基槽的底宽，一般比管段底每边宽2~5 m。这个宽余量应视土质情况及基槽搁置时间及河道水流情况而定，一般不宜定得太小，以免边坡坍塌，影响管段沉入顺利进行；

② 开挖基槽的深度，应为管顶覆土厚度、管段高度和基础所需超挖深度三者之和；

③ 沉管基槽开挖边坡，稳定边坡与土层地质条件有关，对不同的土层采用不同的边坡。

2）沉管基槽开挖方法

（1）水中基槽开挖方法。一般采用吸扬式挖泥船疏浚，用航泥驳运泥。当土层较坚硬，水深超过 20～25 m 时，可用抓斗式挖泥船（亦称抓扬式挖泥船）配合小型吸泥船清槽及爆破。粗挖时亦可采用链斗式挖泥船，其挖泥深度可达 19 m。对硬质土层可采用单斗挖泥船。

（2）泥质基槽开挖方法。一般分两个阶段（即粗挖和精挖）进行挖泥。粗挖时挖到离管底标高的 1 m 处；精挖时应在临近管段沉放前开挖，以避免淤泥沉积（精挖层的长度只需超前 2～3 节管段长度）。挖到基槽底设计标高后，应将槽底浮土和淤泥渣清掉。

（3）岩石基槽开挖方法。

首先清除岩面以上的覆盖层，然后采用水下爆破方法挖槽，最后清礁。一般水底炸礁采用钻孔爆破法，可根据岩性和产状确定炮眼直径、孔距与排距（排距相互错开）。炮眼的深度一般超过开挖面以下 0.5 m，采用电爆网路连接起爆。水底爆破要注意冲击波对来往船只和水中作业人员的安全，其安全距离应符合规定，并加强水上交通管理，设置各种临时航标以指引船只通过。

8.3.4　沉管施工

1. 预制管段浮运作业

1）管段拖运出坞

在干坞内预制管段完成后，可向干坞内灌水，使预制管节逐渐浮起。在浮起过程中，利用在干坞四周预先为管段浮运布设的锚位，用地锚绳索固定在浮起的管段上，然后通过布置在干坞坞顶布置的绞车将逐节牵引出坞如图 8-5 所示，以使下一批管段按期预制。

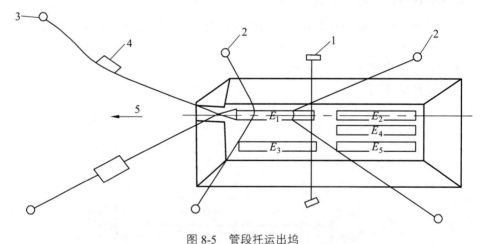

图 8-5　管段托运出坞

1—绞车；2—地带；3—沉埋锚；4—工作；5—出坞牵引缆

2）管段向隧址浮运

一般可采用拖轮拖运，或用岩上的绞车拖运管段。当拖运距离较长，水面较宽时，一般采用拖轮拖运管段。拖轮的大小和数量可根据管段的长、宽、高度、拖拉航速及航运条件（航道形状、水深、流速等）通过力学计算分析选定。

3）拖轮布置形式

（1）四船拖运。

一种形式是将两艘拖轮并排在管段的前面领拖，另两艘拖轮并排在管段的后面反拖，并制动转向如图 8-6（a），图 8-7 所示。另一种形式是前一艘主拖轮作为领拖，管段两边各用一艘拖轮帮助，后面一艘拖轮进行反拖并制动管段转向。

（2）三船拖运管段。

一种形式是用两艘拖轮在前领拖，一艘拖轮在后反拖并制动转向如图 8-6（b）所示。另种形式是用一艘主拖轮在前面拖拉，两艘动力较小的拖轮系靠在管段后面两侧控制导向。

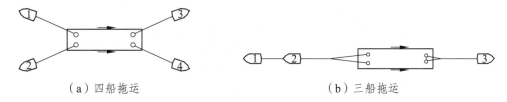

（a）四船拖运　　　　　　　　　　（b）三船拖运

图 8-6　管段托运

图 8-7　四船拖运

4）岸上绞车拖运和拖轮顶推管段浮运

当水面较窄时，可采用岸上设置绞车拖运，采用绞车拖运与拖轮顶推管段浮运时，应在临时航道设置导航系统，要选择良好的气候条件，一般要晴天、风力小于 5 级，能见度应大于 500 m，并要加强水上交通管理以确保安全。

2. 预制管段沉放就位

1）管段沉放方法

当管段浮运就位后，需将管段沉放到水底基槽中与相邻管段对接。管段沉放作业是沉管隧道施工中的重要环节。它受到管段尺寸、气象、水流、地形等条件的直接影响，还受到航运条件的一定制约。因此，在施工时须根据这些具体条件选择合适的沉放方法。并制定实施性水中作业方案，安全稳定地将管段沉放就位。目前，沉管隧道管段的沉放方法，归纳为两大类：一类是吊沉法，另一类是拉沉法。采用吊沉法的居多。吊沉法又分为：起重船吊沉法、浮箱或浮筒吊沉法、水上自升式作业平台吊沉法和船组或浮箱组吊沉法。

（1）起重船吊沉法。超重船吊沉法亦称浮吊法。采用浮吊法进行管段的沉放作业时，一般采用 2～4 艘起重能力为 1 000～2 000 kN 的起重船提着管段顶板预埋吊环，吊环位置应能保证各吊力的合力通过管段重心，同时逐渐给管段压载，使管段慢慢沉放到规定位置上如图8-8所示。这种方法的缺点是占用水面较宽，对航道交通干扰较大。

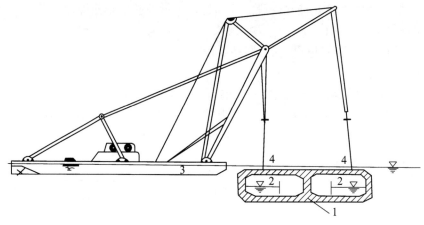

图 8-8　起重船吊沉

1—沉管；2—压载水箱；3—起重船；4—吊点

（2）浮箱吊沉法。

通常在管段顶板上方采用 4 只浮力为 1 000～1 500 kN 的方形浮箱（体积 10 m×10 m×4 m），直接将管段吊起（吊索起吊力要作用在各浮箱中心），四只浮箱分前后两组，每两只浮箱用钢桁架连接起来，并用 4 根锚索抛锚定位。起吊的卷扬机和浮箱定位卷扬机均安放在浮箱顶部。也可以不采用浮箱组的定位锚索，只用管段本身上的 6 根定位索进行控制坐标，使水上沉放作业进一步简化。浮箱吊沉法的全过程如图 8-9 所示。

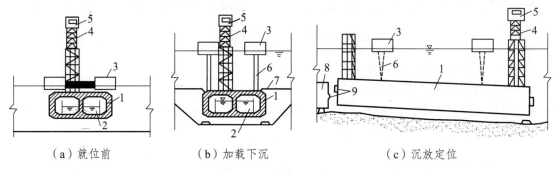

（a）就位前　　　　　（b）加载下沉　　　　　（c）沉放定位

图 8-9　浮箱吊沉法

1—就位前；2—加载下沉；3—沉放定位；4—定位塔；5—指挥塔；6—定位索；7—现设管段；8—鼻式托座

上海金山沉管隧道施工中，把控制管段定位的卷扬机全部移到河岸上，采用所谓"全岸控"作业，可大大减少水上作业，又能使管段沉放时对航道影响减小，使指挥、操作便利。

（3）自升式平台吊沉法。

自升式平台一般由 4 根柱脚与船体平台两部分组成。移位时靠船体浮移，就位后柱脚靠液压千斤顶下压至河床以下，平台沿柱脚升出水面，利用平台上的起吊设备吊起沉放管段如图 8-10 所示。自升式平台吊沉法，适用于水深或流速较大的河流或海湾沉放管段，施工时不受洪水、潮水、波浪的影响，不需要锚锭，对航道干扰小。但这种方法的缺点是设备费用较大。

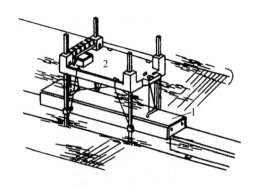

图 8-10 自升式平台吊沉法

1—沉管；2—自升式平台（scp）

（4）船组杠吊法。

采用两副"杠棒"搭在两组船体上组成的船组，完成管段吊沉作业。所谓"杠棒"即钢桁架梁或钢板梁。每组船体可用两组浮箱或两只铁驳船构成，将两组钢梁（杠棒）两头搭在两只船体上，构成个船组，再将先后两个船组用钢桁架梁连接起来形成一个整体船组。船组和管段各用 6 根锚索定位（均为四边锚及前后锚），所有定位卷扬机均安设在船体上，起吊卷扬机则安设在杠棒上，吊索的吊力通过杠棒传到船体上如图 8-11 所示。

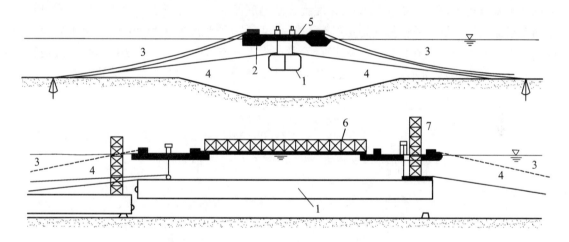

图 8-11 船组杠吊法

1—沉管；2—铁驳；3—船组定位索；4—杠棒；5—连接梁；6—定位塔

在船组杠吊法中，需要四只铁驳或浮箱，其浮力只需用 1 000 ~ 2 000 kN 就足够了。亦可采用两只吨位较大的铁驳（驳体长 60 ~ 85 m、宽 6 ~ 8 m、深 2.5 ~ 3 m）代替四只小铁驳进行管段沉放作业，称为双驳杠吊法如图 8-12 所示。

这种方法的主要特点是：

船组整体稳定性好，操作较方便，并且可把管段的定位锚索省去，但双驳杠吊法大型驳船等设备费较贵，一般很少采用，只在具备下面条件之一时才适合采用双驳杠沉法。

① 小型管段的沉放，工程规模较大，管段沉放数量较多时，沉放时较平稳，且浮运时还

可利用铁驳船组挟持着管段航行，使侵水面积对浮轴的惯性矩成倍增大，使浮运时抗倾覆稳定性及安全度大大提高；

②计划准备在附近连续修建多条沉管隧道；

③沉管工程完毕之后，大型方驳可移作他用（例如改用作码头等）。

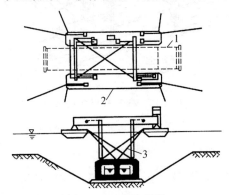

图 8-12 双驳杠吊法

1—管段；2—大型铁驳；3—定位索

（5）拉沉法。

拉沉法特点是：即不用起重船、浮吊、方驳，也不用浮箱、浮筒管段沉放时，也不靠灌注压载水来取得下沉力，而是利用预先埋置在基槽底面的水下桩墩当作地垄，依靠安设在管顶钢桁架上的卷扬机，通过扣在地垄桩墩上的钢索，将具有 2 000～3 000 kN 浮力的管段慢慢拉下水去，使管段沉放在桩墩上。在进行管段接头水下连接时，也用此法以斜拉方式使管段接头靠拢，如图 8-13 所示。使用此法必须设置水底桩墩，费用较高，因此未得到推广。

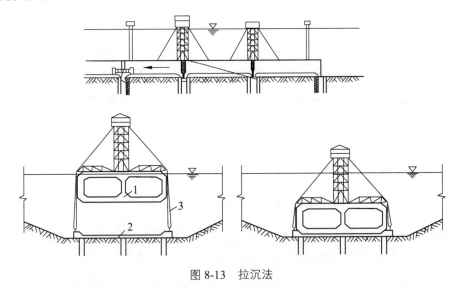

图 8-13 拉沉法

1—沉管；2—桩墩；3—拉索

以上各种沉放管段的方法中，最常采用且最方便的方法是浮箱吊沉法和船组杠沉法。一般顶宽在 20 m 以上的大、中型管段，使用浮箱吊沉法较为适合，而小型管段则以采用船组杠沉法为最佳。

2）沉放作业

管段沉放作业全过程可按以下三个阶段进行。

（1）沉放前准备工作。

沉放前，在开始前的 1～2 d，须把管段基槽范围内和附近的回淤泥砂清除掉，保证管段能顺利地沉放到规定位置，避免沉放中途发生搁浅，临时延长沉放作业时间，打乱港务计划。

在管段沉放之前，应事先和港务、港监等有关部门商定航道管理有关事宜，并及早通知

有关方面。同时，水上交通管制（临时改道及局部封锁）开始之后，须抓紧时间布置好封锁线标志，包括浮标、灯号、球号等。短暂封锁的范围：上下游方向各 100～200 m，沿隧道中线方向的封锁距离，视定位锚索的布置方式而定。为防止误入封锁区的船只于紧急抛锚后仍刹不住，有的现场还沿着封锁线在河底敷设锚链，以策安全。同时应事先埋设好管段与作业船组定位用的水下地锚，地锚上需设置浮标。

（2）管段就位。

在管段浮运到距离规定沉放位置的纵向约 10～20 m 处，挂好地锚，校正方向，使管段中线与隧道中线基本重合，误差不应大于 10 cm，管段纵坡调整到设计纵坡。定好完毕后即开始灌水压载，至消除管段全部浮力为止。

（3）管段下沉。

管段下沉的全过程，一般需要 2～4 h，因此应在潮位退到低潮平潮之前 1～2 h 开始下沉。开始下沉时，水流速度宜小于 0.15 m/s，如流速超过 0.5 m/s，就要另行采取措施，如加设水下锚碇，使管段安全就位。

管段下沉作业，一般分为三个步骤进行，即初步下沉、靠拢下沉和着地下沉。

① 初步下沉。

先灌注压载水至下沉力达到规定值 50%（用缆索测力计测定）。随即进行位置校正，待前后左右位置校正完毕后，再继续灌注压载水至下沉力达到规定值的 100%，然后使管段按不大于 30 cm/min 的速度将管段下沉，直到管段底部离设计十高程 4～5 m 为止。下沉过程中要随时校正管段位置。

② 靠拢下沉。

将管段向前节，按既设管段方向平移至前节管段 2.0～2.5 m 处，再将管段下沉到管段底部离设计高程 0.5～1.0 m 左右，并再次校正管段位置。

③ 着地下沉。

先将管段底降至距设计高程 10～20 cm 处（用超声波测仪控制），再将管段继续前移至既设管段 20～50 cm 处（用超声波测距仪控制），校正位置后，即开始着地下沉。在到最后 10～20 cm 左右时，下沉速度要很慢，并应随时校正管段位置。着地时，先将管段前端上鼻式托座搁在前节管段下鼻式托座上，然后将管段后端轻轻地搁置到临时支座上（其位置可以用管段内操纵千斤顶进行调整）。搁好后，管段上各吊点同时卸载，先卸去 1/3 吊力，校正管段位置后再卸 1/2 吊力，待再次校正管段位置后，卸去全部吊力，使管段下沉力全部作用在临时支座上。在有些工程实例中，此时再灌压载水加压，使临时支座下的石渣堆得到进一步压实，石渣压实后再将压载水排掉。此时，就可以准备进行管段接头水下连接的拉合作业。开始拉合前，需先由潜水员下去检查管段接头端面，胶垫以及对位情况，然后再收紧各吊索，使管段

前端的鼻式托座反力减到 1/2，后端临时支座的反力减到 1/2 以下，甚至接近零，这时各支座摩阻力很小，可用设在既设管段后端的封端墙上的"探棒"（直径约 10 mm，带有密封圈可前后伸缩）进行触探。待校正管段位置后，即可进行拉合。拉合之后，须再进行管段位置校正，此时即可正式"着地"。水下连接作业全部结束后就可撤去吊索上的荷载，并撤除管段顶部的临时设备和附件，以便重复利用。

3. 管段水下连接

管段沉放完毕后，须与已沉放好的管段或竖井连接成一个整体。这项连接工作在水下进行，故称管段水下连接。水下连接技术的关键是保证管段接头不渗、不漏水。水下连接的方法有两种：一种是用水下混凝土连接，另一种是水力压连接。

1）采用水下混凝土连接法

早期的沉管隧道，都是采用水下混凝土连接法。采用水下混凝土连接法时，应先在接头两侧管段的端部与管段同时制作安设平堰板，待管段沉放完毕后，在前后两块平堰板左右两侧水中，安设一个圆形围堰板，同时在隧道衬砌的外边，用钢檐板把隧道内外隔开，再往围堰内灌筑水下混凝土，形成管段水下的连接。

水下混凝土连接法的主要缺点是：水下作业工艺复杂，水下作业（潜水）工作量较大，管段接头处混凝土容易开裂漏水，故 20 世纪 60 年代末开始很少采用水下混凝土连接法，自此之后，几乎所有的沉管隧道都采用了简单、可靠的水力压接法进行管段水下连接施工。

目前，水下混凝土连接法仅在管段的最终接头时采用。

2）水力压接法

20 世纪 50 年代末，加拿大的迪斯隧道首创水力压接法（图 8-14）。接着 20 世纪 60 年代初开工的荷兰鹿特丹市地铁沉管隧道工程，采用了这种水力压接法，并加以改进，使其更加完善，各国广泛推广。

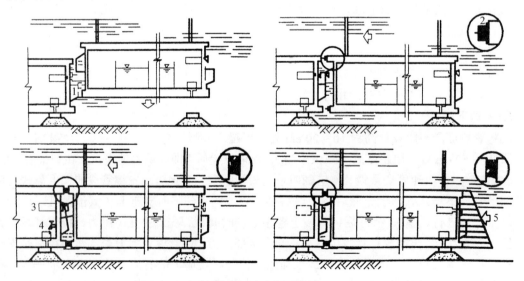

图 8-14　水力压接法

1—鼻式托座；2—接头胶垫；3—拉合千斤顶；4—排水阀；5—水压力

（1）水力压接法的作用原理。

水力压接法是利用作用在管段上的巨大水压力使安装在管段前端周边上的一圈胶垫发生压缩变形，形成一个水密性相当可靠的管段接头。具体施工方法是：在管段沉放就位完毕后，先将新设管段拉向既设管段并紧靠上，这时接头胶垫产生了第一次压缩变形，并且有初步止水作用。随即将既设管段后端的封端墙与新设管段前端的封端墙之间的水（此时已与河水隔离）排走。排水之前，作用在新设管段前、后两端封端墙上的水压力变成了1个大气压的空气压力，于是作用在后封端墙上的巨大水压力就将管段推向前方，使接头胶垫产生第二次压缩变形如下图所示。经二次压缩变形后的胶垫，使管段接头具有非常可靠的水密性。

水力压接法水力压接法工艺较简单、施工方便、水密性好、基本上不用潜水作业、施工速度较快、工料费较节省等，因此水力压接法得到世界各国迅速推广应用。

（2）水力压接法所用的接头胶垫。

目前水力压接法所使用的管段接头胶垫有两种类型：一种是荷兰经试验研制的尖肋型橡胶垫如图8-15所示，安装在管段接头的竖直面，作为管段接头第一道防水线承受压力；第二种类型采用"W"或"Ω"形式橡胶板安装（用扣板和螺栓连接）在管段接头的水平方向，作为管段接头第二道防水线，（并且具有抗震性能），可以承受拉力等。

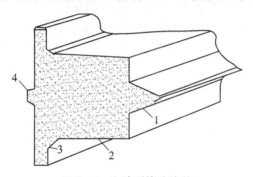

图8-15　尖肋型接头胶垫

1—尖肋；2—胶垫本体；3—底翼缘；4—底肋

（3）水力压接施工程序。

采用水力压接法进行管段水下连接的主要工序是：对位、拉合、压接、拆除封端墙。

① 对位。

管段沉放作业是按前述的工序初步下沉、靠拢下沉和着地下沉三步进行。着地下沉时须结合管段连接工作进行对位，对位精度应符合以下规定：管段前端的水平方向为±2 cm、垂直方向为±0.5 cm；管段后端水平方向±5 cm，垂直方向为±1 cm。为确保对位精度，管段接头一般应采用如图8-16所示，为上海金山沉管隧道工程用的"卡式托座"，它是对于鼻式托座的改良，更便于确保管段接头定位的精度要求。

② 拉合。

拉合工序是：利用安装在既设管段竖壁上带有锤形拉钩的千斤顶，将刚对好位的管段拉向前节既设管段，使胶垫的尖肋产生初压变形和初步止水作用。拉合工作程序为：先推出拉杆，将锤形拉钩插入刚沉放的管段中的临时支架内的连接部分，再旋转900即快速固定，即完成拉合作业。拉合作业也可用定位卷扬机完成。拉合作业完成后，应再次测量与调整。

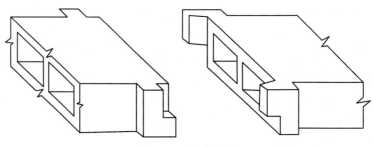

图 8-16　卡式托座

③ 压接。

拉合作业完成后，即可打开既设管段后封端墙下部的排水阀，排出前后两节沉管封端墙之间被胶垫所封闭的水。排水阀用管道与既设管段的水箱相连接。排水开始后，不久应打开安设在既设管段后封端墙顶部的进气阀，以防封端墙受到反向真空压力（一般设计封端墙时只考虑单向水压力）。当封端墙间水位降低到接近水箱水位时，应开动排水泵助排，否则水位不能继续下降。

排水完毕后，作用到整个胶垫上的压力，便等于作用在新设管段后封端墙和管段端面上的全部水压力，视水深和管段断面尺寸而定。在全部水压力作用到胶垫上：去后，胶垫必然进一步压缩，从而达到完全密封。这个阶段胶垫的压缩量约为胶垫高度的 1/3 左右。胶垫的尺寸和硬度，即按此压力和压缩变形量进行设计与施工。

④ 拆除封端墙

压接工序完成后，即可拆除封端墙，安装"W"或"Ω"形橡胶板，使管段向岸边连通。因没有像盾构施工时那样的出土和管片运输的频繁行车，内装工作（包括浇筑压载混凝土）铺设路面、安装壁面、平顶、永久性照明灯具等均可开始作业。这也是沉管隧道工期较短的一个重要因素。

8.4　基础处理

沉管基础处理是水底沉管隧道水下施工的最后工序。因沉管隧道在基槽开挖、管段沉放、基础处理和回填覆土后，其抗浮系数（管段总重与管段排水量之比）仅为 1.1 ~ 1.2，因此作用在地基上的荷载一般比开挖前小，故沉管隧道地基一般不会产生由于土质固结或剪切破坏引起的沉降。沉管隧道施工时是在水下开挖基槽，一般不会产生流沙现象，因而对地质条件的适应性很强。然而在沉管隧道中，仍须进行沉管的基础处理。其原因是：在开挖基槽作业后的槽底表面与沉管底面之间存在着很多不规则的空隙，会导致地基受力不均匀而产生局部破坏，从而引起地基不均匀沉降，使沉管结构受到较大的局部应力而开裂。因此，在沉管隧道中必须进行基础处理，其目的是使管段底面与地基之间的空隙垫平、充填密实，以消除沉管结构有危害的空隙。

沉管隧道的基础处理主要是垫平基槽底部。其处理方法较多，主要有两大类八种方法：一类是先铺法（又称刮铺法），包括刮砂法、刮石法两种；另一类是后铺法，包括灌砂法、喷砂法、灌囊法、压浆法、压砂法和桩基法。刮铺法在管段沉放前进行，故称先铺法。喷砂法和压浆法等在管段沉放后进行，故称后填法。桩基法主要适用于软弱地基。沉管隧道基础处理，早期曾采用过灌砂法和灌囊法。灌砂法是沿管段两侧向基底灌砂，因不能使底宽较大的矩形管段底面中间部位充填密实，只适用于圆形管段。灌囊法是在管段底面系上囊袋，管段沉放后向囊袋内灌注水泥砂浆填充，这种方法现已被压浆法取代。在此仅就目前应用最多的刮铺法、喷砂法、压浆法和桩基法等四种基础处理方法介绍如下。

1）刮铺法

采用刮铺法开挖基槽底应超挖 60 ~ 80 cm，在槽底两侧打数排短桩安设导轨，以便在刮铺时控制高程和坡度。安设导轨时要有较高的精度，否则影响基础处理的质量和效果。

刮铺法是在管段沉放前用专门船上的刮板在基槽底刮平铺材料（如碎石或砂砾石作为管段基础），如图 8-17 所示。投放铺垫材料采用抓斗或通过刮铺机的喂料管，投放范围为一节管段长，宽度为管段底板宽加 1.5 ~ 2.0 m，若铺垫材料为砂砾石或碎石，其最佳粒径分别 2.6 ~ 3.8 cm 和 15 cm。刮板船用沉到水底的锚块起稳定作用，刮板支承在刮板船的导轨上，刮铺时刮平后垫层表面平整度为：刮砂±5 cm、刮石 20 cm。

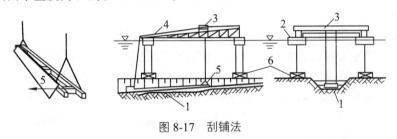

图 8-17　刮铺法

1—碎石垫层；2—驳船组；3—车桁架及轨道；4—；5—刮板；6—锚块

为了保证基础密实，管段就位后可加过量的压载水，使其产生超载，以使垫层压紧密贴。若铺垫材料为碎石，可通过管段底面板上预埋的压浆孔向垫层压注水泥膨润土混合砂浆。刮铺法的缺点：必须要有专门的刮铺设备；其作业时间较长，对船道有干扰；刮铺完后需经常清除回填淤泥或坍坡的泥土；在管段底宽较大时（超过 15 m 时）施工较为困难。

2）喷砂法

冬、在管段宽度较大时，用刮铺法施工实在很困难，1941 年荷兰 Mass 水底沉管隧道时首创喷砂法。喷砂法主要是从水面上用砂泵将砂、水混合料通过伸入管段底下的喷管向管段底喷注，填充饱满空隙。喷填的砂垫层厚度一般为 1 m 左右。喷砂的材料要求平均砂粒径为 0.5 mm 左右，混合料中含砂量一般为 10%，有时可达到 20%，但喷出的砂垫层较疏孔隙比为 40% ~ 42%。

喷砂作业用一套专用的台架，台架顶部突出在水面上，可沿铺设在管段顶面上的轨道作纵向前后移动。在台架的外侧悬挂着一组（三根）伸入管段底部的 L 形钢管，中间一根为喷管，直径为 100 mm，旁边二根直径为 80 mm 的吸管。作业时将砂、水混合料经喷管喷入管底下空隙中，喷管作业扇形旋移前进。在喷砂作业同时，经二根吸管抽吸回水，使管段底面形成一个规则有序的流动场，砂子便能均匀沉淀。从回水的含砂量中可测定砂垫层的密实程度。喷砂时从管段前端开始，喷到后端时，用浮吊将台架移到管段的另一侧，再从后端向前喷填。

喷砂台架喷砂作业的施工速度约为 200 m³/h。喷砂作业完成后，随即松卸临时支座上的定位千斤顶，使管段的全部重量（含压载物）压到砂垫层上去进行压密。这时产生的沉降量一般为 5~10 mm。运营后的最终沉降量约在 15 mm 以内，喷砂法适用于宽度较大的沉管隧道。喷砂法在清除基槽底的回淤土时十分方便，可在喷砂作业前，利用喷砂设备逆向作业系统进行。

喷砂法存在的缺点：设备费较昂贵；喷砂台架体积庞大，占用航道而影响通航；对砂子的粒径要求较高，因此增加了喷砂法的费用。

3）压注法

在管段沉放后向管段底面压注水泥砂浆或砂，作为管段的基础。根据压注材料不同分为压砂法和压浆法两种。

因压注法不需要专用设备，操作较简单，施工费用较低，还不受水深、流速、浪潮及气象条件影响，具有不干扰航运，也不需要潜水作业，便于日夜连续施工方便的显著优点，故此在今后的发展中将会取代其他沉管基础处理方法而得到更加普遍推广应用。

（1）压浆法。

这是一种在灌囊法的基础上进一步改进和发展而创造的处理方法。其优点是可省去大量的囊袋、繁复的安装工艺、水上作业和潜水作业等。

压浆法是在浚挖基槽时，是先超挖 1 m 左右。然后摊铺一层厚 40~60 cm 的碎石，但不必刮平只要大致整平即可。再堆设临时支座所需的渣堆完成后即可沉放管段。在管段沉放结束后，沿着管段两侧边及后端底边抛堆砂、石封闭栏，栏高至管底以上 1 m 左右，以封闭管段周边，然后从隧道内部，用压浆设备通过预埋在管段底板上的 ϕ80 mm 压浆孔，向管段底空隙压注混合砂浆如图 8-18 所示。混合砂浆由水泥、膨润土、黄砂和缓凝剂配成。强度应不低于原地基强度，但流动性要好。压浆材料也可用低标号、高流动性的细石子混凝土。

国内外水底隧道工程采用压浆法，不但解决了地震区液化问题，而且施工后观测结明压浆基础情况良好，并说明在软弱地基采用压浆基础是合适的。

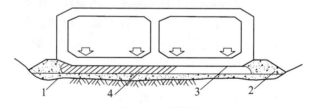

图 8-18　压浆法

1—碎石垫层；2—砂；3—石封闭栏；4—压入砂浆

（2）压砂法。

此法与压浆法很相似，但压入的材料不是砂浆，而是砂、水混合料。所用的砂的粒径为 0.15~0.27 mm 为宜，注砂压力比静水压力大 50~140 kPa。压砂法具体做法是：在管段内沿轴线方向铺设 ϕ200 mm 输料钢管，接至岸边或水上砂源，通过泵砂装置及吸料管将砂水混合料泵送（在管中流速可达 3 m/s）到已接好的压砂孔，打开单向球阀，混合料压入管底孔隙，压注孔间距约为 20 m（压注半径达 12 m）。砂水混合料的流量为 30 m³/h。停止压砂后，在水压作用下球阀自动关闭。每次只连接三个压砂孔，当一个压砂孔灌注范围填满砂子后，返回重压前的孔，其目的是填满大大小小的空隙。完成一段后再连接另外的压注孔，进行下一段压砂作业。压砂顺序是从岸边注向中间，这样可避免淤泥聚积在管段隧道两端。待整个管段基础压砂完成后，再用焊接钢板封闭砂孔。采用此法时应注意压前要先行试验，以合理选定压砂孔径、孔间距、砂水比、砂泵压力等参数。一般宜选用大流量低压砂泵，压力稍大于管段底水压力即可行。此法设备简单，施工工艺容易掌握，施工方便。并对航道干扰较小，受气候影响小。但此法在管底预留压砂孔时，施工中应认真作业，否则容易造成渗漏，危及隧道的工程质量及安全。此外，在砂基经压载后会有少量沉降，应作相应的技术处理措施。

我国广州市内珠江沉管隧道成功地采用了压砂基础，其砂积盘半径为 7.5 m，压砂孔出口净压强为 0.25 MPa。即压砂法已取代了喷砂法。

4）桩基法

当沉管下的地基极软弱时，其容许承载力很小，仅作"垫平"处理是不够的。采用桩基础支撑沉管，承载力和沉降都能满足要求，抗震能力也较强，桩较短，费用较小。沉管隧道采用水底桩基础后，由于在施工中桩顶标高不可能达到齐平，为使基桩受力较均匀，必须在桩顶采取一些措施，这些措施大体有以下三种：

（1）水下混凝土传力法。副基桩打好后，在桩群顶灌筑水下混凝土，并在其上铺一层砂石垫层，使沉管荷载经砂石垫层及水下混凝土层均匀传递到桩基础上如图 8-19 所示。

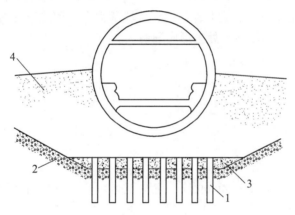

图 8-19　水下混凝土传力法

1—基桩；2—碎石；3—水下混凝土

（2）砂浆囊袋传力法。

在管段底部与桩顶之间，用大型化纤囊袋灌注水泥砂浆加以垫实，使所有基桩均同时受力。

（3）活动桩顶法。

该法在所有基桩顶端设一小段预制混凝土活动桩顶。在管段沉放完成后，向活动桩顶与桩身之间的空腔中灌筑水泥砂浆，将活动桩顶升到与管段密贴接触为止如图 8-20 所示。可采用钢制活动桩顶，在基桩顶部与活动桩顶之间，用软垫层垫实，垫层厚度按预计沉降来确定在管段沉放完后，在管段底部与活动桩顶之间，灌注水泥砂浆填实。

5）覆土回填

回填工作是沉管隧道施工的最终工序，回填工作包括：沉管侧面回填和管顶压石回填。沉管外侧下半段，一般采用砂砾、碎石、矿渣等材料回填，上半段可用普通砂土回填。覆土回填作业应注意以下几点要求：

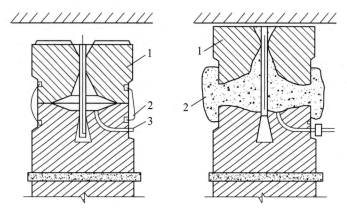

图 8-20　活动桩顶升

1—活动桩 3；2—尼龙布套；3—压浆孔；4—砂石垫层

（1）全面回填必须在相邻管段沉放完毕才进行，用喷砂法作基础处理或用临时支座时，要待管段基础处理完，落到基床上再回填。

（2）用压注法作基础处理时，先回填管段两侧，防止过多的岩渣存落在管段的顶部。

（3）管段上、下游左右两侧应对称回填，管段顶面和基槽施工范围内应均匀回填，回填过多处会造成航道障碍，回填不足处会形成漏洞。

8.5　案　例

1. 工程规模及水文地质概貌

宁波常洪隧道工程，全长 3 540.092 m，其中隧道段长 1 053.5 m。隧道过江段采用沉管法施工，长 395 m。

2. 干坞施工

用于管段制作的干坞选址在甬江南岸的隧址处，坞口轴线与隧道轴线重合。干坞的坞底标高为-7.50 m，可满足在一定潮位条件下管段 3 h 移位至坞口深槽位置的要求。为了保证管段起浮、移位后在坞内舾装、系泊过程中遇低水位不搁底，坞口处设坑底标高为-9.67 m 的舾装深槽。干坞施工的总土方开挖量 33 万平方米。干坞施工的关键是边坡的稳定和基底沉降的控制。

为了避免管段制作因干坞地基变形产生裂缝，干坞施工时对干坞的坞底基础作了换填处理，换填厚度为 1.5 m。由于坞底基础不但要满足承载变形要求，而且要能消除管段起浮时的吸附力，因此管段下换填基础的上层为 50 cm 的碎石起浮层。

3. 管段制作

为了达到混凝土配合比的设计要求和性能，首先对原材料的供应和计量进行严格控制；其次根据夏季施工的环境温度，搭设原材料凉棚，并用冰水拌和混凝土；再是通过外加剂中缓凝组分的调节来控制混凝土配合比在不同季节条件下的施工性能。

根据地基沉降分析结果，管段制作采用由中间向两端推进的分节浇筑流程。每节管段共分 5 小节，每小节浇筑长度控制在 17～20 m。每两小节间设宽 1.5 m 左右的后浇带以减少管段因温度应力及纵向差异沉降而产生的裂缝。每小节的管节分三次（底板、中隔墙、顶板及外侧墙）浇筑，浇注时严格控制各次混凝土浇筑的间隔时间，其中底板和侧墙的浇捣间隔时间不超过 20 d。

管段混凝土采用泵送。外侧墙与顶板一次浇捣完成，以减少施工缝的形成。外侧墙浇捣过程中，使用了 3 m 间距排列的浇捣串筒，以防止混凝土离析，同时采用分层浇捣以保证混凝土的密实。

管段养护时，底板和顶板采用蓄水养护；中隔墙采用带模养护；外侧墙外侧采用悬挂土工布并喷淋养护方法，内侧则采用悬挂帆布封闭两端孔口后保湿养护的办法。

4. 基槽浚挖和清淤

江中基槽浚挖和基槽内回淤处理是管段沉放前的重要工作，其完成质量是沉放成功的保证。

1）基槽浚挖

以往水中挖泥由于抓斗定位精度差，造成抓斗水下挖泥超挖和欠挖，使基槽平整度差，标高达不到要求，所以解决挖泥精度问题的关键是定位。

基槽浚挖分普挖与精挖两步进行。普挖深度为基槽底面以上 2 m 至河床顶面的部分，精挖为剩余部分。

2）基槽清淤技术

基槽清淤采用由自航耙吸船和抓斗挖泥船联合组船的方案，利用抓斗挖泥船的 6 只锚控制自航耙吸船的船位和清淤点的进点。

清淤采用定点、分层施工。施工过程中采用回声测深仪检测，吸完一遍检测一次，一般需往复清淤 3～4 遍，才能清至要求的水样比重和水深度。

5. 管段基础施工

管段基础施工的关键是桩基施工的精度控制和管底与桩的囊袋灌浆连接传力。

1）桩基施工精度控制

桩基施工精度的控制包括预制桩制作的精度和江中沉桩的精度控制。

预制桩由 60 cm×60 cm 预应力钢筋混凝土方桩和长 3 m、ϕ 750 mm 直径的钢接桩组合而成，便于桩顶标高修正。通过对混凝土方桩的制作工艺和钢桩自动焊接加工的工艺控制，确保钢管桩与方桩拼接轴线误差控制在 3 mm 以内。

基槽第一次普挖完成后，即开始江中桩基施工。27～37 m 长的桩采用 63.8 m 高桩架的打桩船分两步实施，先将桩顶施打到水面以上 2 m 左右停锤，然后用 5 m 或 15 m 长送桩设备将桩送入水面下设计标高。沉桩平面定位采用 2 台经纬仪交会方法，并应用全站仪进行坐标校核；高程采用全站仪校核。沉桩高程误差在-5～0 cm，沿管段平面横向误差≤10 cm，纵向误差≤15 cm，垂直误差≤0.4%。

2）管底囊袋灌浆

桩顶与管底是通过囊袋灌浆连接传力的。囊袋直径为$\phi 1\,500$ mm，完全充胀后的厚度为40 cm，可以调节桩与注浆孔间平面位置± 35 cm和间隙± 20 cm的位置偏差。

囊袋灌浆材料为3.3砂率的砂浆，7 d强度＞8 MPa，28 d强度＞14 MPa。在管段沉放就位后立即在管内实施灌浆，以使管段由临时支承转换为桩基支承。施工时先灌注支承千斤顶附近的两排孔，再从管段自由端向压接端灌注。灌浆时先打开通气阀，当通气孔中冒出浓浆，再关闭通气阀灌注，直至达到每孔设计灌浆量。灌浆时对千斤顶压力和灌浆口压力进行严密观测，以防管段抬升。

3）管底充填灌浆

管段沉放到位后，为确保所有桩基与地基共同受力，须对管底空隙进行灌浆充填。管底充填灌浆在管段回填覆盖完成后进行。根据试验，充填灌浆的最大扩散半径可达到7 m。灌浆同时对管段接头间相对位移和管段抬升情况进行监测，一旦有微小运动即停止灌浆，以防管段抬升。

6. 管段浮运与沉放

管段浮运沉放的技术关键是管段水平和垂直控制的方法，以及管段水下沉放对接的姿态监控和管段沉放后的稳定。

1）管段水平控制系统

管段浮运、沉放水平控制的锚缆系统布置：其中干坞周边布置9台管段坞内移位和纵向浮运出坞用绞车；江北岸边布置4台纵向浮运绞车；江中布置3对6只沉放用横向定位锚碇。

管段浮运采用岸控方式。根据水力模型试验结果，江北岸的4台牵引绞车、管段出坞牵引用的坞口2台绞车，以及控制管段前后平衡的尾缆绞车按100 kN能力配置，其余岸上仅作移位和平衡稳定用的绞车按50 kN能力配备。

管段沉放采用首尾锚和边锚定位系统，以保证管段沉放时南侧辅助航道上船只通行的水深条件。三组江中锚碇块分别布置在江中管段接头的沿线上，每只锚碇块距隧道轴线360 m，可提供1 000 kN力。

2）管段垂直控制系统

管段沉放采用双浮箱吊沉法。钢浮箱按2%的起吊能力设计，浮箱尺寸为20.5 m×12 m×3 m。

管内水箱的储水量按1.04的管段抗浮安全系数设计，可为管段在沉放的各个阶段提供相应的负浮力。由于甬江河道积淤严重，水箱设计时水重度取值参考原甬江隧道和国外海中沉管的经验，取为10.26 kN/m³，并考虑管段拖运沉放时$\pm 6°$的最大纵、横摆角。

管段每孔中的各个水箱由1根进排水总管连接，并配水泵1台。左右2孔的两根水管之间设1根连通管，以便2根总管相互备用。进排水系统可采用强制进水、自然进水和隔腔排水等操作方式。

管段支承采用三点支承方式，前端采用鼻托搁置，后端两个垂直千斤顶搁置于临时支承上。临时支承结合管段桩基采用钢管桩。

3）管段浮运、沉放作业

管段过江浮运和沉放选定在农历廿三或廿四中潮差最小、流速最缓的一天中进行。其中将过江浮运、消除干舷沉放放在施工当天一个慢流的时间段内，而潜水检查、对接则安排在下一个慢流时间段内进行，

管段浮运分为两个阶段：沉放前一天午后平潮时由坞顶绞车将管段移出坞口 50 m，然后系缆过夜；沉放当天换缆成为过江浮运系缆布置后即起航浮运，浮运速度不超过 10 m/min。

管段浮运至距已沉管段 10 m 位置处，即停顿调整系缆布置进入沉放状态。管段沉放首先需灌水克服干舷，然后继续灌水达到管段下沉所需的约 1%的负浮力。

当浮箱吊力达到 1%负浮力时，即以约 30 cm/min 的速度放缆下沉。下沉开始时先按沉放设计坡度调整管段姿态，然后前移至距已沉管段 3 m 处继续下沉，当距设计标高 1 m 时，再前靠至距已沉管段 20 cm 距离处，将管段搁置在前端结构下鼻托上，同时伸出尾端垂直千斤顶，搁置在支承钢管桩上。最后通过水平定位系统和临时千斤顶对管段的平面位置和纵坡进行调整，准备拉合对接。

待沉管段调整到设计的姿态后，即从岸上绞拉滑轮组拉合管段，然后再打开封门上的 ϕ 100 进气阀和 ϕ 150 排水阀排除隔腔内水，进行水力压接。

7. 管段连接

管段间采用柔性接头形式。其中，GINA 橡胶止水带和 OMEGA 橡胶止水带构成管段接头的两道防水屏障；预应力钢缆则作为 7° 地震工况下的接头限位装置，这种装置又可在管段最终接头施工时提供一部分管段止退力。同时接头处还设置了水平和垂直剪切键。

思考题

1. 什么是沉管法施工，沉管法施工的特点有哪些？
2. 沉管隧道施工方法有哪些？各自特点是什么？
3. 简述沉管隧道施工流程。
4. 简述沉管法施工管段沉放方法？
5. 简述管段水下连接方法。
6. 简述沉管隧道的基础处理方法。

9　隧道防排水施工

9.1　概　述

按修建铁路隧道，其防排水原则应结合隧道支护设计，因地制宜地采取防、排、截、堵水等综合治水措施，形成完整的防排水系统。按新奥法修建隧道，其洞内防排水的要求与现行铁标《规范》的规定一致，其防排水设计的主要特点是：当围岩具有裂隙水或涌水时（图9-1），必须采取排、堵措施，以保证锚杆及喷射混凝土的施工；对水资源保护有严格要求的隧道，防排水应采取"以堵为主、限量排放"的原则；在完成初期支护、施作二次衬砌前，现场应有施做防水层的施工条件。

图 9-1　铁路渗水

为此，结合隧道衬砌设计和施工，采取可靠的防水和排水措施，防治地下水作用而造成降低围岩的稳定性及开挖与支护困难，并确保隧道在使用期内行车安全，设备能正常使用。

一般规定：对地表水、地下水应采取妥善的处理，使洞内外形成一个完整畅通的防排水系统，争取隧道建成后达到洞内基本干燥。保证洞内结构和设备的正常便用及行车安全。对隧道洞内围岩裂隙水或涌水，应根据隧道的工程地质和水文地质条件，考虑技术经济条件，可选用以下的防排水措施。

1. 注浆止水设计原则

（1）注浆范围宜覆盖围岩松动圈；

（2）注浆段的长度应根据地质条件、涌水量和水压力等因素确定；

（3）注浆孔中心间距应根据注浆帷幕厚度、浆液扩散半径以及各扩散范围相互重叠等因素确定，可为浆液扩散半径的 1.5 ~ 1.7 倍。浆液扩散半径根据不同的地质条件、注浆压力、浆液种类等在现场试验确定，亦可按工程类比法选定，并在施工中不断修正。

2. 超前钻孔排水设计原则

（1）采取排水措施，保证钻孔排出的水迅速排出洞外。

（2）超前钻孔的孔底应超前开挖面 1 至 2 个循环进尺。

3. 超前导洞排水设计原则

（1）导洞应和正洞平行或接近平行。

（2）导洞底高程应低于正洞底高程。

（3）导洞应超前正洞 10～20 m，至少应超前 1 至 2 个循环进尺。

4. 井点降水设计原则

（1）当降水深度为 3～6 m 时，可采用井点降水。

（2）井点的布置应根据地层的渗透系数、降水范围及降水深度等因素综合确定。

（3）深度小于 5 m 时，可采用单排井点。并点间距可通过计算确定。

（4）滤水管应深入含水层，各滤水管的高程应相同。

5. 深井降水设计原则

（1）当降水深度大于 6 m 时，可采用深井降水。

（2）在隧道两侧地表面布置井点，间距可通过计算确定。

（3）井底应置于隧底以下 3～5 m。

（4）深井抽水时应有相应的地面排水措施。

6. 隧道防水措施

（1）隧道地表水和地下水，当有可能渗透入洞内时，应采取防止或减少渗透的处理措施。

（2）隧道衬砌柔性防水层。隧道采用复合式衬砌时，在初期支护与二次衬砌之间设置防水板及无纺布防水层。

（3）隧道二次衬砌的施工缝、沉降缝、伸缩缝应采取可靠的防水措施。

7. 隧道排水措施

（1）隧道洞内按地下水和营运清洗污水分离排放的原则设置纵向排水系统，应能保证排水畅通，避免洞内积水。

（2）隧道纵向排水坡度宜与隧道纵坡一致。

（3）隧道衬砌外排水设施和路面结构底部排水设施（含纵向中心水沟或水管、横向导水管、衬砌墙背排水盲管等）的设置应严格按照现行《规范》和《铁路隧道施工规范》（T 10204）的有关规定及技术要求实施。

9.2 隧道防排水措施

我国既有铁路隧道中，由于防排水工程存在问题，有相当一部分隧道有漏水现象。由于隧道含水、漏水带来各种不同的损害，严重地影响隧道的稳定和运营安全，如图 9-2、图 9-3 所示。

图 9-2　既有铁路隧道漏水　　　　　　图 9-3　既有铁路隧道除冰

由于衬砌渗漏水，造成隧道侵蚀破坏，特别是在渗漏水具有侵蚀性的情况下，对衬砌和隧道设备的腐蚀性更严重。寒冷地区反复冻融循环；造成衬砌混凝土冻胀开裂破坏，在衬砌与围岩之间，造成冻胀，引起拱墙变形破坏，拱墙上悬挂冰柱、冰溜，侵入净空。在隧底，可能冻胀，并形成冰坡、冰锥，使行车溜滑，直至无法通过。各种附属结构及设备，由于绝缘、防锈等要求，隧道不渗水是其正常工作的必要条件。因此搞好隧道防排水设计及裂缝防水技术，使隧道衬砌不漏不渗，是保证行车安全和隧道能否长期使用的重要条件。

9.2.1　防排水工程设计

1. 设计原则

隧道防排水技术主要为：施工阶段对地下水的控制，结构物的防水及提高结构物的耐久性。隧道防排水工程设计应以"防、排、截、堵"相结合、综合治理的原则进行，做到"防"有措施，"排"有出路：

（1）"防"，是指衬砌抗渗和衬砌外围防水，包括衬砌外围防水层和压浆；

（2）"排"，是指使衬砌背后空隙及围岩不积水，减少衬砌背后的渗水压力和渗水量；

（3）"截"，是从地面截走，减少地面水下渗；地下采取导坑、泄水洞、井点降水等截水措施。减少地下水流向衬砌周围；

（4）"堵"，采用注浆、喷涂、嵌衬抹面等方法，堵住渗水裂缝、空隙，或用气压控制地下水。

《规范》对铁路隧道防排水设计提出的规定是，为了保护结构物和设备的正常使用和行车安全，隧道防排水设施应满足下列要求：

（1）衬砌不滴水，安装设备的孔眼不渗水；

（2）道床不积水；

（3）电力牵引的隧道拱部基本不渗水；

（4）在有冻害地段的隧道，除拱部和边墙不渗水外，衬砌背后也不积水。

隧道防排水工程设计，分为防水工程设计、排水工程设计和注浆止水工程设计。

2. 防水工程设计

1）衬砌防水工程设计

隧道首先应重视防止地表水的下渗。当隧道地表的沟谷、坑洼积水对隧道有影响时，宜取疏导、勾补、铺砌和填平等措施，对废弃的坑穴、钻孔等应填实封闭，防止地表水下渗。隧道附近水库、池沼、溪流、井泉的水，当有可能渗入隧道，影响农田灌溉及生活用水时应采取措施处理。

隧道在开挖时或者在喷射混凝土施工后，有渗漏水出现，以及在隧道开挖时或者喷射混凝土施工后虽未发生渗漏水现象，但根据围岩的状况，将来仍有可能渗漏水的地段，那必需设置相应的防水工程。尤其对于隧道洞口段，为保证充分安全，不管有无漏水发生，都必需提前设置防水工程。

衬砌防水工程设计可采取浇筑抗渗混凝土和铺设防水层相结合的办法进行处治：

（1）抗渗混凝土：隧道防水应充分利用混凝土衬砌结构自防水能力，混凝土衬砌抗渗等级不得低于 P6，并根据需要可采用防水混凝土。为了提高防水抗渗效果，在混凝土中掺加 BR 型等增强防水剂，要求衬砌混凝土强度等级在 C20 以上。隧道工程防水混凝土的抗渗等级不得小于 P8。防水混凝土的水泥用量不得小于 $320\,kg/m^3$，表面裂纹宽度不应大于 0.2 mm 并不应贯通。当为钢筋混凝土时，迎水面主筋保护层厚度不应小于 5 cm。

（2）防水层：一般采用外贴式防水层。对复合式衬砌，设计夹层防水层，防水材料常用合成树脂和土工布聚合物制作的防水薄膜和防水板（橡胶防水板、塑料防水板）。

图 9-4　喷射混凝土

图 9-5　防水层

2）漏水防止设计

对衬砌应周密设计施工缝、伸缩缝、变形缝的构造和位置，一般以每隔 10 m 左右设一道为宜。除按施工技术规范要求处理接缝外，还应根据围岩地下水出露等具体情况，采取专门的防水、防渗措施，一般应分别采用 L 型、企口型、铁皮或钢板型施工缝和橡胶或塑料止水带、沥青麻筋、防水砂浆等组成止水变形缝，用防水砂浆、膨胀水泥配制防水混凝土进行封顶封口。

3. 排水工程设计

隧道内纵向应设排水沟，横向应设排水坡；遇围岩地下水出露处所，宜在衬砌背后设盲沟或排水管（槽）、集水钻孔等予以引排，对于颗粒易流失的围岩，不宜采用集中疏导排水；根据工程地质和水文地质条件，应在衬砌外设环向盲沟、纵向盲沟和隧底排水盲沟组成完整的排水系统，保证道床不积水；当地下水发育，含水层明显，又有长期补给来源洞内水量较大时，可利用辅助坑道或设置泄水洞等作为截、排水设施；喷锚支护地段局部漏水时，应在喷锚前采取措施将水引离排出。

沿整个隧道路基面下设置的排水工程，称为路基排水工程。在严寒地区且地下水较多可在路基冰冻线以下设置防寒泄水洞，以免隧道产生冻胀。隧道内设置排水沟的坡度应与线路坡度一致；在隧道中分坡平段范围内和车站内的隧道；排水沟底部应有不小于千分之一的坡度。流入排水沟的隧道底横向排水坡不应小于2%，单线隧道宜优先设置双侧水沟。在一般地区的短隧道，当地下水量小并铺设碎石道床时，可设置单向水沟。

单侧水沟，应设在地下水来源一侧。当地下水源来源不明，曲线隧道水沟可设在曲线内侧，水沟的侧面应设有足够的进水孔。双线隧道宜在两侧及中心分别设置水沟，并不得单独采用中心水沟。双线特长、长隧道在两侧及中心均应设置水沟，并不得单独采用中心水沟。双线特长、长隧道在两侧及中心均应设置水沟，必要时可加设横向联系水沟。

考虑清扫、检修方便、排水工程可选取 300 mm 左右带孔钢筋混凝土管，横向排水工程可取 150 mm 左右带孔钢管混凝土管，使与背面排水工程采用的聚氯乙烯管密封连接，以保证不产生漏水。

4. 注浆止水工程设计

围岩破碎、涌水易坍地段，应直接向围岩内预压注浆，主要技术措施是：在隧道防水地段采用全断面预压注浆、裂隙注浆、喷射混凝土等，尽量将渗水通道堵住。如地质预探地层含水量较大，可能有涌水出现时，宜采用全断面预注浆的方法，将水流封堵在开挖面之外。即在隧道周边打孔，以高压的水泥浆液（或水泥-水玻璃浆液）注入岩石裂隙，以使隧道沿周边形成一个密封环。若含水量不大，开挖后在出水点进行局部裂隙注浆予以封闭。渗漏不多时，初期支护的喷射混凝土即可防止残余水浸湿。向衬砌背面压浆时，应防止因压浆而堵塞衬砌背后的排水设施。注浆止水工程设计技术要求及参数：

（1）压浆地段混凝土衬砌达设计强度70%时，方可进行压浆。

（2）冬季注浆时，洞内气温不低于+5℃，灰浆温度应保持在+5℃以上。

（3）如遇流沙或含水土质地层，不宜采用水泥砂浆做防水层。

（4）注浆地段衬砌背面宜用于砌片石回填紧密，并每隔20 m 左右用1 m 厚浆砌片石或混凝土作阻浆隔墙，分段进行压浆。

（5）注浆孔宜按梅花形排列，孔距视岩层渗水和裂隙情况确定，一般不宜大于2 m，径向孔深应穿过衬砌进入岩层0.5 m。

（6）压浆顺序应从下而上，从无水、少水的地段向有水或多水处，从下坡方向往上坡方向，从两端洞口向洞身中间压浆，每段压浆长度不宜小于20 m。

（7）初次压浆压力为 0.3～0.5 MPa；检查压浆压力为 0.6～1.0 MPa，但不超过 1.2 MPa。

（8）注浆完毕用止浆阀保持孔内的压力，直至浆液完全凝固。

（9）做好压浆孔编号及位置、水泥品种及强度等级、砂浆成分及水灰比、延散度、压浆压力、注浆数量等记录。

9.2.2 隧道施工防排水措施

隧道防排水工程设计，包括结构物防排水设计和施工期间防排水设计。做好结构物防排水工程，是保证隧道正常营运的重要前提。施工期间防排水措施是保证隧道建成的关键，其主要方法为排和堵两大类。

施工前，根据设计文件和调查资料，预计可能出现的地下水情况，估计水量，选择防排水方案。施工中，应对隧道的出水部位、水量大小、补给情况、变化规律、水质成分等做好观测试验记录，并不断改善防排水措施，对隧道两端洞口及辅助坑道洞（井）口应按设计要求及时做好排水系统。隧道覆盖层较薄和渗透性强的地层对地表积水应及早处理，并认真做好以下防排水治理工作：

（1）勘探用的坑洼、探坑等应回填黏土，并分层夯实。

（2）洞顶上方如有沟谷通过，且沟谷底部岩层裂隙较多，地表水渗漏对施工有较大影响时，应及时用浆砌片石铺砌沟底，或用水泥砂浆勾缝抹面。

（3）洞附近应开沟疏导封闭积水洼地，不得积水。

（4）洞顶排水沟应与路基边沟顺接组成排水系统。

（5）洞内有大面积渗漏时，应采用钻孔将水集中汇流引入排水沟。其钻孔的位置、数量、孔径深度、方向和渗水量等应做详细记录，以便在衬砌时确定拱墙背后排水设施的位置。

（6）洞口涌水或地下水位较高时，可采用井点降水法或深井降水法处理。

（7）严寒地区隧道施工排水时，必须将水沟、排水管设在冰冻线以下，或采取防寒保温措施；当涌水较大时，可设防寒泄水洞，以利施工。堵水方法有气压控制地下水、冻结法堵水及预注浆堵水法，其中以前者最为经济。

9.2.3 衬砌防水工程质量控制

衬砌防水工程质量是保证隧道不漏不渗的关键，在具体施工中应特别做好施工缝和防水层的质量控制。

（1）衬砌混凝土的施工缝和沉降缝，采用橡胶止水带（图9-6）或塑料止水防水时，施工中必须符合下列要求：

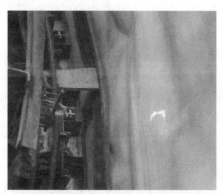

图 9-6　传统止水带安装

① 止水带不得被钉子、钢筋和石子刺破，如发现有割伤、破裂现象，应及时修补。

② 在固定止水带和灌筑混凝土过程中，应防止止水带偏移。

③ 加强混凝土振捣，排除止水带底部气泡和空隙，使止水带和混凝土紧密结合。

④ 根据止水带材质和止水部位，可采用不同的接头方法，对于橡胶止水带，其接头形式应用搭接或复合接，塑料止水带的接头形式应采用搭接或对接，止水带的搭接宽度可取 10 cm，冷粘或焊接的缝宽不小于 5 cm。

（2）衬砌中防水层施工应满足下列要求。

① 防水层铺设前，喷混凝土层表面不得有锚杆头或钢筋断头外露；对凹凸不平部位应修凿、喷补，使混凝土表面平顺；喷层表面漏水时，应及时引排。

② 防水层可在拱部和边墙按环状铺设，并视材质采取相应接合方法。塑料板宜用焊接，搭接宽度为 10 cm，两侧焊缝宽应不小于 2.5 cm；橡胶防水板黏结时，搭接宽度为 10 cm，黏缝宽不小于 5 cm。

③ 防水层的接头处应擦净，塑料防水板应用材质相同的焊条焊接，两块塑料板之间接缝宜采用热楔焊接法。橡胶防水板应用黏合剂连接。涂刷胶浆应均匀，用量应充足。防水层的接头处不得有气泡，折皱及空隙。接头处应牢固，强度应不小于同质材料。

④ 防水层用垫圈和绳扣吊挂在固定点上，其固定的间距，拱部应为 0.5～0.7 m，侧墙为 10～12 m，在凹凸处应适当增加固定点。点间防水层不得绷紧，以保证灌筑混凝土时板面与喷混凝土面能密贴。

⑤ 采用无纺布做滤层时，防水板与无纺布应密切叠合，整体辅挂。

⑥ 开挖和衬砌作业不得损坏防水层，施作点距爆破面＞150 m，距灌筑二次衬砌处＞20 m，当发现层面有损坏时应及时修补。

⑦ 防水层纵横向一次铺设长度应根据开挖方法和设计断面确定。铺设前宜先行试铺，并加以调整。防水层的连接部分，在下一阶段施工前应保护好，不得弄脏和破损。

⑧ 防水层属隐蔽工程，灌筑混凝土前应检查防水层质量，做好接土标记，并填写质量检查记录。

9.2.4 隧道防排水施工要求

1. 铁路隧道排水盲沟

（1）对围岩裂隙水，宜采用盲沟引排，其中对Ⅲ～Ⅴ级围岩的排水盲沟宜在第一次网喷之后施作，以免造成塌方掉块。排水盲沟有波纹软管、塑料管、无纺布、矿渣棉、半圆铁皮槽等不同形式，可因地制宜选用。

（2）在二次衬砌边墙底部，应预埋 ϕ 10 cm 竹管或硬塑料管泄水孔，与盲沟连接，将水引入隧道排水沟。在第二次喷射混凝土后，如仍有漏水点，应根据复合式衬砌中间是否设防水层、喷涂防水层操作要求以及二次衬砌施作要求等采取措施，必要时宜再施设排水盲沟。泄水孔间距，在大面积有水地段 3～5 m 设一个，其余地段 5～15 m 设一个泄水孔。

2. 隧道塑料板防水层

（1）初期支护与二次衬砌间塑料板防水层，宜选用耐老化、耐腐蚀、易操作且焊接时无毒气的塑料板材。塑料防水层可在拱部和边墙整环铺设，亦可仅在拱部铺设，对有较高防水要求的隧道，尚可采用全封闭防水衬砌结构。

（2）仅在拱部铺设防水层时，塑料板应伸至起拱线以下 50 cm。边墙背后宜设置竖向排水盲沟。边墙混凝土施工缝需采取防水措施。

（3）采用塑料板防水层时，塑料板背后一般不需铺设排水盲沟。二次衬砌混凝土的施工缝不需作防水处理，并可采用普通混凝土。

（4）采用塑料板防水层时，二次衬砌中埋设的各种构件不应凿穿塑料板，当无法避免时该处需作特殊的防水处理

3. 隧道的喷涂防水层

（1）初期支护和二次衬砌间的喷涂防水层，可采用阳离子乳化沥青氯丁胶乳。喷涂材料品种较多，但用于隧道喷涂防水层的材料，主要为阳离子乳化沥青氯丁胶乳。该材料在基面潮湿的条件下能喷涂黏结，具有稳定性较好、延伸率较高等优点。

（2）喷涂阳离子乳化沥青氯丁胶孔时，要求受喷面的条件较严格（光爆成型，无浮渣、灰尘，无漏水点及水珠），由于胶凝时间较慢，回弹率达 5% ~ 10%，工地上易受污染，故主要用于既有隧道的补漏防水层，喷层厚度不应小于 2 mm，喷涂层外应设砂浆保护层，以防止二次衬砌混凝土施工时损伤喷涂层。

4. 隧道防水混凝土衬砌

（1）隧道衬砌采用防水混凝土，必须严格按工艺要求进行操作，达到规定要求后方可使用。

（2）隧道防水混凝土衬砌设计时间，可根据材料来源和机械设备情况，因地制宜适当选择。（3）防水混凝土抗渗等级一般地区不宜低于 B4，寒冷地区和严寒地区不宜低于 B6。施工时可用人工灌注或混凝土泵车泵送。

（4）防水混凝土的品种分别有普通防水混凝土、木钙减水剂防水混凝土、氯化铁防水混凝土。

9.3 防排水施工工艺

在隧道施工中，开挖面出现的涌水和混凝土衬砌发生渗漏水，应进行详细的调查分析，找准原因，然后按照"防、排、截、堵"相结合的原则。因地制宜制订治理方案。

1. 涌水处治

1）防治地表水

为防止地表水在施工期间继续渗入洞顶地层，影响围岩强度和施工条件，对地表水可以采取以下防治措施。

（1）在隧道塌坑及裂缝的地表上方开挖截水沟，并用浆砌片石砌筑，将地表水排到隧道穿过的地表外侧去。

（2）对塌方地段洞顶地表的所有裂缝，先挖成 60 cm×60 cm 的沟槽，然后用黏土人工夯填，并高出地面 20 cm 以上；靠近塌坑的部分裂缝，除夯填黏土外，还采用了厚 20 cm 左右 的混凝土封顶。

（3）如有泉眼，为防止水流渗入洞内，在涌水处埋入铸铁管将水引入洞外排水沟内。考虑防冻要求，铸铁管埋置深度不小于 1.0 m。

（4）对洞顶开挖的仰坡、边坡坡面除设计已做浆砌片石护墙外，均喷混凝土封闭，混凝土厚 5 cm。

2）围岩裂隙注浆

（1）注浆方法：在围岩裂隙面渗水和涌水的地方，采用纯水泥浆液进行全断面注浆，以加固塌体和软弱围岩。

（2）压浆孔布设：压浆孔按梅花形均匀布设，孔口间距视其注浆效果，选用 1.0～1.5 m。

（3）注浆材料及配合比：水泥用普通或是强型的硅酸盐水泥，强度等级为 42.5 级以上，水灰比一般控制在 0.7 左右。

（4）注浆压力：由于围岩裂隙较发育，可注性较好，设计注浆压力控制在 0.6～1.0 MPa，单孔扩散半径为 2.5～3.0 m。

3）注浆施工注意事项

（1）在压浆前，应就浆液的配方、压浆系统的运行、注浆效果、浆液的消耗等进行反复试验，选择合理的浆液配合比、压浆系数，以提高压浆质量，减少工作中的盲目性。

（2）钻孔完成后，所有注浆孔从孔底开始，用压力水彻底冲洗，每一注浆孔都应装设带有管帽的注浆管，以防注浆孔堵塞。

（3）压浆过程中，水泥浆液要连续搅拌，因水泥是颗粒性材料，不搅拌很快就会离析沉淀，甚至结块而造成浪费。

（4）每个压浆孔在最大压力下，30 min 内的注浆量小于 20 L 时，应再以同样压力继续注浆 30 min，并用止浆阀保持孔内的压力，直至浆液完全凝固。

（5）压浆量与岩体的孔隙度、渗透系数、浆液浓度、注浆压力等因素有关。在注浆过程中涌水量大且涌水压力也大的孔，即使提高注浆压力，也难于压进浆液，应改为先注周边孔位，以减少水压，再注这个孔才能达到止水效果。现场刚开始注浆时直接对出水孔加压，结果不但没有压进去，还浪费了大量浆液，因此在注浆过程中，不能急于求成，要抓住关键，以达到经济快速注浆的目的。

4）注浆效果

从施工实践来看，压浆后提高了坍塌体和软弱围岩的整体性和强度。在隧道掘进过程中，还采取了强支护（格栅钢支撑、锚杆和地表砂浆锚杆联合支护）、短开挖、少扰动、快封闭、紧衬砌的施工方法，安全顺利地通过了塌方和断层地段，达到了预期的止水效果。

2. 洞内涌水引排

隧道在锚喷混凝土施工中，当洞内开挖面发现分散状的渗漏水时，一般以锚喷混凝土为主，局部钻孔注浆处治。当洞内喷射混凝土面漏水量较大，或有股水涌出时，采取了以排为主的技术措施。即在衬砌混凝土浇筑前，设置防水板及排水管进行处治。具体措施是，先以高压胶管引排，然后施作防水板，将水经背面排水工程引向路基下的排水管，以求洞内防水万无一失。当喷射混凝土面成片渗漏时，在出水较多处凿洞埋人 ϕ =50 mm 高压胶管，然后以堵漏砂浆（掺快速堵漏剂）将胶管周围及渗水岩面抹压至不渗漏。当喷射混凝土面只有股水涌出面无渗漏时，可只埋高压胶管，并以堵漏砂浆将胶管周围封固。高压胶管应接至下部排水沟内、且随防水板的铺挂，将胶管固定于喷射混凝土上，以免脱落。

9.3 案 例

1. 适用范围

适用于西成客专××标段××工区××隧道结构防排水施工。

2. 作业准备

1）内业技术准备

作业指导书编制后，应在开工前组织技术人员认真学习，阅读审核施工图纸，澄清有关技术问题，熟悉技术规范和技术标准，制定施工安全保证措施，提出应急预案，对施工人员进行技术交底，对参加施工人员进行岗前技术培训，考核合格后持证上岗。

2）外业技术准备

（1）施工前收集所涉及的各种外部数据。修建生活房屋，配齐生活、办公设施，满足主要管理、技术人员进场生活、办公需要。

（2）检查、检验缓冲层材料及防水板质量，防水板耐刺穿性、柔性、耐久性好且应符合设计要求。对检查合格的防水板，用特种铅笔划焊接线及拱顶分中线，并按每循环设计长度截取，对称卷起备用；洞内在铺设基面标出拱顶纵向中线，画出每一环隧道中线及垂直隧道中线的横断面线。

（3）防水板铺设前，将喷混凝土层外露锚杆头或钢筋头切断，并用砂浆抹平；对喷混凝土凸凹不平部位、隧道内坍塌掉块等坑洼洞穴及时凿除，并补喷，保证基面平顺；对大面积的淋水部位，在铺设防水层前，应将水进行引排处理，保证焊接质量及施工安全。

3. 技术要求

（1）隧道防排水应符合铁道部现行建技〔2010〕13 号《铁路隧道防水板铺设工艺技术规定》，《规范》的有关规定。隧道衬砌结构防水等级应满足现行国家标准《地下工程防水技术规范》（GB 50108）的一级标准。

（2）防水板采用分离式，防水板原材料不得采用再生料，隧道主洞衬砌背后拱墙铺设土工布缓冲层和 EVA 防水板，厚度不小于 1.5 mm，土工布重量不小于 400 g/m²。

（3）施工缝变形缝防水：隧道衬砌纵向施工缝采用中埋式钢边橡胶止水带+遇水膨胀止水条进行防水处理；拱墙环向施工缝采用外贴式橡胶止水带+中埋式橡胶止水带进行防水处理，

12 m 一道；仰拱及底板环向施工缝采用中埋式止橡胶水带+外贴式橡胶止水带进行防水处理，底板型 12 m 一道，仰拱型 12 m 一道；变形缝采用外贴式橡胶止水带+中埋式钢边橡胶止水带+嵌缝材料进行防水处理。

（4）隧道排水采用双侧沟加中心沟的方式。衬砌背后的积水通过环向和纵向盲管的汇集后引入侧沟，再经过侧沟的汇集和沉淀后通过横向引水管引入中心沟，再由中心沟排出洞外。

在允许排水的隧道初期支护与防水板间设置拱墙环向及纵向排水盲管，采用双壁打孔波纹管（外裹无纺布），地下水极发育地段仰拱范围隧道初期支护与防水板间亦设置环向盲管，环向盲管直径为 50 mm，纵向盲管采用直径为 80 mm。环向透水盲管每 10 m 一环，直接引入侧沟，两侧边墙脚设纵向透水盲管，施工时应结合模板台车长度将其两端直接弯入侧沟。水涌流及大面积渗流处应增设环向盲管引排。

（5）隧道工程施工防水应以施工缝、变形缝防水为重点。

（6）隧道工程施工排水应进行处理，达标后排放，并应符合现行《污水综合排放标准》（GB 8978）的规定。对排、渗水可能造成地下水污染时，应采取隔离措施。

（7）隧道工程施工前应对地表及隧道附近的井泉、池沼、水库、溪流进行调查，并进行观测与试验，找出渗漏根源，按设计要求进行防渗处理。

（8）单位工程施工前，选取一循环，进行防水板安装焊接试验，确定施工工艺参数。

4．施工工艺

1）基面处理方法

在铺设防水层之前，应对基面（初期支护表面）的渗漏水、外露的突出物及表面凹凸不平处进行检查处理。初期支护为喷钢纤维混凝土时，基面应补喷一层水泥砂浆保护层，以保护防水板不受损伤。

（1）渗漏水处采用注浆堵水或排水盲管、排水板将水引入侧沟，保持基面无明显渗漏水。

（2）对于几面外露的锚杆头、钢管头、钢筋头、螺杆钉头等突出物应予切除后妥善处理。

① 对钢筋网等凸出部分，先切断后用锤铆平，抹砂浆、素灰，详见图 9-7。

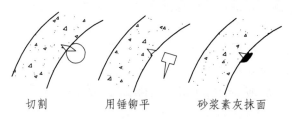

切割　　　　用锤铆平　　　　砂浆素灰抹面

图 9-7　初期支护面处理图

② 对有突出的管道，先切割后用锤铆平，抹砂浆，详见图 9-8；

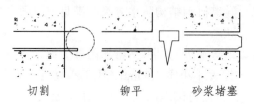

切割　　　　铆平　　　　砂浆堵塞

图 9-8　初期支护面处理图

③ 锚杆有凸出部位时，螺头顶预留 5 mm 切断后，用塑料帽遮盖，详见图 9-9；

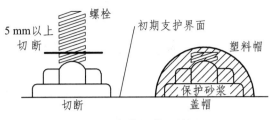

图 9-9　初期支护面处理

（3）基面应平整、无空鼓、裂缝、松酥，对于初期支护表面凸凹不平进行处理补喷，使混凝土表面平顺，凸凹满足 $D/L=1/10$（D 为凸面间凹进深度，$L \leqslant 1.0$ m，为两凸面间距离），详见图 9-10。

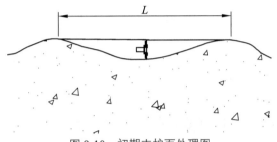

图 9-10　初期支护面处理图

2）排水盲管施工

排水盲管包括环向排水盲管、纵向集水盲管、横向排水管，三者采用变径三通连为一体，形成完整的排水系统。其中，纵向排水盲管在整个隧道排水系统中是一个中间环节，起到承上启下的作用，是关键环节。

环向、纵向排水盲管施工主要有钻定位孔、锚栓安装、盲管铺设、安装等环节。

（1）环向排水盲管沿纵向设置的间距根据设计要求进行布置，根据洞内渗、漏水的实际情况，在地下水较大的地段应加密设置环向排水盲管。

（2）纵向盲管的设置及坡度应按设计要求安设，并与环向、横向盲管连成一体，形成一个完整的排水系统。

（3）排水盲管施工。

① 施工前按规定划线，以使盲管位置准确合理，划线时注意盲管尽可能走基面的低凹处和易出现渗漏水的地方；

② 钻定位孔，定位孔间距不得大于 50 cm；

③ 将膨胀锚栓打入定位孔；

④ 将盲管用无纺布包住，用扎丝捆好，用卡子卡住盲管，然后固定在膨胀螺栓上；

⑤ 用三通将环、纵向排水盲管连接固定；

⑥ 横向排水盲管是连接纵向排水管与侧沟或中央排水管（沟）的水力通道，施工时严格按设计要求设置，仰拱及填充混凝土施工前预留横向排水管。

3）无钉铺设防水层

在基面处理、排水盲管设置完成后，进行防水板施工作业，包括铺设准备、缓冲层铺设、防水板铺设、防水板焊接、质量检查等环节。

（1）防水板的铺设准备工作。

① 洞外检验防水板及缓冲层材料质量；

② 对检验合格的防水板，用特种铅笔画出焊接线及拱顶中心线，并按每循环设计长度截取，对称卷起备用；

③ 铺设防水板的专用台车就位。缓冲层（土工布）和防水板，放在台车的卷盘上。

④ 铺设前进行精确放样，进行试铺后确定防水板一环尺寸，尽量减少接头。

⑤ 在铺设基面标出拱顶线，画出每一环隧道中线及垂直隧道中线的横断面线。

（2）缓冲层铺设。

缓冲层铺设前，先在隧道拱顶部位标出纵向中线，并根据基面凸凹情况留足富余量，宜由拱部向两侧边墙铺设。

用射钉将热塑性垫圈和缓冲层平顺地固定在基面上，固定点间距：一般拱部 0.5～0.8 m、边墙 0.8～1.0 m，底部 1～1.5 m。呈梅花形排列，基面凸凹较大处应增加固定点，使缓冲层与基面密贴。

缓冲层接缝搭接宽度不小于 5 cm，铺设的缓冲层应平顺，无隆起，无皱褶。

（3）防水板铺设

① 防水板铺设宜采用专用台车铺设，台车应具备以下要求：

防水板专用台车应与模板台车的行走轨道为同一轨道；轨道的中线和轨面标高误差应小于±10 mm。台车前端应设有初期支护表面及衬砌内轮廓检查刚架，并有整体移动（上下、左右）的微调机构。台车上应配备能达到隧道周边任一部位的作业平台。台车上应配备辐射状的防水板支撑系统。台车上应配备提升（成卷）防水板的卷扬机和铺放防水板的设施。

② 防水板铺设应超前二次衬砌施工，并设临时挡板防止机械损伤和电火花灼伤防水板，同时与开挖面应保持一定的安全距离。

③ 防水板采用环向铺设，从拱部向两侧边墙悬挂进行，下部防水板应压住上部防水板，松紧应适度并留有余量（一般实铺长度与喷射混凝土面弧长的比值为 10：8），以确保浇筑混凝土后防水板表面与基面密贴。

④ 两幅防水板的搭接宽度不小于 15 cm，分段铺设的防水板的边缘部位预留至少 60 cm 的搭接余量并且对预留部分边缘部位进行有效的保护。

热合机不易焊接的部位采用手持焊枪焊接，并确保搭接质量。

⑤ 附属洞室处铺设防水板时，先按照附属洞室的大小和形状加工防水板，并与边墙防水板焊接成一个整体。

⑥ 防水板与无纺布分开铺设，先在初期支护上铺设无纺布，再利用无纺布安装专用热塑性垫圈把防水板固定在无纺布上。防水板铺设见图 9-11。

⑦ 防水板采用热熔法手工焊接在热塑性垫圈上，焊接应牢固可靠，避免浇筑和振捣混凝土时防水板脱落。

⑧ 防水板焊接，防水板之间接缝采用自动双焊缝热熔焊机焊接，单条焊缝的有效焊缝宽度不小于 15 mm。焊接后两条缝间留一条空气道，焊缝搭接宽度大于 15 cm。防水板焊缝见图 9-12。防水板焊缝要求焊接时，接缝处必须擦洗干净，且焊缝接头应平整，不得有气泡折皱及空隙；防水板之间的搭接缝应采用双焊缝、调温、调速热楔式功能的自动爬行式热合机热熔

焊接，细部处理或修补采用手持焊枪；开始焊接前，应用小块塑料片上试焊，以掌握焊接温度和焊接速度；单条焊缝的有效焊接宽度不应小于 15 mm；防水板纵向搭接与环向搭接处，除按正常施工外，应再覆盖一层同类材料的防水板材，用热焊焊接。

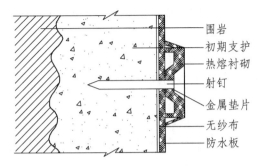

图 9-11　防水板铺设示意图

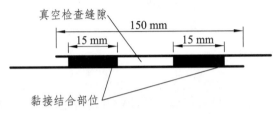

图 9-12　防水板焊接接缝示意图

在焊缝搭接的部位焊缝必须错开，不允许有三层以上的接缝重叠。焊缝搭接处必须用刀刮成缓角后拼接，使其不出现错台；焊缝若有漏焊、假焊应予补焊；若有烤焦、焊穿处以及外露的固定点，必须用塑料片焊接覆盖。

（4）防水层保护。

已铺好防水板地段严禁用爆破法捡底或处理欠挖。任何材料、工具、在铺设时应尽量远离已铺好防水板的地段堆放，不得穿带钉子的鞋在防水层上走动，对现场施工人员加强防水层保护意识教育，严禁损坏。

在未设保护层处（如拱顶、侧墙）进行其他作业时不得破坏防水层，钢筋焊接作业时，防水板要用阻燃材料进行覆盖，避免焊火花损伤防水板，现场应配备一定数量的灭火器。

挡头板的支撑物在接触到塑料防水板处必须加设橡皮垫层。

钢筋混凝土衬砌，要对钢筋头部进行防护，避免损伤防水板。绑扎钢筋、安装模板及衬砌台车就位时，在钢筋保护层垫块外包土工布防止碰撞和刮破塑料板。

在灌注二次衬砌混凝土时，振捣棒不得接触防水层，浇筑时应有专人观察，发现损伤应立即修补；同时应在混凝土输送泵出口处设置防护板，防止混凝土直接冲击已铺好的防水板。

二次衬砌中埋设的管料与防水板间距不小于 5 cm，以防止破损塑料防水板。

4）止水带施工作业

止水带施工是隧道结构防排水的重要环节，本工程止水带主要有外贴式及中埋式。

（1）外贴式止水带施工。

①位置确定。

外贴式止水带设置在衬砌结构施工缝、变形缝的外侧，施工时按设计要求先在需要安装止水带的位置放出安装线。

②基面处理。

对于直接设置在岩壁或初期支护面上的外贴式止水带，设置的部位须预先用氯丁胶乳砂浆进行抹平处理，防水砂浆抹面的宽度应大于止水带宽度20 cm以上。

③止水带固定。

施工缝处设计有防水板的，采用黏接法将其与防水板连接。对于施工缝处设计没有防水板的，止水带采用黏接法固定在岩壁或初期支护找平层上。

（2）中埋式止水带施工。

中埋式止水带采用钢筋卡固定，钢筋卡采用φ6钢筋制作，衬砌施工时通过铁丝将钢筋卡和止水带固定在挡头模板上，钢筋卡环向间距0.3 m。在第二节衬砌时扳直钢筋卡将一起弯入的止水带垂直固定在第二节衬砌内。

安装时止水带垂直弯曲，一端垂直挡头模板，一端紧贴挡头模板（涂抹上脱模剂），待第一节衬砌完成后紧贴模板止水带弯入第二节衬砌。

5）遇水膨胀止水条施工

（1）预处理。

事先用钢丝刷清楚敷设范围内施工缝面的砂粒及混凝土渣，然后用抹布擦净或高压水冲洗干净。

（2）施工工艺。

遇水膨胀止水胶挤出断面15 mm×8 mm（宽×高），施工后混凝土基面和止水胶间无焊缝，连续均匀地敷设在基面上。如遇挤出胶体部不连续或不均匀，可以用刮片适当刮匀或修整。

（3）养护、固化。

为保证止水胶对混凝土有很好的黏结性，必须保证有充分的养护时间。施工后的止水胶到表面硬化为止不超过 24 h，表面硬化需要完全达到指标，待干燥后，才可以进行下一次混凝土续浇。

（4）浸水后的处理。

如果止水胶施工到下次浇筑混凝土时间较长，施工时注意保护止水胶不要浸水。如果遇浸水引起水膨胀而使止水胶剥离，在浇筑混凝土前必须加以修补。修补方法如下：先用钉子固定剥离的止水胶，除去积水；再除去剥离的止水胶，重新施工。

（5）施工注意事项。

止水胶距混凝土边缘的距离不得小于120 mm，距离太小其膨胀应力会导致混凝土膨胀。如需分次挤出时，其搭接长度不小于 20 mm。下次混凝土浇筑时，振捣棒不得直接接触到止水胶。

（6）嵌缝材料的施工。

缝内应平整、清洁、无渗水，并涂刷与嵌缝材料相容的基层处理剂。

嵌缝时应设置与嵌缝材料隔离的背衬材料。

嵌缝应密实，与两侧黏结牢固。

思考题

1. 对于隧道洞内围岩裂隙水或涌水，可选用的防排水措施有哪些？
2. 简述隧道防排水工程设计的原则。
3. 隧道衬砌防水工程质量控制方法有哪些？
4. 简述隧道涌水处治施工工艺。
5. 简述隧道洞内涌水引排施工工艺。

10　隧道施工辅助作业

修建隧道时，为配合开挖、运输、支撑及衬砌等基本作业而进行的其他作业，称为隧道施工辅助作业。其内容包括压缩空气的供应、施工供水与排水、施工通风与防尘、施工供电与照明等。

10.1　压缩空气的供应

在隧道施工中，以压缩空气为动力的风动机械（具）设备得到广泛的使用，常用的有凿岩机、装渣机、喷混凝土机、锻钎机、压浆机等。这些风动机具所需的压缩空气是由空气压缩机（以下简称空压机）生产，并通过高压风管输送给风动机具的。压缩空气俗称高压风，即经空气压缩机压缩后的具有一定压力的空气。要保证风动机械（具）设备正常工作，压缩空气必须具有一定的风量和风压。

1. 供风量的计算

空压机站应提供能满足各种风动机械（具）设备正常运转及输送损耗所需要的风量。供风量的大小可根据式（10-1）计算：

$$Q=(1+K_备)(\sum qK+q_漏)K_m \tag{10.1}$$

式中　$K_备$——空压机的备用系数，一般采用75%～90%；

　　　$\sum q$——风动机具所需风量（可查阅风动机具性能表）（m³/min）；

　　　K——同时工作系数，见表10-1；

　　　K_m——空压机所处海拔高度对空压机生产能力的影响系数，见表10-2；

　　　$q_漏$——管路及附件的漏耗损失，其值为

$$q_漏=\alpha\sum L \tag{10.2}$$

其中：α——每千米漏风量，平均为1.5～2.0 m³/（min·km）；

　　　$\sum L$——管路总长（km），包括主、支管路的实际铺设长度和配件折合成管路的当量长度，配件折合成管路的当量长度，可参考表10-3。

表 10-1　同时工作系数

机具类型	凿岩机		装渣机		锻钎机	
同时工作台数	1～10	11～30	1～2	3～4	1～2	3～4
K	0.85～1.00	0.75～0.85	0.75～1.00	0.50～0.70	0.75～1.00	0.50～0.65

表 10-2　海拔高度影响系数

海拔高度/m	0	305	610	914	1219	1524	1829	2134	2438	2743	3048	3658	4572
K_m	1.00	1.03	1.07	1.10	1.14	1.17	1.20	1.23	1.26	1.29	1.32	1.37	1.43

表 10-3　配件折合成管路

钢管内径/mm 配件名称	折合长度/mm						
	25	50	75	100	150	200	300
球心阀	6.0	15.0	25.0	35.0	60.0	85.0	
闸门阀	0.3	0.7	1.1	1.5	2.5	3.5	6.0
丁字阀	2.0	4.0	7.0	10.0	17.0	24.0	40.0
异径阀	0.5	1.0	1.7	2.5	4.0	6.0	10.0
45°弯头	0.2	0.4	0.7	1.0	1.7	2.4	4.0
90°弯头	0.9	1.8	3.2	4.5	7.7	10.8	18.0
135°弯头	1.4	2.8	4.9	7.0	12.0	16.8	28.0
逆止阀		3.2		7.5	12.5	18.0	30.0

根据计算的风量选择合适的储风罐，如果用多台空压机时，一般采用相同的型号，以方便操作和维修。

2. 空压机站

空压机站主要由空压机、配电设备、储风罐（俗称风包）、送风管及配件、循环水池（用于冷却空压机）等组成。

空压机按动力来源可分为电动和内燃两种。短隧道可采用移动式内燃空压机，长隧道可采用固定式大型电动空压机。

空压机站一般应靠近洞口，与铺设的高压风管路同侧，并注意防洪、防火、防爆破。机房要求地形宽敞，通风良好，地基坚固。空压机组采用并列式布置，两空压机之间的净距不小于 1.5 m。此外，还应考虑空压机出入、调换、加油、加水等方便。

3. 高压风管管径的选择

高压风管管径应根据可能出现的最大风量和容许的最大风压损失来确定。使之满足：能通过计算的最大供风量；送风管末端的风压不小于 0.6 MPa，以保证高压风通过胶管到达风动机械（具）后仍能保持 0.5 MPa 的风压。

压缩空气在输送过程中，由于管壁摩擦、接头、阀门等产生阻力，其压力会减少，一般称压力损失。根据达西公式，钢管的风压损失 ΔP 可按式（10.3）计算：

$$\Delta P = \lambda \cdot \frac{L}{d} \cdot \frac{v^2}{2g} \cdot \gamma \times 10^{-6} \qquad (10.3)$$

式中　λ——摩阻系数，见表 10-4；

　　　L——送风管路长度（包括配件当量长度，见表 10-3）；

　　　d——送风管内径（m）；

　　　g——重力加速度，采用 9.81 m/s²；

γ——压缩空气的重度。大气压强下，温度为 0 ℃ 时，空气重度为 12.9 N/m³，温度为 t ℃ 时，其重度则为 $\gamma_t = 12.9 \times \dfrac{273}{273+t}$（N/m³），此时，压力为 P 的压缩空气的重度 $\gamma = \dfrac{\gamma_t(P+0.1)}{0.1}$（N/m³），$P$ 为空压机生产的压缩空气的压力，单位为 MPa。

v——压缩空气在风管中的速度（m/s），可根据风量和风管面积求得。

胶皮风管是连接钢管与风动机具的，由于其压力损失较大，一般应尽量缩短其使用的长度，胶皮风管的压力损失值见表 10-5。

表 10-4 风管摩阻系数 λ 值

风管内径/mm	λ	风管内径/mm	λ
50	0.037 1	150	0.026 4
75	0.032 4	200	0.024 5
100	0.029 8	250	0.023 4
125	0.028 2	300	0.022 1

表 10.5 高压风通过胶管的风压损失　　　　　　　　　　单位：kPa

通过风量/ （m³/min）	胶管内径 /mm	胶管长度/m					
		5	10	15	20	25	30
2.5	19	17.2	34.4	51.6	68.8	86.0	103.0
	25	4.19	8.37	12.56	16.74	20.93	25.1
3.0	19	24.3	48.6	72.9	97.2	121.5	145.8
	25	5.92	11.84	17.76	23.68	29.0	35.52
4.0	19	37.5	75.0	112.5	150.0	187.5	225.0
	25	9.14	18.28	27.42	36.56	45.7	54.84

高压风钢管管径选择可按下列步骤进行：

（1）计算出送风管路最大的理论长度。

（2）根据最大供风量及送风管路最大理论长度，由表 10-6 可查得风管直径。

表 10-6 容许通过风量与管径、管长关系

风管 直径 d/mm	管长 L/m										
	100	200	400	600	800	1000	1250	1500	2000	3000	5000
50	16	11	8	6	5						
70	46	33	23	19	16	15					
100	98	70	50	40	35	31	28	25	22	18	14
125	177	125	89	72	68	56	50	47	40	32	25
150	289	205	145	119	102	92	83	75	65	53	41
200		436	309	252	218	196	174	160	138	113	87
250						348	315	284	245	202	158
300									401	325	303

注：容许通过风量 $Q_标$（m³/min）。

本表按送风钢管始端风压 0.7 MPa，钢管末端风压 0.6 MPa，即风压通过管路的损失为 0.1 MPa 计算。

（3）根据查得的风管直径及最大供风量，计算风压损失值△P（也可查表 10-7 确定）。当风压损失值△P≤P-0.6 MPa 时（P 为送风钢管始端风压），查得的风管直径即可使用，否则要将风管直径加大一级，并重复以上步骤重新选取，直至满足为止。

表 10-7　风压损失△P　　　　　　　　单位：MPa

最大供风量/（m³/min）	风管内径 d/mm							
	50	75	100	125	150	200	250	300
10	0.416	0.047						
20	1.653	0.188						
30		0.422	0.092					
40		0.751	0.155	0.051				
50		1.175	0.257	0.080				
60			0.370	0.114	0.043			
70			0.504	0.155	0.059			
80			0.658	0.203	0.076	0.017		
90			0.833	0.257	0.097	0.021		
100			1.025	0.317	0.120	0.026	0.008	
110				0.383	0.144	0.032	0.010	
120				0.456	0.172	0.038	0.012	
130				0.536	0.202	0.044	0.014	
140					0.234	0.052	0.016	
150					0.296	0.059	0.019	0.007
160					0.305	0.067	0.021	0.008
170						0.076	0.024	0.009
180						0.085	0.027	0.010
190						0.095	0.030	0.011
200						0.105	0.033	0.013

注：本表按送风钢管始端风压 0.7 MPa，送风管长度（含配件当量长度）为 1 000 m 计算而得。

4. 高压风管管路铺设要求

（1）管道敷设要求平顺，接头密封，防止漏风，凡有裂纹、创伤、凹陷等现象的钢管不能使用。

（2）在洞外地段，风管长度超过 500 m 且温度变化较大时，宜安装伸缩器；靠近空压机 150 m 以内，风管的法兰盘接头宜用耐热材料制成垫片，如石棉衬垫等。

（3）压风管通在总输出管道上，必须安装总闸阀以便控制和维修管道；主管上每隔 300～500 m 应分装闸阀；按施工要求，在适当地段（一般每隔 60 m）加设一个三通接头备用；管道前端至开挖面距离宜保持在 30 m 左右，并用高压软管接分风器，分部开挖法通往各工作面的软管长度不宜大于 50 m，与分风器连接的胶皮软管长度不宜大于 10 m。

（4）主管长度大于 1 000 m 时，应在管道最低处设置油水分离器，定期放出管中聚积的油水，以保持管内清洁与干燥。

（5）管道安装前应进行检查，钢管内不得留有残杂物和其他脏物；各种闸阀在安装前应拆开清洗，并进行水压强度试验，合格者方能使用

（6）管道在洞内应敷设在电缆、电线的另一侧，并与运输轨道有一定距离，管道高度一般不应超过运输轨道的轨面，若管径较大而超过轨面，应适当增大距离。如与水沟同侧时不应影响水沟排水。

（7）管道使用时，应有专人负责检查、养护。

10.2 施工供水与排水

施工中的供水和排水是同施工安全密切相关的。坑道内出现地下水会软化围岩，引起落石坍方；坑道底部积水不及时排除，则有碍钻眼、爆破和清底接轨；坑道顶部淋水对工人健康不利；水量过大时甚至会淹没工作面，迫使工作停顿，这是水对施工不利的一面。但是，坑道内凿岩、喷雾洒水、灌注衬砌、机械运转和施工人员日常生活等都离不开水。因此隧道工程既要有供水设施，又要有排水措施、方能确保施工安全顺利进行。

10.2.1 施工供水

施工供水主要应考虑水质要求、水量的大小、水压及供水设施等几方面的问题。

1. 水质要求

凡无臭味，不含有害矿物质的洁净天然水，都可以作施工用水，饮用水的水质则要求更为新鲜清洁。无论生活用水还是施工用水，均应做好水质化验工作。参照国家水质标准，施工用水水质要求见表 10-8，生活用水水质要求见表 10-9。

表 10-8 施工用水水质要求

用水范围	水质项目	允许最大值
混凝土作业	硫酸盐（SO_4）含水量	不大于 1 000 mg/L
	pH	不得小于 4
	其他杂质	不含油、糖、酸等
湿式凿岩与防尘	细菌总数	在 37 ℃ 培养 24 h 每毫升不超过 100 个
	大肠菌总数	每升水中不超过 3 个
	浑浊度	不大于 5，特殊情况下不大于 10 mg/L

表 10-9　生活饮用水卫生标准

项目	允许最大值
色度（铂钴色度单位）	15
浑浊度（NTU-散射浊度单位）	1
	水源与技术条件限制时为 3
臭和味	无异臭、异味
肉眼可见物	无
菌落总数/（CFU/mL）	100
总大肠菌群/（MPN/100mL 或 CFU/100mL）	不得检出
总硬度（以 $CaCO_3$ 计）/（mg/L）	450
耗氧量（COD_{Mn} 法，以 O_2 计）/（mg/L）	3
	水源限制，原水耗氧量＞6 mg/L 时为 5
pH	不小于 6.5 且不大于 8.5
铝/（mg/L）	0.2
铁/（mg/L）	0.3
锰/（mg/L）	0.1
铜/（mg/L）	1.0
锌/（mg/L）	1.0
氯化物/（mg/L）	250
挥发酚类/（mg/L）	0.002
阴离子合成洗涤剂/（mg/L）	0.3

2. 用水量估算

用水量与隧道工程的规模、施工进度、施工人员数量、机械化程度等条件有关，变化幅度较大，一般可参照表 10-10 来估算 1 d 的用水量，再加一定的储备量。

表 10-10　1 d 的用水量

用水项目	单位	耗水量	说明
手持式凿岩机	t/（合·h）	0.02	
喷雾洒水	t/min	0.03	每次爆破后喷雾 30 min
衬砌	t/h	1.50	包括混凝土养护及洗石
机械	t/（合·h）	5.00	循环冷却
浴池	t/次	15.0	
生活	t/（人·d）	0.02	

3. 供水方式

供水方式主要根据水源情况而定。在选择水源时，应根据当地季节变化，要求有充足的水量，保证不间断供水。通常应尽量利用自流水源，以减少抽水机械设备。一般是把山上流水或泉水，河水或地下水（打井）用水管或抽水机引或扬升到位于山顶的蓄水池中，然后利用地形高差形成水压，通过管路送达使用地点。

蓄水池形式一般为开口式，水池容量根据最大计算用水量、水源及抽水机等情况而定。为防止抽水机发生故障或偶尔停电，还应考虑备用水量。根据经验可按 1 d 用水量的 1/2 ~ 2/3 来修建。

蓄水池位置应选择在基底坚固的山坡上，避开隧道洞顶，以防水池下沉开裂后漏水渗入隧道，造成山体滑动或洞内坍方。

水池相对高度，以水到达隧道最高工作面时的水压不小于 0.3 MPa 为准，折合水柱高为 30 m。因此，水池与由它供水的最高工作面间的高差应为

$$H \geqslant 1.2（30+h_{损}）\tag{10.4}$$

式中 1.2——压力储备系数；

$h_{损}$——管路全部水头损失；其值为 $h_{损} = \sum h_{摩} + \sum h_{局}$，其中 $\sum h_{摩}$ 为管路摩擦损失，$\sum h_{局}$ 为管路局部损失。

管路水头损失的计算可查阅有关手册。

4. 供水管道布置

（1）管道敷设要求平顺、短直且弯头少，干路管径尽可能一致，接头严密不漏水。

（2）管道沿山顺坡敷设悬空跨距大时，应根据计算来设立支柱承托，支撑点与水管之间加木垫；严寒地区应采用埋置或包扎等防冻措施，以防水管冻裂。

（3）水池的输出管应设总闸阀，干路管道每隔 300 ~ 500 m 应安装闸阀一个，以便维修和控制管道。管道闸阀布置还应考虑一旦发生管道故障（如断管）能够暂时由水池或水泵房供水的布置方案。

（4）给水管道应安设在电线路的异侧，不应妨碍运输和人行，并设专人负责检查养护（可与压风管道共同组织一个维修、养护工班）。

（5）管道前端至开挖面一般应保持 30 m 的距离，用直径 50 mm 的高压软管接分水器，分水器上预留的异径三通至其他工作面供水使用软管（$\phi 13$ mm）连接，其长度不宜超过 50 m。

（6）如利用高山水池，其自然压头超过所需水压时，应进行减压，一般是在管路中段设中同水池作过渡站，也可直接利用减压阀来降低管道中水流的压力。

10.2.2 洞内排水

隧道施工中应将洞内工程废水及地下水及时排出洞外，以防坑道浸水影响施工和淹没工作面。洞内排水方式应根据线路坡度大小和水量大小而定。按隧道开挖方向和线路坡度情况，洞内排水可分为两种。

1. 顺坡施工排水

向洞内开挖为上坡，叫顺坡施工。此时只需随着隧道的延伸，在一侧（或两侧）开挖排水沟，使水顺坡自然排出洞外。

2. 反坡施工排水

向洞内开挖为下坡，叫反坡施工。斜井开挖亦属此类。因水向工作面汇集，需用机械排水，排水系统常用的布置方式有两种：

（1）分段开挖反坡水沟，在分段处挖集水坑，每个集水坑处设一抽水机，把水抽至后一段反坡，最后一个抽水机把水排出洞外，如图10-1（a）所示。

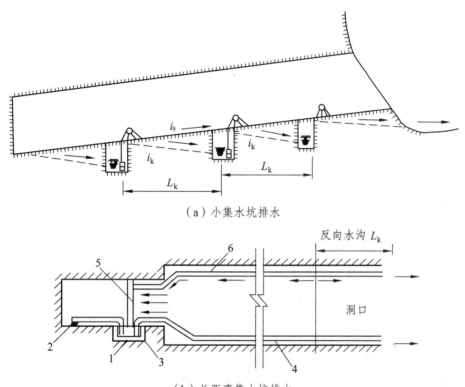

（a）小集水坑排水

（b）长距离集水坑排水

图10-1　反坡排水方式示意图

集水坑间距 L_k 用式（10.5）计算。

$$L_k = \frac{h_k}{i_s + i_k} \tag{10.5}$$

式中　h_k——反坡水沟最大开挖深度，一般不超过0.7 m；

　　　i_s——线路坡度；

　　　i_k——水沟底坡度，不小于2‰。

这种方式的优点是工作面无积水，抽水机位置固定，亦不需要水管。缺点是用的抽水机多，而且要开挖反坡水沟。一般隧道较短和坡度较小时采用。

（2）开较长距离开挖集水坑，开挖面的积水用小水泵抽到最近的集水坑内，再用主抽水机将水排到洞外，如图10-1（b）所示。

这种方式的优点是所需抽水机数量少，缺点是要安装水管，抽水机需随坑道掘进而拆迁前移。在隧道较长、涌水量较大时采用为宜。

反坡施工的隧道，应对地下水涌水量有足够估计，排水设施要有后备。必要时，应在坑道掌子面上钻较深的探水眼，防止突然遇到地下水囊、暗河等大量涌水进入坑道造成事故。

另外，施工排水的一个特殊方面是要防止洞外洪水突然倒灌洞内。尤其在反坡施工及斜井施工时，洪水倒灌往往会造成重大安全事故。为此，应做好洞口地表排水、截水设施。

10.3　施工通风与防尘

隧道施工中，由于凿岩、爆破、装渣运输、喷射混凝土等作业，产生大量的粉尘，而且炸药爆炸还会释放大量的 CO、CO_2、NO_2、SO_2、H_2S 等有害气体；隧道穿经煤层或某些地层时，还会放出瓦斯、硫化氢等有害气体；洞内施工人员要消耗氧气，呼出 CO_2 等；这些都会使洞内工作环境的空气恶化，降低洞内施工效率，甚至会造成安全事故。此外，随着坑道不断向山体深部延伸，温度和湿度相应增高，对人体也会产生不利影响。

隧道施工通风的目的，就是向洞内送进新鲜空气，排除有害气体，降低粉尘浓度和洞内温度，保障洞内施工人员的健康，改善劳动条件，从而保证施工安全和提高劳动生产率。

按照《规范》规定，洞内作业环境必须符合下列卫生标准：

（1）洞内空气中含氧量不得少于 20%，并保证洞内施工人员每人有 3 m^3/min 的新鲜空气；当洞内采用内燃机作业时，供风量不宜小于 3 m^3（$min·kW$）。

（2）粉尘最高容许浓度为：1 m^3 空气中含有 10% 以上游离 SiO_2 的粉尘为 2 mg。

（3）瓦斯隧道装药爆破时，爆破地点 20 m 内，风流中瓦斯浓度必须小于 1.0%；总回风道风流中瓦斯浓度应小于 0.75%；开挖面瓦斯浓度大于 1.5% 时，所有人员必须撤到安全地点。

（4）有害气体最高容许浓度为：CO 最高容许浓度为 30 mg/m^3。在特殊情况下，施工人员必须进入工作面时，浓度可为 100 mg/m^3，但工作时间不得超过 30 min。CO_2 按体积计不得大于 0.5%，氮氧化物（换算成 NO_2）为 5 mg/m^3 以下。

（5）洞内气温不得超过 28 ℃；噪声不得大于 90 dB。

10.3.1　施工通风方式

施工通风方式应根据隧道的长度、掘进坑道的断面大小、施工方法和设备条件等诸多因素来确定。在施工中，有自然通风和机械通风两类，其中自然通风是利用洞室内外的温差或高差来实现通风的一种方式，受洞外气候条件的影响极大，一般仅限于短直隧道。

机械通风方式，按照通风类型、通风机安装位置的不同，可分为风管式，巷道式两大类。而管道通风根据隧道内空气流向的不同，又可分为压入式、吸出式和混合式三种。

1. 风管式通风

此种通风形式的风流经由管道输送，可分为以下三种形式。

（1）压入式通风，如图 10-2（a）所示。这种通风方式的特点为：风机将洞外新鲜空气通过风管压送到工作面，而工作面的污浊空气沿巷道排出洞外，以达到通风的目的，这种通风方式若采用大功率、大管径，其适用范围将更广。

（2）吸出式通风，如图 10-2（b）所示。这种通风方式的特点为：风机将工作面的污浊空气吸入风管而排出洞外，巷道内空气新鲜而工作面附近空气污浊；风机离工作面距离较近时，易被爆破飞起的石块砸坏。这种通风方式一般不宜单独使用，常与压入式风机配合组成混合式通风。

（3）混合式通风，如图 10-2（c）所示。这种通风方式的特点为：设置两套风机与风管，一套为吸出式，将洞内污浊空气排出洞外。另一套为压入式，向工作面输送新鲜空气。既保持了前述两种通风方式的优点，又避免了它们的不足，因此是施工现场常采用的通风方式。但混合式通风的管路、风机等设施增多，在管径较小时可采用，若用大管径、大功率风机时，其经济性不如压入式。

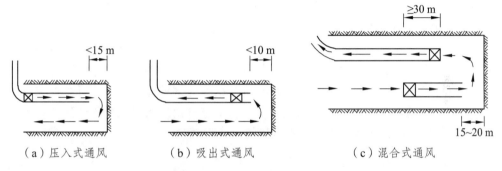

（a）压入式通风　　　　（b）吸出式通风　　　　（c）混合式通风

图 10-2　风管式通风的三种形式

采用混合式通风，必须注意的技术要求为：

（1）压入和吸出两台风机必须同时启动。

（2）吸出风机的通风能力应比压入风机的通风能力大 20% ~ 30%。

（3）吸出风机和压入风机的位置布置最小要交错 30 m，以免在洞内形成短循环风流

（4）压入风机的风管端部与工作面间的距离应在风流有效射程之内，一般为 15 ~ 20 m。

2. 巷道式通风

巷道式通风是利用隧道本身（包括成洞、导坑及扩大地段）和辅助坑道（如平行导坑）组成主风流和局部风流两个系统互相配合而达到通风的目的。现以设有平行导坑的隧道为例说明，如图 10-3 所示。

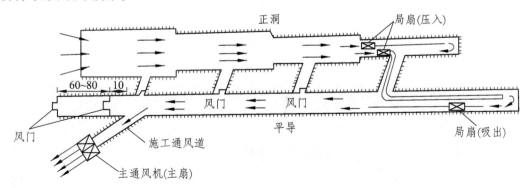

图 10-3　巷道式通风（单位：m）

（1）主风流循环利用平行导坑与正洞的横向联络通道作为风道，在平行导坑口侧面的风道口处设置主风机（主扇），通风时把平行导坑口设置的两道挡风门关闭。当主扇向外吸风时，平行导坑内空气产生负压，正洞外面新鲜空气即通过正洞向洞内补充，污浊空气经由最前端横通道进入平行导坑，再经施工通风道排出洞外，从而形成以坑道为通风道的主风流循环系统，使主风流范围内的污浊空气很快被排出洞外。

挡风门是巷道式通风的关键之一，为此必须做到：

① 平行导坑口设置两道风门，其间距为 1.2 ~ 1.5 倍出渣列车长度，一般为 60 ~ 80 m。设置两道风门，是为保证当列车通过平行导坑口时，始终有一道风门处于关闭状态，而不出现风流短路。

② 不做运输的横通道应及时关闭、以减少风流损失。

③ 挡风门应做到顺风关、逆风开，要做到严密不漏风，应派专人看守和维修

（2）局部风流循环系统。

正洞及平行导坑开挖作业区，必须配置风扇，以形成局部风流循环系统，如在图 10-3 中，正洞开挖作业区布置一台压入式风机，压入新鲜空气，工作处的污浊气体即随主风流系统经横通道、平行导坑排出洞外。为了提高平行导坑开挖作业区的通风效果，可布置成以吸出式为主、压入式为辅的混合式通风。主风流中部分新鲜空气由压入式风机压送到平行导坑工作面，而污浊气体则由吸出式风机吸出到平行导坑中排出洞外。

3. 通风方式的选择

（1）风管式通风不仅适用于独头坑道，如导坑独头掘进、全断面法开挖等，目前在长大隧道的施工中亦多采用。当风量需要较大，风压需要较高时，可采用两台或数台同型号的通风机串联。

（2）巷道式通风通常与辅助坑道配合使用，是解决长大隧道通风的主要方法之一。如风压需要较高，无大功率通风机时，可采用数台同型号的通风机并联。另外，巷道通风尚有风墙式、通风竖井、通风斜井、横洞等。

（3）随着我国独头掘进技术的提高、开挖断面的增大，通风方式更趋向于采用大功率、大管径的压入式通风。秦岭隧道 Ⅱ 线平导，开挖断面为 28 m²，独头掘进 9.5 km。通风设计为两阶段，第一阶段采用 PF-110SW55 型风机，+1.3 m 的 PVC 塑布软风管的单机压入式通风，通风长度可达 6 km；第二阶段在 4.5 ~ 5 km 处设通风站，采用混合式通风，总通风长度可达 10 km。

10.3.2　施工通风计算

施工通风计算的目的是选择通风机，确定通风机型号和轴功率的主要依据是风量和风压。

1. 风量计算

（1）按洞内同时工作的最多人数所需要的风量计算。

$$Q = kmq \tag{10.6}$$

式中　Q——所需风量，3 m/min；

k——风量备用系数，常取 $k = 1.1 \sim 1.2$；

m——洞内同时工作的最多人数；

q——每人每分钟需要的新鲜空气量，通常按 3 m^3/（人·min）计算。

（2）按稀释洞内同时爆破采用的最多炸药量所产生的有害气体需要的风量计算。

由于通风方式不同，计算方法也各不相同，以下分别介绍。

① 巷道式通风。

$$Q=5Ab/t \qquad (10.7)$$

式中　Q——所需风量（m^3/min）；

A——洞内同时爆破的最多炸药量（kg）；

B——1 kg 炸药折合成 CO 的体积，一般取 $b = 40$ L/kg；

t——爆破后的通风时间（min）。

② 管道式通风。

压入式通风。

$$Q = \frac{7.8}{t} \sqrt[3]{AS^2 L^2} \qquad (10.8)$$

式中　S——坑道的开挖断面面积（m^2）；

L——坑道的通风长度（m）。

其他符号同前。

吸出式通风。

$$Q = \frac{15}{t} \sqrt{ASL_{散}} \qquad (10.9)$$

式中　$L_{散}$——爆破后炮烟的扩散长度，m。非电起爆 $L_{散} = 15 + A$；电雷管起爆 $L_{散} = 15 + A/5$。

混合式通风。

采用混合式通风时，要求吸出风机功率大于压入风机功率，即 $Q_{混吸} > Q_{混压}$。所以只计算 $Q_{混压}$ 即可。$Q_{混压}$ 按压入式公式计算，但式中 L 改为 $L_{入口}$（吸出风机到工作面的距离），即

$$Q_{混压} = \frac{7.8}{t} \sqrt[3]{AS^2 L_{入口}^2} \qquad (10.10)$$

通常取 $Q_{混吸} = 1.3 Q_{混压}$

式中　$Q_{混压}$——压入风量；

$Q_{混吸}$——吸出风量；

$L_{入口}$——压入风口至工作面的距离，一般采用 25 m 计算。

其他符号同前

（3）按内燃机作业废气稀释的需要计算。

$$Q = n_f A \qquad (10.11)$$

式中　n_f——洞内同时使用内燃机作业的总功率（kW）；

A——洞内同时使用内燃机每 1 kW 所需要的风量，一般采用 3 m^3/（min·kW）计算。

（4）按洞内允许最小风速验算风量。

$$Q=60v_{min}S_{max} \qquad (10.12)$$

式中　v_{min}——洞内允许最小风速，m/s；全断面开挖时为 0.15 m/s，其他坑道为 0.25 m/s

　　　　S_{max}——坑道断面积，m²。

　　按上述四种情况计算后，取其中最大者为计算风量。要求通风机提供的风量为

$$Q_{供}=PQ \qquad (10.13)$$

式中　Q——计算所需风量；

　　　P——管道漏风系数。

　　P 值与风管直径、长度、接头质量、风压、风管材料等因素有关，是个大于 1 的系数可按有关设计手册查用。如采用胶质风管或金属风管时，其值可参考表 10-11、表 10-12。

表 10-11　胶质风管漏风系数

风管长度/m	50	100	150	200	250	300	400	500
漏风系数 P	1.04	1.08	1.11	1.14	1.16	1.19	1.25	1.30

表 10-12　金属风管漏风系数

风管长度/m	风管每节为 3 m 及下列直径（m）时的漏风系数			风管每节为 4 m 及下列直径（m）时的漏风系数		
	0.5	0.7	0.8	0.5	0.7	0.8
100	1.02	1.01	1.01	1.02	1.01	1.008
	1.09	1.04	1.03	1.06	1.03	1.02
200	1.08	1.05	1.03	1.06	1.02	1.02
	1.27	1.16	1.16	1.19	1.11	1.06
300	1.16	1.09	1.06	1.10	1.06	1.04
	1.51	1.29	1.31	1.37	1.22	1.12
400	1.25	1.15	1.10	1.16	1.10	1.06
	1.82	1.46	1.32	1.61	1.34	1.23
500	1.36	1.21	1.14	1.25	1.14	1.08
	2.25	1.62	1.45	1.88	1.51	1.32
600	1.49	1.28	1.19	1.27	1.18	1.12
	2.76	1.93	1.57	2.22	1.66	1.45
700	1.63	1.36	1.27	1.48	1.28	1.16
	3.44	2.20	1.79	2.60	1.85	1.56
800		1.45	1.33		1.30	1.22
		2.63	2.05		2.13	1.74
900		1.54	1.36		1.39	1.25
		2.89	2.25		2.28	1.87
1000		1.65	1.50		1.46	1.28
		3.42	2.52		2.62	2.07

　　注：表中同格内上行值为风管接头用橡皮或油封衬垫密封，螺栓完全拧紧。下行值为风管接头用马粪纸或麻绳密封，螺栓完全拧紧。

对于长距离的通风，一般采用 PVC 塑料软管，管路直径大于 1 m。漏风系数见表 10-13。

表 10-13　聚氯乙烯（PVC）塑料风管漏风系数

风管直径 /m	风管长度/m									
	100	200	300	400	500	600	700	800	900	1000
0.5	1.019	1.045	1.091	1.145	1.157	1.230	1.280			
0.6	1.014	1.036	1.071	1.112	1.130	1.180	1.201	1.330		
0.7	1.010	1.028	1.053	1.080	1.108	1.145	1.188	1.237	1.288	1.245
0.8	1.008	1.022	1.040	1.067	1.090	1.126	1.153	1.195	1.229	1.251

对于高山地区，由于压强的降低，供风量需要进行修正，即

$$Q_{高}=100Q_{正}/P_{高} \tag{10.14}$$

式中　$Q_{高}$——高度修正后的供风量

　　　$Q_{正}$——正常条件下的供风量（m^3/min）

　　　$P_{高}$——高山地区大气压（kPa），见表 10.14

表 10-14　海拔高度与大气压的关系

海拔高度/m	1 500	2 000	2 500	3 000	3 500	4 000	4 500	5 000
大气压强/kPa	82.9	77.9	73.2	68.8	64.6	60.8	57.0	53.6

2. 风压计算

在通风过程中，风流必须要有一定的风压，才能克服沿途的各种阻力，将风送到洞内，并保证具有一定的风速，风流所受的阻力主要有摩擦阻力、局部阻力和正面阻力，即

$$h_{机} \geqslant \sum h_{阻} = \sum h_{摩} + \sum h_{局} + \sum h_{正} \tag{10.15}$$

（1）摩擦阻力 $h_{摩}$

摩擦阻力是管道（巷道）周壁与风流互相摩擦以及风流中空气分子间的挠动和摩擦而产生的阻力，也称沿程阻力。

根据流体力学的达西公式可以导出隧道通风的摩擦阻力公式

$$h_{摩} = \lambda \cdot \frac{L}{d} \cdot \frac{v^2}{2g} \cdot \gamma \tag{10.16}$$

式中　$h_{摩}$——摩擦阻力（kPa）；

　　　λ——达西系数；

　　　L——风管长度（m）；

　　　V——风流速度（m/s）；

　　　d——风管直径（m）；

　　　g——重力加速度（m/s^2）；

　　　γ——空气重度（N/m^3）。

对于任意形状时，将 $d = \dfrac{4S}{U}$（U 为风管道周边长度，S 为风管面积）代入式（10.16）有

$$h_{摩} = \frac{\lambda\gamma}{8g} \cdot \frac{LU}{S} \cdot v^2 \qquad (10.17)$$

若风道流量为 Q（m^3/s），则令 $a=Q/S$，再令 $a=\gamma\lambda/8g$（a 称为摩擦阻力系数单位为 $N \cdot s^2/m^4$ 见表 10-15、表 10-16）将 α、v 代入式（10.17）有

$$h_{摩} = \alpha L U Q^2 / S^3 \qquad (10.18)$$

（2）局部阻力 $h_{局}$。

风流经过风管的某些局部地点（如断面扩大、断面减小、拐弯、交叉等）时，由于速度或方向发生突然变化而导致风流本身产生剧烈的冲击，由此产生的风流阻力称局部阻力。

表 10-15 管道摩擦阻力系数

风管	直径 d/mm	α	浸胶风管			
			雷诺数 Re	α	雷诺数 Re	α
金属风管	500	0.003 5	1×10^5	0.009 6	6×10^5	0.000 35
	600	0.003 2	2×10^5	0.006 3	7×10^5	0.000 32
	700	0.003 0	3×10^5	0.005 1	8×10^5	0.000 30
	800	0.002 5	4×10^5	0.004 2	9×10^5	0.000 29
塑料风管	500	0.001 6	5×10^5	0.003 8	10×10^5	0.000 29
	600	0.001 5	$Re=\dfrac{Q}{1.201}\times10^5$			
	700	0.001 3				
	800	0.001 3	注：Q——风量（m^3/s）			

表 10-16 巷道摩擦阻力系数

巷道特征	α 值	巷道特征	α 值
混凝土衬砌成洞地段	$0.004\sim0.005$	拱部扩大已完成，无支撑地段	$0.012\sim0.016$
块石砌筑成洞地段	$0.006\sim0.008$	导坑无支撑地段	$0.016\sim0.020$
砌拱已完成，马口未开挖地段	$0.01\sim0.012$	导坑有支撑，无中间立柱地段	$0.020\sim0.025$
拱部扩大已完成，有扇形支撑地段	$0.02\sim0.03$	导坑有支撑，有中间立柱地段	$0.030\sim0.040$

现以风流突然扩大为例来分析局部阻力的计算。设空气自小断面 S_1 流到大断面 S_2，小断面中的风速为 v_1，到大断面中流速必然降为 v_2，这时所产生的能量损失可按式（10.19）计算：

$$h_{大} = \frac{(v_1 - v_2)^2}{2g}\gamma \qquad (10.19)$$

因为 $S_1 v_1 = S_2 v_2$，$v_2 = \dfrac{S_1}{S_2}v_2$

即 $h_{大} = \left(1 - \dfrac{S_1}{S_2}\right)^2 \cdot \dfrac{v_1^2}{2g} \cdot \gamma$

令 $\zeta_{\text{大}} = \left(1 - \dfrac{S_1}{S_2}\right)^2$

则有 $\qquad h_{\text{大}} = \zeta \cdot \dfrac{v_1^2}{2g} \cdot \gamma$ （10.20）

类似于断面扩大时的局部阻力分析，也适用于其他几种不同情况，如断面缩小等。现用 $v=Q/S$ 代替 v_1，γ 取 $12\ /\text{m}^3$，得局部阻力公式为

$$h_{\text{局}} = 0.612\zeta \dfrac{Q_2}{S_2}$$ （10.21）

式中 ζ——局部阻力系数，见表 10-17。

表 10-17 局部阻力系数表

管（巷）道形式	阻力系数 ζ				
	α ＼ R/d	30°	45°	60°	90°	120°
	1.5	0.08	0.11	0.14	0.175	0.20
	2.0	0.07	0.10	0.12	0.15	0.17

	α	10°	20°	30°	40°	50°
	ζ	0.018	0.070	0.164	0.359	0.494
	α	60°	70°	80°	90°	100°
	ζ	0.654	0.818	1.145	1.471	1.800
	α	110°	120°	130°	150°	170°
	ζ	2.130	2.620	2.845	3.600	5.070
	若为圆形则需除以 1.22					

	$\zeta=1.5$
	$\alpha = 45° \sim 60°$ $\zeta=1.5$

管（巷）道形式	阻力系数 ζ				
	ζ=1.0				
	面积比 f/F	0.2	0.4	0.5	0.8
	ζ	0.64	0.36	0.25	0.04
断面变化地点	ζ		断面变化地点	ζ	
由洞口进入正洞	0.6		由导坑单道断面进入双道断面	1.70	
由成洞进入扩大及下导坑或上导坑	0.46		由导坑双道断面进入单道断面	1.00	
由漏斗口进入导坑	2.00		由平导进入通风道	0.50	

（3）正面阻力 $h_正$

当通风面积受阻时，会在受阻区域出现过风断面减小后再增大这一现象，相应地会增加风流阻力，一般可用式（10.22）计算：

$$h_正 = 0.612 \Phi S_m Q^2 / (S - S_m)^3 \tag{10.22}$$

式中　　Φ——正面阻力系数。当列车行走时，Φ=1.15；当列车停放时 Φ=0.15；如两列车（或斗车）停放间距超过 1 m 时，则逐一相加。

　　　　S_m——阻塞物最大迎风面积，m^2。

10.3.3　通风机的选择

通风机有轴流式和离心式两类。在隧道施工通风中主要采用轴流式通风机。它具有风量大、效率高、结构紧凑、重量轻等优点。选择时，按 $Q_机 \geq 1.1 Q_供$（1.1 是风量储备系数，$Q_供$ 则为前述计算结果）及 $h_机 \geq P \sum h_阻$（P 为漏风系数，$\sum h_阻 = \sum h_摩 + \sum h_局 + \sum h_正$）。从通风机技术性能表或通风机"特性曲线图"中选取合适的通风机型号。通风机应有备用，数量一般为计算能力的 50%。此外，根据具体情况，还可以选用具有吸尘、防爆和低噪音等特性的风机。

10.3.4　风机及风管布置

设置通风机时，其安装基础要能充分承受机体重量和运行时产生的震动，或者水平架设到台架上。吸入口注意不要吸入液体和固体，而且要安装喇叭口以提高吸入、排出的效率。

放置在隧道内的风管，应设在不妨碍出渣运输作业、衬砌作业的空间处，同时要牢固地安装，以免因受到振动、冲击而发生移动、掉落。在衬砌模板台车附近，不要使风管急剧弯曲，以减少风压损失。风管一般均用夹具等安装在支撑构件上，若不使用支撑，只有喷混凝土和锚杆时，可在锚杆上装特殊夹具挂承力索，而后通过吊钩安装风管。风管的连接应密贴以减少漏风，一般硬管用密封带或垫圈，软管则用紧固件连接。风管可挂设在隧道拱顶中央、隧道中部或靠边墙墙角等处，一般在拱顶中央处通风效果较佳。

10.3.5　通风管理

隧道施工通风要取得良好的效果，除合理选择通风设备外，还必须加强通风管理，并要求做到以下几点：

（1）定期测试通风量、风速、风压，检查通风设备的供风能力和动力消耗。

（2）发现风管、风门、封闭的通道等处漏风时，必须立即堵塞。

（3）通风巷道中，避免停放闲置的车辆、堆积料具和废渣。

（4）采用平行导坑作通风巷道时，除最外一个横通道外，其余均应设置风门，在通风时及时关闭风门。

10.3.6　防　尘

在隧道施工中，凿岩、装渣、喷射混凝土等作业都有粉尘产生，特别是粒径小于 $10\ \mu m$ 的粉尘，极易被人吸入体内，沉附于支气管中，或吸入肺泡而造成硅肺病。为了使坑道内的含尘量降低到 $2\ mg/m^3$ 以下，必须采取综合防尘措施。归纳起来有如下几个方面：

（1）采用湿式凿岩，用高压水冲洗孔眼使岩粉变成浆液流出。

（2）使用机械通风也是降低洞内粉尘浓度的重要手段。在主要作业（钻眼、装渣等）时间内，应始终开动风机保持通风。

（3）喷雾洒水不仅可以清除爆破、出渣所产生的粉尘，而且可溶解少量有害气体，并能降低坑道温度，使空气变得明净清爽。

（4）工作人员应戴防尘口罩，防止粉尘吸入体内，这也是有效防尘方法之一。

此外，喷射混凝土采用半湿式或湿式喷射作业，可减少或消除混合料在拌和、运送及喷射时所产生的粉尘。

10.4　施工供电与照明

在隧道施工中，电动机械及照明都需要用电。因此，保证洞内供电非常重要。

10.4.1　供电线路

隧道供电电压一般是三相四线 400/230 V，动力机械电压标准是 380 V，成洞地段照明用

220 V，工作地段照明用 24 ~ 36 V。

对于长隧道考虑到低压输电因线路过长而使末端电压降得太多，故用 6 ~ 10 kV 高压电缆进洞，然后在洞内适当地点设变电站，将高压电流变为 400/230 V，再送至工作地点。洞内 220 V 照明线均应使用防潮绝缘导线，并架设在离地面 2.2 m 以上的瓷瓶上。高压电缆的架设高度应高出地面 3.5 m。

10.4.2 施工照明

隧道施工采用电灯照明，照明光线要充足均匀。以往施工照明采用白炽灯，它既费电，亮度又差，且易造成事故。近年来已开始采用高压钠灯、低压卤钨灯、钠铊铟灯、镐灯等新光源。

1）高压钠灯

此种灯的发光效率为 20 ~ 30 lm/W，透雾性能好，没有眩光。尽管洞内放炮后烟雾弥漫，但灯下物体仍清晰可见，此灯能经受爆破冲击波的震动，诱虫少，使用寿命长，可达 2 000 ~ 5 000 h，是洞内施工较理想的照明光源。

2）低压卤钨灯

这种灯的发光效率为 20 ~ 30 lm/W，通常使用的有两种，一种为 36 V 300 W 或 36 V 500 W 卤钨灯，寿命大于 600 h，亮度为白炽灯的两倍。另一种是 36 V 500 W 溴钨灯，使用寿命大于 500 h，亮度为白炽灯的三倍，适用于作业面照明。

3）钠铊铟灯

钠铊钢灯是一种新型气体放电灯。发光效率为 60 ~ 80 lm/W，光色好，适用于大面积照明，灯的使用寿命为 1 000 ~ 2 000 h。但在洞内使用时透烟雾性能差，悬挂高度在 15 m 以下时有眩光。

4）镐灯

镐灯是一种高强度气体放电灯，发光效率在 70 lm/W 以上。显色性能好，光色洁白，清晰宜人，灯的使用寿命大于 500 h，适用于洞外场地照明。

对于这些新的光源，在应用时要按照表 10-18 的要求布置施工时的洞内外照明。

表 10-18　隧道施工时的洞内外照明布置

工作地段	照明布置
开挖面 40 m 以内地作业段	两侧用 36 V 500 W 的卤钨灯各 2 盏（或 300 W 卤钨灯 7 盏，以不少于 2 000 W 为准），灯泡距离隧道底面高 4 m
开挖面 40 ~ 100 m 以内作业段	安装 2 盏 400 W 的高压钠灯和 2 盏 400 W 钠铊铟，间距约 15 m，灯泡距离隧道底面高 5 m
开挖面 100 m 至末端作业段	每隔 40 m，左右侧各设 400 W 的高压钠灯 1 盏
模板台车衬砌作业段	台车前 10 ~ 15 m，增设 400 W 的高压钠灯各 12 盏，台车上亮度不足时，增设 36 V 300 W 或 500 W 的卤钨灯

工作地段	照明布置
成洞地段	每隔 40 m 增设 400 W 的高压钠灯 1 盏
斜井竖井井身，掌子面及喷射混凝土作业面	使用 36 V 500 W 或 300 W 的卤钨灯，已施工井深部位选用小功率 110 V 高压钠灯，间距：混合井 30 m 安装 1 盏，主、副井每 25 m 安装 1 盏
洞外场地	每隔 40 m，左右侧各设 400 W 的高压钠灯 1 盏

思考题

1. 如何确定空压机的生产能力？
2. 高压风管管径选择应满足什么条件？如何进行高压风管管径的选择？
3. 某中长隧道，由进口向出口方向施工为下坡，且富含地下水。试设计隧道施工排水方案。
4. 隧道施工通风有哪几种方式？有何特点？各适用于何种情况？
5. 隧道内不同作业地段的照明标准各有什么规定？

11　隧道养护与维修

  铁路是国民经济的大动脉，隧道是铁路线路的大型永久建筑物，它不但构造复杂，技术性强，且修建工期长，价值较高，一旦损坏，修复和改建都很困难，将严重影响铁路的畅通。所以，做好隧道的维修养护工作，对保证铁路的安全畅通，促进国名经济的发展有着重要意义。

  铁路隧道养护是为了消除铁路隧道病害，保证列车运行安全，对隧道进行的维护和修理工作。隧道病害主要有限界不足、衬砌裂损、漏水和污染等。建筑的标准不统一，施工误差，衬砌变形，会造成限界不足等病害。山体的内力重新分布，超挖回填不足，衬砌背后填土受水冲空，圬工受水侵蚀，洞门上覆盖层发生滑坍，砌体砂浆失效，拱部、边墙和仰拱结合处应力集中，会造成衬砌裂纹、错位、剥落、腐蚀等病害。地下水和地表水的处理不当，会造成隧道漏水，冬季结冰膨胀可能把衬砌挤坏。长隧道内通行的内燃机车，会造成洞内空气污染，有的因隧道岩层中含有瓦斯和放射性元素，也会造成隧道污染。为消除铁路隧道病害，保证列车运行安全，必须对隧道进行维护和修理工作。

  隧道维修养护工作应贯彻"预防为主，防治结合，有病治病，治病除根"的原则，采取综合维修和经常保养相结合的方式，整治既有病害，及时消除危及行车安全处所，经常保持隧道结构物状态均衡完好，使列车能以规定的速度安全，平稳和不间断的运行。

  养护维修是对所有隧道都重要的工作，因为：

  （1）隧道建筑物要满足 100 年正常使用的永久性结构设计，且能适应运营的需要，方便养护工作，并具有必要的安全防护等措施。但是，受列车动荷载和风吹雨淋，温度变化等大气环境影响，隧道技术状态可能会逐渐恶化。这对隧道的正常使用和安全运营带来威胁，所以，同其他工程结构相同，为了尽量延长隧道结构的寿命，应对隧道进行经常性的养护工作。

  （2）由于设计，施工和外界环境作用，会导致隧道出现漏水，衬砌裂损，衬砌侵蚀，火灾等多种类型的病害和灾害，不但影响隧道的正常运营，而且会引发事故、灾害，造成人员伤亡和财产损失。因此，隧道病害防治应以预防为主，在设计阶段就要考虑，本着预防和及时整治病害相结合的原则。要经常对隧道进行检查，及时发现问题，并采取有效措施整治，做到防治结合，把病害控制在最小的范围内。

11.1　隧道运营阶段养护工作

  隧道结构的寿命是指设计时预计的结构可安全稳定的工作年限，影响隧道寿命的因素主要有：隧道的结构形式；使用的建筑材料；外界因素，如人为因素、工程地质和水文地质状态等。为了延长隧道结构的寿命，就应对隧道进行经常性的养护工作。隧道预防与养护工作包括：运营状态监视；隧道结构的病害检查；隧道病害的原因分析；隧道的维修与修复；隧道结构的安全性及稳定性评价。

1. 运营状态监视

通过运营控制系统控制及监视车辆流动状态、洞内的温度、湿度、通风、照明、有害气体含量、火警能量供给状态等多项运营工作状态，并可根据监视结果及时发现不正常状态，调整隧道能量的供给方式，节约运营费用。例如可根据洞内有害气体的含量及车辆在不同时间的流量，确定隧道通风机的工作状态，根据隧道洞内的不同位置以及洞内外光线差别调整洞内照明的强度。

2. 隧道病害检查

隧道病害检查是隧道养护工作的重要内容，其目的是尽早发现隧道破损，防止破损范围的扩大，以便尽可能地减少维修工程量和维修费用。即遵循早发现、早维修、少工料费的原则。同时，检查也是隧道大修维修工作的基础，是编制隧道大维修计划的依据。通过检查可掌握隧道在运营中发生的变化，及时发现病害。根据检查发现的问题，采取针对性措施，合理安排大修维修工作，使隧道经常处于完好状态。通过检查积累技术资料，可以系统地掌握隧道状态，以便正确的规定其使用条件。隧道病害检查项目包括洞口及附近的检查、洞口检查和洞内检查。

1）隧道病害检查工作分类

隧道检查是一项制度化的工作，它包括经常检查，定期检查，特别检查，专项检查。

（1）经常检查。

检查内容包括排水设施是否通畅，衬砌表面是否漏水，洞口山坡是否可能有坍方落石，隧道上方地表是否出现冲沟和陷穴，对已有病害进行观测并做好记录，以便存档。

（2）定期检查。

每年的春、秋季，工务段应根据路局的布置，组织有关人员对管辖的隧道进行一年一度的大检查，对隧道各部分状态进行全面细致的检查评估，据以拟定病害整治对策和安排大维修计划。检查内容包括：洞口、洞内各种建筑物的状况，可能产生的病害，洪水前后的状态变化，严寒地区春季冰雪融化后对建筑物的影响等。

对每座隧道逐项进行检查，用目测和仪器测试，查明各项病害。

秋检后由工务段编写检查总结和文件资料，内容包括检查组织情况，采用的检查方法，病害及其原因，技术状态分析，填写《桥隧建筑物状态报告表》，按规定期限报路局。

（3）特别检查。

由铁路局组织或指定有关单位，对个别长大的、构造复杂的和有严重病害的隧道进行特别检查。此外，遭受地震、台风、洪水等自然灾害侵袭或突发事故后，为及时了解隧道状态，工务段须立即组织有关人员进行临时的特别检查，必要时由路局组织鉴定队进行测试检定。

（4）专项检查。

① 限界检查。

重要线路的隧道界限每 5 年，其他线路的隧道界限每 10 年检查一遍，根据检查结果绘制每座隧道综合最小限界图。当发现隧道有变形或对隧道进行加固后，应立即检查限界。如影响原有最小尺寸时，应修正限界并上报中国铁路总公司。

② 断面及平面绘制。

应对每座隧道进行平面及纵横断面检查。

利用拱顶及边墙（轨面上约 1 m 处）的固定测点进行水准测量，并测量两边墙上相同高度固定测点间和拱脚水平线上的宽度。有变形的隧道各段衬砌的横断面可安设单点锚杆或位移计定期进行测量。

2）隧道病害的检查方法

隧道病害的类型主要有水害、冻害、衬砌裂损和衬砌侵蚀。最为常见的是水害，素有"十隧九漏"之说。

隧道病害发生较多的地段，从地质情况来看，一般是断层破碎带、风化变质岩地带、裂隙发育的岩体、岩溶地层、软弱围岩地层等；从地形情况看，多发生在斜坡、滑坡构造地带和岩堆崩塌地带等。

隧道病害检查的主要方法有：

（1）洞内肉眼观察；

（2）定期对设置的观察面进行量测，并用曲线外插法预测变形及受力状态；

（3）观察地下水数量及水质变化；

（4）钻孔检查，了解岩石受力及松动状态、岩石与隧道接触状态、隧道结构变形裂缝状态、密封层防水性等；

（5）开挖检查井及坑道；

（6）现代测量方法，如物理地质电测法、地质电测法、红外线测量法等。

3）衬砌裂损的描述

对于衬砌裂损应做好观测和记录工作，明确表示发生裂损的部位和裂损程度。通常用下列要素来描述。

（1）破损部位。

将衬砌划分为左右拱圈、左右边墙及仰拱 5 个部分，再将每个部分依其内缘周长划分 4 个等份，即把隧道衬砌断面分为 20 个部位，如图 11-1 所示。

（2）裂缝宽度 δ。

δ 值是在缝口处沿垂直裂面方向量取的。如图 11-2 所示。按裂缝宽度的大小可分为 4 个等级，即：$\delta \leqslant 0.3$ mm 为毛裂缝；0.3 mm$<\delta \leqslant 2.0$ mm 为小裂缝；2.0 mm$<\delta \leqslant 20$ mm 为中裂缝；$\delta > 20$ mm 为大裂缝。

（3）裂缝错距。

当衬砌出现错牙裂缝时用裂缝错距表示。如图 11-2 所示。沿裂缝垂直方向量取的 ε 值称为垂直错距；沿裂缝水平方向量取的 c 值称为水平错距。根据错距的大小将裂缝分为三个级别，见表 11-1。

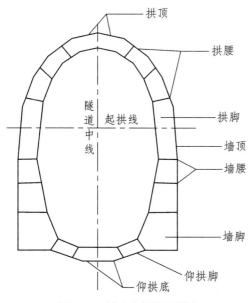

图 11-1 衬砌各部位的划分

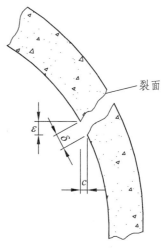

图 11-2 衬砌裂缝的描述

表 11-1 裂缝错距

错距分类	垂直错距/mm	水平错距/mm
小错距	$\varepsilon \leqslant 2$	$c \leqslant 2$
中错距	$2 < \varepsilon < 20$	$2 < c < 20$
大错距	$\varepsilon \geqslant 20$	$c \geqslant 20$

（4）裂缝间距。

走向大致相同的两条相邻裂缝之间的距离称为裂缝间距。它用来描述衬砌的破损程度。常以衬砌的一个节段或一个节段中的某一部位（如左半拱、右边墙、仰拱等）为单位来分析。当裂缝为多组时应说明裂缝的组数及各组裂缝的平均间距值。

（5）裂缝密度。

裂缝总面积（各裂缝长度与裂缝宽度乘积的综合）与所分析的节段或节段某一部分衬砌表面积之比，称为裂缝密度。用此比值的百分数来表示衬砌裂损的程度。

3．隧道病害原因分析

引起隧道病害的原因有多种，主要可分为两类，即人为因素和自然因素。

1）人为因素

引起隧道病害的人为因素主要是指由于设计和施工不当引起的，包括以下几方面。

（1）建筑材料。建筑材料强度低，质量差，易老化。

（2）设计不当。衬砌截面形式不合理，强度偏小，密封及防排水系统不当。

（3）施工不当。岩石松动或自承效应丧失，支护结构与岩石松动接触差，仰拱合拢过晚，开挖及衬砌方法不当等。

2）自然因素

引起隧道病害的自然因素是指隧址处工程地质及水文地质、交通等状态的变化引起的，主要包括以下几个方面。

（1）地质状态。作用于岩石上的外力荷载发生改变；岩体自身由于发生应力重分布、松动或出现膨胀应力而改变了岩体原来的受力状态；围岩体积变化改变了原来的围岩作用。

（2）内部荷载。交通状态的改变使洞内荷载强度及振动强度发生变化。

（3）地貌改变。如在隧道临近处开挖土方，进行振动较大的施工作业。

（4）地下水影响。隧址处地下水位改变，水量及水质改变，密封层渗水等。

此外，还存在很多其他的引起破损的因素。例如，隧道病害检查不及时，对破损的判断错误，维修及修复措施不当等。

4. 隧道维修与修复措施

1）建筑材料因素

（1）因建筑材料强度低、质量差、易老化而引起的破损，可采用更换材料的维修方法。

（2）因建筑材料表面脱落、风化及腐蚀而引起的破损，可在该表面抹水泥浆或喷混凝土。

（3）材料冻裂时，则需改善排水设施，尽可能将水引离结构，并且加强通风。

2）设计因素

（1）如果由于外力过大结构强度偏低时，可考虑改用高强度材料；增加钢锚杆，加受力铰，以改变原来结构的受力形式；注浆加固以提高岩体的自承能力并减少作用在隧道结构上的围岩压力，在注浆时要考虑结构原来的排水形式及排水系统。

（2）如果隧道结构无仰拱，墙角发生塑性位移时，若只加固支座地基效果不大，可考虑加设锚杆或注浆，以加强衬砌与围岩的连接，加固侧墙或增建仰拱。

3）施工因素

由于施工不当而造成衬砌背后存在空洞时，可考虑注浆或填充方法，加强围岩与衬砌的连接以形成共同受力结构，减少松动。

4）地下水效应

（1）若防水层局部破坏，可在渗水处插软管将水排入排水沟，或增补局部阻水层。

（2）若防水层大面积破坏，则在衬砌内表面重修防水层，或采用改善防水系统功能的方法将水汇流后排出洞外。

5. 隧道结构安全性及稳定性的评价

隧道衬砌除了由于各种因素导致破损外，还有一个自然的老化过程，即随着使用年限增长，隧道材料慢慢地腐蚀、剥落、强度降低，从而使功能逐渐衰退、下降。

隧道在运营保养阶段，除了对破损及时修复外，还要对修复的效果及隧道的安全性、稳定性给予正确的评价。如果隧道破损后，修复效果不好，破损范围不断发展及扩大，并有塌方或失稳的危险时，则需临时停止隧道的运营使用。当对隧道的综合评价证明隧道已无法正常运营使用，并以无法或不值修复时则认为隧道已达使用寿命。

（1）隧道结构的评价。包括对衬砌结构的刚度及变形状态、材料强度及变形性、仰拱及基底效应等进行评价。

（2）围岩状态的评价。包括对隧道衬砌与围岩接触状态，松动区的大小及形状，作用于隧道衬砌上的压力、抗力效应、静水及附加压力，岩石的力学性能等进行评价。

根据隧道结构的评价和围岩状态的评价结果，可对隧道结构进行静力学计算分析，必要时可作动力学分析，进行截面的强度验算，评价隧道的安全及稳定性。

通过对隧道综合状态的评价，可以确定维修的必要性及相应的维修及加固方法。

11.2　隧道档案的建立

每座隧道都应建立隧道档案，特别是长大隧道的档案建立更应详细。隧道档案中应收集有关隧道的设计、施工及竣工资料，此外还包括养护与维修过程中的一些记录资料。

1. 隧道设备的概况

（1）隧道概况。隧道所处线路及区间名称、隧道全长、起讫里程、开工及竣工日期、地质状况等。

（2）隧道结构的断面形状。内轮廓尺寸、衬砌材料、避车洞、避车洞的设置情况等。

（3）辅助坑道。记录竖井、斜井、横洞及平行导坑的位置及其他情况。

（4）线路情况。纵坡、平面、设备、道床、轨枕、钢轨等情况。

（5）洞内排水设施。排水沟类型、长度、深度；检查井形状、间距、数量；盲沟情况，钻孔排水、泄水洞排水等情况。

（6）洞外排水设施。洞外排水沟及山上排水沟类型、长度等。

（7）路堑的起讫里程、护坡材料等。

（8）通风设备情况。

（9）电力及照明设备情况。

（10）通信设施情况。

以上内容最好用表格形式表示。

2. 主要病害状况卡片

主要病害状况卡片可以用列表的方式记录，见表 11-2。

表 11-2　主要病害状况卡片　　　　　　　　病害种类：

记录日期	病害性质	位置（自__至__）	长度/mm	最大数量	发生时间（年/月/日）	危险程度	简要分析

在填写卡片时应注意以下几点：

（1）病害种类包括隧道水害、冻害、衬砌病害、整体道床病害、界限不足及有害气体危害等。

（2）隧道水害分为涌水、漏水、滴水、渗水；隧道冻害分为衬砌冻害、线路冻害、排水沟冻结及挂冰等；衬砌病害包括衬砌变形、裂损、侵蚀等。

（3）至少每年记录或修改一次。

（4）最大数量是指漏水量或刨冰量（t/d），以及冻胀量的最高纪录。

（5）发生时间是指与季节有关的病害发生时间，如长年漏水、季节漏水或雨后几天漏水等。

3. 隧道历史概况与现状分析

1）隧道历史概况

在档案建立时要注意收集整理下述资料：

（1）写明开工日期、交付运营日期、设计及施工单位等；

（2）隧道工程地质及水文地质情况；

（3）在修建过程中，曾发生过塌方等事故的地点及处理措施等；

（4）交付运营时的工程质量及存在问题等。

2）隧道现状分析

在定期检查、专项检查及维修之后，应总结分析下述问题：

（1）针对隧道的主要病害状况，分析其原因及危害性，并预测发展趋向；

（2）对主要病害曾采取哪些整治措施，有何收效及教训；

（3）历年来经过基建、大修解决了哪些问题，还存在哪些问题；

（4）对整治病害及技术改造的意见。

4. 图纸存档

1）技术图纸

（1）设计单位提供的纵断面图、横断面图、平面图。

（2）施工单位提供的衬砌内轮廓断面图、隧道断面开挖图、山上地形及排水设施图。

（3）其他有关隧道的技术图纸。

2）隧道衬砌展示图

为了便于检查、记录和分析病害，要使用衬砌展示图，即把衬砌划分为若干部分，如图11-1所示，每部分按纵向里程展开。

3）隧道综合最小限界图

根据铁道运输组织工作的需要，要绘制区段最小限界，而区段最小限界是根据线路上的每一座建筑物（如隧道、桥梁、跨线建筑物及附属设备）的综合最小限界绘制而成的。综合最小限界是限制装载货物最大宽度使用的。隧道综合最小限界均按超高转动的线路坐标系施测计算，其测量方法可归纳为：横断面法、轨迹法、摄影法。

5. 各种检查观测记录

（1）衬砌裂缝记录；

（2）隧道洞外降雨记录；

（3）衬砌漏雨记录；

（4）隧道洞内外地下水的水源、流量及流速观测记录；

（5）其他观测项目记录（如衬砌腐蚀记录、冬季刨冰记录、洞内排水沟冻结记录、衬砌变形记录等）。

隧道档案的建议是一项细致的工作，需要工务技术人员长期的积累，为隧道的长期使用、维修、改建和扩建提供依据。

11.3 隧道有害气体防治

运营隧道内的有害气体主要由机车燃烧燃料所产生的，有时也可能从围岩中析出，其主要成分为一氧化碳、二氧化硫、氮氧化物、瓦斯等。这些气体滞留于隧道中，会危害人体健康，腐蚀隧道结构物及轨道设备，降低隧道内的空气能见度，妨碍行车安全，因此，应该采取措施予以整治。

1. 隧道内有害气体的综合防治

（1）通风。通风不仅可将有害气体排出洞外，使洞内空气符合卫生标准，还能降低洞内空气的湿度，减少其对洞内设备的锈蚀作用。

（2）提高列车通过隧道的行驶速度。车速快，机车在洞内走行时间短，隧道内的烟雾浓度就低，反之则烟雾浓度越大，所以车速是决定隧道内有害气体浓度的主要因素。同时，列车速度快，还可增加列车活塞作用，而达到一定的通风效果。

（3）铺设整体道床，减少维修工作量。隧道内养护维修工作条件比洞外差，工作效率低，碎石道床维修工作量大，且体力劳动繁重。采用整体道床等新型轨道结构，可大大减少养护维修工作量，这对减轻有害气体对工人身体健康的危害是大有好处的。

（4）避车洞处安装防烟门，工作人员配置防毒口罩。

以上四种措施中，通风是最有效的方法。其他措施只有在有效通风的条件下，才能更好地发挥作用，下面概要介绍运营隧道通风的有关知识。

2. 运营隧道通风

运营隧道通风，可由三种方式获得。即自然通风，列车活塞作用及机械通风。

1）自然通风

自然通风是利用自然因素引起的洞内空气自然流通，这种自然风流将把新鲜的空气引入洞内，并把有害气体排出洞外。

产生洞内自然风流的因素有三个，即；

（1）隧道两端洞口的高程差和洞内外的温度差；

（2）自然风力；

（3）两端洞口的气压差。

在上述三种因素中，以第一种较为稳定可靠。特别是夏季和冬季，由洞内外温差较大，通风效果就较好；而在春秋季洞内外温差较小的情况下，通风效果则较差。

在有利的地形条件下，洞外自然风力能在隧道内产生较强的风流，使隧道获得自然通风。但其变化大，且常以阵风出现，很不稳定。

一般的隧道，两端的洞口常无明显的气压差。只有在长隧道中，气压差这一因素才有可能起作用，但常不能完全利用它来达到自然通风的目的。

由以上情况可知，自然通风只能在较短的隧道中实现。运营隧道的实践表明，长度小于2 km（内燃牵引）的单线隧道，一般依靠自然通风（包括列车活塞作用），即可满足通风要求，而不需要采用机械通风。

2）列车活塞风

列车在隧道内运行时，能带动空气沿着列车的运行方向流动。这种使洞内空气自然流动的作用，其原理与活塞运动相似，故称为列车活塞作用，由此而产生的风流称为"活塞风"。对某些隧道的列车活塞风试验指出：列车活塞作用引起的活塞风速，一般都比较稳定，约在2.5 ~ 6.0 m/s 左右；由活塞风引进的新鲜空气量，相当于隧道总风量的 1/3 ~ 1/2 左右。由此可见，活塞风的通风效果是很显著的，因此，在自然通风和机械通风中，都应考虑活塞风流的联合作用。

3）机械通风

在自然通风及列车活塞作用不能满足通风要求时，就要采用机械通风。《规范》规定：单线铁路内燃机车牵引的隧道，长度大于 2 km，宜设置机械通风；单线铁路电力机车牵引的隧道，长度大于 8 km，宜设置机械通风；虽然小于上述值，但自然通风不良，难以在规定时间内达到允许卫生标准时，宜设置机械通风。

双线隧道应根据行车密度、自然条件等具体情况，选定是否设置机械通风以及通风方式。内燃牵引双线铁路隧道，当隧道长度 L（km）×行车密度 N（对/d）≤100 时，不应设置机械通风。

机械通风方式如下。

（1）洞口风道式。

这种方式是在隧道一端（或两端）洞口旁侧修建与隧道中线方向斜交的通风口道，在其中安设通风机进行通风（吹入或吸出）。采用吹入式时通风道一般设在底洞口端，采用吸出式时则常将通风道设在高洞口一端。洞口风道式通风系统构造简单，维护方便，是铁路隧道应用最广泛的通风方式。

洞口风道式通风有不设帘幕的与设帘幕的两种，在洞口设置可以自动启闭的帘幕，能够防止空气在设有风道的一端洞口形成短路。

设帘幕固然可以增大通风效果，但给运营带来了不便，特别是行车密度高时更是如此。为了提高设帘幕洞口的安全性，当洞口距离车站较近时，帘幕的启闭与附近车站行车信号连锁，受车站和通风机操作的共同控制，并设有遮断信号机保证行车的安全；当洞口距离车站较远时，帘幕遮断信号通过轨道电路独立显示。

铁道部门制订了《铁路隧道帘幕通风主要技术条件》，是帘幕通风设计、施工和运营各部门的工作依据。

（2）喷嘴式通风。

这种方式是在隧道低洞口端设置环形喷嘴通风道，将新鲜空气高速喷入隧道。由于喷嘴处喷出的风速大（可达 20～30 m/s），环形风道方向与隧道中线间夹角又小，故喷入隧道内的新鲜空气不仅不会从附近洞口外泄，而且还能形成负压，从低洞口带入一小部分新鲜空气，故可不设帘幕。

这种通风方式的缺点是环形风道的结构复杂，喷嘴处阻力大，影响通风效率，故主要用于行车密度大的长大隧道。

（3）竖（斜）井式通风。

这种方式是在竖（斜）井的井口或井底安设通风机，以送入新鲜空气或吸出废气。

竖井式通风的竖井两侧隧道内的风量及流动方向，难以控制，不论采用吸出式或吹入式，风流必然有一段与列车活塞风相反，得不到充分利用，再加上自然风的影响，风流复杂而不稳定，机械通风的效果也受到影响。因此在较长的隧道中，国外曾利用竖井分段通风，将隧道以竖井划分为两个通风区段，一段由竖井的一半吸出，另一段由竖井的另一半吹入新鲜空气。

（4）射流式通风。

射流式通风是一种新的单线铁路隧道通风形式，它是将一定数量的射流风机，相隔一定距离，单台（或双台）吊装在隧道界限外的拱顶空间里，不需要风道，机房，帘幕和信号系统。

射流风机体形、自重、功率均较小，运转时，将隧道内的一小部分空气从风机的一端吸入，以较高的动能从风机的另一段喷出，高速气流诱导隧道内的整个气流排除隧道。射流风机可随时改变吹吸方向，实现双向交替通风。

焦柳线牙已隧道进行了射流式通风试验，证明通风效果良好，使用与管理方便，安全可靠。滨绥线杜草隧道，包兰线旗下营隧道也应用了射流式通风。

机械通风设备必须经常保持良好状态和正常运行，配备专职通风管理员及机电检修人员，负责通风机的使用和检修。

11.4 隧道水害冻害及防治

11.4.1 隧道水害及防治

水害是隧道中常见的一种病害。据统计，我国多座运营铁路隧道有水害的隧道约占 70%，水害严重导致结构状态失稳的有占运营隧道总数的 30%以上。特别是长大越岭隧道，一般水量较大，危害也甚。如京广线大瑶山隧道、南岭隧道，襄榆线大巴山隧道，贵昆线梅花山隧道，浑白线枫叶岭隧道，京原线驿马岭隧道等，在施工期间及交付运营后，都曾发生过严重水害。水害不仅本身对隧道结构产生危害，降低衬砌结构的可靠性，导致衬砌失稳破坏，而且还会引发其他病害，对隧道整体结构的稳定性影响很大。

1. 水害的种类及其危害

1）隧道漏水

隧道衬砌的漏水现象一般表现为渗，滴，淌，涌几种。"渗"是指地下水从衬砌外向内润湿，使衬砌内出现面积大小不等的润湿，但水扔附着在衬砌的内表面；"滴"是指水滴间断地脱离衬砌落入隧道；"淌"是指漏水现象在边墙的反应，指水连续顺边墙内侧流淌而下；"涌"是指有一定压力的水外冒。以上四种漏水现象，其出露部位与水量的不同，对隧道产生不同的危害：

（1）对电力牵引区段和电力配线，使电绝缘失效，发生短路、跳闸等事故，危及行车安全；

（2）洞内空气潮湿，影响养护人员身体健康，使洞内设备（通信，照明，钢轨）锈蚀；

（3）混凝土衬砌风化、腐蚀、剥落，造成衬砌结构破坏；

（4）涌水病害造成衬砌破坏，隧底积水造成道床基底被软化或掏空，使道床翻浆冒泥或下沉开裂，中断行车；

（5）有冻害地段的隧道漏水会造成衬砌挂冰侵限和冻融破坏。

2）衬砌周围积水

主要是指在运营隧道中，地表或地下水向隧道周围渗流汇集。其主要病害有：

（1）水压较大时会导致衬砌破裂；

（2）使围岩因浸水而软化或泥化，失去承载力，导致对衬砌的压力增大，衬砌破裂；

（3）使膨胀性围岩体积膨胀，导致衬砌破坏；

（4）在寒冷地区发生冰胀和围岩冻胀，导致衬砌破坏。

3）潜流冲刷

主要是指由于地下水渗流或流动而产生的冲刷和溶蚀作用。其危害有：

（1）衬砌基础下沉，边墙开裂，仰拱与整体道床下沉开裂；

（2）围岩滑移错动导致衬砌变形开裂；

（3）对超挖回填不密实或未全部回填者，引起围岩坍塌，导致衬砌破坏；

（4）侵蚀性水对衬砌的侵蚀。

2. 水害产生的原因

水害产生的原因很多，归纳起来可分为以下几种。

（1）勘测设计。由于隧道是修建在地下的结构物，而地下的工程地质和水文地质情况非常复杂，很难勘测得一清二楚，导致设计人员对工程地质和水文地质情况了解不够深入，对衬砌周围地下水源、水量、流向及水质情况掌握不准；在隧道修建前后由于各种因素影响，隧址处的水文地质情况会发生一些改变；有时这些因素导致了隧道的防排水设计很难在隧道的使用期内完全满足防排水的要求。

（2）施工。施工不当也可产生水害，如某些隧道和地下工程由于光面爆破效果不佳，喷射混凝土表面不平整；加上防水板接缝采用电烙铁，焊缝不均匀、不牢固，使防水板很容易产生空鼓开裂；局部超挖过量，回填不密实，这样使塑料防水板的防水性能无法发挥；锚杆孔眼和衬砌悬挂设备孔眼的防水处理得不够好等。有的施工单位一味追求施工速度，忽略二次衬砌质量，造成混凝土内部空隙、衬砌表面粗糙不光滑。另外对排水设施不按施工规范要求操作等，使地下水丰富地区的隧道形成严重的渗漏水。

（3）材料。防水材料达不到国家质量标准，会导致隧道的渗水病害。

（4）监理。监理工程师应对防水材料的选择和使用，铺设基层的处理，铺设工艺等进行跟踪检查，确保防水质量。

（5）验收。工程竣工后，从衬砌表面往往看不出什么问题，管理单位缺乏经验，有时又接近运营期限，往往对交验前的渗水情况缺乏进一步检验，只好按竣工报告及施工总结勉强验收，导致运营后渗漏水逐步严重。

（6）匹配。防水技术的匹配是指防水设计、防水材料和防水施工工艺与防水工程相适应问题。从工程实例来看，不少工程渗漏水是由于防水材料与基面黏结不良或不适宜造成的，因而近年来搞好防水技术的匹配引起了人们广泛关注。

防水施工方法不外乎喷射、涂刷、抹压、注浆、粘贴等，防水材料可分为沥青、橡胶、塑料、水泥及聚合物等，不论采用何种施工工艺和何种材料，都有与建筑物基面的接触问题。所以从这一角度考虑，防水效果的关键是防水层与基面的黏结和适应问题。

3. 水害的防治措施

运营隧道水害的防治，应在周密调查，弄清水源和既有衬砌防排水设备现状的基础上，根据隧道的具体情况，因地制宜的贯彻"防、截、排、堵相结合，综合治理"的原则，力求建立完善的隧道防排水系统，使隧道防水工程安全耐久，质量可靠，方便维修，经济合理。

常见的防治运营隧道漏水的基本方法介绍如下。

1）适当疏排

（1）疏导地表水。对地表水丰富的浅埋隧道，当地表沟谷坑洼积水、渗水对隧道有影响时，用疏导积水、填平沟谷、砌沟排水等措施，使洞顶地表形成良好的排水系统，不使洞顶的地表水流入或渗入隧道。洞口仰坡边缘周围设截水沟和排水沟，并保持良好的状态。

（2）增设排水沟。对地下水丰富，隧道内无排水沟或排水沟深度不足而导致隧底积水的，应采取增设水沟、改单侧水沟为双侧水沟及加深侧沟等措施。

（3）加深侧沟。既有隧道侧沟沟底位于基床底面以上时，排水沟只能排除基地以上衬砌的渗漏水，隧道底部的地下水排不出去，积聚在基底以下，在列车动荷载作用下使基底软化，沟墙开裂或倾倒、铺底或仰拱破碎，道床翻浆。实践证明，消除这一病害有效的方法是将侧沟加深至轨面以下 1.5 m 左右，排除基底以下的积水，以保持隧底干燥和稳定。

（4）增设或疏通平行导洞。当长大隧道，仅靠隧道内排水沟不能将流入隧道的地表水及地下水排出时，往往引起水漫道床冲断行车。如贵昆线梅花山隧道、果纳隧道、京原线平型关隧道，这种情况都曾多次发生，这时一般都采用增设或疏通平行导洞的方法。

（5）寒冷地区的隧道，衬砌后的地下水渗透到隧道中，冻结成冰，悬挂在拱部成冰溜，贴附在边墙成冰柱，积聚在道床上成冰丘，都可能侵限危及行车安全，而且由于结冰冻胀，导致衬砌裂损、脱落。嫩林线的岭顶隧道、兰新线乌鞘岭隧道、京原线平型关隧道，都曾因上述原因中断行车。为消除其病害增设了泄水洞，泄水洞设在最大冻结线以下，以竖向排水沟与衬砌背后相连，并在泄水洞边墙及洞顶向围岩打潜水孔，以利疏排围岩中的裂隙水。实践证明，增设防寒泄水洞是整治寒冷地区隧道水害的有效方法。

2）注浆堵水

（1）注浆材料。对注浆材料总的要求是：可灌性好；凝结时间可控制，固化最好是突变的；固化体强度高、抗渗性好、黏结力强、微膨胀、耐久性好；材料来源广，价格便宜；施工工艺简便；无毒，对环境无污染。

（2）向衬砌背后围岩或回填层注浆。一般使用普通水泥净浆或砂浆。普通水泥净浆或砂浆原料丰富，价格低廉，且结硬强度高，耐久性好，但是普通水泥浆初凝时间长，且难以准确控制，易造成浆液流失，早期强度低，强度增长慢，易沉淀析水。因此使用时必须加入速凝剂、膨胀剂、减水剂等，使普通水泥浆具有快凝、早强、微膨胀的性能。

（3）向衬砌内部注浆。衬砌内部的空洞和裂纹相对较小，一般采用超细水泥。超细水泥的可注性与化学浆液相近，无毒、无污染、结硬强度高、耐久性好，是衬砌内部注浆的理想材料。

（4）向基底注浆。一般在行车间隔内进行，要求注浆材料必须具有快凝、早强、高强、微膨胀的性能，而且耐久性好。注浆材料曾使用过水泥——水玻璃混合液，可注性好、早期效果也好。但是水玻璃的耐久性差。1996 年广铁（集团）公司在南岭隧道整治隧底病害时，成功地使用了双快水泥注浆。双快水泥注浆必须随着气温的高低掺加速凝剂，工艺比较复杂。1998 年在大瑶山隧道基床病害整治时，又成功地应用了 GRM 水泥注浆，该水泥初凝 13～15 min，终凝 16～18 min，具有充足的操作时间，可注性好（15 min 以内净浆流动度＞260 mm），从初凝到终凝基本上是突变的，具有微膨胀性能。灌浆结束后 30 min 结硬强度达到 8 MPa 以上，28 d 抗压强度大于 50 MPa，是向基底注浆的首选材料。

3）增设内防水层

运营隧道发生水害，可采用增设内防水层的方法阻止水流进入隧道。内防水层的施做方法主要有三种：刷涂、刮压和喷涂。

4）水害防治技术关键

（1）分析病害成因，对症防治。

检查和分析清楚病害成因是隧道防治的基础，根据引发水害的影响因素和规律，以及病害的实际情况，采取针对性的措施，才能取得良好的防治效果；否则防治效果就不会好。

大瑶山隧道病害防治。大瑶山隧道 1988 年交付运营，由于道床基底施工质量差、中心沟水大流急等原因，运营 3 年后发生线路突然下沉，不得不扣轨限速运行，直至 1997 年 8 月隧道内 6 处扣轨，限速运行达 6 年之久，病害防治的难点为：中心沟水大流急，线路繁忙行车间隔时间短；另外，一般防水速凝材料不能满足施工要求。针对大瑶山隧道病害的特点，研究采用了聚合物锚桩灌浆法，即用聚合物锚桩替代扣轨，然后对沟墙裂缝进行封闭，再用快凝、早强、高强水泥（GRM 水泥）对基底注浆，填充基底空隙，恢复基底强度，取得满意的效果。

（2）合理选择防水材料。

随着科学的进步，隧道水害整治材料有了很大的发展。1950～1960 年主要采用普通水泥净浆或砂浆；1970～1980 年有了特种水泥、橡胶沥青、橡胶水泥、焦油聚氯酯等，20 世纪 90 年代引进了 R 料（改性确保时）、优止水（优防水）、赛柏斯等新型防水材料，防水材料种类的增多，使水害整治材料的选择有了更大的余地。根据隧道水害的特点，合理地选择防水材料，可做到施工简便、质量可靠、牢固耐久、造价低廉。

隧道衬砌一般都比较潮湿，增设内防水层使用的材料应具有可在潮湿界面上施工的特性，否则不是工艺麻烦就是影响效果；隧道内一般通风较差，使用的材料应该是无毒、无味、无污染的；隧道是永久建筑物，使用的材料应是耐久性好、寿命长的。对于有侵蚀介质的隧道，在弄清侵蚀介质性质的基础上，选择耐腐蚀的材料；在有水流的部位，注浆应选用水溶性聚氨酯，因为水溶性聚氨酯遇水迅速膨胀和固化，堵水效果显著，但聚氨酯强度低，耐久性差，价格高。

流水一旦被堵住，衬砌后仍应压注普通水泥净浆或砂浆堵塞空隙。对衬砌局部少量漏水宜选用立止水、R料、赛柏斯等堵水材料。

（3）严格施工工艺。

隧道水害防治应严格按施工工艺进行，否则将会影响防治效果。

① 隧道增设内防水层时，衬砌表面必须平整，需凿毛、喷砂及高压水冲洗，使衬砌表面无灰尘、油污、泛碱、油漆、泛浆等现象。

② 增设内防水层必须在经过注浆堵漏的基础上进行。衬砌有较大射流或渗流时，必须先进行堵漏处理，然后增设内防水层。

③ 堵漏必须与引排相结合，一般是在拱部采取堵的办法，在墙部采取排的办法。在漏水严重地段，应先凿槽埋管引排，避免因强堵而增加衬砌背后的积水压力，导致衬砌其他薄弱部位出现新的渗漏。

④ 注浆堵水应按施工工艺进行，必须根据漏水情况合理布孔，保证钻孔深度，严重控制水灰比和注浆压力，注浆前先压水检查注浆孔贯通情况，估算注浆量，注浆完成后检查注浆效果，未达到设计要求的应进行补浆。基底注浆还应保证注浆量及基底洁净度，如基底清洗不干净，含有泥沙，注浆就不能达到预期效果。

11.4.2　隧道冻害及防治

我国幅员辽阔，冻土地区分布广泛（其中多年冻土占整个陆地面积的 1/5），在寒冷地区修建隧道是不可避免的。隧道冻害会导致衬砌冻胀开裂，以至疏松剥落，造成隧道衬砌结构的失稳破坏，降低衬砌结构的安全可靠性，严重影响运输的安全和隧道的正常使用。因此防治与整治隧道冻害是十分必要的。

1. 冻害的成因

1）寒冷气温的作用

隧道冻害与所在的地区气温（低于 0 ℃ 或正负交替）有直接关系。

2）季节冻结圈的形成

沿衬砌周围各最大冻结深度连成的一个圈叫作季节冻结圈。当衬砌周围超挖尺寸大小不等，超挖回填用料不当及回填密实不够产生积水时，则形成冻结圈。在严寒冬季，较长的隧道两端各有一段长度能形成冻结圈，叫作季节冻结段。中部的一段，因不会形成季节冻结圈，叫作不冻结段。隧道两端冻结段长度不一定相等。隧道的排水设备如埋在冻结圈内，冬季易发生冰塞。在冻结圈范围内的岩土，由于受强烈频繁的冻融破坏，风化破碎程度与日俱增，也是冻害成因之一。

3）围岩的岩性对冻胀的影响

隧道的季节冻结圈内如果是非冻胀土，就不会发生冻胀性病害。冻结圈内冻土的分布情况决定了发生冻害的部位，如果隧道围岩全是冻胀性土且均匀分布，则冻胀沿衬砌外围对称均匀分布；如果是冻胀性土成层状分布，就可能出现冻胀部位不对称和非均匀分布。

4）隧道设计和施工的影响

隧道在设计和施工时，对防冻问题没有考虑或考虑不周，造成衬砌防水能力不足，洞内排水设施埋深不够，治水措施不当，加上施工单位未能按规范认真施工等，都会造成和加重运营阶段隧道的冻害。

2．冻害的防治措施

严寒及寒冷地区隧道冻害的防治与整治，其基本措施是综合治水、更换土壤、保温防冻、结构加强、防止融塌等，可根据实际情况综合运用。

1）综合治水

隧道冻害的根本原因就是围岩地下水的冻结，如果能将水排除在冻结圈以外，杜绝水进入冻结圈，就能达到防治冻害的目的，即综合治水是防治冻害的最基本措施。

为防治冻害而采取的治水措施主要是：消灭衬砌漏水缺陷，保证衬砌圬工不再充水受冻，同时加强结构层和接缝防水（所用防水材料要有一定的抗冻性）；对有冻害的段落，要设置防、排水系统，不允许衬砌背后积水，并防止冻结圈外的地下水向冻结圈内迁移；衬砌背后空隙用砂浆回填密实；排水设施或泄水沟应保证在任何季节、任何条件下不冻结，在严寒地区可采用中心深埋泄水洞。

2）更换土壤

把冻结圈内的围岩更换或改造，将冻胀土变为非冻胀性土，从而达到防治冻害的目的。更换土壤就是将强冻胀土（主要是细粒土），更换为透水性强的粗粒土。把冻胀性土改造为非冻胀性土的方法主要有：向冻结圈内注入水泥浆液或其他化学浆液，使围岩固结而消除冻胀性；向冻结圈内注入憎水性填充材料，使之堵塞所有孔隙、裂隙，从而通过阻止土中水分迁移和聚冰作用来消除围岩冻胀。

3）保温防冻

保温防冻就是通过控制温度，使围岩中的水分达不到冰点，达到防治冻害的目的。采用的类型主要有：保温、供热、降低水的冰点。

（1）在隧道内加筑保温层。在消除隧道渗、漏水的基础上，隧道衬砌的内缘（或外缘）或双层衬砌之间加筑一层保温衬层，防止衬砌周围形成季节冻结圈，以消除冻害所采用的保温材料主要有：加气混凝土、泡沫混凝土、浮石混凝土、膨胀珍珠岩混凝土等，一般厚度需要 20～40 cm。保温衬层的四周应设防潮层，以避免受潮失效，而且不能与结构层共同受力。

（2）降低水的冰点。在对隧道局部范围的冻害作临时处理时，可向围岩注入丙二醇、氯化钙、氯化钠等，使水的冰点降低，从而降低围岩的起始冻结温度，达到防冻的目的。

（3）供热防冻。供热防冻采用不多，一般只在紧急情况下使用，主要的方法有红外线融冰、电热、锅炉采暖等。

4）防止融塌

在洞内就是要防止基础融沉和道床春融翻浆。前者可以将边墙加深至冻土上限以下或冻而不胀层，后者可加强底部排水，疏干底部围岩含水或采用换土法。两者只要能防止冬季冻胀，就可同时解决春季融沉问题。

5）结构加强

结构加强是防治冻害不可缺少的措施和内容，对于因冻害而开裂的衬砌，应采取减轻冻害因素的措施，结构加强的主要措施是：

（1）加大侧向拱度，使拱轴线能更好地抵抗侧向冻胀。

（2）拱部衬砌厚度增加，一般加厚 10 cm 左右。

（3）提高衬砌混凝土强度等级或采用钢筋混凝土。

（4）隧底增设混凝土支撑。

11.5　隧道衬砌裂损、侵蚀及防治

11.5.1　隧道衬砌裂损及防治

隧道衬砌由于地层压力作用、腐蚀性介质作用、人为因素、列车循环荷载作用等原因产生裂缝和变形，统称为隧道衬砌裂损。衬砌裂损是隧道病害的主要形式，其主要危害有：

（1）降低衬砌结构对围岩的承载能力；

（2）使隧道净空变小，侵入建筑限界，影响车辆安全通过；

（3）拱部衬砌掉块，影响行车和人身安全；

（4）裂缝漏水，造成洞内设施锈蚀，道床翻浆，严寒和寒冷地区产生冻害；

（5）铺底和仰拱破损，基床翻浆、线路变形、危及行车安全，增加养护维修工作量。

1. 衬砌裂损的类型

隧道衬砌裂损的类型主要有衬砌变形、衬砌移动、衬砌开裂三种。

1）衬砌变形

衬砌变形有横向变形和纵向变形两种，其中横向变形是主要变形。横向变形是指衬砌由于受力原因而引起拱轴形状的改变。

2）衬砌移动

衬砌移动是指衬砌的整体或其中一部分出现转动（倾斜）、平移和下沉（或上抬）等变化，也有纵向和横向之分，对于大多数裂损的衬砌，往往是纵向与横向移动同时出现。

3）衬砌开裂

衬砌开裂是指衬砌表面出现裂纹（或龟裂）、裂缝（宽度较大）或贯通衬砌全部厚度的裂纹的总称，是衬砌变形的结果。衬砌开裂包括、压溃和错台三种。

（1）张裂。

张裂是弯曲受拉和偏心受拉引起的裂损，其特征是裂纹、裂面与应力方向正交，缝宽由表及里逐渐变窄。

（2）压溃。

压溃是弯曲或偏心受压引起的衬砌裂损。裂纹边缘呈压碎状，严重时受压区表面产生鱼鳞状碎片（中间厚，四周薄），或剥落掉块等现象。

（3）错台。

错台是由剪切力引起的裂缝，裂缝宽度在表面至深处大致相同。

2. 衬砌裂损的特点

1）裂损的自然发展过程

衬砌结构受力（轻微变形、移动）→局部出现少量裂纹（变形范围与变形量增大，移动量增大）→裂纹宽度、密度增大，隧道净空变小（严重变形，移动显著增大）→隧道净空严重缩小，衬砌破碎，失去承载能力→局部掉块、失稳，甚至拱坍墙倒。

2）裂损发展的主要规律

衬砌的裂损发展一般有缓慢变化、急剧变化、相对稳定三个不同的阶段，这三个阶段往往是交替呈周期性地呈现。

（1）节段衬砌没成环之前出现裂损，在成环之后可能渐趋稳定。

（2）由于衬砌背后回填不及时造成的裂损，再回填之后可能渐趋稳定。

（3）因拆模过早造成的裂损，待圬工强度提高之后可能呈相对稳定。

（4）由于围岩膨胀引起的裂损，当外荷载条件发生变化，例如雨季地下水丰富，围岩软弱夹层被软化而产生的错动，季节冻融变化引起围岩冻胀与融沉，以及由于种种外因引起围岩变形，山体压力的大小和分布变化等时，可能使已呈稳定的裂损重新发展，或使完好的衬砌发生裂损。

3）裂损的分布特点

了解和掌握衬砌裂损的分布特点，就能及早发现病害，及时采取对策。衬砌裂损的分布一般有以下几点。

（1）纵向节段分布。

①洞口与洞口段，特别是斜交洞门有偏压或边、仰坡不稳固的洞口段。

②设有大型洞室的节段或各种洞室的接头处。

③洞身穿过断层、构造破碎带、接触变质带、滑坡带等山体压力大且岩体不稳定的节段。

④洞身穿过软弱围岩的节段。

⑤偏压隧道没有采用加强衬砌或偏压衬砌的节段。

⑥寒冷地区围岩有胀冻现象的节段。

⑦衬砌实际厚度不足，圬工强度过低的节段。

⑧施工中超挖过大，没有回填或回填不密实，及施工中发生大坍塌的节段。

⑨施工中已经发生裂隙的节段。

（2）横断面分布。

① 洞口附近及傍山隧道靠山侧裂损多，靠河侧少。靠山侧以拱腰、墙腰内缘张裂多，靠河侧以墙顶压劈或墙脚张裂较多。

② 衬砌断面对称，实际载荷分布不对称的变形、移动和裂损的部位也不对称。

③ 衬砌的变形、移动和裂损多沿施工期间出现过的裂缝和施工缝发展。

④ 衬砌背后存在没有回填或回填不密实处，该部位易出现较大的移动和外鼓。

⑤ 衬砌背后临时支撑未能全部拆除的，在支撑部位会出现较大的集中荷载，此处衬砌内缘易出现张裂和错台。

⑥ 采用三心圆尖拱衬砌的隧道，易在拱腰、墙腰产生内鼓开裂，拱顶内缘压碎。

⑦ 由于各种原因（如坍方、拱架下沉、施工困难等）造成衬砌厚度不足时，则此处衬砌容易发生变形和裂损。

3. 衬砌裂损的防治措施

1）衬砌裂损的整治原则

整治衬砌裂损病害首先要消灭已有的衬砌裂损带来的对结构及运营的一切危害，并防止裂损再加大。其次是采用以稳固围岩为主，稳固围岩与加固衬砌相结合的综合治理措施。

2）稳固岩体的工程措施

（1）治水稳固岩体。

地下水的浸泡与活动对各种围岩的稳定性削弱最大。通过疏干围岩含水，并采取相应治水措施是稳固岩体的根本措施之一。

（2）锚杆加固岩体。

对较好的岩体（小于Ⅴ级），自衬砌内侧向围岩内打入一定数量和深度（3~5 m）的金属锚杆、砂浆锚杆，可以把不稳定的岩块固定在稳定的岩体上，提高破损围岩的黏结力，形成一定厚度的承载拱；在水平层状的岩石中把数层岩层串联成一个组合梁，与衬砌共同承受外荷载。对松散破损的岩体采用锚杆加固不仅可以有效地控制岩体的变形和提高其稳定性，而且可以使岩体对衬砌的压力大小和分布图形产生有利的转化。

（3）注浆加固岩体。

通过向破损松动的岩体压入水泥浆液和其他化学浆液（如铬木素，聚氨酯等）加固围岩，疏散地下水对围岩的浸泡与渗入衬砌，使衬砌背后形成一个1~4 m厚的人工固结圈，就能有效地稳固岩体，防治地下水的渗入，甚至使作用在衬砌上的地层压力大小和分布图形产生有利的转化，有利于衬砌结构的受力和防水。

（4）支挡加固岩体。

对靠山、沿河偏压隧道或滑坡地带，除治水稳固山体外，尚可采用支挡措施，包括设支挡墙、锚固沉井、锚固钻（挖）孔桩等来预防山体失稳与滑坡，这种工程措施只能用于洞外整治。

（5）回填与换填。

如果衬砌外周围存在着各种大小的空隙（如超挖而没有回填等），不仅使地层压力分布图形产生不利影响，而且使得衬砌结构失去周边的有利支撑条件，不能使衬砌的承载能力得到更大的发挥。此时应采取回填措施,用砂浆或混凝土将围岩空隙回填密实。

如果隧底存在厚度不大的软弱不稳定的岩体或有不稳定的充填物,可以采取换填办法处理。

3)衬砌更换与加固

已损裂的衬砌一般均有相当大的支护潜力,可以充分利用,仅在没有加固条件或经济上不合理的情况下,或者根据长远技术改造规划的要求才采用更换衬砌的办法。加固工程的主要方法如下。

(1)压浆加固。

① 圬工体内压浆。衬砌裂损发展非常缓慢或者已呈现稳定时,可以进行圬工体内压浆,一般以压环氧树脂浆为主,并选择在无水季节施工。

② 衬砌背后压浆加固。主要是针对衬砌的外鼓和整修侧移。在拱后压浆增加拱的约束可以提高衬砌刚度和稳定性。一般可以局部应用,主要在发生外鼓变形的部位使用。

③ 如果衬砌同时存在外鼓与内鼓部位,首先采取临时措施控制内鼓继续变形,然后在外鼓变形的部位压浆加固之后再对内鼓采取加固措施,最后再对全断面进行整体加固。

(2)嵌补加固。

对已呈稳定,暂不发展的裂隙,如果不能采取压浆加固者可以采取嵌补,即将裂缝修凿剔深,在缝口处用水泥浆、环氧树脂砂浆或环氧树脂混凝土进行嵌补。

对发展较快的裂损,为确保安全,可以采取刚拱架临时加固,只加固拱部时用上部拱架加固,拱脚架可以嵌入墙顶或支撑于埋在墙顶的牛腿上,并加纵向连接。如果要全断面加固则可用长腿刚拱架。为了增加纵向抗弯能力,支撑纵向应加强连接,如果隧道内部净空条件不足,刚拱架可以部分或全部嵌入被加固的圬工体内,并在刚拱架之间再加纵向连接,然后灌注混凝土做成薄套拱形。

此法在衬砌厚度太薄或衬砌严重破损碎裂时不能采用。

(3)喷锚加固。

对裂损衬砌的所有内鼓变形和内向移动的裂损部位,采用(预应力)锚杆加固岩体是有效的,此时锚杆即可沿内缘张裂纹的走向两边布置,做局部加固,也可做全断面加固,将衬砌与岩体嵌固在一起,形成一个均匀压缩带,以增强围岩的稳定性,提高支护结构的承载能力。采用此法时应检查衬砌厚度、背后超挖回填及围岩整体性情况。锚杆的设置应在衬砌的背后压浆后两个星期进行。锚杆的锚固段应设在稳定围岩中。对于衬砌上的裂纹及时嵌填。

喷混凝土可以使所有已裂损的圬工块体紧密结合,阻止这些块体的松动,同时在喷射压力作用下嵌入裂缝内一定深度,使裂缝重新闭合,增强裂损(包括原因施工缝)衬砌的整体性,较大幅度地提供裂损衬砌的承载能力,达到加固的目的。必要时也可以在喷层中加入钢筋网,用于防止收缩裂纹,提高加固结构的整体性和抗震、抗冲切能力。

喷锚加固是较为常用的加固衬切裂损的措施。

(4)套拱加固。

如果混凝土质量差,厚度不够,或受机车煤烟侵蚀。掉块剥落严重,并且拱顶净空有富余时,可对衬砌拱部加筑套拱或全断面加筑套拱。如果隧道内净空条件不足,可以采取落道加套拱的方法。套拱与原衬砌间用直径 16~18 mm 的钢筋钎钉瞄接,钎钉埋入原拱 20 cm 左右作为钢筋的生根处。套拱中的主筋也可用钢拱架、格栅来代替,其间距为 50~80 cm,纵向用拉杆焊接。套拱用强度等级不低于C20的混凝土灌注，其厚度为20~30 cm。套拱拆模后要进行压浆，以填充其背后空隙，使新旧拱圈连成整体。当拱部灌注混凝土难度较大时，可以采用喷混凝土、网喷混凝土和喷刚纤维混凝土进行加固。事实上，套拱加固已日益被喷锚加固所代替。

（5）更换衬砌。

拱部衬砌破坏严重，已丧失承载能力，用其他整治补强手段难以保证结构稳定，或者衬砌严重侵入限界，采用其他整治措施有困难时，可采用全拱更换，彻底根除病害。

（6）其他加固手段。

当仅有墙脚内移而不下沉和隧底岩土隆起时，可在墙基处增设混凝土支撑以扩大基础，但要求与钢轨、轨枕不发生挤压，尺寸一般为40 cm×40 cm，间距1.5~2.0 m。

隧底围岩软弱下沉或隧底填充上鼓时，可加设仰拱。边墙基地软弱时，可将墙基延伸至坚实稳固的岩层或增设仰拱。若隧底或墙基下因溶洞或其他洞穴而引起衬砌结构开裂时，可加设钢筋混凝土托梁，使墙基与道床设于钢筋混凝土托梁上。

11.5.2　隧道衬砌侵蚀及防治

1. 衬砌侵蚀的种类

隧道内金属构件的锈蚀、混凝土衬砌的侵蚀破坏，都属于侵蚀病害。

一般混凝土具有较好的耐久性、耐腐蚀性和较高的强度。但是，由于地下水的侵入，衬砌受到侵蚀介质的经常作用，就会出现起毛、酥松、蜂窝麻面、起鼓剥落、孔洞漏石、骨料分离等病害，导致材料强度降低，衬砌厚度变薄，渗、漏水严重，降低其使用寿命。隧道内混凝土衬砌的腐蚀按其种类不同，可分为水蚀、烟蚀、冻蚀及骨料溶胀等。

1）水蚀

水蚀主要指衬砌受到地下水的作用而产生的腐蚀。一般发生在隧道的拱部、边墙、仰拱、排水沟和电缆槽等各部位。

（1）溶出型侵蚀。主要是指水泥石中的生成物被分解溶失造成的侵蚀，表现为外观尚完善，常有白色沉淀物，内呈多孔状，强度较低。

（2）硫酸盐侵蚀。主要是指水中含有的硫酸根离子对混凝土的侵蚀。

（3）镁盐和氧化物的侵蚀。

2）烟蚀

烟蚀主要是指蒸汽机车牵引的区段，其产生的烟雾对衬砌混凝土产生的侵蚀，分为化学性侵蚀和机械性侵蚀两种。

3）冻蚀

冻蚀是指在严寒地区的隧道，混凝土衬砌由于冻融交替产生的侵蚀。

4）骨料溶胀

骨料溶胀是指衬砌混凝土中的粗、细骨料中含有遇水溶解和膨胀的材料而造成的对衬砌的侵蚀。

2. 混凝土侵蚀的防治

1）防侵蚀措施

在各类侵蚀病害中，除了烟的机械侵蚀外，水是主要的致害媒介，因此防蚀必先治水。环境水对混凝土侵蚀的判定标准见表11-3。

表11-3　环境水对混凝土侵蚀分类表

侵蚀程度	硫酸盐侵蚀/（mg/L）	镁盐侵蚀/（mg/L）	酸盐侵蚀（pH）	盐类结晶型/（g/L）	溶出性侵蚀/（mg/L）
弱侵蚀性	250～1 000	1 001～3 000	6.5～5.5	10～15	0.7～1.5
中等侵蚀性	1 001～4 000	3 001～7 500	5.4～4.5	16～30	<0.7
强侵蚀性	>4 000	>7 500	<4.5	>30	不做规定

环境水对混凝土和水泥砂浆的侵蚀作用主要可归纳为三种：溶出性侵蚀（即非结晶性侵蚀）、结晶性侵蚀和复合性侵蚀（溶出性和结晶性两种侵蚀同时作用或交替作用）。

对溶出性侵蚀，只要能解决衬砌的渗漏水问题，彻底治理好水，就能达到防蚀的目的。对于结晶性侵蚀，由于侵蚀是因水泥中的化合物与水作用后的新生化合物或水中盐类介质析出结晶，发生体积膨胀而导致材料破坏，而析出结晶的条件是混凝土中的干湿变化越频繁，侵蚀速度越快。因此对这类侵蚀，只防止渗漏而不防止混凝土浸水是不行的，不但要防渗漏，还要防止混凝土浸水，避免侵蚀水与混凝土发生作用，这就需要采用抗侵蚀混凝土修建衬砌或利用防蚀层防止混凝土衬砌的侵蚀。

2）防侵蚀的方法

（1）采用抗侵蚀混凝土.

①抗侵蚀水泥材料的选择。抗硫酸盐水泥、火山灰质水泥具有较好的抗硫酸盐和海水腐蚀的能力，矾土水泥抗各种化学腐蚀的能力较强；火山灰质水泥对各种化学侵蚀介质也有较好的抵抗能力，价格又便宜，适合于在中、低侵蚀性介质中使用，但其抗冻性较差，使用时需加注意。

对于抗硫酸盐侵蚀的隧道，在注浆与浇筑混凝土时以采用低碱高抗硫酸盐水泥为佳；在运营维修、养护堵漏、抹面、喷混凝土或砂浆时，以选用双快水泥为佳。

②外加剂。

a. 采用火山灰质的活性掺和料；

b. 加入引气剂或减水剂；

c. 采用提高混凝土密实性和抗渗性的外加剂。

（2）采用防蚀层。

采用防蚀层是一种对混凝土表面进行处理的方法，把各种耐腐蚀的材料铺设在衬砌混凝土的表面，使之成为一层防蚀层，是提高衬砌抗腐蚀能力的常用方法。

①防蚀层铺设面的确定。防蚀层可以设在衬砌外面，也可以设在衬砌内面，对隧道衬砌一般采用防蚀层和防水层合二为一，在衬砌外面铺设。

②制作防蚀层。按其成型工艺有注浆、抹面、喷涂（喷射混凝土和喷涂料）和块材镶砌等。

③伸缩缝和变形缝方式。当隧道的衬砌沉降缝、伸缩缝发生腐蚀病害时，可在病害发生

处的衬砌背后设排水盲沟，把水排走。如果采用防水措施，可用油膏和胶油嵌缝，缝口再用氯丁橡胶黏合剂粘贴氯丁橡胶，用塑料止水带或软的聚氯乙烯板条封口，施工缝如果发生腐蚀，可用聚氨酯压浆防水，同时兼有防蚀作用，或预留凹槽，用硫酸胶泥腻缝。

④ 已腐蚀衬砌的加固与翻修。一般的措施有抹补、浇补、镶补等方法。

11.6　案　例

11.6.1　焦柳铁路莫山隧道通风改造工程

焦柳铁路莫山隧道为单线铁路隧道，长 5 592 m，1976 年建成。在隧道南端洞口设有两台 80 kW 轴流风机，风机的风道出口中心线与隧道中心线的夹角为 30°，机械通风时，50% 以上的风量从隧道南端洞口漏出，形成短路，严重影响了通风效果。1987 年在隧道南洞口增设了钢帘幕，当列车头部出隧道北洞口时，钢帘幕自动关闭，形成强迫挤压式通风系统，使隧道内有效风速达到 4.5 m/s，机械通风流量为 152.1 m³/s，达到了规定的通风要求。但随着行车密度的增加，钢帘幕已成为行车中的安全隐患，因此运营部门强烈要求用其他有效的通风系统取代钢帘幕洞口风道式通风系统。

为此，进行了用全射流风机通风和用射流"风幕"取代钢帘幕的洞口风道式通风两种方案的试验。

为充分利用现有的通风设备，减少土建工程，采取以下措施：

（1）为提高射流风机通风效率，在既有风道中心线增设隔墙，使两台风机各有一个风道，在一台射流风机检修的情况下，通风系统乃能正常运营。

（2）在风道出口处增设不锈钢板的整流叶栅，使风道喷射出的气流与隧道中心线的夹角从 30° 减至 13°，并对整流叶栅形面进行特殊设计，将阻力产生的功率损失控制在 5% 左右。

（3）用整流叶栅缩小风道出口流通面积、使风道出口气流的动压增加，降低风道出口与隧道洞口之间的静压差，以减少漏风量，提高隧道内的有效风量。

（4）在隧道短路端洞口外安装了 10 台小型射流风机（备用两台），相应增建了长 16.2 m 的引风洞。

通风系统改造后，隧道内有效风速及风量明显提高，隧道短路端的漏风量减少 50%。测试结果表明：在隧道内有 1.55 m/s 自然反风的条件下，8 台射流风机和 2 台轴抽风机在隧道内形成的有效风速达到 4.25 m/s。经卫生部门测试，列车尾部出洞后，隧道内的有害气体浓度降至卫生标准所需的通风时间为 11.9 ~ 12.3 min，达到了用射流"风幕"取代钢帘幕的通风效果和设计要求。

11.6.2　秦岭隧道地下水的化学异常及其防腐蚀

1. 秦岭隧道地下水的化学异常特征

秦岭特长隧道位于西安—安康线上，隧道全长 18.456 km。根据平导施工期间采集的较多样品（$n > 50$）的分析，获得隧道地下水的化学异常具有以下基本特征：

（1）水化学异常组分主要为 SO_4^{2-}、Ca^{2+} 和 TDS，其中，硫酸根离子的最高浓度达 1 432.3 mg/L，钙离子可达 620.8 mg/L，总矿化度为 2 178.8 mg/L，分别为背景值的 25 倍、21 倍和 10 倍。除此之外，pH 虽未达到异常下限值，但仍较背景值低，多变化在 7.2 ~ 8.0 之间。

（2）水化学类型由重碳酸钙钠（或钠钙）型及其衍生类型，加重碳酸硫酸钠钙型或硫酸重碳酸钠型水转变为硫酸钙型水。

（3）异常地段集中在出口段的 DK79+200 ~ DK80+100 约 100 m 范围，主要出水异常点有 DK79+245、DK80+150、DK80+073、DK80+74 等。

（4）在异常出水点，所有的水化学异常组分（SO_4^{2-}、Ca^{2+} 和 TDS）均随时间而趋于衰减。异常组分历时衰减最明显的为 DK79+245 点，其 pH 也有类似的动态变化规律。

根据出口段约 5 km 长的平导围岩（68 组）取样鉴定分析，该段不同程度地含有分散状黄铁矿，在某些位置肉眼观察到晶体完好的粒状黄铁矿，而在岭南隧址区的 4 个深孔岩芯资料也不同程度地揭示了黄铁矿的存在。

2. 秦岭隧道地下水的化学异常对衬砌混凝土可能腐蚀程度的评价

秦岭隧道平导地下水的异常特征表现为硫酸根离子、矿化度、钙离子含量的显著升高，均涉及衬砌混凝土的腐蚀问题。此外，由于上述组分的异常，必然会对其他组分及 pH 产生不同程度的影响，进而有可能对混凝土衬砌产生影响。

平导异常地下水对衬砌混凝土具有分解型腐蚀和复合型腐蚀危害，只具结晶型腐蚀作用。根据铁路混凝土腐蚀程度的评价标准，平导异常段硫酸对衬砌混凝土的腐蚀程度为中等。

3. 秦岭隧道地下水化学异常对衬砌混凝土腐蚀的防治对策

根据腐蚀类型和程度，采取以下防腐对策：

1）硫酸根异常水的防治

当衬砌混凝土一侧受到含硫酸盐水的压力作用而发生渗流时，水泥石中硫酸盐将不断得到补充，侵蚀速度就更大。对于硫酸根离子异常部位可能出现的衬砌混凝土腐蚀及衬砌滴、漏水等情况，应该因地制宜地采用堵、排、截相结合的方法，在围岩含有腐蚀性和有害性成分较多的部位，如硫酸根异常峰值部位，采用洞内高压注浆回填衬背或采用新型材料防渗堵漏及喷涂防水层等；在非硫酸根异常或呈碱性部位，可以采用集中排泄的方法，将水引入导水沟排除。

2）衬砌混凝土材料的选用

应用铝酸三钙含量不大于 4% 的抗硫酸盐水泥，或有相当抗硫酸盐能力的火山灰质硅酸盐水泥做混凝土衬砌。掺用引气剂减少衬砌混凝土吸收腐蚀性溶液（SO_4^{2-}）的数量，提高混凝土的抗硫酸盐腐蚀能力。引气凝土含量越多，抗侵蚀能力越强。对衬砌混凝土采用高压蒸汽养护，消除游离的氢氧化钙，同时硅酸三钙、硅酸二钙能形成稳定的水化物，铝酸三钙水化后也变成低活性状态，从而改善混凝土的抗硫酸盐性能。

11.6.3　大秦线赵家 2 号隧道衬砌裂损及其整治

大秦铁路赵家 2 号隧道为双线电气化隧道，全长 1 607 m。运营后衬砌产生裂缝并不断发展，导致线路道床、轨面、水沟及电缆槽产生变形破坏，病害产生原因是设计与隧道实际地质条件不符，施工质量有缺陷。整治中采取了加强边墙、增设仰拱等措施，取得良好效果。

1. 隧道概况

赵家 2 号隧道进口里程 K155+151，出口里程 K156+758，隧道最大埋深 156 m，洞内铺设预应力混凝土轨枕板，60 kg/m 钢轨。隧道位于桑干河峡谷左岸，隧道通过区域属剥蚀的低山区，多陡崖及 V 形深谷，地层为石质硬脆的白云岩，夹有燧石条带的页岩，局部有顺层侵入的煌斑岩（厚 0.6～0.8 m），岩层断缝内充填黄黏土。岩层为单斜构造，节理发育，呈碎石块状镶砌结构。

赵家 2 号隧道于 1986 年 11 月建成，在石质较好的地段主要采用全断面先墙后拱法，喷锚支护，累计 1 244 m；石质较差的地段采用上导坑先拱后墙法，也使用了上弧导坑先拱后墙法。通过坍方体时，使用了管棚，施工中先后变更设计 10 次。施工中曾发生大小坍方 8 处，采用浆砌片石回填或弃渣回填、钢筋混凝土护拱、喷锚和深层注浆加固等方法进行处理，其中 K155+166、K155+204、K155+293 区段地质与设计不符，开挖过程中发现小断层。

2. 隧道运营后裂损情况

1991 年秋季发现该隧道衬砌出现多处裂缝，1998 年春季部分裂缝发展，随即设置了观测标对其进行观测，其中下行侧 K155+360～K155+480 裂缝发展较快。1993 年 1 月发现 K155+360～K155+400 下行侧水沟电线槽板向上拱起 58 mm，K155+370～K155+480 下行线路向上拱起 40 mm，边墙发生不均匀下沉。至 1993 年 9 月，K155+360～K155+400 下行侧水沟电缆挡板向上拱起达 95 mm，排水沟墙底悬空达 95 mm，K155+370～K155+480 下行线路累计拱起量达 110 mm。而上行侧裂缝发展相对缓慢且不明显，无边墙下沉及水沟板及线路向上拱起现象。

3. 病害原因分析

1）设计施工方面

赵家 2 号隧道除进出口小部分为明洞外，其余均为圆拱直墙衬砌。病害段原设计定为Ⅲ级围岩，但实际施工中发现隧道所穿过地层，石质虽硬却脆，且夹泥质页岩及局部顺层煌斑岩，岩层垂直节理发育，局部发现小断层。个别地段呈碎石块石状镶嵌结构、围岩整体性差，设计中未予充分考虑。另外，在后来的整治施工中还发现原边墙脚未延伸至水沟底以下而只到水沟顶面，边墙厚度也严重不足，墙背后为回填片石，空心深度达 70 cm；混凝土中夹杂钢模、木材等杂物，边墙跑模，部分处所超限。

2）围岩地质构造方面

运营后赵家 2 号隧道在出口段有漏水现象，冬季结冰。从地质断面看，地层由下行侧向上行侧倾斜，节理发育的白云岩层间夹有泥质页岩，顺层有 0.6～0.8 m 厚煌斑岩侵入，煌斑岩表面光滑、摩擦阻力小。在列车振动作用下，岩屑滑移到空隙处，白云岩不断断裂，巨大的断裂块很容易沿光滑的煌斑岩和页岩界面滑移，然后紧紧抵压下行侧边墙，当下行侧边墙支撑不住时，边墙被剪断。而且，边墙基底地层也因列车振动节理裂隙挤密，导致边墙的下沉，起初边墙脚还受到路基地层的支撑，但当地层支撑不住时，断裂的边墙产生内移，出现错牙，最终导致线路的隆起。

上行侧边墙发生的裂缝较细小，无下沉错牙，但拱圈受到上部断裂滑动块体推压。上行侧拱脚水平推力使混凝土边墙产生挠曲变形，最终被拉裂。

4. 整治加固

1）边墙翻修加固

首先在下行侧 K155 + 415 ~ K155 + 435，上行侧 K155 + 326 ~ K155 + 346，对既有边墙采用无声爆破、风镐剥落混凝土厚度达 300 mm。然后，对上行边墙打入 ϕ 10 mm 钎钉，用水泥砂浆锚固，再挂钢筋网，模筑 C20 钢筋混凝土。对下行侧边墙则增设 ϕ 22 mm 锚杆，梅花形布置，除钢筋网之外竖向增设了 43 kg/m 钢轨，间距为 1.2 m。为保证安全，一次作业长度为 5 m，跳槽开挖，分段灌入混凝土，最后按照原设计恢复水沟及电缆槽。

2）增设仰拱

在 K155 + 359 ~ K155 + 391、K155 + 429 ~ K155 + 460 两段增设仰拱共 63 m。另外，对 K155 + 429 ~ K155 + 435 段在增设仰拱后进行下行侧边墙加固。为了不中断行车，将轨枕板换为木枕，采用 3 - 7 - 3 吊轨加固线路。在钢筋混凝土支承纵梁上采用横抬轨束梁的方法分段施作仰拱，每段不超过 6 m，仰拱内的钢筋按设计要求绑焊，灌注 C20 硫铝酸盐混凝土，封闭隧底。仰拱增设完毕后，拆除轨束梁，回填道床夯拍找平，铺设轨枕板，恢复线路。

整治后 4 年，整治地段边墙未出现裂纹，道床、水沟及电线槽均保持正常状态。处理前整治区段线路道床厚度不一、软硬不均，曾有重伤轨出现。通过增设仰拱后，道床厚度均匀，弹性得以改善，未出现过重伤钢轨，而且线路几何尺寸变化很小。

思考题

1. 隧道运营阶段有哪些养护工作？
2. 用哪些要素来描述隧道衬砌的裂损？
3. 简述隧道档案的基本内容。
4. 简述隧道内有害气体的综合防治措施。
5. 隧道水害的种类、产生原因及防治措施有哪些？
6. 隧道冻害的种类、产生原因及防治措施有哪些？
7. 隧道衬砌裂损的类型、分布特点及整治措施有哪些？
8. 隧道衬砌侵蚀的种类及整治措施有哪些？

参考文献

[1] 杨新安，姚永勤，喻渝. 铁路隧道[M]. 北京：中国铁道出版社，2011.

[2] 宋秀清，刘杰. 隧道施工. 北京：人民交通出版社，2009.

[3] 杨新安，吴德康. 铁路隧道[M]. 上海：同济大学出版社，2003.

[4] 朱永全，宋玉香. 隧道工程（第 2 版）[M]. 北京：中国铁道出版社，2007.

[5] 陈豪雄. 隧道工程[M]. 北京：中国铁道出版社，1997.

[6] 杨新安，黄宏伟. 隧道病害与防治[M]. 上海：同济大学出版社，2003.

[7] 铁道部工程设计鉴定中心，高速铁路隧道[M]. 北京：中国铁道出版社，2006

[8] 王石春，何发亮，李苍松. 隧道工程岩体分级[M]. 成都：西南交通大学出版社，2007.

[9] 关宝树. 隧道工程设计要点集[M]. 北京：人民交通出版社，2003.

[10] 刘佑荣，唐辉明. 岩体力学[M]. 北京：化学工业出版社，2009.

[11] 陈馈，洪开荣，吴学松. 盾构施工技术[M]. 北京：人民交通出版社，2009.

[12] 陈绍章. 沉管隧道设计与施工. 北京：科学通出版社，2002.

[13] 中铁一局集团有限公司. 铁路隧道工程施工技术指南（TZ204—2008）[S]. 北京：中国铁道出版社，2008.

[14] 中铁隧道集团有限公司. 铁路隧道钻爆法施工工序及作业指南（TZ 231—2007）[S]. 北京：中国铁道出版社，2007.

[15] 中国铁路工程总公司. 铁路隧道全断面岩石掘进机技术指南（铁建设〔2007〕106 号）[S]. 北京：中国铁道出版社，2007.

[16] 中铁十二局集团有限公司. 铁路大断面隧道三台阶七步开挖法施工作业指南（试行）（经规标准〔2007〕119 号）[S]. 北京：中国铁道出版社，2007.

[17] 中铁二院工程集团有限公司. 铁路隧道监控量测技术规程（TB 10121—2007）[S]. 北京：中国铁道出版社，2007.

[18] 中铁隧道集团有限公司. 铁路隧道超前地质预报技术指南（铁建设〔2008〕105 号）[S]. 北京：中国铁道出版社，2008.

[19] 中铁二院工程集团有限公司. 铁路隧道风险评估与管理暂行规定（铁建设〔2007〕200 号）[S]. 北京：中国铁道出版社，2007.

[20] 张永兴. 岩石力学[M]. 北京：中国建筑工业出版社，2008.

[21] 铁道第二勘察设计院. 铁路隧道设计规范（TB 10003—2016）[S]. 北京：中国铁道出版社，2016.

[22] 中铁二局集团有限公司. 铁路工程技术手册——隧道[M]. 北京：中国铁道出版社，2002.

[23] 何华武. 中国铁路隧道建设技术的发展[J]. 铁道经济研究，2006，（6）：8 ~ 16.

[24] 王梦恕，张梅. 铁路隧道建设理念和设计原则[J]. 中国工程科学，2009，11（12）：4 ~ 8.

[25] 郭占月. 高速铁路隧道施工与维护 [M]. 成都：西南交通大学出版社，2012.

[26] 田会礼. 铁路隧道施工与维护[M]. 北京：中国铁道出版社，2015.

[27] 况世华. 隧道工程技术[M]. 北京：高等教育出版社，2009.

[28] 罗荣凤. 桥隧施工与养护[M]. 北京：中国铁道出版社，2013.

[29] 魏文杰. 敞开式 TBM 隧道施工应用技术[M]. 成都：西南交通大学出版社，2015.

[30] 李晓红. 隧道新奥法及其量测技术[M]. 北京：科学出版社，2001.

[31] 王毅才. 隧道工程（上、下册）[M]. 北京：人民交通出版社. 2000.

[32] 郑颖人. 地下工程锚喷支护设计指南[M]. 北京：中国铁道出版社，1988.

[33] 王梦恕等. 中国隧道及地下工程修建技术[M]. 北京：人民交通出版社，2010.

[34] 铁道部第二勘探设计院铁路工务技术手册——隧道[M]. 北京：中国铁道出版社，1995.

[35] 谷兆棋，彭守拙，李仲奎. 地下洞室工程[M]. 北京：清华大学出版社，1994.

[36] 王建宇. 隧道工程的技术进步[M]. 北京：中国铁道出版社，2004.

[37] 铁道部运输局基础部组织编写. 铁路隧道检测技术手册[M]. 北京：中国铁道出版社，2007.

[38] 关宝树. 隧道力学概论[M]. 成都：西南交通大出版社，1993.

[39] 朱永全，宋玉香. 地下铁道[M]. 北京：中国铁道出版社，2012.